COURS D'ÉTUDE

POUR L'INSTRUCTION

DU PRINCE DE PARME

COURS D'ÉTUDE

POUR L'INSTRUCTION

DU PRINCE DE PARME,

AUJOURD'HUI

S. A. R. L'INFANT

D. FERDINAND,

DUC DE PARME , PLAISANCE , GUASTALLE,
&c. &c. &c.

Par M. l'Abbé de CONDILLAC *, de l'Académie fran-*
çoise & de celles de Berlin , de Parme & de Lyon ;
ancien Précepteur de S. A. R.

TOME TREIZIEME.

INTRODUC. A L'ÉTUDE DE L'HISTOIRE MODERNE

A PARME,

DE L'IMPRIMERIE ROYALE.

M. DCC. LXXV.

TABLE
DES MATIERES.

LIVRE DIXIEME.

CHAPITRE I.

Des principaux états de l'Europe depuis Charles VII, jusqu'à la mort de l'empereur Maximilien I.

F rédéric III est le dernier empereur, qui ait été couronné à Rome. Le regne de Maximilien I est l'époque où l'ambition commence à faire mouvoir ensemble les principales puissances de l'Europe. Ce prince avoit épousé Marie, héritiere de la maison de Bourgogne. Il divise l'Allemagne en cercles. Il crée la chambre impériale qui devoit prendre connoissance des différents des princes. Ces moyens ne pouvoient assurer la tranquillité. Troubles en Angleter-

re sous Hnri VI qui perd la couronne & la
vie. Fin de la domination des Plantagenets.
Puissance de Charles VII après l'expulsion
des Anglois. Caractere de Louis XI. Il est
incapable de bien placer sa confiance. Guerre
du bien public. Louis XI traître envers Charles duc de Bourgogne, en est puni. Sa conduite avec le duc de Berri son frere. Il pouvoit être absolu sans être cruel. Domaines
qu'il réunit à la couronne. Il fait rendre la
justice. Il laisse la couronne à Charles VIII,
& le gouvernement du royaume à Anne de Beaujeu. Guerre civile qui finit par la défaite du
duc d'Orléans. Charles épouse l'héritiere de
Bretagne. Il se propose la conquête du royaume de Naples. Plusieurs prétendants au
duché de Milan. Cette ville veut se gouverner
elle même. Ainsi que Pavie & Parme. Les
Milanois se livrent imprudemment à François
Sforze. Ludovic Sforze usurpe l'autorité sur
Jean-Galéas-Marie son neveu. Le royaume
de Naples avoit été florissant sous Alphonse,
concurrent de Réné d'Anjou. Troubles sous
Ferdinand son fils. Laurent Medicis s'occupoit
des moyens d'assurer la paix de l'Italie; tandis
que toutes les puissances formoient des projets
de guerre. Il étoit de l'intérêt de Ferdinand &
de Ludovic d'entrer dans les vues de Laurent.
Tous trois ligués ensemble ils assurent la paix,
malgré le pape & malgré les Vénitiens. L'I-

talie heureuse sous Laurent. Il meurt regretté de toute l'Europe. Rodrigue Borgia, Alexandre VI, sur la chaire de S. Pierre. Pierre II succede à Laurent. Projet de Ludovic pour montrer au pape combien les confédérés étoient unis. Ce projet n'est pas exécuté. Ludovic en prend de l'ombrage contre Ferdinand & contre Pierre. Il fomente des divisions qui commençoient entre eux & Alexandre VI. Ce pape étoit prêt à tout, pourvu qu'il obtînt des principautés pour ses neveux. Il se ligue avec Ludovic & avec les Vénitiens. Ludovic invite Charles VIII à la conquête du royaume de Naples. Ferdinand négocie inutilement pour détourner Charles de cette entreprise. Il se réconcilie avec le pape, mais il ne peut regagner Ludovic. Charles passe les Alpes. Il s'ouvre un chemin par la Toscane. Sac de Finizano. Situation embarrassante des François. Pierre est blâmé de les avoir armés contre sa patrie. Pour réparer cette faute, il en fait une plus grande. La fermeté d'un Florentin intimide les François, qui se croyoient maîtres de Florence. A l'approche de Charles, le pape s'enferme dans le château S. Ange. Charles se réconcilie avec le pape. Le royaume de Naples le reçoit. Entrée de Charles dans la ville de Naples. Maximilien tente inutilement d'armer l'Allemagne contre Charles. L'Italie & l'Espagne se liguent avec lui. Cependant les Napolitains déja dé-

goûtés des François songeoient à les renvoyer :
& Charles se retire, lorsque Ferdinand II commençoit à recouvrer son royaume. Charles approche de Fornovo. Incertitude des ennemis,
qui s'effrayent. Bataille de Fornovo. Mort
de Charles. Louis XII a, comme Charles VIII,
l'ambition de faire des conquêtes en Italie. Il
devoit prévoir qu'il ne les conserveroit pas. Il
fait celle du Milanès. Ludovic est conduit en
France. Louis partage le royaume de Naples
avec Ferdinand le Catholique qui le garde tout
entier. Ses négociations détournent l'empire
du dessein d'armer contre lui. Maximilien qui
ne peut pas être couronné prend le titre d'empereur élu. Les Vénitiens par une imprudence
réunissent contre eux Maximilien & Louis XII.
Ligue de Cambrai. Prétentions des puissances
liguées. Articles dont on étoit convenu. Ce
traité étoit l'ouvrage de Maximilien seul. Offres du pape aux Vénitiens. Si ces républicains les eussent acceptées, la ligue eût été sans
effet. Ils perdent presque tout ce qu'ils possé-
doient en terre ferme. Ils en recouvrent une partie. Jules II quitte le parti des ligués. Cependant Louis XII veut encore compter sur ce
pape. Mais Jules s'allie des Vénitiens & prend
les armes. Il fait une ligue contre la France.
Il tombe malade. & Maximilien songe à le faire pape. Maximilien Sforze est rétabli dans le
duché de Milan. Jean d'Albret perd la Navar-

re. *Louis reprend & reperd le Milanès. Il fait la paix avec tous ses ennemis, & meurt. François I veut encore conquérir le duché de Milan. Il passe les Alpes. Bataille de Marignan. Conquête du Milanès. Charles-Quint maître des Pays - Bas, de l'Espagne, du royaume de Naples, & empereur.*

CHAPITRE II.

Des papes dans le quinzieme siecle, & de l'origine du Luthéranisme dans le seizieme.

Pag. 57.

La puissance de la cour de Rome empêchoit la réforme de l'église. Mais cette puissance s'affoblissoit elle-même en voulant trop s'accroître. Elle avoit long-temps remué l'Europe. Elle devoit enfin la soulever. Elle s'affoiblit lorsqu'elle paroît remporter le plus grand avantage. Elle s'affermie dans Rome à mesure qu'elle s'affoiblit ailleurs. Les papes étoient encore assez puissants pour entretenir les abus qui enrichissoient la chambre apostolique. Ces abus trouvoient peu d'obstacles en Italie. En Allemagne, on s'en plaignoit hautement. Ils paroissent détruits en France depuis la pragmatique de Charles VII. Louis XI trompé révoque cette loi. Il la révoque une seconde fois. Il n'y a plus rien de déterminé à ce sujet. Concordat de Léon X & de François I. On a tort en France de regarder ce concordat comme une loi. François I le fait exécuter. Les dissipations de Léon X épuisent les ressources du saint siege. Il fait publier des indulgences dans toute la chrétienté. Pendant qu'en Allemagne les dietes se plaignent de cet abus, les Augustins sont offensés de n'en être pas l'instrument. Les Dominicains les préchent avec scandale. L'électeur de Saxe protége les Augustins ; & Martin Luther écrit. Léon X demande aux dietes que Luther soit puni. Elles répondent par des plaintes contre les exactions de la cour de Rome. Luther ne garde plus de mesures. Des peuples le croient destiné à éclairer l'église. Ils attendent de lui une réforme générale. Il fait une révolution qu'on n'avoit pas prévue & qu'il n'avoit pas projetée. Causes de la rapidité de cette révolution.

CHAPITRE III.

De l'Angleterre sous Henri VII & sous Henri VIII jusqu'à la mort de Maximilien.

Pag. 74.

Les calamités avoient préparé les Anglois

*à la plus grande foumiſſion. On a remarqué
la même choſe des Romains. Les Anglois n'a-
voient jamais déterminé les droits reſpectifs du
ſouverain & de la nation. Henri VII étoit donc
le maître d'étendre ſes prérogatives. Il eſt reconnu par la nation, quoiqu'il n'eût que des
titres équivoques. Il demande des titres au
pape. Il rallume l'eſprit de faction qui s'é-
teignoit. Simnel ou le faux Warvick. Perkin
ou le faux duc d'Yorck. Deux conſpirations
diſſipées aſſuroient le trône à Henri. Mais ſon
caractère ſupçonneux lui faiſoit toujours des
ſujets de crainte. Son avarice & ſon deſpotiſme. On eſpéroit mieux de Henri VIII, mais
ſans fondement. La flatterie applaudit à ſes
diſſipations. Il s'engage inconſidérément dans
la ligue qui ſe forme contre Louis XII. Avec
ſes troupes, Ferdinand le Catholique envahit la
Navarre. Il entre dans une nouvelle ligue &
compte encore ſur des alliés qui le jouent. Victoire de Guinegate. Henri n'en fait pas profiter. Les Suiſſes ne font pas la diverſion qu'ils
avoient promiſe. Louis fait la paix avec Maximilien & avec Ferdinand le Catholique. Les
articles de cette pacification donnent de l'inquiétude à Léon X. Henri VIII indigné contre ſes alliés, fait la paix avec la France.
Wolſei avoit toute ſa confiance. Il gouvernoit ſeul. Son caractère. Conduite adroite de
ce cardinal. Henri jaloux du vainqueur de Ma-*

rignan, qui n'a pas ménagé Wolfei, s'allie avec Maximilien, qui le trompe. Il est forcé à la paix. A la mort de Ferdinand le Catholique, François I met Wolfei dans son intérêt. Il obtint la restitution de Tournai. Il négocioit celle de Calais. Aveuglement de Henri VIII.

CHAPITRE IV.

Considération sur l'Europe au commencement du seizieme siecle & , par occasion, sur les effets du commerce.

Pag. 94.

Nouvelle situation de l'Europe à la fin du quinzieme siecle. Inquiétude des puissances qui ne savent comment se conduire. Causes qui concouroient à changer la face de l'Europe. Effets du luxe: il ruine les grands qu'il amollit. L'ancienne noblesse s'éteint & il n'y a plus que des riches & des pauvres. Il augmente la population dans les villes & la diminue dans les campagnes, qu'il rend misérables. Comment il tend à ruiner de plus l'agriculture & la population. Proportion des soldats au reste du peuple dans les républiques anciennes. Quelle est cette proportion aujourd'hui. Comment le luxe multiplie les classes de citoyens. Le cré-

dit favorife le commerce. Mais il arrivera qu'on
fera moins riche en fonds qu'en crédit ; &
qu'on aura plus de dettes que de bien. A cet
égard il en fera des nations comme des particuliers. Les fortunes nationales feront mal
affurées comme les fortunes particulieres. On
croira s'être enrichi & on fera trop heureux d'a-
voir un champ à cultiver. Le luxe fait dépendre la fortune des talents plutôt que des titres.
Mais il tend à confondre les conditions ; & il
n'y a plus que des riches & des pauvres. Il
n'adoucit les mœurs que parce qu'il énerve les
corps. Commerce intérieur, & commerce extérieur. Les puiffances de l'Europe ont mis
des entraves au commerce intérieur. Cependant il falloit commencer par le favorifer. Mais
les Européens ont été chercher dans les Indes
les richeffes qu'ils auroient trouvées dans leur
fol. Ils en ont été plus pauvres. Combien
les fouverains du feizieme fiecle fe font trompés à cet égard. Le commerce extérieur n'eſt
avantageux qu'autant qu'il fait fleurir le commerce intérieur.

LIVRE ONZIEME.

CHAPITRE I.

Des principaux états de l'Europe depuis l'a-
vénement de Charles - Quint à l'empire
jusqu'au concile de Trente.

Pag. 114.

*François I & Charles-Quint briguent l'empire.
Celui - ci paroissoit un chef moins redoutable.
Il est élu. Les électeurs lui font jurer une capitulation. Sujets de guerre entre François &
Charles. Embarras de Léon X entre ces deux
princes. L'un & l'autre recherchent Henri VIII,
qui peut faire pancher la balance. Entrevue
de François I & de Henri VIII. Charles-Quint
gagne la confiance de Henri & de Wolsei.
Troubles dans les états de Charles-Quint. Il tient
une diete à Worms ; il céde l'Autriche à Ferdinand son frere. Etat des choses en 1524.
Charles-Quint, occupé de ses affaires pendant que
François est à ses plaisirs , forme une ligue de
toutes les puissances. La confiance que François donne à sa mere est funeste à la France.
Il devoit se tenir sur la défensive dans l'assurance de diviser bientôt ses ennemis. Pour*

avoir tenu une conduite différente, il est vaincu & fait prisonnier. La France se trouvoit épuisée. Mais l'empereur étoit sans ressources. Après les plus grands succès, il ne peut rien entreprendre. Il craignoit Soliman II, qui avoit eu des succès; & à qui les troubles de l'Allemagne paroissoient en préparer de nouveaux. L'Italie forme une ligue contre lui. Il aliene Henri VIII, qui fait alliance avec la France. Conduite de Charles-Quint avec son prisonnier. Le roi recouvre la liberté. Les états de Bourgogne réclament contre l'aliénation de cette province. La guerre finit par la désunion des ligués. Mort du duc de Bourbon. Sac de Rome. Depuis la victoire de Pavie, Charles-Quint est moins grand. La diversion que Soliman II faisoit en Hongrie avoit forcé Charles-Quint à la paix. Les Luthériens protestent dans la diete de Spire. Ils présentent leur confession de foi à celle d'Augsbourg. Ils forment la confédération de Smalcade. Ils font la loi à Charles-Quint. Combien il se trompoit, lorsqu'il se flattoit de subjuger les princes de l'empire en semant les divisions. Progrès du luthéranisme en France. Circonstances qui lui sont favorables. François I, fait brûler en France les Protestants, qu'il protége en Allemagne. Le luthéranisme avoit aussi des partisans en Angleterre, & l'ouvrage de Henri VIII contre Luther, en augmente le nombre

Henri *VIII* avoit épousé Cathérine veuve de son frere & tante de Charles-Quint. Il a des scrupules sur son mariage. Il devient amoureux d'Anne de Boulen. Alors plus scrupuleux, il sollicite son divorce. Situation embarrassante de Clément *VII*. Il songe à se faire un mérite de son refus auprès de l'empereur. Pour cela il feint de se prêter au divorce. Mais il s'y refuse, lorsqu'il a obtenu de Charles-Quint tout ce qu'il desire. Henri consulte les universités sur son divorce. Il casse son mariage, & le pape l'excommunie. Mais les circonstances sont toutes en sa faveur, & le parlement lui donne une jurisdiction spirituelle sans bornes. On applaudit en général à ce changement : mais les plus sages en prévoient les conséquences. Il étoit à craindre que le peuple séduit n'abandonnât la vérité comme l'erreur. Les Anglois n'ont point de plan de réforme, & s'accordent seulement à rejeter l'autorité de l'église. Alors chacun devient juge de la doctrine. Chacun se fait une profession de foi, ou croit d'après sa nourrice. Cependant Henri se proposoit de conserver la foi Catholique. Le parti des Catholiques, & le parti des Protestants flattent Henri, chacun dans l'espérance de le gagner. Plus ils montrent de déférence, plus il accroît son autorité, & il sévit impunément contre les uns & contre les autres. Imposture d'Elisabeth Barton, nommée la sainte fille de
Kent.

Kent. Elle fut l'occasion de la suppreffion des ordres monaftiques. A la naiffance du luthéranifme il faut connoître les royaumes du nord. Ils étoient électifs. Marguerite, la Sémiramis du nord. Dans les états de Calmar, elle fait la réunion des trois royaumes. Après elle, cette réunion eft une fource de guerres. La Suede rompt l'union. Léon X l'excommunie. Perfidie de Chriftian II, le Néron du Nord. Après la victoire, il s'autorife de la bulle de Léon pour commettre des cruautés. Il fait égorger quatre-vingt-quatorze fénateurs ou gentilshommes de Suede. Guftave Wafa dans la Dalécarlie. Il fe rend maître de la Suede. Les états de Danemarck dépofent Chriftian II. Circonftances favorables au luthéranifme. Comment il s'établit dans le nord. Depuis 1535 jufqu'à la mort de François I, la France n'offre rien d'important. Henri VIII fait périr fur l'échafaud Anne de Boulen, & il époufe Jeanne Seymour. Il caffe fon mariage avec Anne de Cléves. Il fait périr Catherine Howard. Il époife Catherine Par. Ses décifions capricieufes & changeantes en matiere de religion ne trouvent point de réfiftance. Avec des vertus, il n'a été qu'un tyran. Fauffe politique de Charles Quint. Ses fuccès en Afrique. Ses revers dans la guerre qu'il fait à François I. Il paffe par la France pour aller foumettre les Gantois. Il perd une flotte, pendant que fon frere eft dé

fait par les Turcs. Nouvelle guerre bientôt
terminée. Convocation du concile de Trente.

CHAPITRE II.

Du luthéranifme vers les temps du concile
de Trente.

Pag. 165.

Il étoit facile de prévenir les erreurs où Luther n'étoit pas encore tombé. Léon devoit prévoir que la perfécution porteroit à tout ofer un
homme que les dietes approuvoient & que l'électeur de Saxe protégeoit. Au lieu d'un concile,
qui pouvoit encore étouffer l'héréfie, on fait
brûler les livres de Luther. C'eft alors qu'il
devient héréfiarque. Le nombre de fes partifans
eft fi grand qu'on n'ofe plus févir. Adrien VI
demande que la diete de Nuremberg féviffe contre Luther. Aveux de ce pape. La diete répond
par un mémoire qui contient cent griefs contre
la cour de Rome. Luther fe prévaut des aveux
d'Adrien VI. Clément VIII & Paul III s'occupoient peu des maux de l'églife. Ni le pape
ni l'empereur ne vouloient férieufement un concile. L'ambition de Charles-Quint entretenoit
tous les défordres. Temps où Charles - Quint
voudroit le concile. Les Proteftants ne veulent
pas qu'il fe tienne en Italie, parce que le pape

*seroit juge & partie , & ils veulent qu'il se tien-
ne en Allemagne , où ils seront juges & parties. Imprudence de Paul III, qui le convoque à Mantoue. Il s'ouvre à Trente ; mais les
Protestants ne le reconnoissent pas. Si le concile n'extirpe pas l'hérésie , quel parti faudra-
t-il prendre ? Faut-il exterminer les Turcs ,
les Perses , les Indiens , & les Chinois , parce
qu'ils ne sont pas Chrétiens ? Au temps du
concile de Trente les Protestants étoient des nations. On armera contre les Protestants , l'é-
-vénement fera voir si on a eu raison.*

CHAPITRE III.

Depuis l'ouverture du concile de Trente jusqu'à la mort de Henri II, roi de France.

Pag 176.

*Ambition peu raisonnée de Charles-Quint.
Charles-Quint & Paul III ne pensoient ni l'un
ni l'autre à donner la paix à l'église. Conduite équivoque de Charles - Quint , avec la
diete de Worms & avec le concile de Trente.
Les peres de Trente en sont offensés. Mais
Paul III dissimule , parce qu'il veut obtenir
des principautés pour ses fils. Il donne le duché de Parme à Pierre-Louis Farnese. Charles-*

b 2

Quit paroît vouloir que le concile commence par la réforme. Les peres conviennent de traiter tout-à-la fois du dogme & de la réforme. Paul III en est effrayé sans fondement. Charles - Quint cesse de dissimuler avec les Protestants. C'est qu'il venoit de faire une ligue avec le pape. Mais en armant contre les Protestants, il dissimule que la religion en est le prétexte. Il prend pour prétexte une guerre civile. Cependant une bulle de Paul III déclare qu'on arme pour soumettre les Protestants à l'église. Les Protestants laissent échaper l'occasion d'écraser l'empereur. Maurice se rend maître de la Saxe que l'électeur lui avoit confiée. Jean Frédéric est fait prisonnier; & la Saxe est assurée à Maurice. Le landgrave de Hesse se livre, & Charles-Quint se croit maître dans l'empire. Le concile étoit suspendu. L'empereur & le pape se désunissoient. Charles - Quint persécute pour faire recevoir son interim. Il met la division dans sa maison & force les princes de l'empire à se réunir. L'Angleterre ne pouvoit donner des secours aux Protestants qui cherchoient l'appui d'une puissance étrangere. L'hérésie y faisoit des progrès pendant la minorité d'Edouard VI. Sous prétexte de réformer, on y supprimoit tout culte extérieur. La régence qui vouloit prendre un juste milieu, mécontentoit toutes les sectes. Il y avoit encore bien d'autres troubles. Henri II entre dans la ligue des Proteftants d'Allemagne. Maurice en étoit le chef. Sécurité de l'empereur qui porte la guerre en Italie. Maurice fe déclare. Fuite d'Infpruck. Tranfaction de Paffaw. Henri II avoit conquis les trois évêchés. L'empereur leve le fiege de Metz. Il continue de faire la guerre à Henri II. Edouard VI étoit mort regretté. Marie, fille de Catherine d'Arragon, lui avoit fuccédé. Son mariage avec Philippe. Combien les Anglois craignoient la maifon d'Autriche. Marie entreprend de rétablir la religion catholique. Sa paffion pour Philippe. Elle tente inutilement de le faire reconnoître roi d'Angleterre. Réconciliation trop précipitée de l'Angleterre avec l'églife. Perfécutions en Angleterre, dans les Pays-Bas & en France. La diete d'Augsbourg affure en Allemagne la liberté de confcience. Charles-Quint abdique fes états. Treve avec la France. Fin de la guerre d'Italie. Il abdique l'empire. Les intrigues de Paul IV font recommencer la guerre. Marie donne des fecours à Philippe. Bataille de S. Quentin, où le connétable de Montmorenci eft fait prifonnier. Le duc de Guife enleve Calais aux Anglois. Prétentions de Paul IV, à l'occafion de l'abdication de Charles-Quint à l'empire. Elles étoient conformes aux préjugés des électeurs eccléfiaftiques, & de Ferdinand même. Charles-Quint fait fes obfeques la veille de fa mort. Pertes faites pendant fon regne. Paix de Cateau-Cambrefis. Mort de Henri II.

b 3

CHAPITRE VI.

Des principales puiffances de l'Europe pendant le regne de François II, roi de France.

Pag. 108.

A la fin du quinzième fiecle les puiffances de l'Europe ne connoiffoient ni leurs intérêts ni leurs forces. On craignoit une puiffance, parce qu'elle ofoit entreprendre. Elle ofoit entreprendre, parce qu'on la craignoit. Dans le feizieme fiecle avec la même ignorance, elles n'ont que de l'inquiétude, & ne forment que des entreprifes ruineufes. On diroit que le hazard dirige toutes leurs démarches. Elles fentent le befoin de faire des alliances, & n'en favent pas faire. L'art de négocier n'eft pour elles que diffimulation, & fauffeté. Les temps les plus malheureux font les plus inftructifs. C'eft de Londres qu'il faut confidérér les malheurs du refte de l'Europe. Prifon d'Elifabeth. Pourquoi Philippe II lui avoit fait rendre la liberté. Amour de Anglois pour elle. Sa générofité. Conduite imprudente & orgueilleufe de Paul IV. Elifabeth trouvoit les efprits foumis à fes volontés, & difpofés à la réforme. Et ne précipitant rien, elle réuffit à rendre fa religion dominante. Le parlement la déclare juge suprême en matiere de religion, & elle nomme une commiſſion pour exercer ſon autorité. Les factions de la cour de Henri II. devoient avoir des ſuites funeſtes. Sous François I, les femmes avoient commencé à jouer un rôle à la cour. Ce prince y avoit attiré les prélats & les beaux eſprits. Ce que devoit produire cet aſſemblage. Les mœurs de la cour de François I ont été favorables à la propagation du luthéraniſme. Pourquoi les prélats de la cour donnoient des conſeils ſanguinaires à François I. Comment le pere Daniel juge de la religion de François I. Ce jugement n'eſt qu'une proſtitution. Henri II a été encore plus ſanguinaire que François I. Deux factions principales diviſoient la cour de François I. Deux factions diviſoient auſſi celle de Henri II. Sous François II les Bourbons forment une nouvelle faction. Celle des Guiſes a pour appui Marie Stuart, & Catherine de Medicis ſe joint à eux. Cependant le calviniſme faiſoit des progrès rapides. Le parlement repréſentoit l'inutilité des ſupplices. Jugement du pere Daniel ſur les remontrances du parlement. Henri II prend ſes victimes dans le parlement. La condamnation d'Anne Dubourg va faire prendre les armes aux Huguenots. Cependant l'Angleterre étoit tranquille, quoiqu'elle eût changé quatre fois de religion. Condé chef des Huguenots. On pouvoit déja prévoir les calamités, qui menaçoient la

France. Conspiration des Huguenots contre
les Guises. Elle est éventée. Condé arrêté, est
remis en liberté. Catherine de Medicis, en croyant ménager les deux partis, déplaît à tous
deux. Le chancelier de l'Hôpital empêche d'é-
tablir l'inquisition en France. Assemblée de Fontainebleau. Résultat de cette assemblée. Condé,
arrêté & condamné dans les états d'Orléans.
La mort de François II lui rend la liberté.
Le gouvernement, toujours plus divisé par les
factions, dégénere en anarchie. Les baillis
d'épée perdent l'administration de la justice:
Causes, qui concouroient à produire des guerres
civiles. Les Pays-Bas qui avoient fait partie
de la France, en avoient été séparés. Les souverains n'y avoient pas une autorité absolue.
L'interim de Charles-Quint y commence les
désordres. Le caractère des Flamands ne les
portoit pas à la révolte. Ces peuples avoient
des privileges, qui bornoient l'autorité du souverain. Comment Philippe II, eût pu accroître
son autorité. Il emploie d'autres moyens. Eta-
blissement de l'inquisition. Objet de ce tribunal. Comment il procéde. Ce tribunal est odieux
par sa nature. Premier acte des inquisiteurs.
Pourquoi ce tribunal s'établit sans obstacle en
Espagne. Vœu de Philippe II. Auto da fé
dont il goûte le spectacle. Jugement de l'inquisition contre des personnes qui avoient été
attachées à Charles-Quint. Cruautés de Phi-

lippe qui gouverne en inquisiteur. Il auroit dû prévoir la difficulté d'établir l'inquisition hors de l'Espagne. Le cardinal Granvelle se rend odieux aux Flamands, qui craignoient déja Philippe & l'inquisition. Ils demandent qu'on retire les troupes espagnoles. Philippe est forcé à y consentir. La crainte de l'inquisition fait embrasser le luthéranisme aux Flamands. Ils le défendront avec fanatisme. En Allemagne Ferdinand est forcé à confirmer la paix de religion.

CHAPITRE V.

Des principales puissances de l'Europe depuis l'avénement d'Elisabeth au trône d'Angleterre jusqu'à la paix de Vervins.

Pag. 252.

La mort de François II dissipe les projets du duc de Guise sur l'Angleterre. Marie Stuart se prépare à retourner en Ecosse. Le calvinisme avoit dès sa naissance porté de nouveaux troubles en Ecosse sous Jacques V pere de Marie. Après la mort de Jacques, Marie de Lorraine sa veuve se saisit de la régence. Les Calvinistes d'Ecosse conjurent la ruine des Catholiques, lorsqu'ils apprennent les persécutions

que Marie, reine d'Angleterre, fait aux Proteſtants. Marie de Lorraine eſt trop foible pour
combattre le fanatiſme qui paſſe d'Angleterre en
Ecoſſe. A l'avénement d'Eliſabeth les Proteſtants écoſſois ſe flattent de trouver une protection dans cette reine. Jean Knox allume encore leur fanatiſme. Il les arme, & les grands
ſont à leur tête. Ils publient un acte, par lequel ils ôtent la régence à Marie de Lorraine
& ordonnent aux troupes françoiſes de ſortir
du royaume. Eliſabeth leur donne des ſecours.
Traité conclu à Edimbourg avec les rebelles. Ils
aboliſſent dans un parlement la religion catholique. Marie Stuart arrive en Ecoſſe. Sa pré-
ſence paroît calmer le fanatiſme ; mais ce n'eſt
que pour un moment. Elle recherche l'amitié
d'Eliſabeth, qui eſt ſon ennemie par politique
& par jalouſie. Elle négocie avec elle ſans ſuccès. Combien Eliſabeth étoit jalouſe de ſon autorité. C'eſt pourquoi elle ſe réſolut à vivre
dans le célibat, ſans néanmoins ôter toute eſpérance à ceux qui aſpiroient à ſa main. Dans
des circonſtances bien différentes de celles de
Marie Stuart, elle fait de grandes choſes. Triumvirat en France au commencement du regne de
Charles IX. Catherine de Medicis, qui craint
les triumvirs, veut s'attacher le roi de Navarre.
Colloque de Poiſſi. Converſion du roi de Navarre qui s'unit aux triumvirs. Alors Catherine paſſe dans le parti des Huguenots & fait

donner un édit en leur faveur. *Philippe II*
désaprouve cet édit. *Les chefs des deux par-*
tis se retirent de la cour. Commencement de
la guerre civile. Condé, à la sollicitation de
Catherine, arme contre les triumvirs, qui se
sont saisis de la personne du roi. *Il obtient*
des secours d'Elisabeth, à qui il livre le Ha-
vre. Bataille de Dreux où Condé & le con-
nétable sont faits prisonniers. Le duc de Guise
assassiné par *Poltrot*. *Les deux partis ayant*
fait la paix reprennent le Havre. Fin du con-
cile de Trente. Elisabeth fait la paix avec la
France. Elle donne de fausses marques d'a-
mitié à Marie Stuart. La reine d'Ecosse épouse
le lord Darnley. Elisabeth qui avoit paru ap-
prouver ce mariage, veut l'empêcher. Sa con-
duite enhardit les mécontents à se révolter. Ils
sont forcés à se retirer en Angleterre. Eli-
sabeth les désavoue, quoiqu'elle leur eût pro-
mis des secours. Le cardinal de Lorraine em-
pêche Marie de traiter les rebelles avec clé-
mence. Alors l'entrevue de Bayonne & d'au-
tres circonstances effrayoient les Huguenots de
France. Marie convoque un parlement pour
juger les rebelles. Mais elle va devenir cri-
minelle. Caractère de Henri son mari. La reine
d'Ecosse accorde imprudemment trop de con-
fiance à David Rizzio. Henri fait assassiner
Rizzio. Marie ne respire que la vengeance.
Elle pardonne à tous, & regagne la confian-

ce de son mari pour se venger sur lui. Mais
lorsqu'elle lui a fait faire des démarches qui le
rendent méprisable, elle s'en sépare. Elle ac-
couche d'un fils. Effet que produit sur Elisabeth la nouvelle de ces couches. Les Anglois
demandent qu'Elisabeth se marie ou regle la
succession. Les vœux d'un grand nombre se
déclaroient pour Marie. Caractère de Bothwel.
Il assassine Henri, & Marie l'épouse. Soulévement des Ecossois. Marie prisonniere. Elle
est forcée à signer son abdication. Elisabeth
s'attendrit sur son sort, & veut lui procurer la
liberté. Un parti se forme en faveur de Marie.
Elle est délivrée : mais son parti est vaincu &
elle fuit en Angleterre. Elisabeth refuse de la
voir, jusqu'à ce qu'elle se soit justifiée, à quoi
Marie consent. Murrai régent d'Ecosse, vient
à Londres. Marie veut retirer son consentement. On confére sur les accusations. Les
conférences ayant été rompues, Marie demande inutilement des secours, ou la permission de
se retirer en France. Alors la guerre avoit re-
commencé en France & dans les Pays - Bas.
Le comte d'Egmont avoit porté au roi d'Espagne les plaintes des Flamands. Philippe
II consule des théologiens dont il ne suit pas
les conseils. Cependant l'entrevue de Bayonne
effrayoit les Flamands que Marguerite cherchoit
envain à ramener. Ils lui demandent la liberté de conscience. Ligue des Gueux. Sou-

lévement des Flamands. Le duc d'Albe est envoyé dans les Pays-Bas. Despotisme du duc
d'Albe. Marguerite se retire. Cruautés du
duc d'Albe. La terreur qu'elles répandent en
France cause le soulévement des Huguenots.
Condé est à leur tête. Bataille de S. Denis.
La reine de Navarre amene son fils à la Rochelle. Condé perd la vie à la bataille de Jarnac. Bataille de Montcontour. Paix qui fut
prise pour un piege. Conduite de Philippe II
dans cette derniere guerre. Conduite d'Elisabeth avec les Huguenots & avec les Flamands.
Elle se saisit d'une somme que Philippe envoyoit au duc d'Albe. Cependant elle affermissoit son autorité. Elle défend au parlement de
délibérer sur les affaires d'état. Stricland propose un bill pour rectifier la liturgie. La chambre des communes demande la permission de délibérer sur ce bill. Elisabeth défend à Stricland
de reparoître au parlement ; ce qui souleve les
esprits. Après bien des contestations , on suspend toute délibération. Elisabeth profite de
ce moment pour permettre à Stricland de retourner au parlement. Quelques membres disent que le droit d'accorder des privileges exclusifs est une partie de la prérogative. D'autres traitent ces discours de flatterie ; mais enfin tous se soumettent. C'est dans ce parlement
que la reine acheve de rendre son autorité tout-
à fait absolue. Elle agissoit & parloit comme

*bien convaincue que sa prérogative n'avoit pas
de bornes. Quoiqu'elle abusât quelquefois de
son pouvoir, elle étoit aimée. Toute la résistance du dernier parlement venoit des Puritains
dont le fanatisme sera funeste à l'Angleterre.
Alors Pie V formoit le projet d'ôter l'empire
de la Méditerranée aux Turcs. Les Vénitiens
& Philippe entrent dans ses vues. Bataille de
Lépante. Dans ce même temps la cour de
France ne s'appliquoit qu'à dissiper les craintes
des Huguenots. Elle ouvre une négociation
avec Elisabeth. Elle feint de vouloir déclarer
la guerre à l'Espagne. Charles IX donne sa
sœur Marguerite à Henri, & c'est alors qu'on
égorge les Huguenots. Consternation de la cour
de Londres à cette nouvelle. Joie de Philippe.
A ce massacre Elisabeth juge ce qu'elle doit attendre de Charles, de Philippe, & songe à leur
donner de l'occupation chez eux. La S. Barthelemi qui ne pouvoit être utile à la religion, rend
les Huguenots plus puissants que jamais. L'armée du duc d'Anjou se ruine devant la Rochelle
qui capitule. Catherine de Medicis s'unit au
duc de Guise & au cardinal de Lorraine. Parti
des mécontens ou des politiques. Mort de
Charles IX. Henri III revient de Pologne.
Raisons qu'il avoit d'user de modération. Il
fait la guerre aux Huguenots. Il demande la
paix, il ne l'obtient qu'en subissant la loi. Le
roi de Navarre se met à la tête des Huguenots,*

& obtient des conditions encore plus avantageuses. La ligue se forme. Henri, forcé par les
états de Blois, devient chef de la ligue. Nouvelle paix dont les conditions sont moins favorables aux Huguenots. Mais les deux partis traitoient de mauvaise foi & avec défiance.
Entre ces deux partis, Henri qui n'étoit rien,
s'abandonnoit à ses plaisirs. Elisabeth ménageoit la France par de feintes négociations, &
donnoit des secours aux Huguenots. Le duc
d'Albe avoit avancé le moment, où elle pourroit en donner aux Flamands sans se compromettre. La Hollande & la Zélande lui offrent la
souveraineté. Elle la refuse & offre sa médiation. Pacification de Gand ou traité des provinces qui s'unissent pour la défense de la liberté.
D. Juan viole le traité qu'il a ratifié ; & Elisabeth donne des secours aux Flamands. Alexandre Farnese gouverneur des Pays-Bas. Association de sept provinces. Mathias & le duc
d'Anjou tentent de se faire des souverainetés
dans les Pays-Bas. Le prince d'Orange premier Stadhouder est assassiné. Maurice son fils
lui succede. Avantageuse situation d'Elisabeth
au milieu des troubles de l'Europe. Elle est
cependant forcée à sévir contre le fanatisme.
Elle use d'abord de modération. Le parlement l'autorise à plus de violence. Mais les
persécutions ne causent point de séditions. Les
Etats-Généraux offrent la souveraineté de leurs

provinces à Henri III, & puis à Elisabeth. Le duc de Guise aspire au trône. Les prédicateurs déclament contre Henri III qui se rend tous les jours plus méprisable. Henri III est forcé de se joindre aux ligueurs. Le roi de Navarre appelle au futur concile d'une bulle de Sixte V. Ligue des seize. Le roi de Navarre défait les ligueurs à Coutras. Mais les Allemands, qui viennent à son secours, sont défaits par le duc de Guise, & il ne peut tirer parti de la victoire. La ligue des seize accuse Henri III d'avoir appellé les Allemands au secours des Huguenots. On l'insulte publiquement. On lui demande de se déclarer ouvertement pour la ligue. Il veut montrer de la fermeté, & il est sur le point d'être enlevé. Forcé à s'enfuir, il se retire à Chartres, où il signe l'édit de réunion. Il fait assassiner aux états de Blois le duc de Guise & le cardinal de Lorraine; & il rend les rebelles encore plus audacieux. Il est poignardé. Une partie du conseil d'Elisabeth lui conseilloit de refuser la souveraineté des Provinces-Unies, & de ne point se mêler dans la guerre des Pays-Bas. Une autre partie lui conseilloit d'accepter la souveraineté. Elle la refuse & s'allie des Etats-Généraux. Elle leur envoie des secours. Elle porte la guerre en Amérique. Expérience de Drake qui a le commandement de la flotte. Ses succès engagent les Anglois à former de nouvelles entreprises sur l'Amérique.

que. Mais *Marie Stuart* donnoit de l'inquiétude
à *Elifabeth. Toute l'Europe s'intéreffoit au fort
de cette princeffe , & ce fut la caufe de plufieurs confpirations. Norfolk qui afpire à la
main de Marie , eft enfermé dans la tour. Sou-
lèvement dans le nord. Elifabeth rend la liberté à Norfolk. Pour prévenir les confpirations , Elifabeth feignoit de vouloir rétablir
Marie fur le trône. Le duc d'Albe trame une
nouvelle confpiration qui coûte la vie à Norfolk.
Autre confpiration encore découverte. Une commiffion juge Marie & la condamne à perdre la
tête. Un parlement demande l'exécution de
cette fentence. Élifabeth feint de s'y refufer:
mais elle defiroit qu'on vainquît fa répugnance. Bruit qu'elle fait courir à cet effet. Ses
miniftres vont en avant. Marie Stuart apprend
fa fentence. On lui dit de fe préparer à
la mort pour le lendemain. Sa fermeté & fon
fang froid. Sa mort. Faux regrets d'Elifabeth. Philippe faifoit alors des préparatifs
contre l'Angleterre. Il ne fuit pas les confeils d'Alexandre Farnefe, & fa flotte qu'il
nomme Invincible, eft ruinée. Il réuffiffoit
mieux à foulever l'Irlande contre l'Angleterre.
Le gouvernement des Anglois avoit rendu barbares les peuples de cette île. Sans prendre
part aux queftions qui troubloient l'églife , les
Irlandois haïffoient la réforme parce qu'ils haïffoient les Anglois. Elifabeth n'avoit pas af-*

ſez de troupes pour les ſoumettre. Philippe
leur envoyoit des ſecours pour les entretenir
dans la révolte. Mais ſa puiſſance s'affoiblis-
ſoit, & cependant il ſe flattoit encore de diſpoſer
de la France. Il eſt vrai que Henri IV trouvoit
de grands obſtacles ; mais il les ſurmonte. Vainqueur, il abjure. Tout ſe ſoumet. Pertes que
font les Eſpagnols. Paix de Vervins. Jugement ſur Philippe.

LIVRE DOUZIEME.

CHAPITRE I.

De Henri IV juſqu'à la paix de Vervins.

Pag. 358.

Un prince doit étudier la vie de Henri IV
pour apprendre à l'imiter. Henri, fils d'Antoine de Bourbon & de Jeanne d'Albret, deſcendoit de S. Louis. Sa naiſſance. Son éducation.
A l'âge de quinze ans il voyoit en capitaine expérimenté. Priſonnier à la cour de Charles IX,
il eſt expoſé à des périls, & il n'échappe pas
à tous. Il ne faut pas craindre pour lui ceux
qu'on peut éviter avec une conduite prudente &
courageuſe. Il faut craindre les plaiſirs avec

lesquels Catherine de Medicis tendoit des pie-
ges & tramoit des intrigues. Henri fut donc
sensible à l'amour, & le fut pour toute sa vie :
mais il aima toujours ses devoirs, c'est-à-di-
re, les fatigues, les périls & la gloire. Jamais
capitaine n'en a donné tant de preuves. Cepen-
dant il ne lui auroit pas suffi d'avoir tous les
talents militaires. Son activité & sa prévoyan-
ce pouvoient sans doute beaucoup. Mais ses
autres vertus pouvoient davantage, & il leur
dut la couronne. Henri aimoit le duc de Guise,
parce qu'il l'estimoit. Mais il ne pouvoit aimer
le duc d'Alençon qu'il méprisoit. Marguerite
sa femme, tâchoit de l'en rapprocher. Mais
toute union offensoit Catherine de Medicis. Gé-
nérosité de Henri envers le duc d'Alençon. Le
duc d'Alençon se met à la tête des mécontents.
Catherine s'en applaudit & attend avec im-
patience, que Henri quitte aussi la cour. Quoi-
que l'amour le retînt, il s'échappe, & les Hu-
guenots le reconnoissent pour chef. Pour sui-
vre l'histoire de Henri IV, il faut connoître
Rosny. Rosny ayant été présenté à Henri par
son pere, part pour Paris. Danger que court
Rosny pendant le massacre de la S. Barthele-
mi. Lorsque Henri s'échappa de la cour, il
quitta Paris pour le suivre. Sensible à l'amour.
Rosny plaît à Henri par ce foible : mais il lui
plaît encore plus par ses vertus. Intrigues de
Catherine & de Marguerite parmi les fêtes.

Une raillerie inconfidérée fait perdre la Réole à Henri. Guerre des amoureux. Conférences de Coutras. On fait la paix. Pendant cette paix, Henri commençoit à s'endormir dans les plaifirs. Il fe réveille au bruit de fes ennemis réunis, & fe fait un parti puiffant. Sufpenfion d'armes, pendant laquelle Catherine cherche inutilement à femer la divifion dans le parti de Henri. Bataille de Coutras. L'armée victorieufe fe fépare. Henri étoit impatient de mettre fes lauriers aux pieds de la comteffe de Guiche. Il fe brouille avec le comte de Soiffons, qui, en recherchant fon alliance, ne fongeoit qu'à l'abandonner. Circonftances qui l'appellent au trône. Obftacles qui l'en éloignoient. Les feigneurs catholiques fongeoient à l'abandonner, ou à fe vendre cher. Le comte de Soiffons avec les autres princes du fang & une partie de la nobleffe, remuent pour empêcher qu'il ne foit reconnu. Les gouverneurs des provinces fongent à fe rendre fouverains & indépendants. Turenne s'applique à le rendre fufpect aux Huguenots, qu'il flatte du vain projet de fe gouverner en république. D'un autre côté les ennemis de Henri ne pouvoient pas agir de concert. Le pape n'avoit garde d'entrer dans toutes les vues du roi d'Efpagne. Philippe, incapable de fuivre un plan, fe contrarioit lui-même dans fes projets. Il donnoit de la méfiance aux chefs de la ligue. Les chefs eux-mê-

mes avoient des intérêts contraires. Les gentils-
hommes aussi désunis, changeoient de vues au
gré des conjonctures, & souvent au gré des ga-
lanteries. Les villes avoient aussi leurs intérêts
à part, & pensoient à se gouverner en républiques. En peu d'années Henri rétablira l'ordre
& la paix. Circonstances qui ameneront ce moment desiré. C'est dans les qualités de Henri
& de Mayenne qu'il faut prévoir l'événement.
Mayenne, avec du mérite, avoit dans l'ame &
dans la corps une pesanteur qui le privoit de
graces & de ressort. Henri au contraire joignoit
à une activité surprenante toutes les qualités qui
attirent l'estime & l'amour. Mayenne fait proclamer roi le vieux cardinal de Bourbon. Situation difficile d'où Henri sort par une retraite.
Il reçoit d'Elisabeth un secours d'hommes &
d'argent. Il n'avoit que peu de troupes qu'il
ne pouvoit pas même soüdoyer. Sa prévoyance & sa franchise. Sa générosité après la victoire. Siege de Rouen. Retraite de Henri. Retraite du duc de Parme. Les divisions se multiplient après la mort du cardinal de Bourbon.
Tiers parti qui prétend tout concilier. Henri
refuse d'entrer en négociation avec ce tiers parti. Plan sage de Henri & de Rosny. Impuissance de Mayenne. Etats de Paris où tout se
passe en tumulte. Un roi qu'ils auroient élu,
pouvoit devenir redoutable. Il étoit difficile
qu'ils s'accordassent sur le choix. Pour embar-

C 3.

raſſer encore leurs délibérations, Henri leur propoſe de conférer avec eux. Les conférences ſe
tiennent à Surenne entre les Catholiques des
deux partis. Les peuples ſont las de la guerre,
& leurs vœux ſe portent ſur Henri. Ils déſirent
ſa converſion, & les Huguenots même la jugent néceſſaire. Il abjure. Mayenne rompt les
états. Le pape refuſe d'abſoudre Henri. Les villes rentrent ſous l'obéiſſance du roi. Il ne reſte
plus à ſoumettre que Mayenne dans le gouvernement de Bourgogne & Mercœur dans celui de
Bretagne. Henri déclare la guerre à l'Eſpagne.
C'étoit une démarche trop précipitée. Préparatifs de Philippe. On invite Henri à porter
ſes armes du côté de la Franche-Comté. Roſny
n'eſt pas de cet avis. Henri a peine à le ſuivre :
Mais la belle Gabrielle l'y détermine. Avant de
partir pour la Bourgogne, le roi pourvoit à la
défenſe de la Picardie & à l'adminiſtration des
affaires. Les ennemis avoient paſſé la Saone.
Henri marche avec trois cents chevaux pour les
reconnoître. Action de Fontaine-Françoiſe. Cependant Henri manquoit en Picardie où il faiſoit des pertes ; & dans ſon conſeil, qui ſe conduiſit mal. Mayenne ſe ſoumet. Mauvais état
des finances. Henri forme un conſeil de finances, & n'en eſt pas mieux ſervi. Il projette de
mettre Roſny à la tête des finances. Pour prendre connoiſſance des abus des finances, Roſny
deſire de viſiter quelques généralités. Henri

*nomme des commiſſions à cet effet. Aſſemblée
des Notables tenue à Rouen pour remédier aux
déſordres des finances. Conſeil de raiſon imaginé par les Notables. Leurs propoſitions ſcan-
daliſent tout le conſeil du roi. Roſny conſeille
à Henri de les accepter. Succès de cet avis.
Amiens ſurpris par les Eſpagnols. Henri le
reprend Mercœur ſe ſoumet. Edit de Nantes. Paix de Vervins.*

CHAPITRE II.

De Henri IV. depuis la paix de Vervins juſqu'à ſa mort.

Pag. 420.

*Il faut conſidérer Henri dans la paix. Il
eût préféré les haʒards de la guerre, comme
plus conformes aux habitudes qu'il avoit contractées. Comment Henri formoit des deſirs,
& ſe propoſoit d'en former un jour des deſſeins. Ses deſſeins ſur l'agriculture, & ſur
le commerce. Sur l'adminiſtration de la juſtice. Sur la ſubordination des citoyens. Sur
les gens de guerre. Sur les moyens de défendre le royaume. Sur le clergé: Sur les
moyens d'éteindre l'eſprit de faction. Sur les
finances. Il deſiroit de former une ligue pour*

C 4

abaisser la maison d'Autriche. *Précautions qu'il falloit prendre à cet effet. Il desiroit de former une république de toutes les puissances de l'Europe. Au premier coup d'œil ce desir ne paroissoit pas pouvoir devenir un dessein. Il divisoit l'Europe en quinze dominations. Il renonçoit à tout agrandissement. Il forçoit toutes les puissances héréditaires à y renoncer. Il dépouilloit la maison d'Autriche, pour former les dominations électives & les républiques. Ces puissances une fois formées ne pourroient plus rien acquérir. Il vouloit porter les trois religions à se tolérer. Ces desirs devoient porter Henri à de grandes choses, surtout aidé de Rosny qu'il faut connoître plus particuliérement. Education de Rosny. A seize ans il prend le parti des armes, & acheve lui-même son éducation. Fortune que Henri lui fait. Sagesse avec laquelle Henri se conduit à cet égard. Les mémoires de Rosny sont rédigés d'après les conversations qu'il avoit eues avec le roi. Maximes qu'on y trouve. Ces maximes font connoître comment Henri se proposoit d'arriver à son but. Conversation de Henri avec Rosny sur le choix de sa femme. Il fait une promesse de mariage à Henriette d'Entragues; & il épouse Marie de Medicis. Il vouloit acquiter les dettes de l'état, & soulager les peuples. Les dettes de l'état avoient plusieurs causes. Quatre choses à considérer dans*

les finances , & auxquelles les prédéceſſeurs
de Henri n'avoient pas penſé. Premier revenu
des rois de France. La taille étoit devenue
perpétuelle ſous Charles VII ; depuis elle avoit
augmenté d'un regne à l'autre , les impoſitions
s'étoient multipliées , & les rois n'en étoient
pas plus riches. Deux ſortes de taille , dont
l'une eſt une ſource d'injuſtices. Abus dans les
impôts. Abus dans la levée des impôts. Avant
Henri IV la diſſipation des revenus étoit l'effet
de pluſieurs abus , & en produiſoit d'autres.
Plan de Roſny pour remédier à ces abus. Dif-
ficultés dans l'exécution de ſon plan. On voit
dans ſes mémoires les opérations qu'il a fai-
tes d'année en année. Effet de l'ordre rétabli
dans les finances. Sentiments du roi dans une
maladie , qui faiſoit craindre pour ſa vie. Les
politiques d'Europe inſerent dans les traités de
pacification des articles qui laiſſent ſubſiſter
des prétextes de guerre. Le traité de Vervins
avoit été fait dans cet eſprit. Le duc de Savoie
négocie pour ne pas rendre le marquiſat de Sa-
luces. Henri lui fait la guerre, quoique toute
ſa cour , Roſny excepté , s'oppoſât à cette en-
trepriſe. Il importoit au duc de Savoie de tem-
poriſer , & à Henri de hâter. Conquêtes dans
la Savoie. Le duc de Savoie intrigue pour re-
tarder Henri. Priſe de Montmélian. La paix
ſe fait. L'Eſpagne & la France ne peuvent être
amies. Les Eſpagnols intriguoient pour ſoule-

ver les grands du royaume. *Dans un voyage
en Picardie Henri apprend qu'Elisabeth a les
mêmes desseins que lui, pour abaisser la maison d'Autriche. Henri a la foiblesse de faire
tirer l'horoscope de son fils. Biron avoit conspiré, & le roi lui avoit pardonné. Biron conspi-
re une seconde fois, & perd la tête, quoique
Henri eût voulu lui pardonner encore. Franchise
de Henri avec Rosny. Réponse de Rosny. Henri
rétablit les Jésuites qui avoient été bannis. Jean
Châtel & Pierre Barriere ont été les instruments
des conspirations, qui se tramoient. A la mort
d'Elisabeth, Rosny passe à Londres, sous prétexte de complimenter Jacques. Le roi dans son
domestique ne jouissoit pas du repos qu'il pro-
curoit à ses sujets. La Galigaï & Concini entretenoient ces troubles domestiques. Conspiration
où entre l'Espagne. Trop grande clémence de
Henri. Le duc de Bouillon remuoit sourdement
pour soulever les Huguenots. Le roi les rassure
en donnant le gouvernement de Poitou à Rosny.
Il leur permet de s'assembler à Châtellerault.
Ils montroient du mécontentement & de la défiance. Rosny qui se trouve à l'assemblée, dissipe leurs soupçons & les ramene à leur devoir.
Factieux punis. Rosny fait duc & pair. Le
duc de Bouillon est forcé à se soumettre. Henri
n'imagnoit pas qu'il fût fait pour se reposer un
jour. Au contraire, les projets qui s'offroient
toujours à son ame active, lui préparoient tou-*

jours de nouvelles occupations. *Il penfoit que pour étouffer jufqu'au germe des factions, il fuffifoit de faire aimer le gouvernement. Il s'appliquoit donc à faire fleurir l'agriculture & les arts ; & les François devenoient citoyens. S'il avoit quequefois des vivacités avec Sulli qui contrarioit fes goûts, il l'en aimoit davantage. Calomnie du Jéfuite Cotton contre ce miniftre. Artifice qu'on emploie pour rendre Sulli fufpect au roi, & qui eut quelque effet. Henri avançoit par des négociations la révolution qu'il defiroit. Avec quelle fageffe il conduifoit ses négociations. Elles devoient néceffairement produire quelque grande révolution. Inftructions données aux ambaffadeurs. Difpofitions où étoient les puiffances de l'Europe. Au dehors comme au dedans du royaume tout paroiffoit préparer l'exécution des grands projets de Henri. Henri médiateur entre la république de Venife & le pape. Arbitre entre les États-Généraux & le roi d'Efpagne, il fait conclure une treve de douze ans. Il avoit tout préparé pour fes grands deffeins lorfque la fucceffion aux duchés de Cléves & de Juliers lui fournit l'occafion d'agir. Plan de fes opérations. La maifon d'Autriche étoit fans force contre la ligue qui venoit de fe former. Cependant la république chrétienne ne pouvoit être encore qu'un des defirs de Henri. Le public ne defiroit point les deffeins de Henri. Le roi ne trouvoit plus d'obftacles que dans les intrigues de fa maîtreffe,*

de sa femme & des créatures qui leur étoient dé-
vouées. Il découvre une négociation avec l'Efpagne. Il consent au couronnement de la reine,
lorsque tout lui donnoit de l'inquiétude pour
ses jours. Il est assassiné. Cet attentat a été
l'effet d'une conspiration. Eloge de Henri IV.
On a douté sans fondement des desseins de
Henri.

FIN de la Table, du Tom. XIII.

INTRODUCTION
A L'ÉTUDE DE L'HISTOIRE.

HISTOIRE MODERNE.
LIVRE DIXIEME.

CHAPITRE PREMIER.

Des principaux états de l'Europe depuis Charles VII, jusqu'à la mort de l'empereur Maximilien I.

JE n'ai rien dit de Frédéric III, par ce que les actions de ce prince foible, indolent & avare, influent peu sur l'histoire de l'Europe & peuvent être ignorées. Successeur d'Albert II en 1440, il est mort en 1493, & si son regne a été long pour les Alle-

Frédéric III est le dernier empereur, qui a été couronné à Rome.

mands, il fera court pour vous & pour moi.
Ce prince eſt le dernier qui ait été couronné
à Rome.

Maximilien, ſon fils, toujours actif &
ſouvent inquiet, nous occupera davantage.
Courageux, protecteur des lettres, généreux
juſqu'à la prodigalité, plus fécond en projets qu'habile dans l'éxécution, il a mérité
l'eſtime, l'amour & le blâme. Cependant
je ne me propoſe pas de le ſuivre dans toutes
ſes entrepriſes. Comme ſon regne eſt l'époque, où l'Europe prenait une face nouvelle, les
puiſſances vont tenter de ſe gouverner par des
principes, & que leurs intérêts vont ſe croiſer &
ſe mêler ; il me ſuffira déſormais de conſidérer
dans les princes, ce qui peut contribuer à vous
faire ſaiſir l'enſemble de la ſcene qui va s'ouvrir à vos yeux. Vous pourrez me reprocher,
Monſeigneur, que je mets des bornes à mon
plan, lorſqu'il ſemble que je devrois l'étendre davantage : car nous touchons aux temps
où l'hiſtoire devient pour nous plus intéreſ-
ſante & plus inſtructive. Mais auſſi plus nous
avancerons, plus elle ſera compliquée; &
cependant je n'ai ni le temps, ni les moyens,
ni les connoiſſances néceſſaires pour vous
montrer en détail les reſſorts qui vont mouvoir l'Europe. Je ſens mon ignorance, & ſi
j'étois moins ignorant, je ſentirois encore
mieux combien cette entrepriſe eſt au deſſus

Le regne de Maximilien I eſt l'époque où l'ambition commence à faire mouvoir enſemble les principales puiſſances de l'Europe.

de mes forces. Il me faudroit souvent tâtonner; je ferois de vains efforts pour vous apprendre ce que je fais mal moi-même , & je ne vous offrirois que des tableaux confus. Ce fera donc affez pour moi, fi je vous mets en état de lire les meilleurs ouvrages que nous avons en ce genre, & fi j'y fais puifer les fecours dont j'ai befoin.

En 1477, Maximilien avoit époufé Marie, héritiere de la maifon de Bourgogne, fille de Charles & petite-fille de Philippe le Bon. Les états de cette princeffe comprenoient le duché de Bourgogne, la Franche - Comté, & les Pays-Bas , à la réferve d'Utrecht, d'Over-Iffel & de Groningue. Mais le roi de France ayant fait valoir des droits fur plufieurs de ces provinces, Maximilien, qui ne recevoit pas de fecours de fon pere, n'avoit pu foutenir la guerre avec fuccès; & lorfqu'il fut empereur, il ne fut pas non plus en état de la recommencer avec avantage. Ses fucceffeurs n'oublieront pas leurs droits, & le mariage de Marie de Bourgogne fera pendant plus de deux fiecles une des caufes d'une guerre prefque continuelle.

Ce prince avoit époufé Marie, héritiere de la maifon de Bourgogne.

Le gouvernement féodal prit fous Maximilien une forme plus réguliere. Cet empereur divifa l'Allemagne en dix cercles, l'Autriche, la Baviere, le Bas-Rhin, la Haute-

Il divife l'Allemagne en cercles.

A 2

Saxe, la Franconie, la Suabe, le Haut-Rhin, la Weftphalie, la Baffe-Saxe & la Bourgogne. Mais comme la Bourgogne ne fait plus partie de l'empire, on ne compte aujourd'hui que neuf cercles.

On regla le gouvernement intérieur de chaque cercle ; on les lia par une affociation, qui rendoit à n'en faire qu'un feul corps ; des affeffeurs, députés de chaque province, formerent une *chambre impériale*, pour prendre connoiffance des différens ; & on défendit toute hoftilité & voie de fait, fous peine à l'agreffeur d'être traité comme ennemi public. On créa même une affemblée toujours fubfiftante, pour repréfenter la nation dans l'intervalle des dietes, & pour décider fouverainement des principales affaires, qui pouvoient intéreffer le corps germanique.

Ce plan étoit fage : cependant il ne pouvoit pas s'établir folidement parmi des princes, qui dédaignoient de plaider devant un tribunal, quand ils croyoient pouvoir fe faire juftice par les armes. Il auroit encore fallu une puiffance capable de faire refpecter les loix. C'eft ce qui manquoit à l'Allemagne, & à quoi Maximilien n'avoit pas pu remédier. Le temps achevera fon ouvrage. Ce prince mourut en 1519. Nous aurons occafion d'en parler encore

Les troubles d'Angleterre qui avoient été
si favorables à la France, continuerent encore long-temps après la mort de Cha les VII.
La maison d'Yorck avoit usurpé le trône sur la
maison de Lancastre ; Edouard IV regnoit , &
Henri VI étoit enfermé dans la tour de Londres. Marguerite , fille de René d'Anjou, &
femme de Henri , vivoit pleine de ressources
& de courage. Cette héroïne avoit déja deux
fois, par sa condúite & par ses victoires, dé-
livré son mari tombé entre les mains de ses
ennemis. Elle paroissoit enfin ne pouvoir plus
former de projets, lorsqu'Edouard, aliénant
les grands mêmes qui l'avoient servi , fit naître de nouveaux troubles dont elle sut profiter.
Elle rétablit Henri en 1470.

Troubles en Angleterre sous Henri VI qui perd la couronne & la vie.

Edouard, forcé de s'enfuir, avoit cherché
un asyle en Hollande, d'où il revint l'année
suivante avec les secours qu'il obtint de Charles duc de Bourgogne, son beau-frere. Il re-
monta sur le trône. Henri enfermé une seconde fois dans la tour, y perdit bientôt la vie;
& Marguerite, faite prisonniere, ne recouvra
sa liberté qu'en 1475 , que Louis XI, roi de
France, donna cinquante mille écus pour sa
rançon.

Il ne restoit plus de la maison de Lancastre que Marguerite de Sommerset & son fils
le comte de Richemond, qu'elle avoit eu de

Fin de la domination des Plantagenets.

A 3

son mariage avec Edmond Tudor. Mais les Sommersets n'étoient qu'une branche bâtarde de Lancastre ; & quoiqu'ils eussent été légitimés, on ne leur avoit jamais reconnu aucun droit à la couronne. Edouard n'ayant donc plus de concurrent, les guerres civiles cesserent; & après sa mort, arrivée en 1483, son fils Edouard V monta sur le trône.

La même année, le nouveau roi, qui n'avoit que douze à treize ans, perdit la couronne avec la vie; & son frere fut, ainsi que lui, sacrifié à l'ambition du duc de Glocester leur oncle. L'usurpateur, qui avoit pris ses mesures pendant le regne de son frere, Edouard IV, se fit couronner sous le nom de Richard III. Il ne jouit pas long-temps de son crime. Persuadé qu'il ne pouvoit s'affermir, qu'en répandant le sang de tous ceux qu'il craignoit, il souleva la noblesse; & le comte de Richemond, qui s'étoit retiré en France, parut à la tête des mécontents & fut proclamé roi sous le nom de Henri VII, après une victoire où Richard perdit la vie. Ainsi finit, en 1485, la domination des Angevins ou Plantagenets, dont Henri II avoit été le chef, & qui regnoient depuis plus de trois cents ans. Il ne restoit plus d'enfant mâle de la postérité d'Edouard III, qu'un jeune prince, que Henri VII fit périr quelques années après.

L'extinction des maifons de Lancaftre & d'Yorck termina les guerres civiles, qui duroient depuis plus de trente ans, & pendant lefquelles les deux partis, fous les devifes de rofe-rouge & de rofe-blanche, fe livrerent treize batailles, & firent périr quatre-vingts princes du fang & plus de onze cents mille hommes.

C'eft en 1453 que Charles VII, roi de France, avoit entiérement chaffé les Anglois. Toujours divifés depuis, ils n'étoient plus à craindre ; & le roi, qui avoit réuni tant de provinces à la couronne, étoit d'autant plus puiffant, que l'efprit de faction s'étoit peu-à-peu éteint, pendant la longue guerre qui avoit réuni tous les François contre l'ennemi commun. D'ailleurs les vaffaux avoient oublié les droits, qu'ils avoient perdus fous d'autres regnes. Si auparavant ils n'avoient pas fu les défendre, il leur étoit déformais impoffible de les recouvrer ; & le gouvernement féodal étoit prefque entiérement ruiné. En effet, il ne reftoit plus que deux grands fiefs, le duché de Bourgogne & celui de Bretagne ; & on pouvoit efpérer de les réunir un jour à la couronne.

Puiffance de Charles VII après l'expulfion des Anglois.

Louis XI, fils & fucceffeur de Charles VII, eut donc au commencement de fon regne plus de puiffance que n'en avoit eu aucun de fes prédéceffeurs. Pour affermir fon au-

Caractère de Louis XI.

A 4

torité ou pour l'accroître même, il ne falloit que l'étayer fur l'amour & le refpect, en
montrant de la juftice & de la fermeté. Mais
plus Louis crut qu'il pouvoit tout, plus il
ambitionna d'être abfolu. C'eft par la terreur
qu'il voulut dominer ; & comme il avoit été
rebelle envers fon pere, il fut cruel avec
fes fujets, & perfide avec fes voifins. Il eut
les vices d'une ame tout-à-la fois timide &
féroce; imprudent, fourbe, fanguinaire, fuperftitieux, il montra quelque efprit & peu de
vertus.

Il eft incapa-
ble de bien
placer fa con-
fance.

Son premier foin fut de difgracier ceux
que Charles avoit employés, & dont tout le
crime étoit d'avoir été fideles à leur roi. Il
les remplaça par des hommes qu'il croyoit à
lui, parce qu'ils lui avoient été attachés,
lorfqu'il étoit rebelle ; & comme fi la trahifon
eût été un titre à fa faveur, il rendit la liberté
au duc d'Alençon que Charles avoit fait enfermer pour avoir confpiré contre l'état. Il
craignoit le mérite & la naiffance : il aimoit
à employer des hommes fans confidération ;
qu'il pouvoit facrifier impunément ; & com-
muniquant fa méfiance à fes courtifans & à
fes miniftres, il les mettoit dans l'impuiffance de le fervir, & les invitoit à prévenir
leurs difgraces par des trahifons.

Guerre du
bien public.

Il ne faut donc pas s'étonner fi fon regne,
qui auroit pu être paifible & floriffant, fut

d'abord troublé par une guerre civile , où il
fut fur le point de perdre la couronne &
la vie. Il falloit que fon gouvernement fût
bien odieux au peuple , puifque les rebêlles
oferent fe foulever contre lui fous le prétexte
du bien public. Louis ne termina cette guerre
qu'en accordant aux chefs des ligués tout ce
qu'ils exigerent de lui : mais au lieu de tenir fes engagements , il les. trompa les uns
après les autres , & reprit ce qu'il avoit
cédé.

Il fut cependant pris lui-même dans le piege qu'il tendoit , & il fe crut fort heureux
d'en fortir avec des humiliations. Croyant
tromper plus furement Charles duc de Bourgogne , il feignit de vouloir négocier en perfonne avec lui , & lui demanda un fauf-conduit pour l'aller joindre à Péronne. A peine
y fut-il arrivé , que Charles apprit que les
Liégeois, fes fujets , s'étoient révoltés à la
follicitation du roi. Ce prince fe fût peut-
être cruellement vengé d'une trahifon auffi
hardie, s'il n'eût pas été retenu par des perfonnes à qui il donnoit fa confiance , & que
l'argent de Louis avoit gagnées. Il balança
plufieurs jours fur le parti qu'il avoit à prendre , pendant que le roi , enfermé dans le château , étoit dans les plus vives inquiétudes. Il
lui rendit enfin la liberté: mais ce fut après
lui avoir fait figner un traité tel qu'il le lui

Louis XI
traître envers
Charles duc
de Bourgogne
en eft puni.

présenta ; & pour achever de l'humilier , il le força de marcher avec lui contre les Liégeois, que Louis avoit lui-même promis de foutenir dans leur révolte.

Sa conduite avec le duc de Berri fon frere

Le duc de Berri , un des chefs de la ligue du bien public , avoit forcé le roi, fon frere , à lui donner le duché de Normandie en apanage ; & Louis, qui le lui avoit enlevé bientôt après , venoit de lui affurer la Champagne & la Brie, par le traité fait avec le duc de Bourgogne. C'étoit rapprocher deux princes déja trop unis. Auffi négocia-t-il auprès de fon frere , pour lui faire accepter la Guienne en échange des provinces cédées.

Il réuffit dans cette négociation : mais il craignoit encore que fon frere n'époufât Marie héritiere de Bourgogne. Il tentoit tout pour empêcher ce mariage , lorfque le duc de Guienne mourut de poifon ; & Louis fut vivement foupçonné d'être l'auteur de ce crime. Ici finit l'ufage qui renouvelloit continuellement le gouvernement féodal : car le duc de Guienne eft le dernier prince du fang qui ait joui des droits de fouverain dans fes apanages.

Il pouvoit être abfolu

Sans m'arrêter fur les autres détails de ce regne , je remarquerai feulement comment Lous XI accrut la puiffance des rois.

Lorfqu'après une longue fuite de guerres, les familles qui entretenoient l'efprit de faction, font éteintes ou domptées, il faut néceffairement que le peuple qui commence à goûter le repos, craigne de voir renaître les troubles. Les François devoient donc fe croire trop heureux de n'avoir enfin qu'un maître, quel qu'il fût. Telle étoit à peu près la fituation de la France, lorfque Louis XI parvint au trône. Il ne falloit plus qu'intimider pour affervir. Il intimida: quatre mille fujets, dit-on, furent exécutés en public ou en fecret: il imagina de nouveaux fupplices; & fa puiffance abfolue fut plus l'ouvrage de fa cruauté que de fa politique. S'il eut des guerres à foutenir, il n'eut point d'ennemis redoutables. Ce n'étoit que des reftes de factieux, fans talents, fans concert, & qu'on intimidoit comme le peuple. Charles, duc de Bourgogne, n'étoit lui-même qu'un efprit inquiet, emporté, préfomptueux, haï de fes fujets & de fes courtifans.

fans être cruel.

Louis fe faifit de la Bourgogne après la mort de Charles. Héritier de la maifon d'Anjou, il réunit quelque temps après à la couronne le Maine, l'Anjou, la Provence, & il eut des droits fur le royaume de Naples. Il acquit encore plufieurs villes en Picardie, prefque tout l'Artois, le comté de Boulogne, le Rouffillon, la Cerdagne & d'autres

Domaines qu'il réunit à la couronne.

domaines. C'eſt ainſi que pendant ce regne, l'agrandiſſement de la monàrchie concourut avec la ſoumiſſion des peuples à l'agrandiſ-ſement de l'autorité royale. On peut encore remarquer que Louis XI porta à quatre mil-lions ſept cents mille livres les tailles, qui lorſque, ſous Charles VII, elles furent impo-ſées pour la première fois, n'avoient produit que dix-huit cents mille francs. Le marc d'argent valoit alors dix livres. Ainſi les tail-les rapportoient plus de vingt-trois millions de notre monnoie.

Il fait rendre la juſtice.

Je né dois pas oublier une choſe qui con-tribuoit ſans doute à l'affermiſſement de l'au-torité royale : c'eſt que quelque injuſte que fût Louis XI, il vouloit qu'on rendît la juſtice, il y veilloit. Il ſe propoſoit même, lorſqu'il mourut, d'abréger la longueur des procédu-res & d'établir dans tout le royaume les mê-mes meſures, les mêmes poids & les mê-mes coutumes. Enfin il fut aſſez éclairé pour ne pas hauſſer & baiſſer les monnoies à l'exemple de ſes prédéceſſeurs. Il a pu ſe re-pentir de n'avoir pas ſu ménager le maria-ge de Marie de Bourgogne avec le dauphin. Cette faute enleva les Pays-Bas à la France & fut le principe de l'agrandiſſement de la maiſon d'Autriche.

1483
Il laiſſe la Charles VIII avoit quatorze ans lorſque le roi ſon père mourut. Il n'étoit point mi-

neut par la loi de Charles V, dit Mr. de Voltaire, mais il l'étoit par celle de la nature. Le défaut d'éducation le rendit encore incapable de gouverner: car Louis n'avoit cru s'affurer de l'obéiffance de fon fils, qu'en le tenant dans la plus grande ignorance : & ceux à qui il l'avoit confié avoient parfaitement rempli fes intentions. Pour fuppléer à l'incapacité du jeune roi, il laiffa par fon teftament le gouvernement du royaume à fa fille ainée, Anne, femme de Pierre de Bourbon, feigneur de Beaujeu.

couronne à Charles VIII, & le gouvernement du royaume à Anne de Beaujeu.

Cette princeffe étoit digne de ce choix ; & il fut approuvé par les états-généraux, tenus à Tours l'année fuivante Cependant le duc d'Orléans, comme premier prince du fang, prétendit avoir feul droit au gouvernement de l'état : les autres princes appuyerent fes prétentions; & il fit avec eux une ligue, dans laquelle entrerent Maximilien & le duc de Bretagne. Ce regne commença donc par une guerre civile.

1484 Guerre civile qui finit par la défaite du duc d'Orléans.

Anne de Beaujeu rompit plufieurs fois les mefures des conjurés. Elle fut même en attirer quelques-uns dans fon parti ; & la paix fut rétablie en 1488, par la défaite du duc d'Orléans, qui fut fait prifonnier.

1488

La même année François II, duc de Bretagne, étant mort, le roi de France arma

Charles époufe l'héritiere

de Bretagne pour enlever cette province à la fille aînée & héritiere de François : mais la guerre que lui faifoit Maximilien, & celle dont le roi de Caftille le menaçoit, lui firent bientôt préférer d'acquérir la Bretagne, en époufant la princeffe.

La chofe n'étoit pas fans difficultés : car il avoit déja fiancé Marguerite, fille de Maximilien, cette princeffe étoit à la cour de France depuis plufieurs années, & pendant qu'il faifoit de vains efforts pour conquérir la Bretagne, Maximilien lui-même venoit d'en époufer l'héritiere par procureur. La ducheffe d'ailleurs qui avoit de l'éloignement pour le roi, fe refufoit à ce mariage, & donnoit pour raifon qu'elle ne pouvoit en confcience rompre fon premier engagement.

1491 Une armée, qui approcha à la vue de Rennes, leva fes fcrupules, & la força de fe rendre aux empreffements de Charles. Maximilien, doublement offenfé, prit les armes par vengeance, & les quitta par impuiffance de continuer la guerre.

Il fe propofe la conquête du royaume de Naples. Le roi avoit rendu la liberté au duc d'Orléans, lorfque honteux de fe conduire par les fages confeils d'Anne de Beaujeu, il fe livra à des favoris qui lui en donnerent de mauvais, & crut gouverner par lui-même. Il céda la Franche-Comté & l'Artois à Maxi-

milien ; il rendit la Cerdagne & le Rouſſillon
à Ferdinand le Catholique ; & lorſqu'il abandonnoit ces provinces qu'il pouvoit difficilement perdre, il demandoit ſeulement qu'on
ne le troubleroit pas dans la conquête du royaume de Naples qu'il ne devoit pas conſerver.

La France, ayant ceſſé d'être déchirée
par des guerres civiles, étoit alors l'état le
plus puiſſant. Elle pouvoit déployer ſes forces, & ſe rendre redoutable, ſi elle avoit
un roi qui ſût les employer. Il eſt aiſé de
prévoir quel ſera le ſuccès d'une entrepriſe
formée par un prince ſans expérience, qui
certainement n'avoit rien prévu. Voyons quel
étoit l'état de l'Italie.

Philippe - Marie Viſconti ne laiſſant point
d'enfant mâle, avoit diſpoſé, en 1447, du
duché de Milan en faveur d'Alphonſe roi de
Naples, concurrent & vainqueur de René
d'Anjou. L'amitié qu'il avoit conçue pour ce
prince, l'alliance qui étoit entre eux, car ſa
fille avoit épouſé le petit-fils du roi de Naples, & la crainte que les Vénitiens ne ſe
rendiſſent maîtres du Milanès, furent les
motifs qui le déterminerent à ce choix.

Cependant François Sforze, fils bâtard
de ce Sforze, ſoldat de fortune, que nous
avons vu à Naples, formoit des prétentions

Pluſieurs pré-
tendants au
duché de Mi-
lan.

sur le duché de Milan, parce qu'il avoit épousé la fille naturelle de Philippe-Marie. Charles, duc d'Orléans, en formoit encore, &
il se fondoit sur les droits de Valentine sa
mere, qui étoit sœur de Philippe, & à qui
la succession avoit été promise par contrat
de mariage : mais il fut hors d'état de les faire
valoir.

Cette ville veut se gouverner elle-même, Il y eut alors trois partis dans Milan, un
pour Alphonse, un autre pour Sforze & un
dernier qui vouloit établir le gouvernement
républicain. Celui-ci qui étoit le plus fort,
soutint que le duché devoit retourner à l'empire ; ne voulant donner Milan qu'à un prince qui ne le pourroit pas garder, & se proposant d'acheter de Frédéric III le droit de s'éri-
ger en république. C'eût été un argent bien
mal employé : car ce prince étoit aussi foible
pour protecteur que pour maître. Quoi qu'il
en soit, les Milanois essayerent de se gouverner eux-mêmes.

ainsi que Pa-vie & Parme. Pavie & Parme, qui jusqu'alors en dépen-
doient, imaginerent aussi de faire le même
essai. Les villes de Lodi & de Plaisance ne
porterent pas leurs vues si haut ; & conten-
tes de se soustraire à la domination de la république de Milan, elles se donnerent aux Vénitiens.

Les Milanois se livrent im- Dans cette position, le parti le plus sage
pour les Milanois, étoit d'abord de laisser fai-
re

re ces villes , & de fonger feulement aux moyens d'établir une bonne forme de gouvernement parmi eux. Ils voulurent conquérir
avant d'avoir affuré leur liberté, & ce fut
leur perte , d'autant plus qu'ils eurent encore
l'imprudence de donner à Sforze le commandement de leurs troupes. Ce général fe préfenta devant Pavie , qui fe foumit à lui , à
condition qu'il ne la céderoit pas aux Milanois. Il rendit enfuite inutiles les efforts du
duc d'Orléans , qui avoit paffé les Alpes.
Enfin ayant eu des avantages fur les Vénitiens , il fut fe fervir d'eux pour ufurper la
fouveraineté de Milan.

prudemment à François Sforze.

Galéas-Marie , fon fils , qui lui fuccéda,
cruel & fans mœurs, fut haï & affalliné après
un regne de dix ans. Il laiffa un fils mineur,
Jean-Galéas-Marie, qui regna d'abord fous
la tutele de fa mere & du chancelier Simo-
netta. Bientôt Ludovic Sforze , dit le Maure,
oncle de ce jeune prince, chaffa de Milan la
ducheffe, fit couper la tête au chancelier, &
fe faifit de la régence ou plutôt de la fouveraineté; car il ne laiffa que le nom de
duc à fon neveu.

Ludovic Sforze ufurpe l'autorité fur Jean-Galéas-Marie fon neveu.

Les Napolitains avoient été plus heureux
fous Alphonfe, qui prit le premier le titre
de roi des Deux-Siciles. Il préféra ce royaume aux autres qu'il poffédoit, le rendit plus
floriffant qu'il n'avoit jamais été, le laiffa par

Le royaume de Naples avoit été floriffant fous Alphonfe , concurrent de René d'Anjou.

Tom. XIII.   B

fa mort, en 1458, à Ferdinand duc de Calabre, fon fils naturel, & difpofa des
royaumes d'Arragon & de Valence en faveur
de Jean, roi de Navarre, fon frere.

Alors tout changea. Les premiers troubles furent caufés par Calixte III, qui déclara
que Ferdinand étoit un enfant fuppofé, &
que la couronne des Deux-Siciles étoit dévo-
lue au faint fiege. Ils finirent bientôt par
la mort de ce papa, & il en furvint de plus
grands, car Jean d'Anjou, appellé par des
feigneurs qui s'étoient révoltés, fut au moment de fe rendre maître du royaume. Ferdinand dut fon falut à un corps de troupes,
que lui envoya François Sforze duc de Milan;
à l'adreffe de Robert Saint-Sévérin, qui fut ramener les principaux rebelles; & à un héros,
qu'il n'attendoit pas : c'étoit Scanderberg, qui
n'avoit pas oublié les fecours qu'Alphonfe
lui avoit envoyés, lorfqu'il avoit été attaqué
par les Turcs.

La profperité dévoila des vices, qu'on en-
trevoyoit déja dans Ferdinand. Malheureufement on les découvrit encore dans fon fils
Alphonfe. Avares & cruels l'un & l'autre, ils
fe rendirent odieux, & fouleverent encore les
peuples. Cependant les dernieres années de ce
regne furent tranquilles.

Pendant que Ferdinand regnoit à Naples,
& que Ludovic étoit plutôt fouverain de Mi-

Ian que tuteur de fon neveu, Laurent Médicis gouvernoit Florence. Ce fage citoyen, l ame de fa république, tenoit dans la balance les différents princes d Italie, & maintenoit toutes les puiffances en équilibre. Il importoit au falut de fa patrie qu'aucune ne s'agrandît; c'étoit même l'intérêt bien entendu de toutes enfemble: mais diviſées de tout temps, toujours occupées à s'obſerver avec défiance, & ne ceffant jamais de former des prétentions, étoit-il poffible qu'elles connuffent leurs vrais intérêts? cupoit des moyens d'aſſurer la paix de l'Italie;

Le roi des Deux Siciles avoit des droits fur Milan, & d'ailleurs Alphonfe fouffroit impatiemment que Jean Galéas, à qui il avoit donné fa fille & qui étoit âgé de plus de vingt ans, n'eût que le nom de duc, pendant que Ludovic ufurpoit toute l'autorité. Il follicitoit donc Ferdinand fon pere, à prendre les armes contre cet ufurpateur. Pour écarter cet orage, Ludovic inquiet & ambitieux, devoit naturellement chercher à fuſciter des troubles dans le royaume de Naples; & il le pouvoit facilement en fe prêtant aux vues des papes, toujours prêts à favoriſer la maifon d'Anjou, tant qu'elle n'auroit que des prétentions. Les Vénitiens, dont toute l'ambition étoit de s'étendre dans la Lombardie, voyoient avec plaifir ces femences de divifions, difpofés à prendre les armes pour l'un ou pour tandis que toutes les puiffances formoient des projets de guerre.

l'autre parti fuivant les circonſtances , & à profiter de la foibleſſe des deux. Les Florentins, forcés par leur ſituation à prendre part à toutes les guerres qui s'élevoient en Italie, étoient dans le cas d'en éprouver tous les maux, ſans en retirer aucun avantage. Ils étoient donc placés pour mieux voir les intérêts de tous, & ils avoient pour leur bonheur les yeux de Medicis.

Il étoit de l'intérêt de Ferdinand & de Ludovic d'entrer dans les vues de Laurent.

Ferdinand, quoiqu'il eût des vices, avoit des lumieres. Il étoit digne du trône à bien des égards : ſes malheurs l'avoient éclairé, & Laurent acheva de lui ouvrir les yeux : il reconnut qu'il ne ſeroit puiſſant dans ſon royaume, qu'autant qu'il n'auroit point d'ennemis étrangers.

Ludovic, dans une poſition encore plus critique, craignoit tout-à-la fois les partiſans de ſon neveu, l'ambition des Vénitiens & les prétentions du roi de Naples ; il avoit donc tout à craindre au dedans & au dehors.

Tous trois ligués enſemble ils aſſurent la paix , malgré le pape & malgré les Vénitiens.

Il eſt vraiſemblable que Ludovic & Ferdinand ne ſe ſeroient jamais rapprochés d'eux-mêmes. Laurent, qui jugeoit de leurs intérêts mieux qu'eux, ſe fit leur médiateur, & leur perſuada de former avec Florence une ligue, pour établir & maintenir la paix en Italie. Après divers accidents qui altérerent d'abord cette confédération, elle ſe renouvella pour

1480

vingt-cinq ans, & elle força tous les princes à entrer dans fes vues. Il eft vrai qu'Innocent VIII, élevé fur la chaire de S. Pierre en 1484, voulut encore exciter des troubles dans le royaume de Naples: trop foible néanmoins lui feul contre les puiffances liguées, il fut contraint de fe foumettre ; & il ne fe conduifit plus que par les confeils de Laurent. Ce fut le bonheur des papes, fi c'eft un bonheur pour eux d'être fouverains : leur autorité s'affermit dans le calme, & le peuple fe fit peu-à-peu une habitude de voir un maître dans un pontife, dont Laurent & Ferdinand faifoient refpecter la puiffance, jufqu'alors au moins conteftée.

Venife, plus forte qu'aucune de ces puiffances prifes féparément, ne pouvoit rien entreprendre, tant qu'elles feroient unies; & Laurent fe fervoit de la crainte qu'on avoit de cette république, comme d'un frein pour contenir fes alliés. Mais la confidération qu'il avoit acquife, cimentoit feule cette union: car les jaloufies invétérées continuoient toujours de fubfifter.

L'Italie étoit heureufe. Une population abondante rempliffoit les villes de citoyens induftrieux, & les campagnes de laboureurs qui cultivoient jufqu'aux lieux les plus ftériles. Les arts étoient floriffants, & les talents fe

B 3

multiplioient, l'abondance se répandoit par-
tout; en un mot, tout prospéroit sous des princes qui connoissoient leurs intérêts; & le génie de Medicis veilloit sur les peuples & sur
les princes. Voilà le pays, dont Charles VIII
sera bientôt le fléau.

Il meurt re-
gretté de tou-
te l'Europe.

Ces temps heureux paroissoient devoir durer puisque Medicis n'avoit pas encore trente six ans; par où vous voyez combien il étoit
jeune lorsqu'en 1466 il fut à la tête de sa république. Mais il mourut en 1491 dans la
quarante-quatrieme année de son âge; perte
funeste pour Florence, pour l'Italie entiere,
& à laquelle toute l'Europe prit part. Cette
mort fut suivie de celle d'Innocent VIII,
dont la vie inutile d'ailleurs au bien public,
étoit du moins utile en une chose: c'est qu'il
avoit sacrifié son ambition aux plaisirs du repos.

Rodrigue
Borgia, Ale-
xandre VI, sur
la claire de S.
Pierre.

Son successeur, Rodrigue Borgia, Espagnol, acheta publiquement le pontificat avec
de l'argent & avec des promesses. Ferdinand,
dit Guichardin, qui n'avoit pas coutume de
pleurer, versa des larmes, lorsqu'il apprit l'é-
lévation d'Alexandre VI, c'est le nom que
prit Borgia, & il prédit que ce pape seroit
funeste à l'Italie & à toute la chrétienté. En
effet, ce pontife déshonora bientôt le saint siege par son ambition, par son avarice, par
ses cruautés & par ses débauches.

Pierre II fuccéda fans oppofition à Laurent fon pere. Il n'en eut ni les talents ni les vertus. D'autant plus jaloux de l'autorité qu'il la méritoit moins, il dédaigna, contre l'ufage, de confulter le confeil dans les affaires importantes; & cependant il fe livra tout-à-fait à Virgile des Urfins, homme devoué à la cour de Naples. Les liaifons qu'il prit avec Ferdinand, donnerent bientôt de l'inquiétude à Ludovic Sforze.

Pierre II fuccede à Laurent.

Les princes chrétiens étoient dans l'ufage d'envoyer des ambaffadeurs à chaque nouveau pape pour adorer dans le pontife le vicaire de Jefus Chrift. Ludovic, qui fe piquoit de prudence, & qui aimoit à fe diftinguer par des idées fingulieres, penfa que tous les ambaffadeurs des confédérés devroient arriver à Rome le même jour, aller enfemble à l'audience, & un d'eux haranguer au nom de tous. Son deffein étoit de faire voir que la confédération formoit, de tant de princes, un feul état.

Projet de Ludovic pour montrer au pape combien les confédérés étoient unis.

Ferdinand approuva volontiers ce projet, & Pierre n'ofa le combattre dans le confeil de Florence, où il fut également approuvé. Il y étoit cependant contraire, parce qu'ayant fait fes préparatifs pour paroître à Rome avec pompe, il craignoit d'être confondu avec les autres ambaffadeurs. C'étoit une puérilité

Ce projet n'eft pas exécuté.

B 4

fans doute : mais tel étoit fon efprit ; & il fallut que Ferdinand, pour lui plaire, fît abandonner ce projet à Ludovic.

Cette condefcendance du roi des Deux-Siciles, confirma les foupçons de Ludovic. Il la regarda comme une preuve de la trop grande intelligence, qu'il fuppofoit entre Pierre & Ferdinand ; & de ce jour il crut devoir prendre des mefures dans la crainte qu'ils n'armaffent enfemble pour rétablir Jean Galéas dans fes droits. Ferdinand en prenoit auffi conjointement avec Pierre contre le nouveau pape, & dans cette vue il venoit de faire acheter à Virgile des Urfins plufieurs petits châteaux qui étoient auprès de Rome. Cependant comme c'étoient des fiefs qui relevoient du faint fiege, Alexandre fe plaignoit qu'on en eût difpofé fans fon agrément.

Ludovic alluma la colere du pape ; il lui fit fentir combien il importoit pour lui que fon autorité ne fut pas méprifée dès le commencement de fon pontificat : il l'enhardit par des fecours d'argent & de troupes. En même temps il exhorta le roi de Naples à fatisfaire Alexandre ; & il invita Pierre à fuivre l'exemple de Laurent, qui au lieu de former des partis, étoit, par fa médiation, le pacificateur de l'Italie.

Nicolas III, de la maifon des Urfins, qui monta fur la chaire de S. Pierre en 1277, eſt le pape qui forma le premier les projets les plus ambitieux pour élever fa famille: car fous prétexte de donner des défenfeurs à l'églife de Rome, il vouloit établir deux de fes parents, l'un roi de Lombardie & l'autre roi de Tofcane. Depuis ce temps, le népotifme eft devenu comme un droit aux plus grands honneurs, & l'hiftoire eft pleine de neveux, que les papes ont faits princes. Quelques-uns même ont eu cette ambition pour des fils qu'ils ne devoient pas avouer, & que pour cette raifon ils appelloient neveux. Or, Alexandre VI en avoit plufieurs, qu'il appelloit fans myftère du nom de fils ; & quelque jaloux qu'il parût des droits du faint fiege, il étoit prêt à les facrifier à la fortune de fes enfants. Il en vouloit marier un avec une fille naturelle d'Alphonfe, demandant pour dot une principauté dans le royaume de Naples. Ferdinand n'étoit pas éloigné d'y confentir; mais Alphonfe n'en vouloit pas entendre parler. Cependant n'ofant montrer la répugnance qu'il avoit pour ce mariage, il fe contentoit de faire naître des difficultés & de gagner du temps.

Le pape, qui connut enfin qu'on le jouoit, voyoit dans l'état eccléfiaftique Virgile des Urfins, les Colonnes & plufieurs autres feigneurs puiffants, qui étoient dévoués au roi de Naples, & qui en recevoient des penfions.

pourvu qu'il obtint des principautés pour fes neveux.

Il fe ligue avec Ludovic & avec les Vénitiens.

La crainte se joignant donc au dépit, il fit en 1493 une ligue avec Ludovic, & avec les Vénitiens, qui s'engagerent à la défense de l'état ecclésiastique, & qui lui envoyerent des troupes. L'objet de cette confédération étoit aussi de maintenir Ludovic dans Milan.

Ludovic invite Charles VIII à la conquête du royaume de Naples.

Cependant Ludovic, comptant peu sur ses alliés, imagina d'inviter Charles VIII à la conquête du royaume de Naples; sans considérer que cette démarche pourroit être par ses suites, pire que les craintes qu'il vouloit écarter. Il fit même adopter ce projet au pape, auquel il le montra comme le plus sûr pour se venger de Ferdinand, & pour procurer des principautés à ses fils.

Ferdinand négocie inutilement pour détourner Charles de cette entreprise.

Le roi des Deux-Siciles négocia inutilement avec la cour de France, pour faire abandonner à Charles VIII le dessein de passer en Italie. Envain il tenta de corrompre avec de l'argent ceux qui avoient du crédit sur ce prince. Ce moyen, presque toujours infaillible, ne réussit pas, & cependant il auroit été heureux pour la France même qu'il eût réussi.

Il se réconcilie avec le pape, mais il ne peut regagner Ludovic.

Ferdinand se réconcilia avec le pape en le satisfaisant sur les châteaux de Virgile des Ursins, & en lui donnant pour un de ses fils, une fille d'Alphonse avec la principauté de Squilaci. Il lui restoit à ramener Ludovic :

il tenta tout à cet effet, jufques-là qu'il offrit d'abandonner les intérêts de Jean Galéas: car il ne doutoit pas que la crainte d'être chaffé de Milan ne l'eût feule déterminé à prendre un parti auffi extrême. Ces offres étoient appuyées par les follicitations du pape & de Pierre Médicis; & on fe flattoit de lui faire abandonner l'alliance des François, qu'il étoit bien hazardeux pour lui d'attirer en Italie. Mais il aima mieux en courir les hazards, perfuadé que lorfqu'on ne craindroit plus Charles VIII, on ne tiendroit pas les promeffes qu'on lui faifoit. Il répondit donc vaguement: il parut fe rendre quelquefois: en un mot, il amufa les Italiens, & il donna aux François le temps de faire leurs préparatifs. Sur ces entrefaites, Ferdinand mourut au commencement de 1494: Alphonfe reçut du pape l'inveftiture du royaume de Naples, & ht avec lui une ligue pour leur défenfe commune.

Charles VIII paffe enfin les Alpes. Il ne va pas à une guerre: c'eft un voyage qu'il fait en caravane. Il ne lui manque que de l'argent: il eft obligé d'engager des pierreries; & pour peu que les vivres fuffent chers, il ne feroit pas fûr d'arriver à Naples: cependant les temps de calamités vont recommencer pour l'Italie, & dureront.

Charles paffe les Alpes.

Pierre Médicis avoit refufé le paffage de la Tofcane; imprudence d'autant plus grande

Il s'ouvre un chemin par la

qu'il n'étoit pas en état de le fermer, & il étoit généralement défapprouvé par fes concitoyens. Il n'eût pas été prudent aux François de laiffer derriere eux une province ennemie : il falloit d'abord la foumettre. Le refus de Médicis fut donc une raifon de plus. pour s'ouvrir un chemin par la Tofcane.

L'armée fe rendit à Pontremoli, qui appartenoit au duc de Milan. De-là, elle entra dans la Lunigiana, dont les Malafpina occupent encore une partie ; une autre étoit aux Florentins, & les Génois y avoient quelques. châteaux. Finizano affiégé & pris, la garnifon paffée au fil de l'épée, beaucoup d'habitants égorgés, furent un objet d'épouvante pour les Italiens, qui depuis long-temps étoient, en quelque forte, moins accoutumés à faire la guerre, qu'à la voir comme un fpectacle.

La petite ville de Sarzane & Sarzanello, forterefles bâties au deffus, pouvoient faire plus de réfiftance, quoique le fac de Finizano y eût déja répandu la frayeur, & que les Florentins n'y euffent pas mis une garnifon affez forte. Cependant l'armée françoife ne pouvoit fubfifter long-temps dans un pays ftérile, refferré par la mer & la montagne, & où les vivres ne pouvoient venir que de loin & difficilement. Il eft vrai qu'elle pouvoit pren-

dre fa route par Lucques, qui offroit d'ouvrir fes portes: mais en abandonnant la premiere place qui réfiftoit, Charles diminuoit
de la réputation de fes armes, & encourageoit
les autres à réfifter davantage. La fortune
le fervit.

Depuis le fac de Finizano, on blâmoit plus
hautement que jamais l'imprudence de Medicis, qui fans aucune connoiffance de la guer-
ré, & fans avoir fuffifamment pourvu à la défenfe de fa patrie, avoit armé les François
contre la république. Déja odieux par fes
hauteurs, il le devenoit encore par fa témérité; & moins-il étoit digne de gouverner,
plus il enhardiffoit contre lui les citoyens, jaloux de voir toute la puiffance dans une feule
famille.

*Pierre eft blâ-
mé de les a-
voir armés
contre fa pa-
trie.*

En 1479, Florence étant en guerre avec
le pape Sixte IV & avec le roi des Deux-Siciles, Laurent prit fur lui d'aller à Naples
pour négocier avec Ferdinand. Cette démarche étoit d'autant plus délicate, que les ennemis déclaroient n'avoir armé que pour délivrer les Florentins de la domination des Medicis. Elle eut cependant tout le fuccès qu'on
pouvoit defirer; & Laurent revint avec la
paix, couvert de gloire, chéri & refpecté de
fes concitoyens.

*Pour réparer
cette faute, il
en fait une
plus grande.*

Si ceux qui manquent de lumieres font des
fautes, lorfqu'ils veulent fe conduire d'après

eux; ils font condamnés encore à en faire de plus grandes, lorfqu'ils ofent fe conduire d'après l'exemple d'un grand homme. C'eft qu'ils jugent mal de la différence des circonftances; & que quand elles feroient les mêmes, ils n'ont pas les mêmes talents. Vous prévoyez que Pierre fe rendra au camp du roi de France.

Il y vint donc. Il mit au pouvoir de Charles Sarzane, Sarzanello, Pietra-Santa; il lui promit Pife, Livourne, deux cents mille ducats; & après avoir ouvert aux François le chemin de Florence, il y revint, en fut chaffé & Charles y entra.

La fermeté d'un Florentin intimide les François, qui fe croyoient maîtres de Florence.

Charles entra, dis-je, armé de toutes pieces, monté fur un cheval bardé, la lance en arrêt. Il conclut de-là que Florence étoit à lui par droit de conquête. Après plufieurs négociations inutiles & qui aigriffoient les efprits, il faifoit lire aux députés de la république, les conditions qu'il impofoit en vainqueur, lorfqu'un d'eux, Pierre Capponi, impatient de cette lecture, prit le papier, le déchira, & dit: » puifque vous ofez faire de pareilles propofitions, fonnez vos trompettes, nous fonnerons nos cloches: voilà ma réponfe ». A cette fermeté, les François ne virent plus que le danger que couroit le roi avec une armée de plus de vingt mille hommes, dans une ville peuplée d'artifans; & au lieu de traiter les Florentins en fujets, on fe contenta de les avoir pour alliés & pour amis.

Le roi marcha, fans trouver de réfiftance, jufqu'à Rome: il fe rendit maître de tous les environs, & ne voulut entendre parler d'aucun accommodement, qu'après que le pape lui auroit ouvert les portes de la ville. Alexandre éprouvoit les plus vives inquiétudes. Il fe reprochoit d'avoir appellé les François: il fe repentoit d'avoir époufé les intérêts du roi de Naples: il fentoit qu'il n'avoit fait que des fautes jufqu'alors: il voyoit, quelque parti qu'il prît, qu'il en alloit faire encore. Il n'ignoroit pas qu'on parloit de le dépofer & d'élire un autre pape. Il étoit donc dangereux de céder, & cependant il étoit impoffible de réfifter. La néceffité lui tint lieu de confeil. Il fe retira dans le château S. Ange, & Charles entra dans Rome aux flambeaux avec fon cheval, fon armure & fa lance en arrêt.

A l'approche de Charles le pape s'enferme dans le château S. Ange.

Offenfé de la méfiance que montroit Alexandre, le roi qui vouloit fincérement fe réconcilier avec lui, fit tourner deux fois fon canon contre le château S. Ange, afin d'engager le pape à devenir fon allié & fon ami. Ces inftances ayant produit leur effet, il fit un traité avec Alexandre, lui baifa les pieds, le fervit à la meffe & continua fon voyage.

Charles fe réconcilie avec le pape.

Une partie de ses troupes avoit pris les devants. On se soulevoit dans le royaume de Naples ; & Alphonse II, odieux à ses sujets, abandonnoit la couronne à son fils Ferdinand, pour aller prendre un froc en Sicile. Ferdinand II étoit aimé. Peut-être eût-il été en état de défendre son royaume, si son pere eût embrassé plutôt la vie monastique : mais il n'étoit plus temps. Plusieurs villes s'étoient déja rendues : les autres se laissoient entraîner par l'exemple ; & le nouveau roi fut contraint de se retirer dans l'île d'Ischia, qui est à trente milles de Naples.

Charles, plus heureux que César, vainquit avant d'avoir vu. Il arriva à Naples le 21 février, & un mois après, il fit une entrée publique, monté sur un cheval richement enharnaché, une couronne d'or sur la tête, une pomme d'or à la main droite, un sceptre à la gauche, & revêtu d'un manteau d'écarlate fourré d'hermine. C'étoient-là les attributs de la dignité impériale ; & on prétend que cette entrée donna de l'inquiétude à Maximilien : mais c'est de Constantinople que Charles se croyoit empereur. Il publioit qu'il en alloit faire la conquête ; & il avoit déja acquis tous les droits des Paléologues. André, neveu de Constantin detrôné par Mahomet II, les lui avoit cédés à Rome.

La

La diete de l'empire, où se font faits la plupart des réglements dont j'ai parlé plus haut, se tenoit alors à Worms; & Maximilien y demandoit des secours contre Charles VIII, qu'il accusoit d'enlever les provinces de l'empire. Il n'en obtint pas, parce qu'il importoit peu aux princes Allemands que l'empereur redevint encore suzerain de l'Italie; & Maximilien, sans argent & sans soldats, paroissoit dans l'impossibilité de rien entreprendre, lorsqu'il se forma une ligue qui entra dans ses vues.

Maximilien tente inutilement d'armer l'Allemagne contre Charles

Ludovic, alors duc de Milan, car son neveu étoit mort, & les Vénitiens frappés des progrès rapides de Charles, voyoient avec inquiétude que ce prince conservoit des places dans la Toscane & dans l'état ecclésiastique. Craignant donc qu'il ne bornât pas son ambition à la conquête des Deux-Siciles, ils prirent des mesures pour mettre un terme à ses succès. Ferdinand le Catholique & Isabelle, qui regnoient en Espagne, n'étoient pas moins intéressés à s'opposer à l'agrandissement des rois de France. Il est vrai qu'ils s'étoient engagés à ne pas troubler la conquête du royaume de Naples: mais la défense du saint siege leur paroissoit un prétexte pour prendre les armes. Ils avoient déja envoyé une flotte sur les côtes de Sicile, & ils faisoient espérer de plus grands secours au roi détrôné.

L'Italie & l'Espagne se liguent avec lui.

Toutes ces puiſſances formerent avec Maximilien une ligue, dans laquelle le pape entra. Les Vénitiens, qui devoient conduire
par mer des troupes dans les provinces maritimes de Náples, & le duc de Milan, qui ſe
chargeoit de s'oppoſer aux nouveaux ſecours
qui pourroient arriver, promirent de donner
à l'empereur & à Ferdinand le Catholique l'argent néceſſaire pour les mettre en état de porter la guerre en France.

Mais pendant que la puiſſance des François effrayoit l'Allemagne, l'Eſpagne & la
Lombardie, elle commençoit à diminuer dans
le royaume de Naples. A l'ombre de leurs
lauriers, occupés de fêtes & de jeux, ils ne
s'arrachoient aux plaiſirs que pour travailler
inſolemment à leur fortune. Le roi, à la vérité, étoit humain & généreux: mais incapable de ſoins, il abandonnoit tout à des miniſtres, qui par avarice ou par incapacité, faiſoient
haïr ſon gouvernement. Le peuple étoit vexé;
la nobleſſe napolitaine ſe voyoit ſans conſidé-
ration; on ne ménageoit ni les ennemis de la
maiſon d'Arragon, ni les partiſans de la maiſon d'Anjou; on vendoit les graces au lieu de
les accorder aux ſervices; on donnoit à l'un
ſans raiſon ce qu'on ôtoit à l'autre ſans
raiſon encore; & comme la fortune avoit
préſidé à la conquête, le hazard ſeul paroiſſoit
gouverner. On regrettoit donc déja Ferdinand II, & même Alphonſe ſon pere.

Telle étoit la situation du royaume de Naples, & il restoit même quelques places, dont
les François n'étoient pas encore maîtres, lors
que Charles apprit la ligue qui se formoit contre lui: cette nouvelle hâta son retour, qu'il
avoit déja projeté par inquiétude. Mais il
ne lui étoit pas facile de conserver sa conquête & de s'ouvrir un passage à travers des provinces ennemies. Des forces divisées ne suffisoient pas à ce double objet, & cependant il
fallut les diviser. Charles partit vers le milieu du mois de mai avec environ neuf mille
hommes; lorsque Ferdinand II commençoit
à recouvrer la Calabre, & que la flotte des
Vénitiens paroissoit à la vue de la Pouille. Les
progrès de l'ennemi ne diminuerent point l'impatience que le roi avoit de revenir en France.
Il croyoit que tout dépendoit d'obtenir l'investiture, il l'avoit négociée jusqu'alors inutilement, & il se flattoit qu'aussitôt qu'il seroit
à Rome, le pape la lui accorderoit: Alexandre ne l'y attendit pas.

Et Charles se retire, lorsque Ferdinand II commençoit à recouvrer son royaume.

L'armée des confédérés se rassembloit dans
le Parmesan; & c'étoit avec tant de lenteur,
que si Charles n'avoit pas séjourné à Sienne,
à Pise & ailleurs, il auroit pu passer sans obstacles. Elle étoit campée à Giarola, à trois
milles de Fornovo, où l'avant-garde des François parut le trois de juillet. Le reste de l'armée n'arriva que le cinq: la difficulté de

Charles approche de Fornovo.

1495

C 2

traîner le canon par les Apennins l'avoit re-
tardée.

Incertitude
des ennemis,
qui s'effra-
yent.
Les confédérés, qui n'avoient pas su profiter de cet intervalle, commencerent à s'ef-
frayer. Comme ils étoient trois contre un,
ils avoient mis jusques-là leur confiance dans
le nombre; & ils s'étoient imaginés que Charles n'oseroit jamais se présenter devant eux,
parce qu'il n'avoit que neuf mille hommes,
en comptant deux mille valets qu'on avoit armés. Quand ils virent, qu'au lieu de s'en retourner par mer, comme ils l'avoient présu-
mé, le roi avoit l'audace de prendre son chemin par la Lombardie, ils s'effrayerent, parce
que leur ennemi ne s'effrayoit pas. Ils déli-
bérerent s'ils le laisseroient passer librement,
ou s'ils l'attaqueroient au passage. Ils dépê-
cherent un courier au duc de Milan, pour
avoir son avis; & ce prince en dépêcha un
autre à Venise, pour avoir celui du sénat.

Bataille de
Fornoyo.
Pendant des délibérations aussi inutiles que
longues, les François marcherent, ayant le
Taro à leur droite. Le maréchal de Gié &
Trivulce commandoient l'avant-garde; le roi
étoit au corps de bataille avec la Trémouille,
& l'arriere-garde suivoit sous les ordres du
comte de Foix. Les bagages étoient sur la
gauche de l'armée, avec une très foible es-
corte.

Ils marcherent dans cet ordre pendant une
lieue. Alors les ennemis, dont ils n'étoient
plus féparés que par le Taro, pafferent ce torrent, & attaquerent en même temps l'avant
& l'arriere-gardes. Si nous avons blâmé Charles de former inconfidérément des projets de
conquête, il faut lui rendre juftice, il étoit capable dans un jour d'action de foutenir avec
courage les entreprifes les plus hazardeufes. Le
péril l'appelloit aux premiers rangs: il fe montroit par-tout où fes troupes étoient prêtes à
céder: & le foldat, ranimé à la vue de fon
roi en danger d'être frappé ou fait prifonnier,
combattoit plus pour le fauver que pour remporter la victoire. L'action duroit depuis une
heure, lorfque des troupes légeres des ennemis, ayant tourné l'armée françoife, fe jete-
rent fur les bagages, & les pillerent fans réfiftance. Cet appât en attira d'autres, le défordre fe mit parmi eux: & les François fai-
fiffant le moment, les mirent en déroute.
Cette bataille fanglante, & par cette raifon
mémorable pour les Italiens, ne coûta pas
deux cents hommes au roi de France, & les
confédérés en perdirent trois mille.

Charles, à peine de retour en France, apprit qu'il avoit perdu le royaume de Naples.
Il tourna fes armes contre Ferdinand le Catholique, qui faifoit des courfes dans le Languedoc. Ses troupes commandées par Saint-Au-

Mort de Char-
les.

1498

dré eurent des succès ; & il mourut lorſqu'il
méditoit de nouvelles expéditions. Comines
a dit de ce prince, *qu'il n'étoit pas poſſible de
voir meilleure créature.* En effet, il pouvoit être
cela dans ſon domeſtique : mais pour qu'un
roi ſoit une bonne *créature* par rapport à ſon
peuple, il faut bien des qualités.

Louis XII a
comme Char-
les VIII l'am-
bition de faire
des conquêtes
en Italie. Charles VIII étant mort ſans enfants,
Louis duc d'Orléans, premier prince du ſang
& deſcendant de Charles V, monta ſur le
trône. Après avoir été rebelle lorſqu'il étoit
ſujet, il acquit étant roi, le titre glorieux de
Pere du peuple. Sans haine contre les ſujets
fideles, qui l'avoient combattu dans le temps
de ſa révolte, il dit à l'occaſion de la Trémouille, qui l'avoit fait priſonnier : *le roi de
France ne venge pas les injures faites au duc
d'Orléans.* A ce trait qui caractériſe ſa bienfaiſance & ſon équité, ajoutons qu'il diminua
les impôts, qu'il réforma des abus, & qu'il
fit pluſieurs, réglements qui annonçoient un
regne heureux. Mais les temps étoient arrivés où les rois, abſolus au dedans, devoient
former des entrepriſes au dehors, & abuſer
de leur puiſſance. Louis XII, qui, dit-on,
aimoit ſes ſujets comme ſes enfants, eût encore mieux mérité le titre de pere du peuple,
s'il n'eût pas ſacrifié le royaume à ſon ambition.

Sans doute il pouvoit se flatter de conqué- *Il devoit pré-voir qu'il ne les conserve-roit pas.*
rir le duché de Milan & le royaume de Na-
ples, auxquels il avoit des droits. Mais pour
peu qu'il réfléchît sur l'état de l'Italie &
sur les puissances de l'Europe, intéressées à s'opposer à son agrandissement, il devoit prévoir
qu'il susciteroit des ennemis à la France, &
qu'il ne conserveroit pas ses conquêtes.

Tout offroit d'abord des succès faciles. Le *Circonstances qui les ren-doient faci-les à faire.*
roi pouvoit compter sur la mésintelligence qui
divisoit les confédérés, depuis que Charles
avoit repassé les Alpes. Le duc de Milan qui
croyoit avoir disposé à son gré du sort de l'I-
talie, s'enivroit dans sa prospérité, & ne conservoit plus d'alliés. Les Vénitiens, qui ne
demandoient que des troubles, étoient prêts
d'entrer dans les vues du roi de France, s'ils
partageoient avec lui les dépouilles de Ludovic. Les Florentins devoient encore le favoriser, s'il s'engageoit à faire rentrer sous leur
domination la ville de Pise, à laquelle Charles
avoit rendu la liberté. D'autres princes moins
puissants, tels que le marquis de Mantoue &
le duc de Ferrare, n'étoient pas difficiles à
gagner; & pour obtenir du pape l'investiture,
il ne falloit qu'offrir quelque chose à son ambition. Louis négocia avec toutes ces puissances, & donna le duché de Valentinois à
César Borgia, fils du pape.

C 4

Il fait celle du Milanès.

1499

Dès qu'il eut assuré ses frontieres par des traités avec les rois d'Angleterre & d'Espagne & avec le fils de Maximilien, l'archiduc Philippe, seigneur des Pays-Bas, son armée marcha, soumit le Milanès en vingt jours, & il arriva peu après pour faire son entrée à Milan. Il en revint presque aussitôt, laissant à Jacques Trivulce le gouvernement de cette province.

Ludovic est conduit en France.

Alors Ludovic, qui s'étoit retiré en Allemagne, reparut avec une armée, & par une révolution aussi subite que la premiere, il avoit recouvré presque tous ses états, lorsque de nouveaux secours arriverent de France. Autre révolution : les Suisses, qui faisoient la principale force de Ludovic, demanderent leur congé, déclarant qu'ils ne vouloient pas combattre contre leurs compatriotes, qui étoient dans l'armée de France. Ainsi ce prince abandonné, & forcé à se déguiser pour s'enfuir, fut trahi, livré au roi, conduit en France, & enfermé dans le château de Loches, où il mourut quelques années après. Il restoit à faire la conquête du royaume de Naples, où Frédéric III regnoit, car Ferdinand, son neveu, venoit de mourir.

Louis partage le royaume de Naples avec Ferdinand le Catholique

Louis, craignant de trouver des obstacles de la part de Ferdinand le Catholique, imagina de l'associer à son entreprise & de partager avec lui ce royaume. Ils le conquirent en 1501, ils le partagerent, & en 1505 il _{qui le garde} resta tout entier à Ferdinand. Frédéric _{tout entier.} n'eut de ressource que dans la générosité du roi de France, qui lui donna le duché d'Anjou avec trente mille ducats de rente. Les droits de ce prince à la couronne de Naples ont passé depuis par les filles dans la maison de la Trémouille.

Maximilien, à qui l'empire avoit refusé des secours, n'avoit pu s'opposer aux succès de Louis : cependant il ne désespéroit pas de le chasser d'Italie. Il vit le moment où la diete de Constance, sollicitée par le pape Jules II & par les Vénitiens, entroit dans ses vues. Tout l'empire alloit armer, si Louis par sa prudence & par son argent, n'eût écarté cet orage. L'empereur obtint seulement douze mille hommes pour aller à Rome recevoir la couronne impériale, & on ne promit de les entretenir que pendant six mois.

Ses négociations détournent l'empire du dessein d'armer contre lui.

En 1508, il fit demander aux Vénitiens le passage par leurs terres : la république ne le lui accorda, qu'à condition qu'il ne conduiroit point de troupes ; & le voyage de Rome fut rompu. Cependant il vouloit prendre le titre d'empereur, & s'il le prenoit sans avoir été couronné, il craignoit d'offenser le saint siege. Dans cette position, il imagina un parti moyen; & se contentant du titre *d'empereur élu des Romains*, il ordonna que désormais on le lui

Maximilien qui ne peut pas être couronné, prend le titre d'empereur élu.

donnât dans tous les actes. Jules II n'étant point curieux de couronner un roi des Romains, qui ne viendroit à Rome qu'avec une armée, se hâta de donner une bulle pour confirmer ce titre à Maximilien, titre que les rois d'Allemagne ont depuis toujours porté; car auparavant, ils se contentoient d'ordinaire jusqu'à leur couronnement de celui de roi des Romains.

Les Vénitiens par une imprudence réunissent contre eux Maximilien & Louis XII.

Maximilien déclara la guerre aux Vénitiens dont il vouloit se venger. Elle ne fut pas heureuse : mais ces républicains offensèrent le roi de France, qui leur avoit donné des secours; car Louis ayant demandé d'être compris dans la treve qu'ils négocierent, ils firent leur traité sans l'y comprendre. Cependant l'empereur plus irrité par les pertes qu'il avoit faites, n'attendoit que l'occasion de recommencer la guerre. Ainsi la treve faisoit perdre un allié à la république, & l'exposoit par conséquent à de plus grands dangers. En effet, cette imprudence des Vénitiens réunit l'empereur & le roi de France, qui jusqu'alors avoient été ennemis, & attira sur l'Italie des calamités pires que les précédentes.

Ligue de Cambrai.

Maximilien avoit perdu Philippe son fils; & l'archiduc Charles, son petit-fils, étant trop jeune pour gouverner par lui-même, il avoit donné la régence des Pays-Bas à sa fille Marguerite, cette princesse que Charles VIII

avoit renvoyée. Or, la guerre que Marguerite
avoit avec le duc de Gueldre, parut à l'empereur une occasion favorable pour former secrétement une ligue contre les Vénitiens. Sous
prétexte de négocier la paix des Pays-Bas,
les ambassadeurs des puissances ennemies de
Venise pouvoient se rassembler sans se rendre
suspects à cette république, & traiter des
moyens de l'humilier. Ceux de Louis, du roi
d'Espagne & de Jules II se rendirent donc à
Cambrai; Marguerite y reçut les pleins pouvoirs de son pere; & on y forma une ligue,
célébre par les maux qu'elle causa.

On publia seulement que ces puissances Prétentions des puissances liguées.
avoient fait une confédération, pour assurer
entre elles une paix perpétuelle. Mais l'article secret étoit la guerre contre les Vénitiens,
& chacune d'elles vouloit faire valoir des
droits sur quelques parties des domaines de
cette république. Le pape redemandoit Faenza,
Rimini, Ravenne, & Cervia: Maximilien,
Padoue, Vicence & Vérone, comme étant
des fiefs usurpés sur l'empire; & Trévise avec
le Frioul, comme appartenant à la maison
d'Autriche. Le roi de France réclamoit Crémone, Brescia, Cresme & Bergame, qui
avoient été pris sur le Milanès. Enfin le roi d'Espagne, comme roi de Naples, vouloit rentrer
en possession de Brindes, de Trani, & d'O-

trante , que Ferdinand avoit engagés aux Vénitiens.

Articles dont on étoit con- venu.

Le roi de France étoit tenu par le traité à
commencer la guerre en perfonne, le premier d'avril de l'année fuivante 1509. Les
troupes du pape & celles du roi Catholique devoient auffi entrer en campagne dans le même
temps, & l'empereur, quarante jours après les
premieres hoftilités. Afin que ce prince eût
une raifon pour rompre la treve qu'il avoit
faite avec les Vénitiens, on étoit convenu que
Jules l'appelleroit comme avoué de l'églife au
fecours du faint fiege. Je ne dois pas oublier
que les confédérés, voulant couvrir leur entreprife d'un zele de piété, déclaroient qu'ils
ne vouloient faire la guerre à la république de
Venife, que par le defir qu'ils avoient de porter enfuite leurs armes contre les Turcs, ennemis du nom chrétien.

Ce traité étoit l'ouvrage de Maximilien feul.

Ce traité n'étoit que l'ouvrage de Maximilien & de Louis, ou plutôt de Maximilien feul, qui ne faifoit commencer la guerre
à fes alliés, qu'afin de moins hazarder lui-
même, & de fe conduire d'après l'événement.
Le pape & Ferdinand n'avoient point donné de
pouvoir à leurs ambaffadeurs pour accéder à
une pareille confédération : mais l'empereur &
le roi de France penfoient qu'ils ne s'y refuferoient pas, foit parce qu'ils ne l'oferoient, foit
parce qu'ils y trouveroient leur avantage. En

effet, le roi d'Espagne ratifia ce traité, quoique dans le fond il n'approuvât pas une ligue qui tendoit à l'accroissement de la monarchie françoise, & qu'il ne jugeât pas devoir risquer le royaume de Naples, pour reprendre quelques places sur les Vénitiens.

Outre les domaines que le pape revendiquoit, il avoit encore à se plaindre de la république de Venise, où son autorité étoit peu respectée. Cependant il ne voyoit pas sans inquiétude le roi de France étendre sa domination en Italie, & le passé lui faisoit assez comprendre combien il importoit au saint siege d'en exclure tout-à-fait les empereurs. Il tenta donc de négocier avec les Vénitiens: il leur apprit la ligue qui avoit été faite en son nom, mais à laquelle il n'avoit pas consenti : & il leur offrit de s'y opposer par toute sorte de moyens, s'ils vouloient lui restituer Faenza & Rimini; les assurant qu'il ne négligeroit rien de son côté, pour empêcher en Italie l'accroissement de la puissance des barbares. C'est ainsi qu'on nommoit les Allemands, les Espagnols & les François. Il eût été bien à souhaiter pour ces barbares mêmes comme pour les Italiens, que le papes ne les eussent jamais appellés en Italie.

Si le sénat de Venise eût accepté les offres de ce pontife, le roi Catholique auroit trouvé, dans le respect dû au saint siege, un

X. Offres du pape aux Vénitiens.

Si ces républicains les eussent as-

prétexte pour fe féparer des ligués auxquels il s'étoit joint malgré lui. Louis, qui ne pouvoit guere compter fur l'empereur, auroit vraifemblablement fufpendu fes démarches; & il y a tout lieu de préfumer, que la ligue auroit été fans effet. Il falloit peu de chofe pour rompre des liens, qui faifoient violence à des puiffances naturellement ennemies. Peut-être les Vénitiens prévoyoient-ils que cette confédération ne pouvoit pas fubfifter, & ils avoient raifon: mais pour peu qu'elle durât, ils étoient écrafés.

Alors dans un état floriffant, les Vénitiens croyoient devoir à eux-mêmes des fuccès, qu'ils n'avoient dû qu'à la foibleffe de leurs voifins. Ils méprifèrent donc les puiffances liguées, & ils furent battus par Louis XII près d'Agnadel. Abattus par ce revers, ils s'humilièrent devant l'empereur & devant le pape; ils abandonnèrent tout ce qu'ils poffédoient en terre ferme; & Trévife fut la feule place qui leur refta, non parce qu'ils la conferverent, mais parce qu'elle voulut être fidele, & que l'empereur, dans le partage duquel elle tomboit, n'y envoya point de troupes.

Maximilien, Jules, Ferdinand & plufieurs princes d'Italie recueillirent, ainfi que Louis, les fruits de la victoire. Le roi ne fe faifit que des places qui lui étoient accordées par le traité: il remplit feul fes engagements

& l'empereur n'ayant point paru, il revint en France.

L'exemple de Trévife & la lenteur de Maximilien qui n'avoit ni foldats ni argent, fit voir aux Vénitiens que comme ils avoient d'abord eu trop de confiance, ils avoient enfuite trop tôt défefpéré. Ils fortirent donc de leurs lagunes, & ils avoient déja recouvré quelques places lorfque l'empereur parut, mais avec une armée fi foible, qu'il perdoit un jour ce qu'il avoit pris l'autre. Les actions fe fuccédoient: aucune n'étoit décifive: il fembloit que de part & d'autre on ne voulût que défoler le pays.

Ils en recouvrent une partie.

L'empereur, hors d'état de faire de grandes entreprifes, propofoit aux confédérés le fiege de Venife. Louis ne s'en éloignoit pas: mais Jules & Ferdinand n'approuvoient pas un projet, dont le fuccès ne feroit pas pour eux. Le pape, qui defiroit au contraire de chaffer d'Italie les barbares, fe rapprocha des Vénitiens; & ayant obtenu du fénat tout ce qu'il vouloit, il leur accorda l'abfolution des cenfures qu'il avoit fulminées contre la république. Le roi d'Efpagne à qui les places de la Pouille avoient été reftituées, & qui n'avoit plus rien à demander pour lui, promettoit peu de fecours à fes alliés, & en donnoit encore moins. On n'étoit qu'au commencement de la feconde année de la guerre, & déja éclatoit la

Jules II quitte le parti des ligués.

défunion, qui avoit commencé fourdement dès la premiere.

Malgré l'abfolution accordée, Louis s'ima-ginoit que le pape ne l'abandonneroit pas pour les Vénitiens. Il étoit affez fimple pour faire des traités avec lui, & pour compter fur des traités; tant il étoit loin de foupçonner les difpofitions de Jules, & cependant il n'étoit pas difficile de les connoître. Étant la puiffance la plus redoutable au faint fiege, comment pouvoit-il penfer que ce pontife contribueroit à l'affermir en Italie ? il eut bientôt occafion d'ouvrir les yeux : car Jules & Ferdinand tra-vaillerent à réconcilier l'empereur avec les Vé-nitiens ; & ils y auroient réuffi fi ces républi-cains, dont la confiance revenoit avec les fuc-cès, n'avoient pas fait des propofitions qui ne pouvoient s'accepter.

Cette tentative ayant échoué, l'empereur & le roi de France, plus unis qu'auparavant, firent un nouveau traité, par lequel ils fe pro-pofoient la conquête & le partage de l'Italie. Sans doute qu'il eût été de ce partage com-me de celui de Naples. Ces grands projets avorterent. Car Maximilien ne donnant que de foibles fecours, Louis ennuyé de fournir feul aux frais de la guerre, rappella fes trou-pes dans le Milanès, après avoir enlevé quel-ques places. Les Vénitiens les reprirent bien-tôt, & le pape devenu leur allié marcha con-

tre

tre le duc de Ferrare, qui étoit entré dans l'alliance du roi de France & de l'empereur. On étoit à la fin de décembre, le froid étoit violent, & cependant Jules fit le siege de la Mirandole en personne. Il alloit aux tranchées, il visitoit les batteries, il couroit à cheval pour animer les soldats: & la ville ayant capitulé, il entra par la brêche en vainqueur.

Les affaires de l'Europe se brouillent plus que jamais. On convoque un concile à Pise, où Louis & Maximilien citent le pape, qui a formé une ligue contre la France; & Jules défendant sous peine d'excommunication de se rendre à ce concile, en convoque un autre à Latran. Il a dans son alliance les Vénitiens, Ferdinand, le roi d'Angleterre & les Suisses, qui depuis Louis XI étoient au service de la France, & que Louis avoit mécontentés en refusant d'augmenter leurs pensions.

Il fait une ligue contre la France.

Sur ces entrefaites, Jules tombe dangereusement malade, & Maximilien songe à se faire pape lui même: mais le rérablissement de la santé du souverain pontife fait évanouir ce projet singulier; & les choses, qui auroient pu changer par sa mort, subsistent dans le même état de crise.

Il tombe malade, & Maximilien songe à se faire pape.

Le roi de France avoit trop d'ennemis. A la vérité, ses généraux gagnent des batailles, qui donnent de la frayeur au pape; & il se flatte de ramener Jules à la paix, en lui ren-

Maximilien Sforze est rétabli dans le duché de Milan.

dant toutes les conquêtes faites fur l'état de l'églife : ou plutôt, partageant les troubles qui déchirent l'ame timorée de la reine, il fait cette reftitution plus par remords que par politique. Il défavoue ainfi le fuccès de fes armes : il perd bientôt plus qu'il ne vouloit rendre, & les Suiffes lui enlevent le Milanès. Il n'y confervoit en 1511 que les châteaux de Milan, de Novare, de Crémone & quelques autres places. Alors l'empereur l'abandonne, il fait une treve avec les Vénitiens à la follicitation de Léon X, & il rétablit dans le duché de Milan, Maximilien Sforze, fils de Ludovic.

Jean d'Albret perd la Navarre.

Jean d'Albret, roi de Navarre, étoit le feul allié qui reftât au roi de France. Le pape l'excommunia par cette raifon, & en conféquence, Ferdinand envahit la Navarre, qui depuis n'a plus été qu'une province du royaume d'Efpagne.

Louis reprend & reperd le Milanès.

1513

Les ennemis de Louis ne reftent pas longtemps unis : les Vénitiens, mécontents du pape & de l'empereur, font avec lui une ligue offenfive & défenfive : il fait une treve d'un an avec le roi d'Efpagne : fon armée repaffe les Alpes, reprend le Milanès, eft défaite par les Suiffes, revient en France, & fes conquêtes lui échappent avec la même rapidité qu'il les avoit faites. Les Vénitiens eurent feuls à fupporter tout le poids de la guerre.

Jules II étoit mort dans le même temps que le roi de France formoit cette derniere entreprife fur le duché de Milan ; & Jean Médicis, frere de Pierre, qui prit le nom de Léon X, avoit été élevé fur le faint fiege. C'étoit une conjoncture affez embarraffante pour un nouveau pape, que celle où les François, les Allemands & les Efpagnols fe difputoient l'Italie. Il eût été de fon intérêt de n'y fouffrir ni les uns ni les autres : ne pouvant les chaffer tous, il fe déclara contre la France, qui lui parut plus redoutable. Louis eut donc pour ennemis, le pape, Maximilien, Ferdinand & les Suiffes. Il négocia & fit la paix avec tous dans le cours de 1514. L'année fuivante, il formoit encore de nouveaux projets fur le Milanès & faifoit même déja des préparatifs, mais la France le perdit. Je dis, le perdit ; parce que ce fut en effet une perte. Brave, équitable, appliqué, humain, il fit rendre la juftice, il mit la difcipline dans fes troupes, il aima véritablement fes fujets & il en fut aimé. Quelque difpendieufes qu'aient été fes guerres, il ne s'eft jamais permis d'augmenter les impôts, qu'il avoit diminués confidérablement au commencement de fon regne. Il foutint fes entreprifes en mettant

1513
Il fait la paix avec tous fes ennemis, & meurt.

D 2

de l'ordre dans ses finances, & en se retranchant le superflu, si nécessaire au commun des grands. Il est vrai qu'il a mal connu les intérêts des puissances qui l'environnoient: mais l'Europe étoit dans une situation bien nouvelle, & cela peut l'excuser. S'il fut la dupe de Maximilien, de Jules, & de Ferdinand le Catholique, qui étoit fourbe, & qui faisoit gloire de l'être; ce fut moins l'effet d'un défaut de lumiere, que de la droiture de son ame. Enfin s'il n'a pas eu toutes les qualités d'un grand prince, il a du moins montré pour son peuple toutes celle d'un bon pere; & on auroit également retrouvé en lui les unes & les autres, s'il n'eût pas porté ses armes en Italie. Il a réuni la Bretagne à la couronne.

François I veut encore conquérir le duché de Milan.

Louis n'ayant point laissé d'enfant mâle, François, comte d'Angoulême, d'une autre branche de la maison d'Orléans, lui succéda. Ce nouveau roi, dans la vingt-unieme année de son âge, plein de courage & de feu; avec un belle ame, un cœur généreux, de l'esprit; beau, bien fait, rempli de graces (car tout cela donne de la confiance); flatté parce qu'il étoit sur le trône; & digne en effet de louanges, parce qu'aucun prince n'avoit donné de plus grandes espérances: (vous voyez qu'il va faire quelque faute) ce roi, dis-je, trouvoit des préparatifs déja tous faits pour une con-

quête ; il avoit la paix avec tous ses voisins ;
les Vénitiens, ses alliés, l'appelloient ; des
courtisans, jeunes comme lui, lui prodi-
guoient d'avance les titres de duc de Milan,
de roi d'Italie ; que ne pouvoit - il pas conquérir ? Tout l'invitoit donc, & nous n'a-
vons plus qu'à le suivre. Il marcha dès la premiere année de son regne, après avoir renou-
vellé les traités de paix avec l'archiduc Charles, & avec les rois d'Angleterre & d'Espagne. Pourquoi faut-il que les princes s'a-
veuglent au point d'aller tous échouer contre le même écueil ?

Pour passer les Alpes, il n'y avoit en apparence que deux chemins praticables : l'un
par le Mont-Cenis, l'autre par le Mont-Ge-
nevre : mais les Suisses s'en étoient saisis. Fiers
de leurs dernieres victoires, ils se regardoient
comme les arbitres de l'Europe ; & il n'avoit
pas été possible de les ramener dans l'alliance
de la France. Entreprendre de forcer ces pas-
sages, c'eût été exposer l'armée à être retar-
dée, &, par conséquent, à manquer de vivres :
car il eût été impossible d'en conduire pour
long-temps. Il fallut donc prendre un chemin que les Suisses ne gardoient pas, parce
qu'on le croyoit assez défendu par les
lieux qu'on jugeoit inaccessibles. Il fallut
rompre des rochers, jetter des ponts, élever
avec des machines l'artillerie, la descendre

1515

Il passe les Alpes.

D 3

de même, & recommencer ces travaux à chaque montagne qui s'élevoit encore. Cependant l'avant-garde arriva en cinq jours dans
une plaine à deux lieues de Coni.

Bataille de
Marignan.

L'arrivée subite des François jeta l'épouvante parmi les troupes espagnoles & papales.
Elles refuserent d'aller joindre les Suisses, &
ceux-ci se plaignoient déja de ne point voir
l'argent, que les confédérés leur avoient promis. On négocia bientôt : on conclut même
des traités, & le roi de France paroissoit n'a-
voir plus qu'à prendre possession du duché de
Milan. Mais le cardinal de Sion, qui se
signaloit par sa haine contre la France, engagea les Suisses à surprendre les François, qui
marchoient sur la foi des traités, & qu'il sup-
posoit n'être pas sur leurs gardes. S'il se
trompa, les Suisses étoient trop braves pour
n'oser pas combattre, parce qu'ils n'avoient
pas surpris l'ennemi. L'action commença le
treize de septembre, deux heures avant le coucher du soleil, elle continua pendant plusieurs
heures de nuit ; & elle fut suspendue pour
recommencer à la pointe du jour.

Le combat avoit été interrompu : cependant on ne s'étoit en quelque sorte pas sépa-
ré. Chacun prit du repos où il se trouvoit.
Le roi passa lui même la nuit sur l'affut d'un
canon, & à son réveil, il vit qu'il avoit dor-
mi à cinquante pas d'un bataillon Suisse.

Les ennemis revinrent à la charge. Le combat, auffi vif que la veille, dura plufieurs heures avec un avantage égal. Enfin les Suiffes commencerent à plier, ils cédérent: mais ils ne furent pas mis en déroute, & ils fe retirerent en bon ordre à Milan. Ils perdirent dix mille ou quinze mille hommes; & les François deux mille ou fix mille. Les hiftoriens ne s'accordent pas fur la perte des deux partis: il eft feulement certain qu'il périt beaucoup de monde. Trivulce, qui s'étoit trouvé à dix-huit batailles, dit que ce n'étoit que des jeux d'enfants au prix de celle-là. Le roi plufieurs fois en danger de la vie, reçut plufieurs coups dans fes armes, & fe battit en héros. Cette action fe paffa près de Marignan.

¹⁵¹⁵

La conquête du Milanès fut le fruit de cette victoire; Maximilien Sforze vint à Paris manger une penfion de foixante mille ducats, que François lui donna. Les Vénitiens recouvrerent tout ce qu'ils avoient avant la ligue de Cambrai: & le roi fit avec le pape un traité dont je parlerai bientôt.

Conquête du Milanès.

Le roi Catholique étant mort l'année fuivante, l'archiduc Charles, petit-fils de Maximilien, & fils de Jeanne héritiere de Ferdinand, fe trouva maître à quinze ans des Pays-Bas, de l'Efpagne, du royaume de Naples; & après la mort de Maximilien, arrivée

1516 Charles V maître des Pays-Bas, de l'Efpagne, du royaume de Naples, & empereur.

D 4

en 1519, il fut élu empereur dans la diete de
Francfort. Jamais prince en Europe n'auroit eu
d'auffi vaftes états, s'il eût fallu les conquérir :
mais on acquéroit des royaumes par des alliances , & les peuples étoient devenus des efpeces
d'immeubles , dont les propriétaires , qu'on
nommoit fouverains, difpofoient à leur gré.
L'ufage faifoit leur droit.

CHAPITRE II.

Des papes dans le quinzieme siecle,
& de l'origine du Luthéranisme dans
le seizieme.

La nécessité de réformer l'église dans son chef & dans ses membres a été reconnue dans le quinzieme siecle, & c'est tout le fruit qu'on a retiré des conciles de Constance & de Bâle. Pouvoit-on travailler efficacement à la réforme, tant que les papes étoient assez puissants pour éluder les décrets des conciles œcuméniques ? Il falloit d'abord abattre leur puissance : c'est à quoi ils ont contribué eux-mêmes.

La puissance de la cour de Rome empêchoit la réforme de l'église.

Plus la cour de Rome étoit ambitieuse & téméraire, plus elle étoit éloignée de prévoir les circonstances, de les préparer & de les tourner à son avantage. Sa politique devoit donc échouer parce qu'elle avoit réussi ; car n'ayant d'abord dû ses grands succès qu'à certaines conjonctures, elle n'en devoit plus avoir de pareils, dès que les conjonctures

Mais cette puissance s'affoiblissoit elle même en voulant trop s'accroitre.

n'étoient plus les mêmes. Déja on lui ré-
siftoit , & réfifter c'étoit commencer de
vaincre ; puifque les papes , foibles par
eux-mêmes , n'étoient puiffants que par l'o-
pinion.

Elle avoit
long-temps
remué l'Euro-
pe.

Avant Charles VIII, les puiffances de l'Europe fe formoient féparément ; elles s'obfer-
voient peu, parce que ne pouvant encore tenter d'entreprifes confidérables au dehors, aucune n'étoit capable de donner de l'ombrage
à toutes les autres. On ne connoiffoit point
ces confédérations, qui tendent à faire de l'Europe un corps politique, dont toutes les parties fe balancent. Les papes feuls pouvoient
quelquefois remuer tous les peuples, comme
dans le temps des croifades. À l'abri d'une autorité, dont on refpectoit jufqu'aux abus, ils
fe faifoient une monarchie univerfelle; contre laquelle on ne fe liguoit pas, foit parce
qu'on n'ofoit la combattre, foit parce qu'il fe
trouvoit toujours des princes intéreffés à la
reconnoître. Dans ces circonftances favorables à leur ambition, ils étoient le centre où
fe dirigeoient toutes les forces, & d'où elles
s'échappoient avec effort pour exciter des com-
motions de côté & d'autre. Ils remuoient, à la
vérité, l'Europe, pour y caufer des défordres:
mais eux feuls pouvoient en remuer enfemble toutes les parties.

On ouvrit enfin les yeux fur l'abus qu'ils faifoient de leur puiffance. Cependant tous les princes fe feroient ligués, qu'ils auroient été trop foibles. Puifque la fuperftition armoit les peuples pour les papes, il falloit que le clergé, forcé à fe défendre, étudiât & répandît des lumieres : il falloit que la nécef- fité de fe fouftraire aux vexations de la cour de Rome, lui fît un intérêt de combattre une foumiffion aveugle qu'il avoit prêchée lui-mê- me : il falloit qu'un long fchifme apprît à ju- ger des cenfures, & que des pontifes enne- mis fuffent dans la néceffité de mendier la protection des fouverains : il falloit, en un mot, que l'églife affemblée avouât fes déf- ordres, & entreprît de fe réformer.

Elle devoit enfin la foule- ver.

La foibleffe même des empereurs porta coup à la puiffance du faint fiege. Leur im- puiffance ayant fait ceffer les querelles entre le facerdoce & l'empire, le pape ceffa d'être l'objet de l'attention de toute l'Europe. En perdant un ennemi redoutable, il parut moins redoutable lui-même ; il ne conferva plus toute la confidération qu'il avoit ufurpée ; & on retrancha de celle qui lui étoit due.

Elle s'affoiblit lorfqu'elle paroît rem- porter le plus grand avan- tage.

Depuis le milieu du quinzieme fiecle, ces pontifes, qui auparavant étoient en quelque forte par-tout, paroiffoient fe retirer peu-à- peu pour fe renfermer dans l'Italie : les mou-

Elle s'affer- mit dans Ro- me à mefure qu'elle s'af- foiblit ail-

vements qu'excite leur ambition inquiete, ne s'étendent guere plus au delà ; & leur influence sur le reste de l'Europe diminue tous les jours. De petites guerres entre de petits princes & de petites républiques, deviennent plus que suffisantes pour les occuper , & encore parmi ces petites guerres , ils se trouvent petits eux-mêmes. S'ils osent former de grands projets, comme de faire marcher tous les princes chrétiens contre les Turcs, on ne les écoute pas. Il est vrai que leur ambition étant plus bornée, elle eut aussi plus de succès: car c'est principalement pendant cet intervalle qu'ils acheverent d'affermir leur autorité dans Rome. Mais vous voyez le rôle subalterne qu'ils jouent, lorsque, placés entre le roi de Naples, les Florentins, le duc de Milan & les Vénitiens, ils sont forcés de passer continuellement d'une alliance dans une autre. Leur foiblesse se montre encore davantage, quand les François, les Allemands & les Espagnols paroissent en Italie. N'oublions pas que quelques-uns ont contribué à diminuer leur puissance temporelle, lorsqu'ils ont sacrifié les intérêts du saint siege à l'ambition d'élever leur famille.

Cependant quelque foibles que fussent les papes, ils étoient encore assez puissants pour empêcher l'exécution des décrets des conciles de Constance & de Bâle, & ils entretenoient tous

les abus qui enrichiſſoient la chambre apoſto-
lique ; c'eſt-à-dire, l'appel de toutes les affaires
au ſaint ſiege, la collation de tous les bénéfices,
les réſerves, les graces expectatives, les annates,
les indulgences, les diſpenſes, les décimes &
les dépouilles des bénéficiers qui mouroient.
Car les papes s'étoient établis héritiers de tous
les bénéficiers ; &, non-ſeulement, on ſe ſai-
ſiſſoit des fruits reſtants du bénéfice, mais
encore, des ornements des égliſes ou même
des biens qu'un bénéficier tenoit de ſa famille : ſi les parents vouloient y mettre quelque
oppoſition, on les excommunioit.

qui enrichiſ-
ſoient la
chambre a-
poſtolique.

Giannone (*) remarque, que ces abus regnoient ſur-tout en Italie, & qu'il y en avoit
même eu de plus grands à Naples ſous les rois
de la maiſon d'Anjou : car ces princes forcés
de ménager la cour de Rome, n'avoient jamais oſé s'oppoſer à aucune de ſes entrepriſes. Il n'en fut pas tout-à-fait de même ſous
les rois de la maiſon d'Arragon : ils remédie-
rent à quelques-uns, autant du moins qu'ils
le purent ſans employer des moyens violents.
Alphonſe I, par exemple, ne permit point

Ces abus trou-
voient peu
d'obſtacles en
Italie.

(*) Dans ſon hiſtoire de Naples : ouvrage qui m'a été
fort utile. Aucun écrivain n'a mieux connu les abus qui ſe
ſont introduits dans la diſcipline de l'égliſe.

à la chambre apostolique de s'approprier les dépouilles des bénéficiers qui mouroient.

On résistoit davantage en Allemagne à toutes ces exactions, ou plutôt on s'en plaignoit plus haut. Depuis 1450 les dietes ont toujours été occupées des moyens de les empêcher; mais Frédéric III étoit trop indolent pour y porter remede, & Maximilien avoit trop de ménagements à garder avec les papes.

C'est en France seulement que la résistance produisit tout l'effet qu'on pouvoit desirer: car la pragmatique sanction, rédigée par le clergé d'après les décrets du concile de Bâle, fut approuvée par Charles VII, en 1438; & publiée pour être observée dans toute l'étendue du royaume. Tant que ce prince vécut, elle eut force de loi : ni les négociations des papes, ni les censures dont ils menaçoient le roi, ne purent la faire révoquer.

Charles étant mort en 1461, le pape Pie II promit le chapeau de cardinal à Jouffroi évêque d'Arras, s'il réussissoit à faire abolir la pragmatique. Louis XI y consentit, parce qu'on lui fit espérer, que le pape favoriseroit les droits de René d'Anjou sur le royaume de Naples, & qu'il auroit en France un légat qui nommeroit aux bénéfices, afin d'empêcher l'argent de sortir du royaume.

L'évêque d'Arras, chargé de porter cette nouvelle à Pie II, apprit en chemin que le pape, satisfait de ses services, l'avoit nommé cardinal. Alors, pénétré de reconnoissance, il n'eut rien de plus pressé que de lui communiquer l'abrogation de la pragmatique, & il oublia tout-à-fait l'article du légat & celui du royaume de Naples. Mais Louis, voyant qu'il avoit été trompé, ne se mit pas en peine de faire publier & enrégistrer l'édit de révocation, de sorte que les choses resterent à peu-près dans l'état où elles étoient auparavant.

Paul II, successeur de Pie, reprit cette affaire, & promit encore le chapeau à Ballue, évêque d'Evreux, qui avoit beaucoup de part à la confiance de Louis XI. Les rois sont presque toujours mal servis, lorsque leurs ministres attendent des graces d'une cour étrangere; la pragmatique fut donc révoquée pour la seconde fois; mais le parlement refusa d'en enrégistrer l'édit, l'université en appella au futur concile.

Il la révoque une seconde fois.

Cette conduite du roi ne fit que causer des troubles dans l'église de France. D'un côté, Pie & Paul prétendirent, en conséquence de la révocation, disposer des bénéfices, des graces expectatives, &c. comme avant la pragmatique; & de l'autre, le

Il n'y a plus rien de déterminé à ce sujet.

parlement, l'univerſité & le clergé ne ceſſe-
rent de crier contre les abus, qui ſe renou-
velloient. En 1478, Louis XI, mécontent
de la cour de Rome, parut vouloir rétablir
la pragmatique ; cependant rien ne fut décidé.
Charles VIII laiſſa les choſes dans l'état où il
les avoit trouvées. En 1499, Louis XII ordonna que la pragmatique ſeroit inviolablement obſervée ; quelque temps après l'empire
préſenta auſſi un mémoire à Maximilien ſur
les vexations de la cour de Rome, & propoſa
d'adopter en Allemagne la pragmatique de
Charles VII. Enfin ce fut ſous prétexte de réformer l'égliſe, que l'empereur & le roi de France
firent convoquer le concile de Piſe, auquel ils
citerent Jules II : mais les guerres d'Italie, pendant leſquelles les intérêts varioient continuellement, ne permettoient pas de ſuivre les projets qu'on avoit formés ; & on ne terminoit jamais rien.

Concordat de
Léon X & de
François I.

La victoire de Marignan avoit forcé le pape à s'allier avec la France ; il avoit même été
obligé d'abandonner Parme & Plaiſance, que
le ſaint ſiege avoit acquis pendant les guerres de
Louis XII. Cette circonſtance parut donc
favorable à François I pour régler tous les différents qu'il avoit avec la cour de Rome ;
& il eut à cet effet une entrevue à Bologne
avec Léon. La concluſion des conférences
　　　　　　　　　　　　　　　　　fut

fut un concordat, qui eft conforme à la
pragmatique dans quelques articles, qui en
abroge plufieurs, qui en modifie d'autres, &
qui en omet à deffein. On n'a garde, par
exemple, d'y parler des annates ni de l'autorité des conciles. C'eft que fur ces deux
points on vouloit laiffer aller les prétentions
de la cour de Rome, fans paroître ni les
combattre ni les autorifer.

La collation des bénéfices eft ce que le
concordat a de plus particulier : car fans aucun égard pour les élections, qui étoient de
droit par la pragmatique, il y eft déclaré
que les fujets feront nommés par le roi &
pourvus par le pape.

Par cet accord le roi crut acquérir du pape la nomination, dont le pape n'avoit pas
droit de difpofer : le faint fiege conferva les
annates, parce que, quoiqu'on n'en parlât
point, l'intention n'étoit pas de donner les
bulles pour rien ; & les chapitres perdirent le
droit d'élire. Ce qu'il y a de plus fingulier,
c'eft que le roi ait eu befoin de la cour de Rome pour s'arroger la difpofition des bénéfices,
& ce qui l'eft plus encore, c'eft qu'on croie
en France que le roi n'en puiffe aujourd'hui
difpofer qu'en vertu de ce concordat.

Ce concordat eut de la peine à paffer en
France. Le parlement refufa d'abord de l'en-
régiftrer ; il l'entégiftra enfuite, en proteftant ;

On a tort en
France de re/
garder ce con/

cordat comme une loi.

& lorſqu'il y eut des procès entre un élu &
un nommé, il jugea toujours en faveur du
premier.

François I le fait exécuter.

Le concordat n'étant pas exécuté, devenoit donc inutile : le roi, pour lui donner
force de loi, ôta la connoiſſance des cauſes
bénéficiales à ſon parlement & la donna au
grand conſeil. Depuis ce temps les rois de
France ont joui, ſans conteſtation, du droit
de nommer : droit que le royaume paye au
ſaint ſiege, à chaque bénéfice qui vaque ; &
cependant le ſaint ſiege n'en pouvoit pas diſpoſer, puiſqu'il appartenoit au roi ſeul, dès
que le peuple ne le conſervoit pas. Mais enfin le concordat a fait un bien, parce qu'au
moins on ſait ce qu'on doit payer ; au lieu que
quand il n'y avoit rien de réglé, les prétentions illimitées de la cour de Rome pouvoient
toujours cauſer des troubles. L'Allemagne en
eſt la preuve.

**Les diſſipa-
tions de Léon
& épuiſent les
reſſources du
ſaint ſiege.**

Léon étoit magnifique, généreux & même diſſipateur. Les revenus du ſaint ſiege,
quels qu'ils fuſſent, ne pouvoient ſuffire à
ſes dépenſes : il avoit épuiſé ſes tréſors & ſes
reſſources. La guerre contre les Turcs, qu'on
projetoit toujours & qu'on ne faiſoit pas, étoit
un prétexte ſi uſé, que les Eſpagnols, quoique
dévoués à la cour de Rome, ne ſe laiſſoient
plus prendre à ce piege. Ils venoient de ſe
refuſer à une bulle, qui ordonnoit aux ecclé-

fiaftiques de payer le dixieme de leurs revenus; & le pape s'étoit vu dans la nécefilité
de défavouer fon légat. Les Italiens avoient
été plus dociles; car cet impôt fut levé à la
rigueur, fur-tout, dans l'état eccléfiaftique. Enfin Léon avoit partagé avec les rois d'Angleterre & de France les décimes qu'il leur avoit
accordées fur le clergé, & que ces princes
étoient dans l'habitude de demander au pape,
comme au fouverain qui pouvoit feul en difpofer. Tout cela étoit d'un foible fecours pour
ce pontife. Cependant il vouloit achever
l'églife de S. Pierre, que Jules II avoit com-
mencée, & qui devoit coûter des fommes
immenfes : cette églife étoit donc un prétexte pour de nouvelles exactions, dont
une partie devoit être employée à toute autre
chofe.

Il ne douta pas que toute la chrétienté ne
dût, & ne voulût contribuer à cet édifice; &
il penfa que s'il eft des cas où l'on peut don
ner des indulgences pour de l'argent, c'eft fans
contredit, celui où l'on fe propofe de bâtir un
temple au prince des Apôtres. Il en fit donc
publier dans toute l'Europe en 1517, & il
les offrit à des conditions fi aifées à ceux qui
voudroient contribuer de quelque fomme,
qu'on ne pouvoit s'y refufer.

Il fait publier des indulgences dans toute la chrétienté.

Jufqu'alors les peuples d'Allemagne avoient
recherché les indulgences avec plus de paffion

Pendant qu'en Alle-

magne les dietes se plaignent de cet abus, les Augustins sont offensés de n'en être pas l'instrument.

que les autres : il y a un terme à tout, & les dietes se plaignoient que ce commerce devenoit ruineux pour l'état. Ces plaintes n'auroient peut-être produit aucun effet, si les Augustins, auparavant en possession de prêcher les indulgences, n'avoient vu avec jalousie qu'on donnoit cette commission aux Dominicains. Ce fut la principale cause des troubles qui s'éleverent.

Les Dominicains les prêchent avec scandale.

Les nouveaux prédicateurs donnerent des armes contre eux. Soit pour se rendre dignes de la préférence, soit pour augmenter leurs profits, ils exagérerent ridiculement le prix des indulgences, & ils avancerent des maximes toutes nouvelles. Leur conduite ajouta encore au scandale de leur doctrine; car on les voyoit tenir leurs bureaux dans des cabarets, & consumer en débauches ce que le peuple superstitieux refusoit à ses besoins.

L'électeur de Saxe protége les Augustins; & Martin Luther écrit.

Ces désordres se commettroient en Saxe, où le vicaire général des Augustins avoit beaucoup de crédit, parce qu'il étoit allié & ami de l'électeur. Il fit donc à ce sujet des représentations à ce prince, un des plus puissants de l'Allemagne; & il n'eut pas de peine à l'indisposer contre les indulgences & contre les Dominicains. Ce fut alors que les Augustins assurés de la protection de l'électeur, saisirent l'occasion de se venger. Martin Luther, qui avoit parmi eux le plus de réputation, arma le premier. Il ne contesta pas à l'église le droit d'accorder des indulgences ; il montra même du respect pour le saint siege & pour la personne du pape ; il n'attaqua d'abord que les abus.

Il est vraisemblable que Léon auroit prévenu les maux dont on étoit menacé, si dans ces commencemens se conduisant avec quelque modération, il eut seulement paru vouloir remédier aux abus dont tout le monde se plaignoit. Mais pendant que les Dominicains défendoient jusqu'aux abus des indulgences, & que les Augustins dans la chaleur de la dispute étoient tentés d'attaquer les indulgences mêmes, le pape citoit Luther, publioit des bulles contre lui, & sollicitoit les puissances d'Allemagne à le punir.

Léon X demande aux dietes que Luther soit puni

Les dietes, auxquelles Léon portoit ses plaintes, étoient bien éloignées d'entrer dans ses vues. Elles ne voyoient encore rien à reprendre dans la doctrine de Luther ; puisqu'il s'élevoit contre des abus, qu'elles condamnoient depuis long-temps ; ou s'il enseignoit des erreurs, elles déclaroient qu'elles n'en pouvoient être juges. Elles demandoient donc une réforme, un concile général ; & en attendant, elles représentoient les griefs de l'Allemagne contre les entreprises du saint siege. Celle de Nuremberg, entre autres, fit quelque

Elles répondent par des plaintes contre les exactions de la cour de Rome.

E 3

temps après à ce sujet un mémoire, qui renfermoit cent articles.

Luther ne garde plus de mesures.

Luther, se voyant soutenu par les puissances, ne garda plus de mesures contre le pape qui le poursuivoit. Toujours plus hardi & plus violent, il défendoit une these qu'on lui contestoit, en avançant une these encore plus téméraire. Il demanda raison de l'autorité que les papes s'arrogeoient: il vit des abus dans les usages les plus anciens & les plus généralement reçus; & agitant d'autant plus de questions qu'on le contredisoit davantage, il prétendit trouver des erreurs jusques dans les dogmes.

Les peuples le croient destiné à éclairer l'église.

Cependant le nombre de ses partisans augmentoit tous les jours, parce que plus les esprits s'échauffoient, moins on étoit capable de remarquer & de blâmer les excès auxquels il s'abandonnoit. Déja son nom retentissoit dans toute l'Europe, les peuples sembloient lui demander ce qu'ils devoient croire, & il paroissoit destiné à les éclairer.

Ils attendent de lui une réforme générale.

Ainsi devenu plus opiniâtre, autant par les contradictions que par les applaudissements, il se vit engagé plus avant qu'il n'avoit pu prévoir. Il ne vouloit que relever quelques abus, & cependant on attend de lui qu'il entreprenne une réforme générale. Il est étonné lui-même du personnage qu'il joue dans le monde: mais ce personnage flatte sa vanité;

& il n'a plus d'autre ambition que de le foutenir.

La révolution que fit ce novateur, fut fi
fubite, que les meilleurs efprits eurent à peine le temps de la preffentir: c'eft ce qu'on voit
par la maniere dont en parle Erafme, qui vivoit alors, & qui étoit l'homme le plus
éclairé de fon fiecle. » Luther, dit-il, s'étoit
acquis dans les commencements une grande
confidération, parce qu'il avoit attaqué avec
intrépidité les mœurs du fiecle. Il n'épar-
gnoit ni les cardinaux, ni la majefté même
du fouverain pontife. Cette hardieffe tenoit
les efprits en fufpens: on s'imaginoit que l'a-
mour de la vertu, de la vérité, & le defir
d'être utile au genre humain le faifoient agir.
Il confervoit encore de la modeftie dans fes
mœurs: il paroiffoit fort éloigné de vouloir défendre avec opiniâtreté fes fentiments: il ne
l'étoit pas moins des paradoxes monftrueux,
qu'il a depuis hafardés: il fe foumettoit au
jugement des gens de bien & à la décifion de l'é-
glife catholique. Je l'avouerai, cet homme m'en-
avoit prefqu'impofé: je me perfuadois voir en
lui un homme zélé qui pouvoit être dans l'erreur, mais qui n'avoit point envie de tromper; & qui reprenoit feulement avec trop de
violence des mœurs d'ailleurs très repréhen-
fibles. »

Il fait une révolution qu'on n'avoit pas prévue & qu'il n'avoit pas projetée.

E 4

Si Luther en imposa à Erasme, il en imposa à bien d'autres; & j'ajoute qu'il s'en imposa à lui même, car il n'avoit probablement pas formé le projet qu'il exécuta. On ne connut donc le mal, que quand il avoit fait ses progrès; & comme il étoit trop tard pour y remédier, ceux qui s'étoient engagés dans l'erreur, se trouverent trop avancés pour reculer. Les disciples de Luther se multiplierent: ils défendirent à l'envi la doctrine de leur maître: ils l'enhardirent par leur fanatisme. Chacun d'eux, animé du même esprit, ambitionna d'avoir part à la réforme: chacun se crut fait pour régler la croyance des peuples; & s'ils se diviserent, cette division même entretenoit une sorte de fermentation qui contribuoit à répandre l'erreur, & qui brouillant tout, ne permettoit presque plus à la multitude de connoître la vérité. On compte jusqu'à trente-neuf sectes sorties du luthéranisme, toutes ennemies, mais toutes réunies contre l'église.

Causes de la rapidité de cette révolution. Dans cette confusion, les peuples ne voyoient que les abus contre lesquels les Luthériens s'élevoient, & auxquels on desiroit un remede: c'est aussi sous cet abri que les novateurs répandoient le venin de leur doctrine. Ils paroissoient apporter la réforme, & ils corrompoient la foi: cependant ils intéressoient les princes à les protéger, parce qu'ils leur

montroient les richeffes des églifes, comme
des biens qui avoient été ufurpés fur eux, &
qu'ils étoient en droit de reprendre. Ils entraînoient même dans leur parti un grand nombre d'eccléfiaftiques & de moines ; parce qu'en
condamnant le célibat & les vœux monaftiques,
ils ouvroient les portes des couvents à tous
ceux qui fe dégoûtoient du cloître & de la
chafteté. Ils offroient donc des appats à tout
le monde, à la multitude la réforme des abus,
au clergé la licence, & aux fouverains les tréfors de l'églife : telles font les principales
caufes de la rapidité étonnante du luthéranifme. En 1522, que Léon mourut, il y avoit
cinq ans que cette héréfie avoit commencé,
& cependant la prétendue réforme étoit
déja établie à Zurich : elle étoit protégée en
Saxe : elle avoit des fectateurs dans prefque
toute l'Allemagne : enfin plufieurs princes de
l'empire & les dietes mêmes paroiffoient dif-
pofées à la recevoir. Ces erreurs s'étendront
encore davantage, & ce fera une fource de
calamités.

CHAPITRE III.

*De l'Angleterre sous Henri VII &
sous Henri VIII jusqu'à la mort
de Maximilien.*

Les calamités avoient préparé les Anglois à la plus grande soumission

LE peuple le plus jaloux de sa liberté se soumet enfin à un gouvernement même tyrannique; lorsqu'épuisé par une suite de guerres, il ne lui reste plus que le souvenir de ses longues calamités & la crainte d'en éprouver encore de pareilles. Alors l'autorité du prince peut s'étendre d'autant plus, que les familles où l'amour de l'indépendance se perpétuoit, sont précisément celles qui se sont éteintes, parce que ce sont celles qui ont été le plus exposées. Tel est l'effet que les guerres entre les maisons d'Yorck & de Lancastre avoient produit, quoiqu'on n'eût pas combattu pour la liberté de la nation; & c'est dans ces circonstances que Henri VII monta sur le trône.

On a remarqué la même chose des Romains,

Vous avez observé la même chose à Rome après le second triumvirat, & vous avez vu avec quelle promptitude le sénat devint

bas & rampant fous les empereurs. Cependant comme Augufte avoit eu la fageffe de
mettre des bornes à fa puiffance, Tibere,
quoique jaloux de fon autorité, fut forcé à
garder des ménagements. Il n'ofa gouverner
par lui-même en maître abfolu : & voulant
toujours paroître agir par le fénat, il imagina
d'en faire l'inftrument de fa tyrannie. Cali-
gula ne crût pas avoir befoin de tant de précautions; & il mit fes caprices à la place des
loix. Enfin, depuis ce tyran, la puiffance des
empereurs n'eut des bornes que lorfqu'ils furent affez fages pour s'en prefcrire eux-mêmes.

Or, les troubles continuels de l'Angleterre
n'avoient jamais permis de déterminer exac-
tement les droits refpectifs du fouverain &
de la nation. Les chartres jurées, éludées, violées, n'établiffoient que des prétentions ; &
de part & d'autre on avoit franchi tour-à-tour
les limites tracées trop confufément.

Les Anglois
n'avoient ja-
mais détermi-
né les droits
refpectifs du
fouverain &
de la nation.

Perfonne en Angleterre ne favoit donc
précifément, quels étoient les droits de la
royauté. Quand on l'auroit fu, le peuple paroiffoit devoir aimer mieux fouffrir des injuftices, que de prendre les armes. Henri pouvoit donc étendre à fon gré fes prérogatives:
il pouvoit être un tyran ou un roi jufte ; c'é-
toit à fon choix ; mais il n'eft donné qu'à

Henri VII
étoit donc le
maître d'éten-
dre fes préro-
gatives.

un grand homme de bien choifir en pareil cas.

La nation avoit toujours été portée pour la maifon d'Yorck : les droits de celle de Lancaftre étoient équivoques : ceux de Henri VII l'étoient encore plus, puifqu'il n'appartenoit à la derniere que par une branche bâtarde. Son feul titre étant donc de fe trouver en poffeffion de la couronne par une victoire, titre odieux, & par conféquent peu fûr : il pouvoit en acquérir un meilleur, en époufant Elifabeth, héritiere de la maifon d'Yorck. C'étoit fon deffein : mais fi la reine venoit à mourir avant lui, il n'étoit plus rien ; & il pouvoit devenir le fujet d'un fils qu'il en auroit eu. Il voulut donc d'abord s'affurer le trône à lui-même. Il falloit le demander à la nation : dans l'embarras de motiver fa demande, il ne la motiva point, & un parlement le reconnut.

Inquiet, il s'adreffa l'année fuivante à la cour de Rome, & Innocent VIII lui donna, par une bulle, tous les droits qu'il pouvoit defirer. Il feroit difficile de décider, dit M. Hume, fi le roi pouvoit retirer autant d'avantages de cette bulle, qu'il pouvoit en prévoir d'inconvéniens, en décelant ainfi lui-même l'invalidité de fes droits, & en invitant le pape à prendre un afcendant auffi dangereux fur les fouverains.

Après avoir épousé Elisabeth, il auroit dû confondre ses droits avec ceux de la reine, & saisir cette occasion pour achever d'éteindre les haines qui divisoient encore les deux partis. Il ne falloit que les favoriser également : mais peu maître de ses passions, il ne sut pas seulement voiler l'antipathie qu'il sentoit contre les partisans de la maison d'Yorck. Il les persécuta : il affecta, pour les humilier, d'élever leurs ennemis. Ainsi il devint sur le trône chef de faction, & il força ses sujets à former un parti contre lui : cette conduite, toujours imprudente, l'étoit sur-tout, pour Henri, qui n'ignoroit pas combien la maison d'Yorck étoit chere au peuple. Il en vit les effets dès la seconde année de son regne.

Il avoit fait enfermer dans la tour de Londres Warvick, prince de la maison d'Yorck ; mais dont la jeunesse & les droits éloignés ne devoient pas donner d'inquiétude. Un bruit sourd s'étant répandu que Warvick s'étoit échappé de sa prison ; le public reçut cette nouvelle avec empressement, & la crut vraie, parce qu'il desiroit qu'elle le fût. Aussitôt des ennemis du gouvernement profitent de ces dispositions ; ils produisent un faux Warvick : Lambert Simnel, fils d'un boulanger, ose jouer ce personnage ; & il est couronné en Irlande.

(marginalia) Il rallume l'esprit de faction qui s'éteignoit.

(marginalia) Simnel ou le faux Warvick

Pour défabufer les Anglois, Henri n'eut qu'à montrer au peuple le Warvick véritable: il n'en fut pas de même des Irlandois, ils perfifterent dans leur révolte, accufant le roi d'avoir produit un impofteur. Ils reçurent enfuite des fecours, que leur envoya Marguerite de la maifon d'Yorck, veuve de Charles duc de Bourgogne ; & ils oferent entreprendre la conquête de l'Angleterre: la bataille de Stoke, où ils perdirent leurs chefs & quinze mille hommes, ruina tout-à-fait leur parti. Simnel, alors trop méprifable pour donner de l'inquiétude, paffa du trône dans la cuifine du roi, où on l'employa aux plus bas fervices.

La facilité avec laquelle l'impofture de Simnel avoit d'abord réuffi, fait voir combien on étoit mécontent du gouvernement; mais la néceffité, où l'on avoit été de recourir à un moyen extraordinaire, montre auffi combien il étoit difficile de porter le peuple à la révolte. Cependant on n'en imaginoit pas alors de meilleur, & on tenta de l'employer une feconde fois.

Perkin ou le faux duc d'Yorck. Dans le deffein de faire revivre le duc d'Yorck, que Richard III avoit fait périr, on jeta les yeux fur Perkin Warbec, qu'on jugea propre à jouer ce perfonnage. Ce jeune homme, qui étoit fils d'un juif converti, avoit été tenu fur les fonts par Edouard IV. Depuis, errant de contrée en contrée, d'aventure en aventure, de métier en métier, il s'étoit formé à toute sorte de rôles : il avoit de l'esprit, des manieres nobles & une figure intéressante.

Marguerite, duchesse douairiere de Bourgogne, qui tramoit toute cette intrigue, engagea Charles VIII, alors en guerre avec Henri, à donner asyle au prétendu duc d'Yorck. Là conduite de Perkin en France, & l'accueil que la cour lui fit, accréditerent le mensonge. Tout retentit bientôt du mérite du jeune prince : on se racontoit ses malheurs : on se nourrissoit de l'espérance de le voir rétabli sur le trône de ses ancêtres : tout le monde s'intéressoit à sa fortune; & la renommée ayant porté cette nouvelle en Angleterre avec des exagérations, comme elle fait toujours, on y fut encore plus crédule qu'en France, parce qu'on avoit plus d'intérêt à l'être : quantité de gentilshommes Anglois vinrent offrir leurs services au duc d'Yorck supposé.

Cependant Perkin, forcé de sortir de France, lorsque Charles fit sa paix avec Henri, se réfugia en Flandre auprès de Marguerite. Cette princesse affecta de ne pouvoir ajouter foi au roman de ce jeune homme. Elle ne vouloit plus croire légérement, disoit-elle, depuis qu'elle avoit été trompée par Simnel. Elle parut chercher des preuves, elle voulut faire cet examen en présence de sa cour : elle

entra fcrupuleufement dans le détail des plus
petites circonftances : étonnée enfin de la vérité qui la frappoit, elle reconnut, dans Perkin, fon neveu, le fils d'Edouard IV, le feul
héritier des Plantagenets.

Cette fcene, adroitement jouée, ne laiffa
plus de foupçons. L'Angleterre reçut avec
avidité l'hiftoire de la délivrance du duc d'Y-
orck. Le peuple crut, parce qu'il aime le mer-
veilleux; la nobleffe, parce qu'elle étoit mé-
contente; & la confpiration fe formoit déja.

Henri commença par conftater la mort
du véritable duc d'Yorck; il répandit enfuite
des efpions, qui feignant de s'attacher à Perkin, entrerent dans toute fa confidence. Par
ce moyen les conjurés furent découverts, arrêtés, convaincus, punis, & l'Angleterre fut
détrompée. L'impofteur ofa cependant faire
enfuite de nouvelles tentatives; mais elles le
conduifirent à la potence.

Deux confpirations diffipées affermirent
Henri fur le trône. On fe fit la plus grande
idée de la politique, avec laquelle il avoit dé-
voilé des impoftures, où toute l'Europe avoit
été trompée : & on n'ofa plus remuer contre
un prince vigilant, ferme & févere.

Plus craint, il en fut plus abfolu. Cependant naturellement foupçonneux, il le devint encore par les efforts mêmes qu'il fit pour

*Deux conf-
pirations dif-
fipées affu-
roient le trô-
ne à Henri.*

*Mais fon ca-
ractère foup-
çonneux lui*

fe raffurer : car n'ignorant pas qu'on le regardoit comme un ufurpateur, & qu'il avoit aliéné une partie de fes fujets, il imagina d'écarter fes craintes, en fe faifant craindre tous les jours davantage: il ne fentit pas qu'on fe met dans la néceffité de craindre foi-même, lorfqu'on ne regne que par la terreur; & que quand même tout trembleroit, on fe figureroit encore des fujets de crainte. Auffi fon inquiétude croiffoit avec fon fils, parce que cet enfant avoit plus de droit que lui à la couronne. Il faut gagner la confiance & l'affection de fes peuples : c'eft le vrai fecret de fe rendre abfolu.

faifoit toujours des fujets de crainte.

On eût dit que fe regardant fur le trône, comme en paffant, Henri amaffoit des richeffes pour un temps où il ne regneroit plus. Il étoit d'une avarice infatiable: il accumuloit pour accumuler. Non content des fubfides que fes parlements ne lui refufoient jamais, il vendit plufieurs fois la paix à la France, quoiqu'il eût été payé de fes fujets pour faire la guerre. Il mit des impofitions arbitraires fous le nom de don gratuit. Après avoir fait fervir les formalités de la juftice à l'oppreffion des riches, il en abandonna bientôt jufqu'à l'apparence; autorifant fes miniftres à faire arrêter les citoyens qu'ils jugeoient à propos, & à leur vendre enfuite la liberté comme une grace. En un mot, ce regne fut celui des vexations. Le

Son avarice & fon defpotifme.

desporifme prit la place des loix: & le fouverain ne parut occupé que des moyens de s'enrichir, en dépouillant fon peuple. Henri mourut
en 1509, laiffant à fes fucceffeurs une puiffance
dont ils abuferont, & qui leur fera tôt ou tard
funefte. C'eft en quoi fon regne eft une époque.

On efpéroit
mieux de Hen-
ri VIII, mais
fans fonde-
ment.

On apprit avec une joie indécente la mort
de ce prince, & on fe promit des temps plus
heureux fous le regne de fon fils. Cependant
la beauté du jeune roi, fa vivacité, fon adreffe
& fes graces en étoient les feuls garants;
mais le peuple fe laiffe facilement féduire aux
qualités extérieures & fuperficielles.

La flatterie
applaudit à
fes diffipa-
tions.

Henri VIII, âgé de dix-huit ans, n'avoit
aucune connoiffance des affaires publiques,
parce que fon pere foupçonneux avoit eu foin
de l'en tenir toujours éloigné. Néanmoins il
n'étoit pas ignorant. Les progrès qu'il avoit
faits dans les belles-lettres, faifoient préfumer
qu'il réuffiroit dans toute autre étude. On
ne pouvoit pas prévoir qu'il fe livreroit à des
controverfes bien étranges pour un roi, &
qu'il ne feroit bientôt qu'un mauvais théologien. Dans un fiecle où des moines ofoient
entreprendre de réformer l'églife, il étoit
bien à craindre qu'un roi abfolu prit fur lui
cette réforme. Si cet efprit trop ardent, qu'on
fe flattoit devoir être tempéré par l'âge,
s'échauffoit au contraire par les contradictions;

il ne pouvoit manquer de dégénérer en fanatifme; & le fanatifme dans un prince dont le pouvoir eft illimité, pouvoit il ne pas produire la tyrannie? Réuniffant en lui les titres des maifons d'Yorck & de Lancaftre, il éteignoit enfin deux vieilles factions : il en devoit faire naître de nouvelles & de bien plus dangereufes.

La comteffe de Richemond, fa grand-mere, vivoit encore. Cette femme prudente, à laquelle il eut la fageffe de déférer, lui fit compofer fon confeil des hommes, qui ayant acquis la connoiffance des affaires fous le dernier regne, avoient le moins mérité la haine du peuple. Fox, évêque de Wincheſter, fecrétaire du petit fçeau, & le comte de Surrey tréforier, eurent le plus de part à l'autorité. Tous deux avoient flatré l'économie du feu roi, le premier par caractère, le fecond par politique : Fox s'oppofa donc aux dépenfes dans lefquelles le jeune Henri étoit entraîné par fes paffions; & Surrey au contraire, ne ceffoit d'applaudir aux diffipations de ce prince.

C'eft un axiome généralement reçu dans les cours, que le grand art d'un miniftre eft de ne trouver rien d'impoffible, quand il s'agit d'amufer le fouverain. Mais, Monfeigneur, ces miniftres habiles aux yeux des courtifans, font des fléaux aux yeux du peuple. Ils ourdiffent la honte & les malheurs d'un roi

qu'ils forment à la tyrannie. Henri aura
bientôt diffipé tous les tréfors de fon pere:
il faudra mettre de nouveaux impôts, pour
donner de nouvelles fêtes; & les fujets gé-
miront: tandis qu'il ne fera dans fes plaifirs
que le jouet d'un miniftre, qui le gouvernera
pour l'immoler à fon ambition.

Il s'engage inconfidéré- ment dans la ligue qui fe forme contre Louis XII.

Ce prince monta fur le trône dans le commencement des guerres, que la ligue de Cambrai avoit allumées. Cette conjoncture étoit
des plus favorables. Riche, abfolu dans un
royaume tranquille, il pouvoit être acteur ou
fimple fpectateur ; faire pencher la balance
à fon choix par fon alliance, recherchée des
deux partis; & ne prendre les armes, que
pour en retirer des avantages. Mais incon-
fidéré par caractère, autant que par défaut
d'expérience, jaloux de mériter le titre de roi
très-chrétien, que Jules lui offroit, impatient de prendre la défenfe du faint fiege contre des ennemis qu'il appelloit impies, & s'en-
ivrant déja de fes prétentions fur la France,
il entra témérairement dans la fainte ligue:
c'eft ainfi qu'on nommoit la ligue formée
contre Louis XII.

Avec fes trou- pes Ferdinand le Catholique envahit la Na- varre.

Il concerta le plan de cette guerre avec
Ferdinand, qui n'eut pas de peine à le tromper. Ses troupes débarquées à Fontarabie,
devoient être jointes par celles d'Efpagne, &
le rendre maître de la Guienne: elles fervi-

rent feulement à faciliter au roi Catholique la conquête du royaume de Navarre.

Lorfque les intrigues de Léon eurent détaché Maximilien de l'alliance de Louis, Henri entra avec la même confiance dans la nouvelle ligue qui fe forma. Au commencement de juin 1513, il defcendit à Calais, comptant fur fes armes & fur fes alliés. Vingt-cinq mille Suiffes fe préparoient à faire une diverfion en Bourgogne, excités par l'argent qu'il leur avoit envoyé, & par la haine qu'ils avoient alors contre la France: Maximilien, à qui il avoit auffi donné de l'argent, promettoit des fecours confidérables: en un mot, il fembloit que Louis ne pourroit jamais réfifter à tant d'ennemis. Mais les Suiffes remplirent feuls leurs engagements; & l'empereur continuoit toujours de n'entrer dans les confédérations, que pour profiter de l'argent & des forces de fes alliés. Il n'en pouvoit pas trouver de plus propre à fes vues. Auffi ne donna-t-il que fort peu de foldats: & bien affuré, qu'en flattant la vanité de Henri, il feroit réputé avoir fait au de-là de fes promeffes, il joignit lui-même l'armée, & il voulut n'être qu'un des foldats de ce prince. Ce foldat, à cent écus de paye, fut refpecté de fon général, & dirigea toutes les opérations de la campagne.

Il entre dans une nouvelle ligue & compte encore fur des alliés qui le jouent.

F 3

Victoire de
Guinegate.

La journée des éperons, ou la bataille de
Guinegate, dans laquelle les François, mis
en déroute, firent usage de leurs éperons plus
que de leurs armes, fut un commencement
aussi brillant pour le roi d'Angleterre, qu'
éffrayant pour Louis : mais ce ne fut que cela. Henri, vainqueur à la tête de cinquante
mille hommes, porta la désolation jusqu'aux
portes de Paris : cependant lorsqu'il pouvoit
profiter de ce moment de terreur, pour achever la ruine de l'armée françoise, il revint au
siege de Térouane, place peu importante,
& laissa à ses ennemis le temps de se reconnoître.

Henri n'en
fait pas profi-
ter.

Ce n'étoit pas l'intérêt de Maximilien que
Henri conquît la France : il lui importoit seulement que ce roi, dont le voisinage étoit
moins à redouter, eût sur les frontieres quelques places, qui couvrissent la Flandre contre
les entreprises des François. Il lui conseilla
donc le siege de Tournai. Un prince ne doit
compter sur ses alliés, qu'autant qu'ils ont les
mêmes intérêts que lui : c'est ce dont Henri
ne se doutoit pas. Il vit une conquête dans
l'acquisition de Tournai, & il ne remarqua
pas qu'il en laissoit échapper de plus grandes.
La prise de cette place finit une campagne plus
dispendieuse que glorieuse : mais les succès
n'en furent que plus exagérés par les courtisans, qui vouloient flatter le roi d'Angleterre.

Les Suisses ne firent rien en Bourgogne. Louis de la Trémouille, hors d'état de défendre cette province, leur fit des propositions; & ils furent assez simples pour les écouter, sans examiner seulement s'il avoit pouvoir de traiter avec eux. La Trémouille leur promit tout ce qu'ils exigerent, trop heureux, de s'en débarrasser, & bien assuré d'ailleurs qu'il seroit désavoué.

Les Suisses ne font pas la diversion qu'ils avoient promise.

Le roi de France, à qui les dangers de la derniere campagne faisoient sentir le besoin de la paix, saisit habilement le moment de négocier, & de réparer ses fautes. Léon n'y étoit pas contraire. Depuis que Louis avoit perdu le Milanès, il étoit de son intérêt de rétablir l'équilibre, & de rompre par consequent une ligue, qui tendoit à rendre Maximilien trop redoutable. Le roi d'Espagne, vieux & infirme, n'avoit plus la même ambition, & se trouvoit trop heureux de pouvoir jouir dans le repos des provinces qu'il avoit acquises. Enfin Maximilien, toujours avec des projets & toujours sans ressources, étoit d'un caractère à écouter toute proposition, où il verroit quelque avantage. Louis offroit donc à ces deux princes de marier sa fille Renée avec Charles ou avec Ferdinand, leurs petits-fils, promettant de céder pour dot ses droits sur le Milanès. La négociation eut tout le succès qu'il avoit espéré.

Louis fait la paix avec Maximilien & avec Ferdinand le Catholique

Léon avoit défiré la paix. Il l'avoit faite lui-même avec le roi de France : mais s'il fouhaitoit que Louis ne fût pas en état de faire valoir fes droits fur le Milanès, il eût encore voulu qu'il ne les eût pas cédés à des princes, dont il prévoyoit la puiffance. Cette ceffion lui donnoit de l'inquiétude.

Henri ne put pas contenir fon indignation, lorfqu'il apprit le traité que fes alliés avoient fait avec la France. Voyant évanouir tous les fuccès qu'il fe promettoit, & dont fes flatteurs étoient les garants, il cria à la trahifon, il jura de fe venger. Le duc de Longueville, alors prifonnier en Angleterre, l'entretint dans fes difpofitions ; il lui rappella la mauvaife foi de Ferdinand, il lui montra l'inconftance de Maximilien, & il lui fit entrevoir une alliance plus avantageufe & plus fure avec Louis, dont la probité étoit reconnue.

Le roi de France, à qui Longueville apprit que Henri ne montroit pas d'éloignement pour la paix, approuva les démarches que le duc avoit faites, & lui donna pouvoir de conclure. Le traité fut bientôt fait : on le fcella même du mariage de Louis avec Marie fœur du roi d'Angleterre.

Après avoir vu la conduite de Henri avec les autres puiffances, il eft temps de confidéter son administration dans l'intérieur du royaume.

Le fils d'un boucher gouvernoit alors l'Angleterre. Thomas Wolsei, c'est ainsi qu'il se nommoit, devenu sous le dernier regne doyen de Lincoln & aumônier du roi, s'ouvrit sous Henri VIII un chemin à la plus grande fortune. Admis à la familiarité de ce prince, il en flatta les passions, c'est-à-dire, qu'il en gagna la confiance parmi les plaisirs, auxquels il l'excitoit. Il saisit tous les moments de lui rendre suspects ceux qui avoient part à l'administration. Il lui fit remarquer les jalousies qui les divisoient : il lui représenta qu'ayant été mis en place par son pere, ils ne tenoient rien de lui, qu'ils ne pouvoient lui être attachés; & qu'ils prendroient, peu-à-peu, d'autant plus d'ascendant, qu'il paroîtroit avoir plus besoin d'eux.

De ces réflexions Wolsei concluoit que le parti le plus prudent pour le roi, seroit de donner toute sa confiance à un homme qui lui dût sa fortune ; & il desiroit que le ministre choisi aimât les plaisirs, afin qu'il sût faire de l'art de gouverner un amusement sans travail & sans ennui. Henri goûta ces conseils, & choisit pour ministre celui qui les lui donnoit.

Wolsei sut bientôt écarter tous ceux qui étoient dans le ministère. Il leur donna des dégoûts, qui les engagerent à se retirer; &

Wolsei avoit toute sa confiance.

Il gouvernoit seul. Son caractère.

réuniſſant en lui tous les départements, il reſſ ta avec toute l'autorité. On loue ſon impartialité, ſon équité , ſon jugement , ſa pénétration & la connoiſſance qu'il avoit des loix. Mais l'hiſtoire le repréſente avec une ambition inſatiable, avec un faſte encore plus grand, & avec une ame toujours prête à ſacrifier ſon maître à ſes vues intéreſſées. Léon qui connut le crédit & le caractère de ce miniſtre, ſe hâta de le faire cardinal.

Conduite a-droite de ce cardinal. Pendant que Henri ſe partageoit nonchalamment entre les plaiſirs & les belles lettres, Wolſei qui entroit dans ſes lectures & dans ſes amuſements, ſe chargeoit ſeul du faix de l'adminiſtration : il avoit ſeulement ſoin de ménager l'amour propre du roi, & de lui cacher par des ſoumiſſions affectées l'aſcendant qu'il prénoit, & qu'il lui avoit fait redouter dans les autres.

Henri jaloux du vainqueur de Marignan, François I regnoit alors en France, & moins politique que Wolſei , il prenoit hautement un aſcendant marqué ſur tous les princes. La jalouſie de Henri ſe réveilla au bruit des armes du vainqueur de Marignan, car il ſe croyoit ſur-tout fait pour la guerre.

qui n'a pas ménagé Wolſei, Le cardinal, offenſé contre François dont il avoit eſſuyé un refus, alluma de plus en plus ces ſentiments jaloux, & entreprit de faire de ſon maître l'inſtrument de ſa vengeance.

Il falloit cependant un prétexte pour prendre les armes. On crut le trouver dans quelques liaisons de la France avec l'Ecosse, ennemie naturelle de l'Angleterre. Aussitôt on offre à Maximilien des sommes considérables pour l'engager à faire une entreprise sur la Lombardie. L'empereur ne se refusoit jamais à de pareilles propositions. Il prit l'argent, passa les Alpes, fut repoussé devant Milan, fit la paix avec le roi de France, la vendit aux Vénitiens & revint en Allemagne.

s'allie avec Maximilien, qui le trompe.

Henri avoit donc perdu son argent & un allié, & il n'attendoit de secours d'aucun prince. Ferdinand le Catholique ne pouvoit plus songer qu'au moment, où il auroit à rendre compte d'une longue suite de succès & d'infidélités. L'archiduc Charles, son héritier, n'avoit garde de se brouiller avec la France, qui auroit pu le troubler à la mort du roi d'Espagne. Enfin les Vénitiens étoient alliés de François, dont l'ascendant contenoit jusqu'au pape même. Henri forcé de renoncer à la guerre, revint donc aux lettres & aux plaisirs.

Il est forcé à la paix.

Sur ces entrefaites Ferdinand mourut. François à qui l'agrandissement de Charles donnoit de l'inquiétude, connut alors combien il lui importoit de renouveller son alliance avec le roi d'Angleterre ou plutôt avec Wolsei; car c'étoit avec le ministre qu'il fal-

A la mort de Ferdinand le Catholique, François I met Wolsei dans ses intérêts.

loit traiter. L'amiral Bonnivet fut chargé
de cette négociation. Adroit, infinuant, il
fut flatter l'orgueil du cardinal : il lui témoigna combien le roi regrettoit de n'avoir pas
cultivé l'amitié d'un homme, dont il faifoit
autant de cas : il rejeta les torts qu'on avoit
eus avec fon éminence, fur des mal enten-
dus qui pouvoient fe réparer ; & il mania fi
bien cet efprit plein de vanité, qu'il lui perfuada de fe déclarer ouvertement pour une
alliance avec la France.

Il obtint la
reftitution de
Tournai.

Alors François établit une correfpondance
particuliere avec Wolfei, lui confiant fes affaires les plus fecretes, & le confultant comme un oracle en politique. Le cardinal flatté
de l'amitié d'un prince le plus grand de l'Europe à tous égards, ne put fe refufer au defir qu'avoit le roi de France de recouvrer Tournai, & la reftitution en fut faite en 1518.
Et afin de colorer cette ceffion aux yeux des
Anglois cette ville fut donnée pour dot à
Marie, fille de Henri, dont on arrêta le mariage avec le Dauphin.

Il négocioit
celle de Ca-
lais.

François continuant de careffer le cardinal, l'appella fon pere, fon tuteur, fon gouverneur : c'eft qu'il vouloit encore obtenir la
reftitution de Calais. Cette négociation extraordinaire étoit entamée, lorfque Maximilien
mourut au commencement de 1519.

Henri n'ignoroit pas le commerce de fon
miniftre avec le roi de France : mais bien
loin d'en prendre ombrage, il s'applaudiffoit
de donner fa confiance à un homme, dont
on recherchoit les lumieres. Il eut encore
le plaifir de connoître que fon choix étoit
agréable à la cour de Rome ; car Léon nomma Wolfei fon légat en Angleterre. Nous verrons combien Henri étoit aveugle & incon-
fidéré.

CHAPITRE IV.

Considérations sur l'Europe au commencement du seizieme siecle, & par occasion, sur les effets du commerce.

Nouvelle situation de l'Europe à la fin du quinzieme siecle. DEPUIS que Charles VIII attira sur la France les yeux de toute l'Europe, les principales puissances n'ont pas cessé de s'observer ; & pendant que chacune cherchoit à s'agrandir, toutes ensemble paroissoient occupées des moyens d'établir une sorte d'équilibre entre elles.

Inquiétude des puissances qui ne savent comment se conduire. Dans une situation aussi nouvelle, les princes ne savent quelle conduite tenir, ou plutôt ils ne connoissent pas combien leur situation est nouvelle. Ils ne sentent pas combien elle est délicate: ils agissent témérairement, comme ils auroient fait dans toute autre conjoncture: ils veulent faire des conquêtes, sans avoir examiné si elles compenseront le prix qu'elles doivent coûter, & encore moins s'ils les conserveront. Leurs intérêts, ceux de leurs alliés, ceux de leurs ennemis, tous leurs font inconnus : ils font des alliances, ils s'en repentent : ils en font d'autres, qu'ils rompent encore : ils ne prévoient rien : avec beaucoup de confiance en leurs forces, ils jugent mal de celles qu'on peut leur oppofer : ils fufcitent par leurs entreprifes de nouveaux ennemis contre eux : & bientôt fans reffource, ils échouent au milieu des fuccès même : en un mot, la paix, la guerre, les traités, tout ce qu'ils font, montre en eux une inquiétude qui les met au hazard; en forte que toujours mécontents de la pofition où ils fe trouvent, ils n'en favent jamais choifir une qui leur convienne.

Ce n'eft pas en cela feul que l'Europe offre dans le feizieme fiecle un fpectacle tout nouveau. Les armes à feu, dont l'ufage avoit commencé dans le quatorzieme, devenues plus communes, changeoient entiérement la maniere de faire la guerre. Les arts, qui reparoiffoient en Italie, perfectionnoient le goût qui les avoit produits, & faifoient prendre aux mœurs un nouveau caractère. L'imprimerie, inventée depuis environ un demi-fiecle, répandoit de nouvelles opinions, de nouvelles erreurs & de nouvelles difputes jufques dans le peuple, & paroiffoit referver les vraies connoiffances pour un petit nombre d'efprits privilégiés qui fe tenoient à l'écart. Tandis

Caufes qui concouroient à changer la face de l'Europe.

que les découvertes des philosophes étoient
presque ignorées du public, ou n'étoient con-
nues que pour être combattues par le préjugé
ou par la superstition ; les questions des moines troubloient l'Europe & l'église, & préparoient les peuples à s'égorger. Cette fermentation, qui portoit les abus à leur comble,
produisoit par-là même un bien ; parce
qu'elle faisoit sentir les vices des anciennes
études, & en faisoit desirer de meilleures. On commençoit à penser qu'il ne
faut pas juger des choses par l'usage : on découvroit des abus : on voyoit qu'ils regnoient
depuis long-temps ; & on sentoit le besoin
d'étudier l'antiquité. Mais parce qu'on n'a-
voit pas assez de critique pour cette étude,
on n'en raisonnoit guere mieux : seulement
l'érudition tenoit lieu de raison. On se pas-
sionnoit pour ses opinions, on n'interrogeoit
pas les anciens pour apprendre d'eux la vérité,
mais pour combattre ce qu'on avoit intérêt de
blâmer dans les modernes. C'est ainsi que les
novateurs changeoient le culte, & leurs innovations changeoient encore, & compliquoient
les vues politiques des nations. Cependant
l'église, qui perdoit des provinces, se réformoit elle-même, les ecclésiastiques se corri-
geoient de leurs désordres : les peuples aban-
donnoient des pratiques superstitieuses ; & la
discipline qui se perfectionnoit, ramenoit par
tout

tout de meilleures mœurs , ou du moins des
mœurs moins groſſieres. Enfin la découverte
de l'Amérique par Chriſtophe Colomb , à la
fin du quinzieme ſiecle, & un nouveau paſ-
ſage qu'ouvrit Vaſquez de Gama aux Indes
orientales en doublant le Cap de Bonne-Eſpé-
rance , faiſoient dans toute l'Europe une révolution qui changeoit la fortune & les mœurs
des rois, des peuples & des citoyens. Arrêtons-
nous un moment ſur ce dernier objet.

Le commerce , qui s'étend, verſe en Europe
les richeſſes des deux Indes: l'or & l'argent deviennent plus communs: l'avarice qui s'eſt aſ-
ſouvie ſi long-temps par les armes, pourra donc ſe
ſatisfaire par des moyens moins deſtructifs ; &
parce qu'il ſe fera des fortunes rapides, on ſera
d'autant plus porté à diſſiper , qu'il paroîtra plus
facile d'acquérir. Alors les arts ſe multiplient :
le luxe ſe répand: la molleſſe le ſuit. Les
grands ſeigneurs, par conſéquent, plus recher-
chés dans leurs habits, dans leur table , dans
leurs équipages, dans leurs frivolités, perdront
inſenſiblement la paſſion qu'ils avoient pour le
métier des armes; la molleſſe, à laquelle ils
s'accoutumeront , les y rendra même moins
propres. Au lieu de mettre leur faſte dans le
nombre de leurs ſoldats , ils le mettront dans
la multitude de leurs valets. Toujours plus
voluptueux , leur dépenſe excédera leurs revenus: ils vendront leurs domaines ; ils déran-

Effets du lu-
xe : il ruine les
grands qu'il
amollit.

Tom. XIII.　　　　　　G

geront, ils ruineront leur fortune: ils auront befoin de fecours pour fe foutenir dans leur premier éclat : ils en feront plus foumis, les fouverains plus abfolus, le peuple moins opprimé ou du moins opprimé par un moindre nombre de tyrans.

L'ancienne nobleffe s'éteint & il n'y a plus que des riches & des pauvres.

De nouvelles familles s'éleveront: des roturiers poffederont les plus belles terres; il n'y aura plus que des riches & des pauvres. Les nobles fans biens, déprimés ou amollis, cefferont d'être à redouter : mais auffi ils ne feront plus fi propres à fervir l'état. Cependant les riches qui prendront leur place, ne les remplaceront pas : car leur fortune & encore plus la maniere, dont ils l'ont faite, traîne à fa fuite tous les vices du luxe ; c'eft même elle qui les porte jufqu'aux derniers excès, & elle ne donne pas ce point d'honneur, qui caractérife la nobleffe & qui fe forme dans le métier des armes.

Il augmente la population dans les villes & la diminue dans les campagnes,

Le luxe fera refluer l'or & l'argent des riches fur les citoyens qui cultivent les arts. La foif du gain multipliera donc les artiftes & les artifans. Un grand nombre, qui augmentera tous les jours, fubfiftera des produits du luxe : le laboureur quittera la charrue pour un métier: les villes feront plus peuplées : les campagnes le feront moins.

A mesure que le luxe fera des progrès, le qu'il rend mi-
commerce & les arts fleuriront davantage, & sérables.
l'opulence fera plus grande, mais dans les villes feûlement; & on trouvera plus de misere
dans la campagne. En effet, si le luxe pouvoit
se répandre jusques dans les hameaux, l'aisance
seroit par-tout, & il n'y auroit proprement
de luxe nulle part : puisque cela ne se peut
pas, il faut bien que les campagnes soient
d'autant plus pauvres, que les villes seront
plus riches.

Je ne prétends pas parler des campagnes,
qui sont aux environs d'une ville opulente,
ou qui ont avec elles un commerce ouvert &
facile : car celles-là, elles sont de la ville,
comme certaines villes de province sont de
la campagne.

Les campagnes étant plus pauvres, seront
moins peuplées : ayant moins de laboureurs, Comment il
elles seront plus mal cultivées. Elles ne four de plus en
niront donc plus assez de matiere premiere plus l'agricul-
pour les arts nécessaires au luxe. Il faudra pulation.
donc la tirer des pays étrangers. Une nation
tend donc par son luxe à ruiner de plus en plus
son agriculture, & à faire fleurir celle de ses
voisins.

Les campagnes se dépeuplant, il ne sera
plus possible d'y lever le même nombre de

soldats. Cependant les valets & les artifans qu'on enrôlera dans les villes, feront peu propres à la guerre. Il eft vrai que cet inconvénient feroit moindre, fi on levoit de plus petites armées : mais le luxe qui fe portera fur tout, pour tout corrompre, voudra qu'on en leve de plus grandes. Les princes, au lieu de compter leurs fujets, chercheront dans leurs finances le nombre de foldats qu'ils peuvent payer ; & faifant même de faux calculs, ils léveront des armées qu'ils ne pourront entretenir qu'en chargeant les peuples d'impôts. La dépopulation augmentera donc encore. Il faudra pourtant que le fouverain fourniffe auffi à fon luxe & à celui de fes courtifans : & parce que le luxe croît d'une année à l'autre par des accroiffements qui doublent, triplent, quadruplent ; il faudroit trouver des moyens pour doubler, tripler & quadrupler les revenus du prince, lorfque la mifere des peuples double, triple & quadruple elle-même. Toutes les grandes opérations du gouvernement auront pour objet de trouver ces moyens. On ne fongera qu'à faire de l'argent, & puis à faire encore de l'argent, jufqu'à ce que l'état foit totalement ruiné.

Proportion des foldats au refte du peuple dans les républiques an-

M. de Montefquieu a remarqué que la proportion des foldats au refte du peuple, pouvoit être aifément d'un à huit dans les anciennes républiques ; c'eft-à-dire, dans celles

de Rome, de Sparte & d'Athènes. D'Athènes, dis-je, avant Périclès; car vous avez vu
combien elle avoit peu de foldats au temps de
Démofthène. Vous concevez encore que Car-
thage ne peut pas être comprife dans les anciennes républiques, dont parle cet écrivain. Elle
étoit trop riche, & cette obfervation n'eft vraie
que pour des républiques pauvres.

Le même écrivain ajoute qu'aujourd'hui, Quelle eft cette proportion
aujourd'hui
dans le dix-huitieme fiecle, la proportion des
foldats au refte du peuple eft d'un à cent; &
que, par confequent, un prince qui a un million de fujets, ne peut, fans fe détruire lui-
même, entretenir plus de dix mille hommes
de troupes. S'il vouloit donc en avoir vingt
mille, il feroit dans le même cas que les anciennes républiques, quand elles armoient la
quatrieme partie de leurs citoyens: car elles le
pouvoient abfolument, toutes les fois qu'il
s'agiffoit de faire un dernier effort.

Pour comprendre cette différence qui vous Comment le
luxe multi-
plie le nombre
de citoyens.
étonne d'abord, vous n'avez qu'à imaginer
que les nations de l'Europe font des peuplades
de Carthaginois: en effet, vous voyez alors que
du nombre des citoyens en état de porter les
armes, il faudra retrancher tous ceux qui font
néceffaires au commerce, à la navigation, aux
arts, & encore tous les riches, qui confumant
dans l'oifiveté & dans la molleffe les produits

G 3

du luxe, font confacrés au fafte des grandes
villes.

Ce n'eft pas tout : les progrès du luxe feront
naître encore d'autres claffes de citoyens, qu'on
nommera financiers, banquiers, agioteurs, &
dont la profeffion fera de faire valoir l'argent;
c'eft-à-dire, de contribuer moyennant un certain profit, à le faire circuler pour la commo-
dité des commerçants & des riches. Ces hommes ne mettront dans le commerce que leur
crédit.   Ils s'enrichiront donc fans enrichir
l'état; car ceux-là feuls apportent des richeffes
réelles, qui mettent dans le commerce des
chofes qui fe confomment & qui fe reprodui-
fent.   Le crédit des hommes à argent eft utile
au commerce, comme les chemins & les rivieres : il facilite l'échange des marchandifes.
Mais commerceroit-on avec des chemins &
des rivieres, fi les terres ne produifoient rien?
ce font donc les cultivateurs feuls, qui mettent des richeffes réelles dans l'état.

Il arrivera encore que la confommation
croîtra avec le luxe. On confommera non-feulement une plus grande partie des chofes dont
on connoiffoit déja l'ufage : mais on en confommera encore de bien d'autres efpeces.
Les droits des princes fe multiplieront : leurs
revenus en feront plus grands : ils feront affez
riches pour tenir toujours des troupes fur pied.

C'est un avantage : cependant il faudra sacrifier bien des hommes à la perception des droits
& des impôts, & d'autant plus qu'on simpli-
fiera moins la maniere de les lever.

Les souverains voudront avec raison favoriser les manufactures établies dans leurs états,
ainsi que la consommation des denrées qui s'y
cultivent. Ils imagineront pour cela d'empêcher la contrebande; c'est-à-dire, l'entrée des
étoffes & des denrées étrangeres. En conse-
quence, ils employeront des milliers d'hommes
à garder les provinces frontieres & les portes
des villes ; c'est-à-dire, qu'ils les enléveront à
l'agriculture & à la défense de l'état, pour
ôter la liberté au commerce qu'ils croiront protéger. D'après ces considérations il est aisé de
comprendre comment la proportion des soldats au reste du peuple, sera d'un à cent ou même moindre encore.

Ce ne seroit pas une ressource que d'armer ces
commerçants, ces artisans, ces riches, ces
financiers, &c. On en feroit des soldats qui pé-
riroient par les fatigues, avant d'avoir vu l'ennemi. On bouleverseroit entiérement le sys-
têine du gouvernement : on ruineroit le commerce : on tariroit entierement la source des
richesses, & cependant les temps sont arrivés, où l'argent est en effet le nerf de la
guerre.

G 4

Continuons, & en nous tranſportant au commencement du ſeizieme ſiecle, tâchons de prévoir tous les effets du commerce dans les ſuivants.

Le commerce ſe fait par le moyen du crédit & par le moyen de l'argent.

Le crédit favoriſe le commerce.

Le crédit que ſe font les commerçants, peut en quelque ſorte doubler l'argent, le tripler, le quadrupler, &c. La confiance mutuelle qu'ils ont en leur induſtrie & en leur bonne foi, en eſt la raiſon. Car chacun d'eux, comptant d'être payé un jour, donne d'avance plus de marchandiſes qu'on ne lui en paye.

Le crédit tenant lieu du double, du triple ou du quadruple de l'argent monnoyé, il en réſultera des avantages: les échanges ſe feront plus facilement & plus promptement: l'induſtrie en aura plus d'activité : & un plus grand mouvement répandra plus de vie dans les branches du commerce.

Mais il arrivera qu'on ſera moins riche en fonds qu'en crédit ;

Si le commerce ne ſe faiſoit qu'avec de l'argent, il ſeroit moins rapide & moins étendu : mais on ſeroit toujours en état de faire face à ſes affaires, parce qu'on ne pourroit entreprendre qu'à proportion de ſes fonds. Lorſqu'au contraire, il ſe fait avec du crédit, on eſt tenté de profiter de la confiance ; on forme entrepriſes ſur entrepriſes; on s'endette beaucoup au de-là de ce qu'on a; & on est bien moins riche en fonds qu'en crédit.

Comme l'avidité du gain jetera les commerçants dans des entreprises, qui excéderont leurs fonds, le luxe portera les hommes les plus opulents à dépenser beaucoup plus qu'ils ne peuvent. Le crédit seul soutiendra donc les grandes fortunes: on aura peu de bien & on devra beaucoup. Ce sera le siecle des riches mal aisés.

& qu'on aura plus de dettes que de bien.

Mais les choses n'en resteront pas là; car il en sera des nations comme des citoyens. Elles voudront aussi profiter de leur crédit: elles emprunteront pour soutenir une guerre dispendieuse: elles ne seront pas acquitées, qu'elles seront obligées d'emprunter encore pour en soutenir une autre: il y en aura enfin qui devront plus qu'elles n'auront, & même plus qu'elles ne vaudront.

A cet égard il en sera des nations comme des particuliers.

Une fortune, qui n'est qu'en crédit, est toute en opinion; elle ne tient à rien. Elle sera donc renversée à la premiere inquiétude, qui diminuera la confiance. Alors on verra des banqueroutes, & en considérant la ruine des familles, on pourra présager le sort des nations puissantes seulement par le crédit.

Les fortunes nationales seront aussi assurées comme les fortunes particulieres.

Dans cet état violent où l'Europe se trouvera tôt au tard, il sera difficile d'assurer sa fortu-

On croira s'être enrichi

ne. On ne saura comment placer son argent; parce que l'abus du credit aura détruit toute confiance. Les gens sages seront donc obligés de dire avec Horace, *hoc erat in votis: modus agri non ita magnus.* Ainsi après avoir fait bien des efforts pour s'enrichir, on sera trop heureux d'avoir un champ à cultiver.

& ou sera trop heureux d'avoir un champ à cultiver.

L'Europe étoit bien misérable, lorsqu'elle étoit couverte de tyrans & de serfs. Heureusement toute cette barbarie a disparu; & il n'est pas douteux que ce ne soit en partie le fruit du commerce & des arts de luxe. Car l'activité qu'ils répandent, donne une nouvelle vie à tous les citoyens: les fortunes commencent à dépendre moins des titres, que de l'industrie; & il s'établit une sorte d'égalité, parce que l'homme de rien, qui a des talents, s'éleve, tandis que le grand, qui en manque, tombe.

Le luxe fait dépendre la fortune des talens plutôt que des titres.

Cette espece d'égalité, qu'amene le luxe, étoit un avantage tant qu'il y avoit encore des restes du gouvernement féodal; parce qu'elle devoit achever de le détruire: mais depuis il n'en est pas de même, parce qu'elle ne tend plus qu'à confondre toutes les conditions, & à substituer à la distinction des nobles & des roturiers, celle des riches & des pauvres. Le luxe a donc détruit un mal, pour en produire un autre.

Mais il tend à confondre les conditions, & il n'y a plus que des riches & des pauvres.

Il rendra les mœurs plus douces & plus polies ; c'est encore un avantage : mais il le fera acheter, en rendant les corps plus mous & plus foibles. En un mot, le luxe fera à peu-près sur tous les peuples, que vous avez vus si féroces, ce que fait une saignée sur un malade qui a le transport : elle l'affoiblit, & le calme.

Il n'adoucis les mœurs que parce qu'il énerve les corps.

Jusqu'ici j'ai parlé pour & contre le commerce, parce que j'en vois naître du bien & du mal. Essayons maintenant de nous faire des idées plus précises.

Il faut distinguer le commerce intérieur, qui se fait entre les différentes provinces d'un état ; & le commerce extérieur qui se fait avec l'étranger.

Commerce intérieur, & commerce extérieur.

Les monarchies de l'Europe sont formées chacune des domaines de plusieurs seigneurs, qui pour se faire des revenus avoient établi des droits d'entrée & de sortie sur toutes les marchandises. Les souverains, en acquérant ces domaines, ont cru trouver un gain à conserver ces mêmes droits ; & ils ont mis des entraves au commerce intérieur. Or, qu'importe d'attirer chez vous des richesses étrangeres, si vous ne savez pas jouir de celles que vous avez ? si faute de circulation, elles restent enfouies par-tout où elles se trouvent ? & d'ail-

Les puissances de l'Europe ont mis des entraves au commerce intérieur.

leurs comment attirer les richeſſes étrangeres,
ſi les richeſſes de votre ſol ne peuvent pas
paſſer chez l'étranger. Commercer n'eſt-ce
pas échanger ? vous donnera-t-on, ſi vous ne
rendez rien ? ou vous rendra-t-on plus que
vous ne donnerez? vous voulez vous enrichir
aux dépens des autres nations : mais croyez
vous qu'elles commerceront long-temps avec
vous, ſi elle n'y trouvent pas leur avantage,
comme vous y trouvez le vôtre ?

Cependant il
falloit com-
mencer par le
favoriſer. Il me ſemble donc qu'il faudroit commencer par encourager le commerce intérieur. Je
n'imagine pas même qu'il puiſſe y avoir d'inconvénient. Il répandroit par-tout à peu-
près la même activité, la même induſtrie,
la même aiſance : les richeſſes ſeroient plus
également réparties : il n'y auroit pas de
ces villes opulentes, dont le luxe nous
éblouit: mais toutes les provinces ſeroient flo-
riſſantes. La population augmenteroit par tout,
& l'état ſeroit d'autant plus puiſſant, qu'il ſe
ſentiroit dans toutes ſes parties des forces à
peu près égales. Il faut remarquer que le commerce intérieur, bien dirigé, ſe fait pour l'a-
vantage de toutes les provinces, de tous les
cultivateurs, & ſans qu'aucune puiſſance jalouſe y puiſſe mettre obſtacle: au lieu que le commerce étranger ne ſe fait que pour celui de
quelques grandes villes, ou plutôt pour le luxe
de ces villes, & pour l'avantage ſeul de quel-

ques marchands. Cependant il met pour le
conferver dans la nécessité d'entreprendre des
guerres ruineuses. L'un doit donc fortifier tout
le corps d'une monarchie, tandis que l'autre
ne donne qu'une vie artificielle à quelques parties, & laisse toutes les autres dans un profond engourdissement.

Il est étonnant que les Européens aient
été obligés d'aller aux Indes pour s'enrichir.
Est-ce donc pour en avoir rapporté beaucoup
d'or & beaucoup d'argent, qu'ils sont devenus plus riches? non sans doute: car plus d'or
ne fait pas plus de richesses, puisque le prix
des denrées augmente à proportion. En effet,
les anciens ont été plus riches que nous, & ils
ne connoissoient pas les Indes.

*Mais les Eu-
ropéens ont
été chercher
dans les Indes
les richesses
qu'ils au-
roient trou-
vées dans leur
fol.*

Je conviens que les peuples, qui envahi-
ront les premiers l'or de l'Amérique, seront
d'abord les plus riches: mais lorsque cet or se
sera répandu dans l'Europe, ils seront au ni-
veau de toutes les nations. Vous verrez même qu'ils deviendront bientôt plus pauvres,
parce qu'il n'y aura pas chez eux de commerce
intérieur. Ce n'est donc pas dans les Indes
qu'il faut aller chercher des richesses.

*Ils en ont été
plus pauvres.*

Mais les souverains du seizieme siecle ne
connoissoient pas celles qu'ils avoient chez eux.
Ils en iront donc chercher bien loin, & ils

*Combien les
souverains du
seizieme sie-*

cle se sont
trompés à cet
égard.
commenceront par où ils auroient dû finir:
c'est-à-dire, que ne songeant point à favoriser
le commerce intérieur, le gênant même par
une avarice mal entendue, ils ne s'occuperont
que du commerce étranger.

Pour comprendre combien ils se sont trompés, il suffit de considérer que deux nations ne
peuvent commercer ensemble, qu'autant que
l'une échange son superflu contre le superflu
de l'autre. Il faut donc que tout le superflu
de chacune puisse se transporter sans obstacle
jusqu'aux frontieres, & passer au de-là. Or,
cela n'arrivera pas, si au lieu de faciliter les
échanges dans l'intérieur, on met des barrie-
res pour empêcher le superflu de refluer d'une
province dans une autre.

Avant de songer au commerce extérieur,
il faudroit donc avoir d'abord bien établi le
commerce intérieur: encore seroit-il peut-être
à desirer de mettre des bornes au premier,
car c'est celui qui est la cause des grands désordres.

Le commerce
extérieur n'est
avantageux
qu'autant
qu'il fait fleu-
rir le com-
merce inté-
rieur.
Mais quelles bornes faut-il lui prescrire?
Je réponds, qu'il ne faut le protéger qu'autant
qu'il contribue à mettre plus de vie dans le
commerce intérieur; & qu'il y contribue pour
l'avantage de toutes les provinces. Car il
sera nécessairement la source de bien des maux

dans l'état, lorfqu'il fe fera feulement pour
le luxe de quelques villes & pour l'intérêt de
quelques marchands.

Peut-être feroit-il encore plus à propos
qu'on ne le protegeât point : car fi le gouvernement le protege, il eft à craindre qu'il ne
le protege trop, & qu'il ne le gêne en croyant
l'aider. Il fe fera de lui-même, lorfque le
commerce intérieur aura répandu l'abondance
dans toutes les provinces.

Lorfque j'ai commencé ce chapitre, je ne
prévoyois pas que j'allois faire un écart ; je
comptois feulement jeter d'abord quelques réflexions, pour reprendre bientôt mon fujet.
Mais vous pouvez appercevoir à mon défordre,
que je me fuis laiffé entraîner d'une idée à une
autre, fans trop favoir où elles pourroient me
conduire. Le mal ne fera pas grand, Monfeigneur, fi cela vous engage à mettre vous-
même de l'ordre dans mes idées.

Ce ne fera pas la feule chofe que vous au-
rez à faire. Comme rien n'eft plus compli-
qué, que la matiere fur laquelle elles roulent
elles pourroient être pour la plupart bien ha-
zardées. Je vous invite donc à les examiner.
Des réflexions toutes faites, bien méditées &
bien exactes entretiendroient votre efprit dans
une trop grande pareffe : il faut le mettre dans
la néceffité de s'exercer quelquefois tout feul ;
& des chofes à demi-vues, comme je vous en

donne dans ce chapitre & dans d'autres, y
font tout-à-fait propres. Je ne ferai pas un
précepteur mal-adroit, fi je vous fais tirer quelque parti de mon ignorance & du défordre de
mes idées. Mais je vais reprendre le fil de
notre hiftoire; & je commencerai brufquement, afin de ne pas m'expofer à quelque
nouvel écart.

LIVRE ONZIEME.

CHAPITRE PREMIER.

Des principaux états de l'Europe depuis l'avénement de Charles - Quint à l'empire jusqu'au concile de Trente.

LES électeurs étoient assemblés à Francfort, & l'Europe dans une profonde paix ou plûtot dans un calme trompeur, attendoit avec inquiétude quel seroit l'empereur élu. Deux concurrents briguoient l'empire, François & Charles, roi d'Espagne; l'un & l'autre en apparence comme deux rivaux généreux, qui veulent vaincre sans jalousie & sans haine.

Charles, maître de l'Espagne, de Naples, des Pays Bas, de l'Autriche & de plusieurs

François I & Charles- Quint briguent l'empire.

Celui ci paroissoit un

Tom. XIII,   H

chef moins redoutable. autres provinces d'Allemagne, paroissoit un chef redoutable. Mais tous ses états étoient bien séparés, il n'y jouissoit que d'un pouvoir limité, & on ne soupçonnoit pas encore son ambition.

François, absolu dans un royaume puissant, pouvoit vouloir l'être dans l'empire. Son ambition s'étoit déja montrée : on connoissoit son courage ; & la gloire qu'il avoit acquise, sembloit devoir le rendre plus audacieux, & lui promettre de nouveaux succès.

Il est élu. Les électeurs, partagés entre ces deux princes, les exclurent d'abord comme étrangers, & se réunirent en faveur de Frédéric, électeur de Saxe, le protecteur de Luther: Frédéric, qu'on surnommoit le Sage, refusa, & parla pour Charles, qui fut élu.

Les électeurs lui font jurer une capitulation. Une puissance aussi grande que celle de Charles-Quint, c'est ainsi que nous le nommons, menaçoit la liberté du corps germanique. Les électeurs qui lui avoient vendu leurs suffrages, ne l'ignoroient pas; mais en lui faisant jurer une capitulation, ils se flatterent de prévenir le danger, auquel ils s'étoient exposés par avarice. Pour vous faire juger si cette confiance étoit fondée, il suffit de remarquer qu'un des articles de cette capitulation porte que l'empire ne sera pas héréditaire, & cependant il n'eſt plus ſorti de la maiſon d'Autriche. Chaque empereur a pourtant toujours juré d'en obſerver tous les articles. Nous aurons occaſion de remarquer bientôt les cauſes, qui, malgré la faute des électeurs, maintiendront les princes de l'Allemagne dans leurs droits.

Vous pouvez penſer ſi François fut ſenſible à la préférence donnée à ſon rival. Ce n'étoit plus le temps des procédés généreux: il y avoit trop de ſujets de guerre entre les deux princes. D'un côté on pouvoit demander que la Navarre fût reſtituée à la maiſon d'Albret, & former des prétentions ſur le royaume de Naples: de l'autre, on pouvoit réclamer toute la ſucceſſion de Marie de Bourgogne, & prendre le Milanès ſous ſa protection.

Sujets de guerre entre François & Charles.

Léon X avoit certainement plus d'eſprit, que les papes dont on avoit juſqu'alors vanté la politique: mais trop foible entre François & Charles-Quint, il eſt dans le cas de n'oſer jamais ſe déclarer, & de céder cependant tour-à-tour à l'un des deux. Il voit des dangers de tous côtés, & s'il en évite un, il tombe dans un autre.

Embarras de Léon X entre ces deux princes.

Henri VIII pouvoit ſeul tenir la balance entre ces deux monarques: auſſi le recher-

L'un & l'autre recher-

chent-ils l'un & l'autre. Le roi de France
defire d'avoir avec lui une entrevue près de
Calais : Wolſei , qu'il a gagné, la follicite :
elle eſt acceptée ; & les deux cours attendent avec impatience le moment où elles
vont difputer de magnificence : on ne fera
que cela. Cependant l'empereur, qui craint
quelque choſe de plus, & qui fait mieux
que François, flatter la vanité de Henri,
débarque tout-à-coup à Douvres en paffant
d'Eſpagne dans les Pays-Bas. Il careffe le roi
d'Angleterre , & plus encore Wolſei : il montre la perſpective de la tiare à ce cardinal
ambitieux ; & il part , bien affuré de l'avoir
mis dans ſes intérêts.

Un tente dreffée entre Ardres & Guines,
fut le lieu où François & Henri s'embraffe-
rent ; après avoir pris toutes les meſures que
demande le cérémonial, c'eſt-à-dire, après
avoir réglé le nombre des gardes que chacun conduiroit, & avoir ſi bien meſuré les
diſtances, que l'un ne fit pas plus de pas
que l'autre.

Si François vouloit faire une viſite à la
reine d'Angleterre, il falloit que Henri en fît
une en même temps à la reine de France ;
qu'ils partiffent de leurs quartiers , l'un &
l'autre au même inſtant ; qu'ils paffaffent au
même inſtant la ligne de ſéparation ; & qu'au

même inftant encore que François entroit dans
Guines, Henri entrât dans Andres : il faut
convenir qu'il y a des chofes bien difficiles
pour les princes.

François, franc & généreux chevalier,
dégoûté le premier de ce cérémonial méfiant
& barbare, le fupprima tout-à coup; & fans
en avoir prévenu Henri, il fe rendit à Guines, accompagné feulement de deux gentils-
hommes & d'un page. Le monarque anglois, furpris & enchanté, vint le lendemain
le voir à Ardres, ayant auffi laiffé toute fa
fuite & fes gardes. Vous voyez que ces rois
commençoient à fe civilifer. Ils fe féparerent, après avoir paffé plufieurs jours en fêtes & en tournois, & donné quelques moments aux affaires férieufes, fur lefquelles
on n'arrêta rien.

Henri rendit enfuite une vifite à l'empereur
à Gravelines, & l'emmena à Calais, où il le garda quelques jours. Charles Quint acheva de
gagner la confiance du maître & du miniftre :
du premier, en lui offrant de le prendre
pour arbitre de tous les différents qu'il auroit
avec la France; & du fecond, en lui promettant de nouveau le fouverain pontificat,
& en lui donnant les revenus de quelques
évêchés. Wolfei, que Henri & les puiffances étrangeres enrichiffoient à l'envi, avoit

Charles-Quint gagne la confiance de Henri & de Wolfei.

H 3

alors des revenus qui égaloient presque ceux de la couronne.

Troubles dans les états de CharlesQuint

Pendant que ces choses se passoient, il y eut en Autriche des mouvemens, qui à la vérité n'eurent pas de suite: l'Espagne se souleva par la crainte qu'elle eut de devenir province de l'empire, & que toutes les graces ne fussent pour les Allemands ou pour les Flamands: la Basse-Saxe & la Suabe étoient troublées par des guerres civiles: enfin Luther, dont la doctrine se répandoit, preparoit de nouveaux troubles; & déja plusieurs princes avoient saisi le prétexte de la réforme, pour s'emparer des biens des églises.

Il tint une diete à Worms; il céde l'Autriche à Ferdinand son frere.

Dans la vue d'assurer la paix & l'ordre en Allemagne, l'empereur convoqua une diete à Worms pour le mois de janvier de 1521. Cette assemblée rétablit la chambre impériale, qui n'avoit pas subsisté long-temps: elle créa un conseil de régence, pour gouverner l'empire en l'absence de Charles-Quint: elle cita Luther, qui comparut & ne se rétracta pas: elle confirma un pacte que les électeurs avoient fait pour la défense commune de leur dignité & de leurs privileges; & elle s'engagea à les maintenir dans tous leurs droits. Quelques mois après cette diete, Ferdinand épousa Anne, fille du roi de Hongrie & de Boheme; & Charles-

Quint, fon frere, lui céda tous les états que
la maifon d'Autriche avoit en Allemagne,
ne fe réfervant que les Pays-Bas.

La révolte des Efpagnols & les affaires
qui occupoient Charles-Quint en Allemagne
faciliterent au roi de France la conquête de
la Navarre. Cette conjonéture paroiffant promettre de nouveaux fuccès, André de Foix,
fon général, pénétra jufques dans la Caftille.
Il ne fit que réunir contre lui les forces d'Efpagne, où la fédition commençoit à s'éxein-
dre. Il fut repouffé, & reperdit le royaume de Navarre. Dans le même temps, François foutenoit Robert de la Marck, duc de
Bouillon, & prince de Sédan, qui avoit
pris les armes contre Marguerite, gouvernante des Pays Bas. Cependant il ne fe paffa rien de bien confidérable de ce côté. Le
roi fe dédommagea de la perte de Tournai par
la prife de Hefdin : il laiffa échapper l'occafion de défaire l'armée de l'empereur : mais
il fut plus malheureux en Italie, car il perdit le Milanès. Telle étoit la fituation des
chofes à la fin de 1521.

La France avoit fait bien des fautes, &
elle devoit en faire encore : car le roi, qui
vouloit être conquérant, donnoit fouvent à
fes plaifirs & le temps & l'argent, qu'il auroit dû donner à fes affaires. Cependant

H 4

Charles-Quint, quoique plus jeune, étoit occupé des ſiennes, & les conduiſoit juſques-
là en homme habile.

Comme il étoit avantageux pour lui d'a-
voir un pape, dévoué à ſes intérêts, il éleva ſon précepteur, Adrien VI, ſur la chaire de S. Pierre. Il eſt vrai que par ce choix
il offenſa Wolſei : mais dans un nouveau voyage qu'il fit en Angleterre, il le regagna
d'autant plus facilement que le grand âge
d'Adrien ne permettoit pas aux eſpérances du
cardinal de s'évanouir tout à-fait. Il n'eut
donc pas de peine à déterminer Henri VIII
à déclarer la guerre à la France. Ses négociations réuſſirent également auprès des Vénitiens, qu'il attira dans ſon parti : il s'attacha les Italiens, en donnant le duché de
Milan à François Sforze, frere de Maximilien qui étoit à Paris. En un mot, il ménagea ſi bien toutes les puiſſances, que ſon
ennemi ne conſerva d'alliés que les Suiſſes,
ſur leſquels on ne pouvoit guere compter.
François eut à ſe défendre contre une ligue,
dans laquelle entroient le pape, l'empereur,
le roi d'Angleterre, Ferdinand archiduc d'Autriche, le duc de Milan, les Vénitiens, les
Florentins & les Génois.

Le roi de France ſe laiſſoit gouverner par
ſa mere, Louiſe de Savoie, ducheſſe douai-

riere d'Angoulême, femme fauſſe, intriguante, qui ſacrifioit tout à ſes paſſions, & dont l'avarice avoit été une des cauſes de la perte du Milanès. Ayant malheureuſement conçu de la haine contre le connétable de Bourbon, le plus grand capitaine de ſon temps, elle ne ceſſa de le perſécuter juſqu'à ce qu'elle en eût cauſé la ruine entiere ; en ſorte que ce prince, qui juſqu'alors avoit bien ſervi ſa patrie, en devint l'ennemi pour ſe venger. C'eſt à lui, ſur tout, que la France devoit le ſuccès de la journée de Marignan : mais il lui fera payer cher cet avantage paſſager & trop brillant. Trop brillant, dis-je, parce qu'il entretenoit dans François I une ambition, qui ne pouvoit qu'être funeſte à la France.

donne à ſa mere eſt funeſte à la France.

Par les meſures que le roi de France avoit priſes, les confédérés ne firent que de vains efforts en Picardie, en Flandre & du côté des Pyrénées. Il paroît donc qu'il falloit continuer à s'en tenir à la défenſive, & ſonger aux moyens de diviſer les ennemis. Leur union ne pouvoit durer : ils avoient des intérets trop contraires. Les peuples d'Italie ne devoient pas voir long-temps ſans inquiétude la puiſſance de l'empereur. Les Vénitiens avoient été entraînés dans la ligue malgré eux. Adrien étoit mort en 1523, & Clément VII, de la famille des Medicis, occupoit ſa place. Étoit-il impoſſible de lui

Il devoit ſe tenir ſur la défenſive dans l'aſſurance de diviſer bientôt ſes ennemis

faire abandonner les vues de fon prédéceffeur?
Henri VIII, dont les tréfors étoient épuifés
depuis long-temps, agiffoit avec lenteur,
parce que fes revenus ne pouvoient fuffire
aux frais de la guerre. Enfin Wolfei, trompé deux fois par Charles-Quint, qui ne l'a-
voit pas fait pape, étoit facile à gagner. Il
y avoit donc bien des raifons, pour efpérer
de rompre cette ligue formidable.

Pour avoir tenu une con-duite diffé-rente, il eſt vaincu & fait priſonner. Mais François veut conquérir : fon armée,
mal payée, paffe les Alpes : elle eft comman-
dée par l'amiral Bonnivet, mauvais général ;
& Bourbon commande les troupes de l'empereur. Les François font défaits : les impé-
riaux pénetrent dans la Provence : Bourbon
affiége Marfeille. Le roi, qui marche lui-
même, fait lever le fiege, & les ennemis fe
retirent, après avoir perdu beaucoup de
monde.

François porte encore la guerre en Italie ;
le pape & les Florentins fe déclarent pour
lui. Tout céde d'abord fous l'effort de fes
armes, jufqu'à l'arrivée de Bourbon, qui
étoit allé lever des troupes, & qui amene
1525 douze mille Allemands. Alors le roi, qui
affiégeoit Pavie, eft vaincu, fait prifonnier,
& conduit en Efpagne. *Tout eſt perdu,
fors l'honneur,* écrivit-il à fa mere. Il avoit
raifon, fi l'honneur ne confifte que dans le

courage : mais le véritable honneur d'un roi demande plus de fageffe. François parloit en gentil-homme.

Pour fuffire aux plaifirs du roi, à l'avarice de la ducheffe d'Angoulême & à cette guerre malheureufe, on avoit vendu des charges de confeillers au parlement de Paris ; François avoit aliéné fes domaines, ce qu'aucun de fes prédéceffeurs n'avoit pas encore fait ; il avoit augmenté les impofitions ; il avoit fait enlever une grille d'argent maffif, dont Louis XI avoit entouré le tombeau de S. Martin ; en un mot, on avoit fait de l'argent par tous les moyens qu'on pouvoit imaginer. Où feront donc actuellement les reffources de la France ?

La France fe trouvoit épuifée.

Elle feront dans la fituation même de l'empereur. Ce prince manquoit d'argent, comme Maximilien fon grand-pere. Si fes états étoient vaftes, fes peuples étoient pauvres en général, car il n'y avoit encore de commerce & d'induftrie que dans quelques villes des Pays-Bas. D'ailleurs il n'étoit pas affez abfolu, pour arracher par des impôts arbitraires le peu d'argent, qui circuloit mal parmi fes fujets. Il n'avoit pas pu lever une armée pour faire une invafion en France du côté des Pyrénées, ou du côté de la Flandre. Il n'étoit pas même en état de payer les

Mais l'empereur étoit fans reffources.

troupes qu'il avoit en Italie, & cependant elles n'excédoient pas vingt mille hommes. Bourbon avoit engagé toutes ses pierreries, pour lever douze mille Allemands, & il ne lui étoit pas possible de les entretenir bien long-temps. Il n'est donc pas douteux que tous ces soldats mercenaires & mal payés, ne se fussent bientôt débandés ; si François, au lieu de s'obstiner au siege de Pavie, se fût retiré à Milan & eût attendu : mais il avoit le caractère de ces braves chevaliers, pour qui le danger étoit un attrait, & qui auroient cru se déshonorer par la prudence, parce qu'ils y voyoient de la timidité. Ce n'est pas-là le courage que doit avoir un roi.

Apres les plus grands succès, il ne peut rien entreprendre.

La France sans roi, sans argent, sans armées, sans généraux, étoit ouverte de toutes parts aux armes de l'Angleterre, de l'empire, & de l'Espagne. Cette situation est effrayante. Il semble en effet que Charles-Quint n'avoit qu'à marcher pour conquérir. Il ne marcha pas : son impuissance le retenoit en Espagne, & on auroit dit qu'il étoit lui-même prisonnier à Madrid.

Des princes qui forment de grandes entreprises avec des petits moyens ; qui n'ont que des troupes mercenaires, & qui sont toujours sans argent ; qui sont épuisés avant d'avoir rien fait, & qui n'ont plus de ressources après les plus grands succès, voilà le spectacle que nous offre le temps où nous sommes, & l'Europe nous donnera souvent de pareilles scenes.

La guerre avec la France n'étoit pas la seule chose, qui demandât de l'argent & des soins. Un ennemi redoutable s'élevoit depuis peu contre l'empire : c'étoit Soliman II, conquérant célebre, & le plus grand prince qu'aient eu les Turcs. Il avoit pris Belgrade en 1521, & enlevé Rhodes l'année suivante aux chevaliers de S. Jean de Jérusalem. Tout ce que put faire l'empereur, fut de donner à ces moines guerriers un rocher, sur lequel ils sont aujourd'hui, & d'où on les appelle chevaliers de Malte.

Il craignoit Soliman II. qui avoit eu des succès;

Soliman formoit de nouveaux projets sur l'Allemagne, où les progrès du luthéranisme & des sectes qu'il avoit produites causoient les plus grands désordres. Pendant la derniere campagne de Lombardie, tous les paysans s'étoient généralement révoltés dans la Suabe, la Franconie, la Thuringe & sur le Rhin. Ce soulévement fut suivi d'une confédération entre les électeurs de Saxe & de Brandebourg, le landgrave de Hesse, le duc de Prusse, & le villes d'Ulm & de Nuremberg, qui avoient embrassé la prétendue réforme, & qui se liguoient contre quicon-

& à qui les troubles de l'Allemagne paroissoient en préparer de nouveaux.

que les troubleroit dans l'exercice de leur
religion , & entreprendroit de les forcer à
rentrer dans la communion de l'églife.

Telle étoit depuis long-temps en Allemagne la difpofition ; s efprits. On étoit fi
près d'y voir naître une guerre civile, que
la diete de Spire , tenue au mois de juin
1526 , fut obligée de permettre la liberté de
religion , en attendant que les matieres con-
troverfées euffent été jugées dans un concile
général.

L'Italie for-
me une ligue
contre lui. L'Italie qui ne favoit ni obéir ni fe fouftraire à l'étranger , donnoit à l'empereur d'autres fujets d'inquiétude. La victoire même
de Pavie en étoit le principe : elle le rendoit
trop puiffant pour ne pas armer contre lui
des puiffances jaloufes. Le pape , les Vénitiens & Sforze, duc de Milan, fe liguerent
pour lui enlever le royaume de Naples , &
ils inviterent la France à entrer dans la confédération. Le fecret de cette ligue fut découvert à temps , de forte que Charles-Quint
en arrêta pour cette fois les effets.

Il aliéne Hen-
ri VIII , qui
fait alliance
avec la Fran-
ce. Il femble que ce prince devoit au moins
compter fur l'Angleterre ; car certainement
les circonftances ne pouvoient pas être plus
favorables à l'ambition de Henri. Mais le
monarque Anglois, effrayé de l'afcendant que
prenoit l'empereur, crut de fa politique de

rétablir l'équilibre. Il étoit d'ailleurs offensé contre Charles-Quint, qui ébloui de sa gloire depuis la bataille de Pavie, ne lui écrivoit plus de sa main, & qui signoit simplement *Charles*, au lieu de signer comme auparavant *votre affectionné fils & cousin*. Voilà les minuties, qui reglent quelquefois le sort des états. D'autres minuties concoururent avec celles-là, c'est-à-dire, les chagrins de Wolsei, qui s'appercevoit tous les jours que l'empereur le caressoit moins. Henri déterminé par tous ces motifs, ne fut plus sensible qu'au dessein généreux de relever un ennemi abattu. Il dissimula cependant, il affecta même d'entendre parler avec plaisir de la journée de Pavie; cependant il négocioit avec la duchesse d'Angoulême, à qui François avoit donné la régence du royaume. Il s'engagea, non-seulement, à procurer la liberté du roi; mais il exigea encore de cette princesse, que, pour l'obtenir elle ne consentiroit au démembrement d'aucune province. La régente de son côté reconnut le royaume de France débiteur de Henri, pour la somme d'un million huit cents mille écus, payables en cinquante mille écus tous les six mois; & lui promit de plus, qu'après ce payement, il conserveroit pendant sa vie une pension de cent mille écus. Wolsei ne s'oublia pas dans cette négociation.

Le roi d'Angleterre, cherchant enfuite un prétexte de rompre avec Charles-Quint, lui demanda d'armer pour le mettre en poffeffion de la Guienne, & de lui rembourfer les fommes qu'il lui avoit prêtées. Il favoit bien que l'empereur n'avoit ni armée ni argent, & que d'ailleurs il ne voudroit pas le rendre maître d'une province auffi voifine de l'Efpagne.

En jetant donc un coup d'œil fur l'Europe, on voit que Charles-Quint étoit bien éloigné d'être auffi puiffant qu'il le paroiffoit; & on n'eft plus étonné de fon inaction. Il eft temps de nous tranfporter à Madrid.

Conduite de Charles-Quint avec fon prifonnier. A la nouvelle de la victoire de Pavie, l'empereur affecta de cacher fa joie; il plaignit le fort de fon captif; & il ne permit point de réjouiffances, difant qu'un roi catholique ne devoit fe réjouir que des victoires remportées fur les infideles.

Il refufa long-temps fous différents prétextes de voir le roi. François en fut d'autant plus fâché, qu'il s'étoit flatté, qu'en traitant avec ce prince, il en obtiendroit des conditions plus douces, que celles qu'on lui avoit faites. Il eft vrai que jufqu'alors l'empereur lui en avoit fait faire de bien dures : il exigeoit pour lui le duché de Bourgogne, & une renonciation aux états d'Italie:

il

il demandoit pour Henri toutes les provinces fur lefquelles l'Angleterre avoit des prétentions ; & pour le duc de Bourbon, non-feulement la réftitution de fes domaines, mais encore le Dauphiné & la Provence, pour les poffeder à titre de royaume & fans hommage.

La négociation n'avançoit point, & le roi tomba malade. Sa mort eût enlevé à l'empereur le fruit de fa victoire. Il en fut inquiet, & ne doutant point que le chagrin ne fût une des caufes de fa maladie, il l'alla voir pour l'affurer qu'il pourroit retourner en France, quand il le jugeroit à propos. Ce langage équivoque parut contribuer au rétabliffement de fa fanté.

On conclut enfin un long traité, dont le principal article étoit la ceffion de la Bourgogne. Le roi partit de Madrid au mois de février après un an de captivité ; & fur les frontieres des deux royaumes, il donna fes deux fils aînés en ôtage, pour affurer l'exécution du traité.

Le roi recouvre la liberté.
1526

Les états de Bourgogne, ayant été affemblés, réclamerent contre l'aliénation de leur province. Ce fut la réponfe au miniftre, qui vint au nom de l'empereur, demander la ratification du traité de Madrid. On lui apprit

Les états de Bourgogne réclament contre l'aliénation de cette province.

encore la nouvelle de la sainte ligue faite pour abaisser la puissance de l'empereur en Italie. Au mot *sainte*, vous jugez que le pape y entroit. Les autres confédérés étoient les rois de France & d'Angleterre, les Vénitiens, & Sforze duc de Milan.

La guerre finit par la défusion des ligués.

François & Charles-Quint en vinrent aux reproches, se donnerent des démentis, & se firent mutuellement des défis. Ces puissances formidables en étoient donc réduites à se dire des injures. La sainte ligue continua cependant la guerre, & il en fut de cette ligue-là, comme de toutes les autres : heureusement sa défunion amena la paix. Le roi renonça à ses droits sur les états de Milan & de Naples, à toute suzeraineté sur la Flandre & l'Artois, & donna deux millions d'écus d'or pour la rançon de ses deux fils.

1529

Mort du duc de Bourbon. Sac de Rome.

Pendant la sainte ligue funeste à l'Italie & à la France, le duc de Bourbon, qui commandoit les troupes impériales en Lombardie, n'avoit point d'argent. Il offrit donc en paye à ses soldats le pillage de Rome, quoique le pape vînt de faire une treve de quelques mois avec l'empereur. Il marche, il pille en chemin quelques villes, il arrive, il donne l'assaut, il est tué: mais Rome est prise, & les ravages que commettent les Chrétiens, surpassent toutes les horreurs des Barbares.

1527

Clément VII étoit affiégé dans le château S. Ange. L'empereur affligé de cette nouvelle, prit le deuil, fit faire des proceffions pour la délivrance du pape: il ne fongeoit pas qu'il pouvoit lui-même le délivrer, & il fallut que les François forçaffent fes propres troupes à lever le fiege. Il me femble que depuis la victoire de Pavie, Charles-Quint eft moins grand, que lorfqu'il négocioit pour armer l'Europe contre la France. L'impuiffance où il fe trouve, auroit dû le rendre plus politique que jamais: cependant il aliéne l'Angleterre ; il impofe à fon prifonnier des conditions dures, auxquelles il fera obligé de renoncer ; & il finit par jouer une comédie ridicule.

Depuis la victoire de Pavie CharlesQuint eft moins grand.

Pendant que les princes troubloient l'occident par des projets au deffus de leurs forces, Soliman ravageoit la Hongrie, & en conquéroit une partie. Louis, roi de Hongrie & de Boheme, ayant perdu la vie dans la bataille qu'il livra aux Turcs ; l'archiduc d'Autriche, qui n'avoit pas défendu ces royaumes, prétendit qu'ils lui appartenoient, en vertu de quelques traités faits avec les rois précédens. Mais les Hongrois élurent Jean Zapolski, jugeant que la couronne appartenoit à la nation, & que leurs fouverains n'avoient pu en difpofer. Cependant Jean, hors d'état de réfifter à l'archiduc, demanda

La diverfion que Soliman II faifoit en Hongrie avoit forcé Charles-Quint à la paix. 1526

I 2

des fecours à Soliman, qui entra de nouveau en Hongrie, fe rendit maître de ce royaume, paffa dans l'Autriche, & affiégea Vienne. Ce conquérant, forcé de fe retirer après avoir perdu à ce fiege près de foixante mille hommes, pouvoit garder la Hongrie; & il eut la générofité de mettre Jean en poffeffion de cette couronne, fans lui impofer aucune condition. Ces événements fe paffoient en Allemagne pendant la guerre de la fainte ligue, & font au nombre des caufes qui forcerent Charles-Quint à fe relâcher.

1529

Les Luthériens proteftent dans la diete de Spire.

1529

Après la retraite de Soliman & la conclufion de la paix, il reftoit les troubles de l'églife. Une diete, qui venoit de fe tenir à Spire, n'avoit fait qu'aigrir les efprits. Les électeurs de Saxe & de Brandebourg, le landgrave de Heffe, plufieurs autres princes, & quatorze villes impériales avoient protefté contre un décret, qui ne laiffoit pas une entiere liberté de religion, & on avoit été obligé de les fatisfaire. C'eft de cette proteftation que les Luthériens ont pris le nom de Proteftants.

1530
Ils préfentent leur confeffion de foi à celle d'Augsbourg.

L'année fuivante, dans une autre diete tenue à Augsbourg, & à laquelle l'empereur fe trouva, les Proteftants préfenterent une confeffion de foi, qu'on nomme pour cette raifon *la confeffion d'Augsbourg*. On difpua fans rien conclure. Charles-Quint ordonna aux Proteftants de rentrer dans la communion de l'églife. Il menaça, il voulut employer la violence, & il fut obligé de céder. On arrêta feulement qu'on inviteroit le pape à convoquer un concile général, & qu'en attendant, chacun fe régleroit fur le culte d'après fa confcience.

Les Proteftants n'ignoroient pas que l'empereur n'avoit cédé qu'à la néceffité. Prévoyant donc les perfécutions dont ils étoient menacés, ils travaillerent à rendre leur union tous les jours plus étroite. Dans cette vue ils formerent une confédération à Smalcalde, & ils chercherent des fecours hors de l'empire. François & Henri accédérent à cette confédération.

Ils forment la confédération de Smalcalde.

1532

Il fallut alors les ménager d'autant plus, que Soliman ravageoit l'Autriche. On négocia: après bien des conférences, on convint de permettre généralement à tout le monde d'embraffer le luthéranifme, & que fi l'empereur ou tout autre inquiétoit les Proteftants, il feroit regardé & puni comme infracteur de la paix publique. Ce décret ayant été publié dans la diete de Ratisbonne, rétablit le calme: l'empereur obtint des fecours contre les Turcs ; & Soliman fut obligé d'évacuer l'Autriche.

Ils font la loi à Charles-Quint.

I 5.

Combien il se trompoit, lorsqu'il se flattoit de subjuguer les princes de l'empire en semant les divisions.

Dans les siecles où les peuples s'occupoient séparément chacun de leurs désordres, une famille, dans laquelle l'empire se seroit conservé, auroit pu profiter des divisions pour subjuguer peu à-peu tous les vassaux les uns par les autres : la France en est un exemple. Il n'en est plus de même depuis que les puissances, tranquilles ou moins agitées au dedans, commencent à regarder au dehors, & à se lier par des négociations & par des ligues. Vouloir dans de pareilles circonstances entretenir les divisions, & se flatter d'élever une monarchie sur les ruines qu'elles laissent, c'est appeller les puissances étrangeres au secours du parti le plus foible, & le rendre égal en forces ou supérieur. C'est ce que Charles-Quint ne paroît pas avoir connu. Rempli du vain projet de soumettre les Protestans auxquels il est obligé de céder, il croit déja prévoir le moment où les Catholiques seront forcés de plier sous son joug. Il auroit mieux prévu, s'il eût jugé que les puissances voisines de l'Allemagne seroient toujours prêtes à se déclarer pour le parti qu'il voudroit opprimer. Voilà ce qui conservera la liberté du corps germanique : mais parce que la maison d'Autriche n'abandonnera pas si tôt la politique de Charles-Quint, il y aura encore bien du sang répandu ; & malheur

fement la religion ne fervira que de prétexte
à l'ambition des empereurs.

Il falloit enfin que l'héréfie infectât la
France, pour y préparer de nouvelles guerres
& de nouvelles révolutions. Dans un temps
où l'églife elle-même avouoit fes abus, il n'é-
toit pas poffible que le bruit d'une réforme,
qui fe faifoit en Allemagne, n'excitât la curiofité des François. Le public qui parle,
qui juge fans connoître, approuvoit, condamnoit, fuivant fon penchant ou fon éloignement pour les nouveautés. Cependant
les progrès du luthéranifme en Allemagne lui
faifoient fourdement des partifans en France,
& l'alliance du roi avec les Proteftants fembloit les enhardir à fe montrer. Ils fe répandirent bientôt dans le Béarn & dans la Guienne, où ils furent ouvertement protégés par
Marguerite, fœur de François & femme
d'Albret roi de Navarre.

Progrès du luthéranifme en France. Circonftances qui lui font favorables.

Le roi de France, qui crut étouffer le mal
dans fa naiffance, ordonna que tous ceux qui
feroient convaincus d'héréfie, fuffent condamnés à mort; & on brûla fix Luthériens à Paris
au mois de janvier 1535. Mais comme on
ne pouvoit pas les brûler tous, ceux qui ref-
terent n'en eurent que plus de fanatifme.
Jean Calvin, le plus célebre de ces novateurs, s'échappa. Il fe retira à Geneve, où

François I, fait brûler en France les Proteftants qu'il protége en Allemagne 1535

I 4

il introduifit fa doctrine, & d'où il gouverna les Prétendus Réformés dè France. Cependant le roi, qui brûloit les Proteftants à Paris, eut bien de la peine à fe juftifier auprès de ceux qu'il protégeoit en Allemagne : ils n'approuverent pas non plus l'alliance qu'il projetoit avec Soliman. Pourquoi faut-il que les princes, tombant en contradiction avec eux-mêmes, montrent du zele pour la religion, & la facrifient en même temps à des vues politiques ? Ne prévoient-ils pas les fuites funeftes de ces contradictions ? Ce n'eft pas que je blâme les alliances avec les hérétiques ou avec les infidelcs, lorfque ce font celles d'où l'on retire le plus d'avantages. Alors l'intérêt de l'état doit en être l'unique motif : ce n'eft pas affez que la religion n'y entre pas, elle doit même ne pas paroître y entrer. Mais lorfque François I s'engageoit à prendre les armes pour affurer en Allemagne la liberté de confcience aux Luthériens, pouvoit-on préfumer qu'il les feroit brûler en France ? & n'étoient-ils pas en droit de lui reprocher cette conduite contradictoire ?

Le luthéranifme avoir auffi des partifans en Angleterre, & l'ouvrage de Henri VIII, contre Luther en

Les erreurs de Luther, parvenues de bonne heure en Angleterre, firent bientôt des profélytes, fur-tout parmi les Lollards, dont la doctrine avoit quelques rapports avec celle de cet héréfiarque, & qui étoient encore en grand nombre dans ce royaume. Henri, alors zélé pour l'églife catholique, s'oppofa augmente le nombre. de tout fon pouvoir aux progrès de l'héréfie. Comme il fe piquoit d'être théologien, que S. Thomas étoit fon auteur favori, & que Luther avoit mal parlé de ce docteur, il fe crut fait pour défendre la foi & le docteur angélique. Il réfuta donc cet héréfiarque dans un ouvrage qu'il envoya à Léon X. Je ne fais fi ce pape le lut : mais il en parla avec eftime, & donna à l'auteur le titre de *Défenfeur de la foi*. Quant à Luther, il le parcourut au moins ; car il répondit au roi avec la même aigreur, qu'il auroit fait à un moine. Le public, dit-on, lui donna la victoire : il eft cependant vraifemblable que la plus faine partie ne lifoit guere ni l'un ni l'autre. Quoi qu'il en foit, un champion, tel que Henri, attira l'attention ; & fa défaite, vraie ou fauffe, fit de nouveaux partifans au luthéranifme. Vous voyez par conféquent qu'un roi théologien n'eft pas ce qu'il faut pour la défenfe de la religion : mais il eft bien dangereux, quand il la combat ; c'eft ce que Henri va faire.

Catherine, fille de Ferdinand & d'Ifabelle, tante par conféquent de Charles-Quint, Henri VIII, avoit époufé Catherine, veuve de fon frere & tante de Charles-Quint. avoit époufé Arthur, fils aîné de Henri VII. Ce prince étant mort quelques mois après, le roi d'Angleterre obtint la difpenfe de Jules II, pour la marier avec fon fecond fils,

Henri VIII, alors âgé de douze ans. Il les
fiança. Il en témoigna à la vérité dans la
suite quelque scrupule; néanmoins après sa
mort Henri VIII épousa Catherine solemnel-
lement.

Il a des scru-
pules sur son
mariage.

Il vivoit avec elle depuis dix-huit ans, &
ne laissoit voir aucune inquiétude. Cependant
la reine, qui avoit au moins six ans de plus,
se flétrissoit; le roi commençoit à sentir des
dégouts, & les dégouts produisirent enfin les
scrupules. Malheureusement pour Catherine,
il remarqua dans le Lévitique ce qui lui étoit
échappé jusqu'alors, la loi qui défend d'épouser la veuve de son frere. Il vit encore dans
S. Thomas, que cette loi est naturelle, divine, d'obligation pour tous les hommes, &
que le pape n'en peut dispenser: enfin l'amour
acheva de lui ouvrir les yeux.

Il devient
amoureux d'-
Anne de Bou-
len.

Anne de Boulen, depuis peu fille d'honneur de la reine, étoit dans la fleur de l'âge
& de la beauté. Henri, qui la voyoit souvent, en devint amoureux, & connut bientôt
qu'elle ne seroit jamais sa maîtresse. Il falloit donc rompre son premier mariage, & il
ne lui resta d'espérance que dans le Lévitique & dans S. Thomas.

Alors plus
scrupuleux, il
sollicite son
divorce.

Alors éclaterent ses scrupules, devenus
plus grands par les obstacles que sa passion
rencontroit. Peut-être même n'avoient-ils
commencé qu'alors: mais s'il en faut croire

ce qu'il difoit lui-même, il en étoit tour-
menté depuis long-temps. Des trois enfans
qu'il avoit eus de Catherine, il ne lui reftoit
que Marie, que nous verrons fur le trône.
Les droits de cette princeffe devenoient équivoques, depuis que la confcience timorée de
Henri jetoit des doutes fur fon mariage. Toute la nation, qui craignoit que la fucceffion
ne fût la caufe d'une guerre, defiroit impatiemment que le roi prît un parti, qui dif-
fipât toute inquiétude. Il fongea donc à folliciter fon divorce auprès de Clément VII.

Il n'étoit pas honnête de fonder la nullité
du mariage fur l'abus, que Jules II avoit fait
de fon autorité en donnant la difpenfe. Il
y avoit un moyen pour conferver les droits du
faint fiege, & pour laiffer à un pape la liberté de caffer ce que fon prédéceffeur avoit
fait; c'étoit de déclarer que la bulle avoit été
accordée fur un faux expofé. C'eft ce qu'on
fit.

Clément alors affiégé dans le château S. ⸺
Ange, parut d'abord favorable aux propofi- Situation em-
tions qui lui furent faites: car il n'attendoit barraffante de
de fecours que de l'Angleterre & de la Fran- Clément VII.
ce. Mais lorfqu'il eut recouvré la liberté,
on ne trouva plus en lui que les proteftations
vagues d'un homme qui ne veut qu'éluder.

Ce pontife étoit dans une fituation embarraffante. D'un côté, Henri mécontent pou-

voit fe déclarer pour la nouvelle réforme, &
l'églife perdoit une de fes plus belles provinces: de l'autre, l'empereur menaçoit de convoquer un concile général, pour corriger les
abus de la cour de Rome. Clément y pouvoit être dépofé, foit parce qu'on prétendoit
avoir contre lui des preuves de fimonie, foit
parce qu'on ne pouvoit douter qu'il ne fût
bâtard, puifque Léon X, fon oncle, avoit
conftaté ce défaut de naiffance, en le déclarant légitime par une bulle (*). Enfin Florence, où depuis Charles VIII, il y avoit toujours eu des troubles, venoit de chaffer les
Medicis; & cette république s'étoit alliée des
Vénitiens, de la France & de l'Angleterre.
La famille du pape ne pouvoit donc attendre
aucun fecours de ces puiffances : l'empereur
étoit donc le feul objet de toutes fes efpérances & de toutes fes craintes.

Il fonge à fe
faire un méri-
té de fon re-
fus auprès de
l'empereur.

Sacrifiant tout à fa fureté & à l'agrandiffement de fa maifon, Clément réfolut de fe refufer à la demande de Henri: mais il voulut
ne fe déclarer qu'à propos, & faire traîner

_____

(*) C'eft encore là un droit que les papes s'étoient
arrogé. Leur puiffance avoit une force rétroactive, & pouvoit faire que ce qui avoit été, n'avoit pas été. Au refte,
fa bâtardife pouvoit être un prétexte pour dépofer un pape,
puifqu'elle eft une raifon pour ne pas promouvoir aux ordres
facrés.

cette négociation, jusqu'à ce qu'il fut assuré de se faire un mérite de son refus auprès de l'empereur, & d'en obtenir ce qu'il desiroit.

Sollicité vivement par les ambassadeurs de Henri, il leur donna une commission pour Wolsei, par laquelle il autorisoit ce cardinal, conjointement avec quelques autres évêques, à juger de la validité du mariage de Catherine. Il joignit à cela verbalement toutes les promesses & permissions, qu'on exigea de lui. Ce n'étoit pas assez : comme la cour de Londres n'ignoroit pas les ménagements du pape pour Charles-Quint, on n'eut garde de s'engager plus avant sur de simples paroles, qui pouvoient être désavouées. Il fallut donc faire partir de nouveaux ambassadeurs. Il s'agissoit de lier le pape, de façon qu'il fût forcé à confirmer la sentence des commissaires, & qu'il ne pût révoquer la commission, ni évoquer l'affaire à Rome.

Pour cela il feint de se prêter au divorce.

Il nomma une nouvelle commission, qui joignoit le cardinal Campeggio à Wolsei : il s'engagea par une lettre à ne la pas révoquer, mais en termes équivoques, qui ne lioient point : enfin il donna à Campeggio une bulle, qui annulloit le mariage, dans le cas où il seroit jugé invalide.

Le cardinal italien trouva des prétextes, pour différer son départ pendant cinq ou six mois; & quand il fut arrivé, il fit naître des incidens pour retarder le jugement définitif, jufqu'à ce que Clément eût terminé fon traité avec Charles-Quint.

Mais il s'y refufe, lorf-qu'il a obtenu de Charles-Quint tout ce qu'il defire.

Le pape, qui ne vouloit pas s'engager trop avant, étoit néanmoins bien aife de paroître entrer dans les vues du roi d'Angleterre. C'étoit en effet le moyen d'obtenir de l'empereur ce qu'il pouvoit defirer : car ce prince vouloit abfolument le détacher de la fainte ligue, & il prenoit avec chaleur les intérêts de Catherine fa tante.   Par le traité qui fut

1529

conclu au mois de juin, le pape devoit avoir pour lui Cervia, Ravenne, Modene, Reggio & Rubiera; & pour Alexandre Medicis, fon petit-neveu, la fouveraineté de Florence & Marguerite, fille naturelle de Charles-Quint. Mais Florence étoit une conquête à faire. Les Florentins, privés de tout fecours, fe défendirent comme des citoyens déterminés à s'enfevelir fous les ruines, de leur

1530

patrie. Trop foibles enfin contre l'empereur & le pape, ils perdirent leur liberté pour toujours; & Alexandre avec le titre de duc, regna dans un pays ruiné. Auffitôt après la conclufion de ce traité, Clément évoqua l'affaire du divorce.

Henri étoit accoutumé à vouloir que fes miniftres fuffent les garants du fuccès de toutes fes entreprifes. Wolfei n'avoit pas réuffi. Il fut donc difgracié. Il mourut quelques mois après, lorfqu'on venoit de l'arrêter, comme criminel de haute trahifon : toutes les accufations portoient cependant fur des chofes vagues ou fans preuves.

Henri, n'ayant pas négocié heureufement avec le pape, tenta une voie plus facile : il confulta les univerfités; c'eſt-à-dire, qu'il leur demanda un avis conforme à fon amour. L'empereur n'oublia pas de les folliciter, pour en obtenir une décifion favorable à fa tante : & François, qui vouloit fomenter la divifion entre ces deux princes, joignit fes follicitations à celles du premier. Vous jugez par-là que les univerfités d'Angleterre & de France fe déclarerent pour la nullité du mariage. Ce ne fut pas cependant fans difficultés, dans quelques-unes au moins. Celles d'Efpagne, d'Allemagne & des Pays-Bas ne furent pas confultées, ou jugerent différemment. Les proteſtants mêmes furent contraires aux defirs de Henri : mais Pavie, Ferrare, Padoue & Bologne, quoique dans les états du pape, lui furent tout-à-fait favorables.

Henri confulte les univerfités fur fon divorce.

Ceux qui foutenoient la validité du mariage, oppofoient à la loi du Levitique celle du Deutéronome, qui ordonne d'époufer la veuve de fon frere. On difputa beaucoup pour favoir fi les loix des Juifs font faites pour les Anglois, & pour juger laquelle de ces deux loix contraires devoit être regardée comme

Il caſſe fon mariage, & le pape l'excommunie.

une exception. On cita plus qu'on ne raisonna. Enfin Henri, appuyé des suffrages qu'il avoit obtenus, fit casser son mariage, & déclara celui qu'il avoit déja fait secrétement avec Anne de Boulen. Le pape l'excommunia.

1533

Mais les circonstances sont toutes en sa faveur, & le parlement lui donne une jurisdiction spirituelle sans bornes.

Il y avoit déja long-temps qu'on se plaignoit en Angleterre des abus de la cour de Rome & des désordres du clergé. Les droits du saint siege & les ecclésiastiques étoient des sujets ordinaires de conversation : les parlements tentoient déja d'introduire quelque réforme : ils abolissoient les bulles, les dispenses & toutes les impositions de la chambre apostolique : on prêchoit que le pape n'a point d'autorité hors de son diocese. En un mot, à force de s'entretenir de ces choses, on s'accoutumoit à parler avec plus de liberté ; & on applaudissoit à tel propos, dont on eût été scandalisé quelque temps auparavant. Tout préparoit donc une révolution, & l'excommunication ne pouvoit que la hâter. En effet, un nouveau parlement déclara le roi chef suprême de l'église anglicane, reconnoissant en lui, comme inhérent, le pouvoir d'examiner, de réprimer, de rectifier, de réformer, de punir toutes les héréfies, offenses, abus, profanations, crimes, comme étant du ressort de sa jurisdiction spirituelle. Il lui donna encore les annates & les décimes, qui se payoient auparavant à la cour

1534

de

de Rome. Ainſi le roi eut dans ſon royaume une puiſſance ſupérieure à celle que l'égliſe accorde au pape.

L'ivreſſe de la nation, qui ne ſongeoit qu'à ſecouer le joug du ſaint ſiege, & le pouvoir abſolu de Henri, à qui les parlements ne pouvoient rien refuſer, furent les cauſes d'une révolution auſſi ſubite. Le clergé même s'y prêtoit en général, parce qu'il voyoit ceſſer les exactions, qui le révoltoient depuis long-temps contre la cour de Rome. En un mot, tous les ordres, excepté les moines, applaudirent au changement, tant qu'on ne fut occupé que des avantages temporels, qu'on en voyoit naître. Mais lorſque ce premier enthouſiaſme fut un peu diminué, & qu'on ſe demanda avec plus de ſang froid, juſqu'à quel point il falloit ſe ſéparer du ſaint ſiege, ce qu'il falloit croire, s'il convenoit de recevoir indifféremment tous les dogmes de l'égliſe romaine, ou d'en rejeter quelques-uns, on ſentit l'embarras où l'on ſe trouvoit, & les plus ſages commencerent à prévoir que le pas qu'on avoit fait, pouvoit conduire à de terribles conſéquences. En effet, on n'avoit point de regles, pour juger où l'on devoit s'arrêter.

Le clergé étoit dans une profonde ignorance. Le peuple juſqu'alors avoit ſuivi aveuglément les opinions reçues, les ſuperſtitions

On applaudit en général à ce changement : mais les plus ſages en prévoient les conſéquences.

Il étoit à craindre que le peuple ſé-

duit n'aban-
donnât la vé-
rité comme
l'erreur.

comme les dogmes. Si on le faisoit raisonner
si on le dépouilloit une fois de sa prévention
pour quelques-unes de ses superstitions, n'étoit-
il pas à craindre, qu'après avoir abandonné
des erreurs auxquelles il ne tenoit que par habitude, il n'abandonnât bientôt des vérités
qu'il adoptoit par instinct? Or, c'étoit-là l'artifice des Protestants, qui se répandoient alors
en Angleterre. Ils commençoient par combattre les abus les plus grossiers. Le peuple
séduit s'accoutumoit donc à rejeter une partie
de ce qu'il avoit cru, & se préparoit insensiblement à rejeter dans la suite une partie de
ce qu'il croyoit encore.

Les Anglois
n'ont point de
plan de réfor-
me, & s'ac-
cordent seu-
lement à re-
jeter l'auto-
rité de l'égli-
se.

Les papes avoient usurpé, ils avoient in-
troduit de nouveaux usages, ils avoient établi
de nouvelles maximes. Il y avoit donc des
abus: mais il y avoit aussi des usages & des
maximes qui par la tradition remontoient
jusqu'aux apôtres. Il auroit fallu faire la différence de ces choses pour réformer sagement;
on n'en savoit pas assez. On retrancha d'a-
bord ce qui déplut; faute de savoir où s'arrêter, on retrancha encore. Bientôt ce que la
tradition la plus ancienne avoit conservé, fut
confondu avec ce que les siecles d'ignorance
avoient produit. En conséquence, on rejeta
toute tradition : on cessa de reconnoître l'autorité de l'église : on n'eut plus d'autre regle
que l'écriture.

Mais lorfque l'écriture eft fufceptible de différentes interprétations, à qui apparriendra-t-il d'en déterminer le fens? Les réformateurs prétendus nioient que ce fût l'églife. Aucun d'eux cependant n'ofoit, ni ne pouvoit en pareil cas décider fouverainement. Ils fentoient bien qu'ils n'avoient pas droit de forcer à voir dans les livres faints ce qu'ils y voyoient, & à n'y voir rien de plus. Ce fut donc une néceffité de dire, que chaque particulier peut lire & juger par lui-même. Voilà l'abfurdité, où l'on fut entraîné de conféquence en conféquence. Je dis *abfurdité* ; car dans ce fyftême, ceux qui n'ont pas affez d'intelligence, ou affez de temps, font condamnés à ne favoir que penfer. C'eft néanmoins le plus grand nombre : mais le peuple fut flatté d'être juge de la doctrine.

Alors chacun devient juge de la doctrine.

Les chofes en étant venues à ce point, vous jugez combien la religion fera flottante : elle variera comme les efprits. Sous prétexte d'ôter des préjugés, on niera les dogmes, on fubftituera des erreurs : les fectes fe multiplieront : elles s'armeront les unes contre les autres : & il y aura des troubles jufqu'à ce que chacun, ayant enfin renoncé au droit d'examiner, s'accoutume à croire ce qu'on lui a enfeigné dans l'enfance, & à tolérer ceux qui ne penfent pas comme lui. Il arrivera donc que les novateurs n'auront dépouillé

Chacun fe fait une profeffion de foi, ou croit d'après fa nourrice.

K 2

l'églife de fon autorité, qu'afin qu'on croie un jour fur l'autorité de fa nourrice. Mais ce moment de calme n'arrivera, que quand on fera las de s'égorger.

Cependant Henri fe propofoit de conferver la foi Catholique.

Henri ne fongeoit pas à pouffer la réforme auffi loin. Quoique féparé du pape, il vouloit conferver la foi catholique. Il la regardoit comme fa caufe, depuis qu'il avoit écrit contre Luther. Il étoit de fon amour propre de penfer comme fon livre. Il croyoit d'ailleurs les Proteftants toujours prêts à fe révolter, parce qu'il en jugeoit par la populace, qui s'étoit foulevée en Allemagne. Il fe propofoit donc de févir contre eux par le fer & par le feu.

Le parti des Catholiques, & le parti des Proteftants flattent Henri, chacun dans l'efpérance de le gagner.

C'étoit une chofe affez difficile, que de conferver la foi Catholique, en fe féparant de l'églife Romaine. Henri s'étoit feul mis dans cette pofition. Aucun de fes miniftres ni de fes courtifans ne penfoit comme lui; & peu d'accord entre eux, ils formoient encore différents partis; les uns reftoient intérieurement attachés à la communion de Rome, les autres defiroient d'introduire la nouvelle réforme. Tous cependant cachoient au roi leur façon de penfer, & cherchoient les moyens de le gagner. Ceux qui vouloient favorifer les Luthériens, nourriffoient fon reffentiment contre la cour de Rome, tandis que ceux qui defiroient de rétablir la religion catholique, applaudiſſoient en apparence à ſa ſuprématie, voulant le porter à s'oppoſer de tout ſon pouvoir à l'établiſſement du luthéraniſme.

C'eſt ainſi que pendant tout ce regne la cour de Londres parut incertaine entre l'ancienne & la nouvelle croyance. Henri, qui tenoit la balance entre les deux partis, laiſſoit à l'un & à l'autre l'eſpérance de le gagner. Ce n'eſt pas qu'il employât pour cela aucun artifice; au contraire il étoit franc, on le ſavoit : mais on ſavoit auſſi que la fougue de ſes paſſions étoit d'ordinaire le mobile de ſes démarches, & c'eſt pourquoi chaque parti ſe flattoit de l'attirer à ſoi. En cela ſon caractère le ſervit mieux que la politique la plus profonde: car il lui ſoumettoit également les catholiques & les novateurs. C'eſt ainſi que tout contribuoit à l'accroiſſement de ſon autorité.

Plus ils montrent de déférence, plus il accroît ſon autorité.

Placé entre ces deux partis qu'il condamnoit également, il ſéviſſoit indifféremment contre l'un & contre l'autre. Aucun ſoulévement n'étoit à craindre pour lui; parce que les deux partis, ſéduits par le même eſpoir, s'empreſſoient à lui montrer la même ſoumiſſion; & chacun l'excitoit & l'armoit tour-à-tour. Ainſi pendant que les Proteſtants étoient pourſuivis, qu'on étoit accuſé d'héréſie ſur les plus légeres apparences, & que pluſieurs périſſoient par le feu; les Catholiques, qui refuſoient de reconnoître la ſuprématie du roi, perdoient

& il ſévit impunément contre les uns & contre les autres.

K 3.

la tête sur un échafaud, comme criminels de haute trahison.] De la sorte périt le chancelier Thomas Morus, connu dans toute l'Europe par sa sagesse, sa vertu & son savoir. Henri, qui pendant vingt-cinq ans n'avoit puni de mort personne pour crime d'état, devint sanguinaire, lorsqu'il fut armé de la puissance spirituelle. Effrayé lui-même du sang qu'il répandoit, il prit le deuil pour montrer sa douleur: cependant il continua de sévir. Il portoit le deuil, quand Thomas Morus fut exécuté.

Imposture d'Elisabeth Barton, nommée la sainte fille de Kent. Il se tramoit depuis quelque temps une intrigue, qui mérita d'attirer enfin l'attention du roi. Elisabeth Barton de la province de Kent, étant sujette à des convulsions qui mettoient autant de désordre dans son esprit que dans son corps, avoit paru inspirée au peuple, & croyoit l'être sur la parole du peuple même. Jusques-là ce n'étoit qu'une illusion: mais un prêtre voulant mettre en vogue une chapelle de la vierge, Elisabeth contrefit les convulsions & les extases, & dit que Dieu lui avoit promis sa guérison, si on la transportoit dans cette chapelle. Le miracle se fit, il fut divulgué: on ne parla plus que de la sainte fille de Kent, c'est ainsi qu'on la nommoit.

Elle fut l'occasion de la Alors d'autres ecclésiastiques voulurent tirer un plus grand parti de ces extases. Elisa-

beth, infpirée par eux , déclama contre les
innovations qui fe faifoient dans le gouvernement & contre le divorce de Henri: elle ofa
prédire, que fi le roi époufoit une autre femme, il perdroit la couronne en moins d'un
mois , qu'il feroit abandonné de Dieu en
moins d'une heure, & qu'il mourroit de la
mort des fcélérats. Elle fut arrêtée, elle avoua
fon crime, fans être mife à la queftion, &
tous fes complices furent convaincus. Cet
événement fournit au roi l'occafion d'attaquer
les moines. Trois monaftères furent fuppri-
més ; & comme ce coup d'autorité excita peu
de murmures, il n'en refta plus quelques années après. Tel étoit l'état de la religion en
Angleterre vers l'année 1535.

fuppreffion des ordres monaftiques

Le luthéranifme demande que nous jetions
un coup d'œil fur les royaumes du nord, parce que leurs intérêts commencent depuis cette
révolution à fe mêler avec ceux des autres
puiffances de l'Europe. Si je remontois bien
haut, je ne ferois que mettre fous vos yeux
des défordres femblables à ceux que vous avez
vus ailleurs : car dans ces fiecles barbares l'hiftoire de tous les peuples fe reffemble.

A la naiffan-ce du luthéra-nifme il faut connoître les royaumes du nord.

Waldemar III, roi de Danemarck, étant
mort & n'ayant point laiffé de fils, les états mirent fur le trône Olaüs, fils de Haquin, roi
de Norwege, & de Marguerite fille de Waldemar. Ce prince avoit des droits fur la Sue-

Ils étoient électifs. 1376

K 4

de, comme petit-fils de Magnus, que les Suédois avoient dépofé; & Albert de Mecklen-
bourg, qui avoit été donné pour fucceffeur à
Magnus, avoit auffi des droits fur le Danemarck, parce qu'il étoit fils de la fœur aînée
de Marguerite. Cependant ces droits de part
& d'autre étoient fort équivoques : car les
couronnes de Suede & de Danemarck étoient
proprement électives. Mais les nations font
condamnées à fe faire la guerre, pour les
droits que les princes fe font & qu'elles dé-
favouent.

Marguerite
la Sémiramis
du nord.
1385

Olaüs étoit âgé de douze ans. Marguerite, qui avoit eu l'habileté de le faire élire,
fe fit donner la régence; & fon fils étant mort,
elle conferva la couronne, quoique les Danois ne fuffent pas dans l'ufage d'obéir à une
femme : elle avoit fu gagner le clergé & la
nobleffe.

Sollicitée par les peuples à leur donner un
roi, mais ambitieufe de gouverner, elle choifit
le plus jeune de fes petits-neveux, Eric fils de
Wratiflas, duc de Poméranie. C'eft cette
princeffe, qu'on nomme la Sémiramis du
nord.

Dans les états
de Calmar,
elle fait la
réunion des
trois royau-
mes.

Elle conquit la Suede. Alors projetant
de faire une feule monarchie des trois royaumes, elle en convoqua les états-généraux à
Calmar. On penfa, comme elle, que cette
réunion devoit terminer toutes les guerres,

qui divifoient ces peuples depuis long-temps. Son projet fut donc unanimement approuvé, & on convint que le roi feroit élu tour-a-tour en Suede, en Danemarck, en Norwege; qu'il feroit aufli tour-à-tour fa réfidence dans chacun des trois royaumes; que chaque nation conferveroit fes loix, fes ufages, fes privileges; & que les dignités feroient données dans chaque royaume aux naturels du pays.

1397

Ce projet, beau dans la fpéculation, réuffit tant que vécut l'héroïne, qui l'avoit formé; parce qu'elle fut maintenir l'union. Après elle, ce fut une fource de guerres, parce que bien loin d'obferver la loi fondamentale de la réunion, les rois affecterent de réfider en Danemarck, & de traiter la Norwege & la Suede comme des provinces.

Après elle cette réunion eft une fource de guerres.

Les troubles ne furent jamais plus grands, que lorfque Chriftian II monta fur le trône de Danemarck. La Suede laffe d'être opprimée, s'étoit féparée depuis quelque temps. Elle n'avoit point élu de roi; elle étoit gouvernée par Steenfture avec le titre d'aminiftrateu.

La Suede rompt l'union 1513

Troll, archevêque d'Upfal, ayant tramé une confpiration en faveur de Chriftian, fut découvert, dépofé; & s'étant retiré à la cour de Danemarck, il porta fes plaintes à Léon X, qui excommunia la Suede, & invita Chriftian à y porter fes armes.

Léon X l'excommunia.

Perfidie de Chriftian II, le Neron du nord.

Le roi de Danemarck eut d'abord peu de fuccès. Il vit même périr prefque toute fon armée, dans la premiere expédition qu'il fit. Forcé à traiter, il offrit de fe rendre à Stockholm, fi on lui donnoit en ôtages fix perfonnes de la premiere diftinction, du nombre defquelles étoit Guftave Ericfon Vafa; mais dès qu'il les eut fur fon vaiffeau, il mit à la voile, manquant à fa parole & au droit des gens.

Après la victoire, il s'autorife de la bulle de Léon pour commettre des cruautés.

Il vainquit enfin. L'adminiftrateur étant mort de fes bleffures, la Suede fans chef fut obligée de fe foumettre. L'armée victorieufe défola tout fur fon paffage. Chriftian prenoit la bulle du pape pour prétexte de fes cruautés, & fe difoit le miniftre des vengeances de Rome.

Il fait égorger quatre-vingt - quatorze fénateurs ou gentilshommes de Suede.

Reconnu & couronné, il donna dans le château de Stockholm des fêtes, auxquelles il invita les principaux du fénat & de la nobleffe. Les deux premiers jours fe pafferent en jeux, en feftins: le roi lui-même ne montra que de la joie, & parut affable à tout le monde: mais le troifieme jour, l'archevêque d'Upfal vint demander l'exécution de la bulle du pape, & la réparation de l'injure qui lui avoit été faite. Auffitôt des fatellites, qu'on avoit

1420

préparés, égorgerent quatre-vingt - quatorze fénateurs ou gentils-hommes qui étoient alors dans le château: leurs valets furent pendus, & on livra la ville à la fureur des foldats.

C'eſt ainſi que Chriſtian devenoit l'horreur de ſes nouveaux ſujets ; tandis que Guſtave Vaſa, échappé de la priſon où il avoit été renfermé, erroit déguiſé dans la Dalécarlie, attendant le moment de venger ſa patrie, la mort de ſon pere & la captivité de ſa famille. Il étoit fils d'Eric Vaſa, un des ſénateurs qui venoient d'être égorgés, petit-neveu de Canutſon qui avoit été roi de Suede, & couſin-germain de l'adminiſtrateur Steenſture.

Guſtave Vaſa dans la Dalécarlie.

Confondu avec des payſans qui travailloient aux mines, il attendoit tout de ſon courage. Il ſe fit connoître à eux, ſe mit à leur tête; & les mécontents ayant groſſi ſon parti, il ſe vit bientôt maître d'une partie de la Suede. Le lâche Chriſtian fit mourir la mere, les ſœurs de Guſtave, & tous les Suédois qu'il avoit fait priſonniers.

Il ſe rend maître de la Suede. 1521

Ce monſtre ne pouvoit pas aller en Suede, pour s'oppoſer aux progrès de ſon ennemi; car il n'oſoit quitter le Danemarck, où il n'étoit pas moins odieux. Il convoqua les états pour en obtenir des ſecours, & il devoit s'y rendre avec une troupe de ſoldats étrangers, ſe propoſant d'uſer de violence, ſi l'on réſiſtoit à ſes volontés. Son deſſein fut connu: les Danois s'aſſemblerent à Wibourg: ils le dépoſerent; & Magnus Munce, chef de la juſtice du Jutland, oſa lui porter l'acte de ſa dépoſition. *Mon nom,* diſoit ce magiſtrat,

Les états de Danemarck dépoſent Chriſtian II.

devroit être écrit *fur la porte ae tous les mé-*
chants princes. J'ajoute qu'il faudroit encore
leur faire lire fouvent le manifefte, que pu-
blierent les états de Danemarck.

Ce Néron du nord, c'eft ainfi qu'on le
nomme, ne montra que de la foibleffe & de
la lâcheté. Son oncle, Frédéric, duc de Hol-
ftein, fut élu roi de Danemarck & de Norwege. Guftave eut la couronne de Suede.

Circonftances
favorables au
luthéranifme.
C'eft fous Chriftian, Guftave & Frédéric,
que le luthéranifme fut répandu dans le nord.
Plufieurs caufes en rendirent les progrès rapides. Ces peuples s'étoient convertis dans les
temps où l'on prêchoit les prétentions des
prêtres & des papes confufément avec les articles de foi. Plus ils avoient eu la fimplicité
de croire qu'ils ne pouvoient rien refufer de
ce qu'on leur demandoit au nom de la religion, plus ils avoient été opprimés; & l'oppreffion étant venue au point qu'ils ne pouvoient plus la fupporter, ils ne fongeoient
qu'à fecouer un joug qui les tyrannifoit. Chez
eux le clergé jouiffoit fans contradiction de
tous les droits, qu'on lui conteftoit ailleurs.
Sa puiffance, odieufe à la nobleffe, étoit redoutable aux fouverains. Ses biens fuffifoient
pour enrichir des rois. Les perfonnes qui
commençoient à penfer, étoient fcandalifées
du trafic que le nonce Arcemboldi faifoit des
indulgences. Enfin les efprits fe révoltoient

en général contre la cour de Rome, depuis que Chriftian s'étoit autorifé d'une bulle de Léon pour maffacrer les fénateurs de Suede.

Dans ces circonftances, les rois du nord étoient vivement follicités par les princes Proteftants d'Allemagne. Trop ignorants pour diftinguer par eux-mêmes l'erreur de la vérité, ils traitoient la religion comme une affaire de politique. Ils ne voyoient que de l'avantage à protéger le luthéranifme; tandis que les eccléfiaftiques, qui n'étoient pas mieux inftruits, étoient moins capables de défendre le dogme que leur temporel. Ils voulurent foulever le peuple, & ils animerent davantage les fouverains contre eux. Frédéric & Guftave fentirent feulement la néceffité de ne rien précipiter. Ils affecterent de ne pas laiffer paroître leur fentiment: mais bien loin de perfécuter les Luthériens, ils les autoriferent fecrétement à prêcher leur doctrine. Il paroît que les progrès de l'hérésie furent prompts: car en 1527 les états de Danemarck réglerent que perfonne ne pourroit être inquiété pour fait de religion; ils permirent aux moines & aux religieufes de fortir de leurs cloîtres, & même de fe marier; ils ordonnerent que déformais les évêques ne s'adrefferoient plus à la cour de Rome, mais feulement au roi. Vous voyez que parmi les Proteftants, le prince devenoit par-tout le chef fuprême de la

Comment il s'établit dans le nord.

religion. Enfin la Suéde dans l'assemblée même de tout le clergé du royaume, reçut la confession d'Augsbourg comme regle de foi, &
abolit le culte de l'église Romaine.

Depuis 1535
jusqu'à la
mort de Fran-
çois I, la Fran-
ce n'offre rien
d'important.
Ce qu'il faut avoir sur-tout observé pour
la suite de l'histoire, c'est l'état de la religion
vers l'année 1535, où nous nous sommes arrêtés. Depuis ce temps jusqu'en 1547 que
François mourut, il n'y a rien d'important
à remarquer pour la France. Ce prince eut
encore la guerre avec Charles-Quint ; il l'eut
même avec Henri, qui devint allié de l'empereur : il s'occupa davantage des affaires, &
il protégea les lettres.

Henri VIII ?
fait périr sur
l'échafaud
Anne de Bou-
len, & il é-
pouse Jeanne
Seymour.
1536
Henri accoutumé au sang depuis quelques
années, fit périr sur l'échafaud Anne de Boulen, trois à quatre ans après l'avoir épousée.
Le crime de cette princesse fut d'être moins
aimée depuis son mariage, & d'avoir une
fille d'honneur qui sut plaire. Son enjouement,
qui ressembloit assez à de la coquetterie, &
qui la rendoit quelquefois trop peu circons-
pecte, permit au roi jaloux de la supposer
plus criminelle, & d'envelopper dans ses soupçons plusieurs complices prétendus qu'il fit
aussi périr. Le roi fit encore casser son mariage avec elle, & déclarer illégitime Elisabeth
qu'il avoit eue de cette reine malheureuse.
Jeanne Seymour, qu'il épousa, lui donna un

fils l'année fuivante, & mourut quelques
jours après fes couches.

Peu de temps après, Henri, devenu amoureux d'Anne de Cleves fur un portrait flatté
de cette princeffe, fe maria pour la quatrieme fois. Bientôt dégoûté, il fit encore caffer
ce mariage. Ce divorce fouffrit d'autant moins
de difficultés, qu'Anne de Cleves y parut peu
fenfible.

Il caffe fon mariage avec Anne de Cleves.
1539

Catherine Howard, qu'il époufa auffitôt
après, avoir eu une mauvaife conduite avant
fon mariage. Il en fut inftruit: il eut même
lieu de croire que fes mœurs n'étoient pas
devenues meilleures. Cette malheureufe laiffa donc auffi fa tête fur un échafaud.

Il fait pé-rir Catherine Howard.
1540

1542

Catherine Par, la derniere femme de Henri, fut fur le point d'être condamnée comme
luthérienne; parce que dans des converfations
avec ce prince, elle avoit montré du penchant pour la réforme. L'ordre étoit donné
pour lui faire fon procès: elle para le coup
dans un nouvel entretien, où elle lui fit entendre que fi elle paroiffoit quelquefois le
contredire, c'étoit dans le deffein de tirer
des lumieres d'un homme fait pour éclairer
l'Europe; l'affurant qu'elle n'avoit garde de
penfer autrement que lui.

Il époufe Ca-therine Par.

Henri traitoit les affaires de religion avec
le même emportement & le même caprice,
qu'il en agiffoit avec fes femmes. Il avoit

Ses décifions capricieufes & changean.

res en matiere
de religion ne
trouvent
point de ré-
sistance.

donné, sous le titre *d'institution du Chrétien*, un système d'opinions pour fixer la croyance du peuple. Ce système étoit déja bien différent de ce qu'il avoit ordonné de croire quelque temps auparavant. Cependant il ne tarda pas d'en publier un nouveau qu'il appelloit *l'érudition du Chrétien*, & dans lequel il fit encore des changements considérables. Il vouloit que sa façon de penser fût la regle de la nation : mais il ne prétendoit pas se fixer à une façon de penser ; jugeant qu'il ne devoit dépendre d'aucune autorité, pas même des réglements qu'il avoit faits. Les parlements acquiesçoient aveuglément à cette doctrine changeante, déclarant qu'ils reconnoissoient la volonté absolue du roi comme l'unique regle dans les choses spirituelles, ainsi que dans les temporelles. Ils donnerent force de loi à tous les édits, & à toutes les déclarations, qu'il pourroit publier : ou plutôt ils oserent dire que cette plénitude de puissance, émanée de Dieu, étoit par elle-même une prérogative de la royauté. C'est ainsi que la servitude donnoit une autorité sans bornes à un prince, qui n'avoit de regles que ses passions.

Avec des ver-
tus, il n'a été
qu'un tyran.

Plus Henri fut puissant, & plus il fut jaloux de son pouvoir. Voilà pourquoi il devint injuste, cruel, sanguinaire. Né franc, sincere, généreux, brave, ferme, intrépide, il eût des vertus, qui le garantirent de la hai-

ne

ne d'un peuple esclave : mais il eut tous les vices, & quoiqu'il n'en ait porté aucun jusqu'-
aux derniers excès, il doit être mis au nombre des tyrans. Il mourut deux mois avant
François I.

Charles-Quint dans ses vastes états, formoit
sans doute de grands projets : & cependant celui auquel il devoit le plus penser, étoit celui
auquel il pensoit le moins : c'étoit d'établir
l'ordre & la tranquillité. Au contraire, il étoit
bien aise qu'il y eût des troubles ; & si nous
en croyons le pere Barre, il affectoit quelquefois de négliger l'Italie & l'Allemagne, afin
d'enhardir ses ennemis à tenter quelque entreprise, bien assuré d'en tirer avantage : ce seroit
là une étrange politique. Si c'étoit ainsi qu'il
vouloit parvenir à la monarchie universelle,
comme on le lui reproche, il se faisoit des
idées bien confuses ; & si ce projet chimérique a
fait peur aux autres puissances, elles voyoient
tout aussi confusément que lui. Il eut un
succès brillant en 1535.

Horadin Barberousse, fameux pirate, qui
avoit enlevé le royaume de Tunis à Mullei-
Hassem, ne cessoit de ravager les côtes d'Espagne & d'Italie. Charles-Quint passa en Afrique, défit Barberousse, rétablit Hassem, &
délivra tous les Chrétiens qui étoient captifs
à Tunis. Il est vrai cependant qu'il dut la prise de cette ville à six mille prisonniers Chré-

tiens, qui ayant brifé leurs chaînes, fe rendirent maîtres de la citadelle.

Ses revers
dans la guer-
re qu'il fait à
François I.
1536

Sur ces entrefaites le duc de Milan étant
mort, François demanda l'inveftiture du Milanès; fe fondant fur ce que par le traité de
1529, il n'en avoit fait la ceffion qu'en faveur
de Sforze. On arma. Charles-Quint comptoit
dit-on, fur de grandes conquêtes; menoit fon
hiftorien Paul Jove pour écrire la campagne
qu'il alloit faire. La voici: trente mille hommes, qui attaquerent la France du côté des
Pays-Bas, ne firent rien. Cinquante mille,
que l'empereur conduifit en Provence, y périrent prefque tous, après avoir inutilement
tenté le fiége de Marfeille; les débris de cette
grande armée repafferent en Italie avec le
général & l'hiftorien. Alors l'empereur confentit à une treve de dix ans, que le pape
avoit ménagée.

1539
Il paffe par
la France pour
aller foumet-
tre les Gantois.

Quelque temps après Charles-Quint demanda paffage par la France, pour aller foumettre
les Gantois, qui s'étoient révoltés. Il offrit de
donner l'inveftiture du Milanès au duc d'Orléans, fecond fils du roi, mais feulement
après être forti du royaume, afin de ne pas paroître y avoir été forcé. Il paffa. François I
n'eut à fe reprocher que quelques impruden-
ces, que fa franchife lui fit commettre, en
s'ouvrant trop fur fes projets avec un ennemi.
On eft étonné de la démarche de l'empereur,

quand on ne fonge pas à la probité du roi de
France. Mais que pouvoit faire le roi? forcer
ce prince, comme fon prifonnier, à s'engager par un traité? mais avec ce traité n'au-
roit-il pas encore fallu conquérir le Milanès?
De toute façon, François fit bien. Ce qui n'é-
tonna perfonne, c'eft que Charles-Quint manqua à fa parole, & abufa de la confiance, que
François lui avoit témoignée.

L'année fuivante l'empereur s'occupa fans
fuccès des moyens de concilier les Proteftants
d'Allemagne avec les Catholiques. Il revint
enfuite en Italie, d'où il fe propofoit de paffer en Afrique pour faire la conquête d'Alger.
Il auroit mieux fait de mener fon hiftorien en
Hongrie, où Soliman étoit alors avec toutes
fes forces. Il voulut laiffer l'honneur de cette expédition à fon frere Ferdinand, qui fut
défait par les Turcs, pendant qu'il voguoit
lui-même avec vingt-quatre mille hommes
fur une grande flotte, dont il ne ramena que
les débris.

Ferdinand tint une diete à Spire pour ob-
teni des fecours contre Soliman. Ce fut là
qu'on indiqua la ville de Trente pour le lieu
d'un concile général. Mais ces deux objets auroient demandé que la paix eût été parmi les
Chrétiens. Cependant le roi de France déclara
la guerre à l'empereur, & perdit l'alliance de
Henri. Cette guerre fut terminée en 1544,

L 2

Marginal notes:

Il perd une flotte, pen-
dant que fon
frere eft défait
par les Turcs.

1541

1542
Nouvelle
guerre bien-
tôt terminée.
Convocation
du concile de
Trente.

après des fuccès variés, quoique l'empereur
eût d'avance partagé la France avec le roi d'Angleterre. Par le traité de paix que firent Charles-Quint & François, ils convinrent enfin
de travailler à la paix de l'églife. C'eft ce qui
fut caufe que Paul III, alors fur le faint fiege,
fe hâta de publier une bulle, par laquelle il
convoqua un concile général à Trente pour le
mois de mars 1545.

CHAPITRE II.

Du luthéranisme vers les temps du con-
cile de Trente.

LORSQUE Luther respectant le saint siege, & ne s'élevant que contre les abus des indul-gences, n'avoit pas encore la témérité de se porter pour juge du dogme, c'étoit le mo-ment d'étouffer l'hérésie dans sa naissance. Il falloit alors convoquer un concile général, & songer sérieusement à réformer l'église. Il y avoit lieu de croire que les premiers cris contre la cour de Rome n'auroient pas eu des conséquences dangereuses pour la religion, puisque les esprits n'étoient pas encore aigris par la dispute. Mais Léon X, qui craignoit qu'un concile n'entreprît de le réformer lui & sa cour, voulut imposer silence par sa seule autorité, condamnant Luther, & demandant qu'il fût puni, ou qu'il lui fût livré.

Il étoit faci-le de préve-nir les erreurs où Luther n'é-toit pas enco-re tombé.

Ce pape ne pouvoit pas ignorer que de-puis long-temps les puissances d'Allemagne souffroient impatiemment les extorsions de la

Léon de-voit prévoir que la refor-

L 3

cution porte-
roit à tout o-
fer un hom-
me que les
dietes approu-
voient & que
l'électeur de
Saxe proté-
goit.

cour de Rome. Il ne devoit donc pas juger
qu'elles lui facrifieroient un homme, dont la
doctrine, bien loin de fcandalifer, étoit alors
conforme aux vœux de tout le monde. Il devoit craindre, au contraire, qu'enhardi par les
applaudiffements du public & par la protection de l'électeur de Saxe, Luther ne formât
de nouvelles entreprifes; & que communi-
quant infenfiblement fa hardieffe au peuple
ignorant, il ne conduifît les efprits de changement en changement, jufqu'à ofer faper les
fondements de la religion.

Au lieu d'un
concile, qui
pouvoit en ce-
fe étouffer
l'héréfie, on
fait brûler les
livres de Lu-
ther.

Ayant été condamné par le pape, Luther
répondit d'une maniere fort injurieufe : cependant il reconnoiffoit encore un juge, puifqu'il
appelloit au futur concile général, auquel il
offroit de fe foumettre. Erafme & tous les
bons efprits penfoient qu'il ne falloit pas pouffer les chofes à l'extrémité, jugeant que le
feu, qui confumeroit les livres de Luther,
feroit pour l'Allemagne le commencement
d'un incendie. Ils demandoient donc un
concile. Mais les nonces pefferent fi vivement l'empereur, que les écrits de Luther furent brûlés dans plufieurs villes. Luther écrivit encore avec plus d'emportement, & fit
brûler à Wittemberg la bulle de Léon avec les
décrétales.

1510

C'eft alors
qu'il devient

Sous prétexte de combattre des abus, Luther enfeignoit déja plufieurs erreurs. Tou-

jours plus obftiné, à proportion que les contradictions & les applaudiffements croiffoient,
il comparut à la diete de Worms, où il
avoit été cité, & il ne rétracta rien. Au contraire, il déclara qu'il ne reconnoîtroit fes fentiments pour faux, que lorfqu'on le convain-
croit par des paffages de l'écriture: car, ajou-
toit-il, je ne me crois pas obligé de croire
au pape ni aux conciles; puifqu'il eft conftant
qu'ils ont erré plufieurs fois, & qu'ils fe font
contredits. Il nioit donc déja la tradition, par
conféquent il n'étoit plus poffible de le ramener. Il eft évident que la difpute alloit multiplier les queftions, & produire de nouvelles
erreurs. Avant que la diete fe féparât, l'empereur fit publier la fentence du ban de l'empire contre Luther & contre tous fes adhérents:
mais l'électeur de Saxe, voulant fauver ce novateur, le fit enlever fecrétement, & conduire dans un château où il le garda un année
entiere, inconnu à tout le monde, même à fes
gardes.

Cette condamnation fit de nouveaux partifans à Luther, qui continua d'écrire du fond
de fa retraite: c'eft tout l'effet qu'elle produifit. On ne févit point, foit parce que les puiffances n'approuvoient pas toutes cette condamnation, foit parce que confidérant le nombre
des Luthériens, on craignoit de caufer de nouveaux défordres.

héréfiarque.

1521

*Le nombre de
fes partifans
eft fi grand
qu'on n'ofe
plus févir.*

L 4

Adrien VI demande que la diete de Nuremberg sévisse contre Luther. Aveux de ce pape
1522

La bulle du pape & la sentence de l'empereur n'ayant pas été exécutées, Adrien VI en porta ses plaintes à la diete de Nuremberg. Persuadé qu'en sévissant, on éteindroit l'hérésie, il employa les motifs les plus pressants. Il chargea même son nonce d'avouer que les abus, les excès & les abominations de la cour de Rome, où tout se trouvoit perverti, étoient une des causes des maux de l'église. Il promettoit de travailler à une réforme: & il demandoit seulement du temps, remarquant que la maladie étoit si invétérée, qu'en voulant tout réformer à la fois, on s'exposeroit à renverser tout.

La diete répond par un mémoire, qui contient cent griefs contre la cour de Rome.

On pouvoit lui répondre qu'en peu de temps l'hérésie s'étoit si fort invétérée, qu'on n'étoit pas moins embarrassé à la détruire tout-à-coup, qu'il le paroissoit lui-même à réformer l'église. En effet, c'est sur les inconvéniens de sévir que porta la réponse de la diete. Elle proposa comme le remede le plus convenable un concile libre, que le pape convoqueroit avec le consentement de l'empereur dans quelques villes d'Allemagne. Voulant ensuite concourir à la réforme de la cour de Rome, elle donna ce mémoire dont j'ai parlé & qui contenoit cent griefs; & pour y concourir plus efficacement, elle déclara que si on ne lui faisoit pas justice, elle ne souffriroit pas plus long-temps les vexations dont elle se plaignoit.

Adrien VI est le seul, qui ait eu véritablement le dessein de réformer la cour de Rome:
mais elle ne voulut pas se laisser réformer. Il
vit avec chagrin qu'il n'étoit pas assez puissant,
pour faire un aussi grand bien. Trop âgé pour
achever cet ouvrage, il ne put seulement pas
le commencer : & les aveux, qu'il fit en cette
occasion, fournirent des armes à Luther : il les
publia pour faire voir que les papes mêmes
reconnoissoient la vérité des reproches qu'il
faisoit au saint siege.

Luther se
prévaut des
aveux d'A-
drien VI.

Clement VII & Paul III furent plus occupés de l'agrandissement de leur famille, que
des maux de l'église.　Leur ambition n'étoit
pas propre à ramener les peuples, qui se sou-
levoient : car on ne devoit pas être trop édifié,
quand on considéroit qu'ils ne se donnoient des
soins que pour assurer des principautés, l'un à
son neveu, l'autre à son fils.

Clément VII
& Paul III
s'occupoient
peu des maux
de l'église.

Il est vrai que les guerres de l'Europe n'é-
toient pas une conjoncture favorable à la tenue d'un concile général; & il est vrai aussi
que ni le pape, ni l'empereur, ne vouloient sérieusement le convoquer, le pape, parce qu'il
s'agissoit de réformer l'église dans son chef,
comme dans ses membres; & que rien n'étoit
plus contraire aux vues ambitieuses de Léon
X, de Clément VII & de Paul III; l'empereur,
parce qu'il vouloit retenir les papes dans ses
intérêts, en les menaçant d'un concile; & en-

Ni le pape ni
l'empereur ne
vouloient sé-
rieusement un
concile.

core parce qu'il s'imaginoit que les troubles &
les divifions feroient favorables à l'accroiffe-
ment de fa puiffance. Car il fe propofoit d'a-
battre les partis les uns par les autres , & de
refter feul maître de l'empire, ou du moins
de n'y trouver plus de vaffaux capables de lui
réfifter.

L'ambion de Charles-Quint entre-tenoit tous les défordres.

Pour affurer que Charles-Quint ait eu cette ambition, il n'eft pas néceffaire d'avoir fon
aveu: car les princes n'avouent pas de pareils
deffeins: mais toute fa conduite en eft une
preuve. Les princes proteftants en étoient bien
perfuadés , puifqu'ils crurent devoir fe liguer
pour leur défenfe commune. Ils firent leur
première ligue à Torgau en 1526: ils en firent
une autre à Smalcalde en 1530: ils la renouvellerent dans le même lieu en 1536: & en
1540. L'ambition de Charles-Quint pouvoit
feule entretenir leur crainte auffi long-temps:
il n'auroit tenu qu'à lui de gagner leur confiance , en écartant tout ce qui pouvoit leur paroître fufpect.

Temps où Charles-Quint voudroit un concile.

Cependant il devoit arriver un temps , où
un concile entreroit dans les vues de Charles-
Quint : c'eft lorfqu'il auroit lieu de juger que
les Proteftants ne fe foumettroient pas ; &
que , par conféquent , un jugement de l'églife
paroîtroit l'autorifer à prendre les armes contre
eux. Or , dès que l'empereur voudroit un
concile, les papes ne pourroient plus s'y refu-

fer: cependant il furvenoit d'antres difficultés.

Ils s'agiffoit de favoir de qu'elle maniere fe
tiendroit le concile & dans quel lieu : car c'eft
ce dont les Proteftants & le pape vouloient
également décider. Le jugement paroiffoit dépendre de la méthode qu'on fuivroit dans
l'examen des queftions, & la méthode dépendoit du lieu. Si le concile fe tenoit en Allemagne, les Proteftants fe flattoient d'y avoir
plus d'influence ; & le pape n'ignoroit pas qu'il
en auroit davantage lui-même, s'il fe tenoit
en Italie. Il étoit bien difficile de concilier des
vues auffi contraires.

Clément VII, follicité par l'empereur, confentit en 1533 à convoquer un concile libre,
où tout feroit réglé comme dans les premiers
conciles de l'églife ; & il offrit de le tenir à
Mantoue, à Bologne ou à Plaifance, au choix
des Allemands. Les Proteftants, affemblés à
Smalcalde, conférerent fur ces propofitions,
& déclarerent que le concile ne pouvoit être
libre en Italie, parce que le pape y préfideroit
par lui-même ou par fes nonces, que cependant il n'étoit pas raifonnable qu'il y eût aucune autorité, puifqu'étant partie, il ne pouvoit pas être juge ; qu'ils demandoient donc
que le concile fe tînt en Allemagne, & que
tout y fût décidé, non par les maximes &

Difficultés fur le lieu où fe tiendroit le concile.

Les Protef-tants ne veu-lent pas qu'il fe tienne en Italie, parce que le pape feroit juge & partie;

par les usages de la cour de Rome, mais pas l'écriture seule.

& ils veulent qu'il se tienne en Allemagne où ils seront juges & parties.

Vous voyez que les Protestants qui étoient parties, vouloient être juges; quoiqu'ils prétendissent que le pape ne pouvoit pas être juge, parce qu'il étoit partie. Cependant il falloit bien que ceux qui entreroient au concile, fussent tout-à-la fois juges & parties; puisqu'ils ne pouvoient être que Catholiques ou Protestants. Cela suffit pour faire prévoir que les décrets du concile, quelque part qu'on le tienne, ne seront jamais généralement reçus.

Imprudence de Paul III, qui le convoque à Mantoue.

Clément VII étant mort l'année suivante, Paul III proposa en 1535 la ville de Mantoue pour le lieu du concile; & il l'y convoqua pour le mois de mai 1537, sans avoir égard aux oppositions des Protestants. Comme il avoit déclaré dans sa bulle qu'il l'assembloit pour extirper l'hérésie luthérienne, ils s'obstinerent plus que jamais à vouloir un concile, qui fût indépendant du pape, & qui se tînt en Allemagne. Il me semble que Paul III se seroit conduit avec plus de prudence, s'il eût paru suspendre son jugement: car le moment où il convoquoit un concile pour juger leur doctrine, n'étoit pas celui qu'il falloit prendre pour les déclarer hérétiques, quoiqu'ils le fussent en effet.

Il s'ouvre à Trente, mais

Les rois de France & d'Ecosse n'ayant pas approuvé le lieu qui avoit été choisi, & le duc

de Mantoue lui-même ayant refusé sa ville, le
pape indiqua le concile à Vicence pour l'année 1538. Les légats s'y rendirent pour en
faire l'ouverture, & ils ne la firent pas. Comme il n'y vint pas un évêque, on fut obligé
de le proroger. Enfin après avoir été convo-
qué à Trente pour l'année 1531, il s'ouvrit en
1545: mais les Protestants déclarerent dans
toutes les dietes, qu'ils ne le reconnoissoient
point pour légitime.

Si ce concile, comme il y a lieu de le présumer, n'extirpe pas l'hérésie, quel parti faudra-t-il prendre, Monseigneur? faudra-t-il
tolérer, ou sévir par le feu? Tolérer, seroit
un mal sans doute; car nous devons haïr
l'hérésie autant que le mahométisme, autant
que l'idolâtrie: cependant il nous est défendu
de haïr l'héretique, le musulman, & l'idolâtre, & la charité nous invite à travailler à leur
conversion.

Si vous étiez souverain quelque part, &
qu'un novateur entreprît de répandre une fausse doctrine parmi le peuple; vous le puniriez
avec raison, & même du dernier supplice, si la
nature de son crime le méritoit: la tolérance
en pareil cas vous rendroit coupable. Mais
parce qu'on prêche l'alcoran en Turquie, en-
treprendrez-vous de faire la guerre aux Turcs
jusqu'à ce que vous les ayez convertis ou exterminés? marcherez-vous ensuite avec le mê-

me zéle contre les Perfes, contre les Indiens, contre les Chinois dont on vante la fageffe? Enfin, toujours vainqueur, ` parcourrez · vous toute la terre, ne laiffant après vous que des ruines ? Vous ferez donc le fléau de tous les peuples, qui n'auront pas, comme vous, le bonheur d'être nés dans la vraie religion. Par conféquent on peut vivre en paix avec les Turcs, fans avoir à fe reprocher une tolérance coupable.

Au temps du concile de Trente, les Proteftants étoient des nations.

Or, Monfeigneur, vers le milieu du feizieme fiecle, ce n'étoit pas un feul novateur qui enfeignoit l'héréfie; c'étoient des peuples entiers qui l'avoient embraffée, & qui la proffoient fous la protection de leurs fouverains. Les hérétiques étoient donc alors en Allemagne, par rapport aux Catholiques, comme les Turcs par rapport aux Chrétiens : c'étoient des nations.

On armera contre les Proteftants, & l'événement fera voir fi ou a eu raifon.

Cependant on va prendre les armes contre les Proteftants. Des princes, des factieux feront fervir à leur ambition le zele, la crédulité, le fanatifme des peuples. Vous verrez l'Europe fouillée de tous les crimes de la fuperftition armée, & Henri le Grand tomber fous les coups de ce monftre, lorfqu'il alloit faire le bonheur de fon peuple. Ce font vos ancètres qui par un zele aveugle auront été la premiere caufe de tous les maux, & vous les verrez au moment de perdre leur couronne.

Mais fufpendez votre jugement , jufqu'à ce que l'événement vous ait éclairé. Si après des guerres longues & fanglantes , il n'y a plus d'héréfie .... Mais cela n'arrivera pas. Au contraire , il faudra finir par tolérer les Proteftants , comme les Turcs. Le nombre en fera même augmenté: car la perfécution fera des martyrs , & les martyrs feront des profélytes, Si la tolérance eft un mal , elle eft un mal néceffaire , toutes les fois que le fang qu'on répand , au lieu de détruire l'erreur , n'eft qu'un mal de plus. Mais venons à ces temps malheureux , & jugez d'après l'événement.

CHAPITRE III.

Depuis l'ouverture du concile de Tren-
te jusqu'à la mort de Henri II,
roi de France.

Ambition peu raisonnée de Charles-Quint. Non-seulement Charles - Quint voyoit avec plaisir les troubles qui s'étoient formés ; mais encore il n'étoit pas même fâché de la guerre que les Turcs faisoient à l'Allemagne. Elle lui fournissoit des prétextes pour épuiser les puissances de l'empire, auxquelles il ne cessoit de demander des secours ; & il croyoit déja prévoir le moment, où il les écraseroit avec les forces qu'il tireroit de ses autres états. Ce projet chimérique n'étoit pas assez grand pour lui. Il portoit encore ses prétentions sur les couronnes du nord , il en vouloit au moins disposer ; & dans la dernière guerre qu'il avoit faite à François I, il avoit partagé la France avec Henri VIII. Une politique aussi fausse ne pouvoit avoir de plan , & en effet, Charles-Quint n'en a point. Ses entreprises ne se préparent jamais , elles ne tiennent point ensemble : ses

idées

idées paroissent éparses comme ses états ; & ses tentatives sont presque toujours au dessus de ses forces. C'est sur tout l'argent qui lui manquoit : car l'Espagne portoit avec peine les impôts, dont elle étoit chargée, & les trésors de l'Amérique s'étoient épuisés sans succès. Sa principale ressource étoit donc de demander aux Allemands des subsides sous prétexte de la guerre des Turcs ; & il en obtenoit en offrant de terminer les disputes de religion dans la premiere diete, ou en accordant la liberté de conscience jusqu'au futur concile, qu'il promettoit de faire tenir en Allemagne.

Le pape ayant su que Charles-Quint & François I devoient le presser d'assembler un concile, s'étoit hâté de le convoquer afin de ne pas paroître y avoir été forcé. L'empereur fut offensé de cette précipitation, parce qu'il auroit voulu passer pour le seul promoteur du concile, qu'il faisoit attendre depuis si long-temps. Voulant au moins faire penser qu'il régleroit lui-même les matieres qui seroient traitées, il fit publier trente-deux articles, qui avoient été rédigés par les docteurs de Louvain ; & il ordonna de s'y conformer jusqu'à la décision des évêques. C'est à peu-près comme s'il eût dit : je ne sais pas ce qui sera décidé, je ne sais, par conséquent, ce qu'il faudra croire : cependant voici ce que j'ordonne de croire en attendant. Cette démarche inconséquente étoit à contre-

Charles-Quint & Paul III, ne pensoient ni l'un ni l'autre à donner la paix à l'église.

temps dans le moment où le concile alloit
s'affembler : mais il vouloit donner de l'inquiétude au pape & des efpérances aux Proteftants.
Paul III, qui n'ignoroit pas que Charles-Quint
defiroit moins de terminer les affaires de religion, que de profiter des circonftances qu'elles feroient naître, lui offroit le fecours de fes
armes fpirituelles & temporelles pour foumettre les Proteftants, &, comme l'empereur,
il fongea moins aux moyens de faire ceffer les
troubles, qu'aux avantages qu'il efpéroit en retirer.

Mars 1545.

Conduite équivoque de Charles-Quint, avec la diete de Worms & avec le concile de Trente.

Pendant que les nonces attendoient à Trente les évêques pour faire l'ouverture du concile, on tenoit à Worms une diete, dans laquelle l'empereur avoit promis qu'on traiteroit
d'abord & principalement des moyens de terminer les différents fur le dogme & fur la difcipline. Mais croyant alors devoir laiffer au
concile la décifion de ces chofes, ou prenant ce
prétexte pour éluder les engagements qu'il
avoit pris ; il fe borna à demander des fubfides,
après avoir affuré, que, fi les peres de Trente
ne s'occupoient pas férieufement de la réforme, on feroit toujours à temps d'y fuppléer
dans une autre diete.

Les Proteftants déclarerent qu'ils ne recon-
noiffoient pour légitime, ni le concile de Trente, ni tout autre qui feroit fous la dépendance du pape ; & ils demanderent qu'on traitât

d'abord des affaires de religion, puisque c'étoit
le principal objet pour lequel ils avoient été
convoqués. L'empereur, voyant qu'après de
longues contestations il ne gagnoit rien sur eux,
rompit la diete, & en indiqua une autre à Ratisbonne pour le mois de janvier de l'année suivante. Son dessein étoit de tenir les choses en
suspens, & de laisser entrevoir qu'il se déclareroit pour ou contre le concile de Trente,
suivant qu'il auroit lieu d'être content ou mécontent de la diete de Ratisbonne. D'un autre
côté, il ménageoit si fort le pape, qu'il paroif-
soit quelquefois regarder comme indifférent,
que le concile se tînt en Allemagne, à Trente
ou même à Rome.

Cependant les évêques de Trente étoient
scandalisés, que l'empereur, dans la suppofi-
tion que le concile ne travailleroit pas à la réforme, eût promis d'abandonner à une diete
la décision des points controversés. Etonnés que
ce prince usurpât sur le sacerdoce, ils l'étoient
encore plus du silence du pape, qui auparavant s'étoit élevé avec courage contre une pareille entreprise : mais Paul III sentoit le besoin
de ménager l'empereur, parce qu'il avoit un
fils, auquel il vouloit donner les duchés de
Parme & de Plaisance.

Les peres de Trente en sont offensés.

Quoiqu'alors cet état relevât du saint siege &
fit même partie de son domaine, le pape ne se
flattoit pas de l'assurer à Pierre-Louis Farnese, parce qu'il

Mais Paul III dissimule, parce qu'il

M 2

veut obtenir
des principau-
tés pour ses
fils.
son fils, s'il n'obtenoit auparavant le confentement de Charles-Quint. Car les empereurs,
qui avoient des prétentions fur Parme & Plaifance, pouvoient quelque jour les faire valoir,
& dépouiller les Farnefes.

Son ambition ne fe bornoit pas là. Il demandoit encore le duché de Milan pour Ottavio, fils de Pierre-Louis, & gendre de l'empereur. Ce prince avoit époufé Marguerite d'Autriche, veuve d'Alexandre Medicis.

Il donne le
duché de Par-
me à Pierre
Louis Farne-
fe.
Ayant été refufé, il prit fur lui de donner
l'inveftiture de Parme & de Plaifance à Pierre-
Louis Farnefe. Quoiqu'il eût obtenu le confentement des cardinaux, une pareille démarche,
dans le temps que les evêques s'affembloient
pour réformer l'églife, prêtoit de nouvelles
armes aux Luthériens, & faifoit murmurer
les Catholiques. Tout le public blâmoit l'ambition d'un pape, qui peu fenfible aux maux
de la chrétienté, donnoit des principautés à
fon fils, aux dépens même du patrimoine de S.
Pierre.

Charles-
Quint paroît
vouloir que le
concile com-
mence par la
réforme.
1545
Enfin le concile s'ouvrit le 13 décembre. Il
s'agiffoit de favoir, fi l'on commenceroit par
la réformation. L'empereur le demandoit, parce qu'il vouloit paroître entrer dans les vues
des Proteftants; & c'étoit d'ailleurs le plus fûr
moyen de diminuer la prévention, où ils
étoient contre le concile.

Le pape avoit d'autres intérêts. Il ne le déclaroit pas, mais on le devinoit. Il ordonna donc à ses nonces de faire commencer par la doctrine. Cependant les avis furent d'abord partagés ; & ce n'est qu'après avoir vivement débattu la chose, que les peres convinrent de traiter à la fois du dogme & de la réforme.

Les peres conviennent de traiter tout à la fois du dogme & de la réforme.

Le pape, éffrayé au seul nom de réforme, ne put contenir sa colere. Il ne cacha point à ses nonces, combien il étoit mécontent de leur condescendance. Il réitéra même les ordres de commencer par la doctrine. Cependant il se radoucit, & donna son consentement à ce qui avoit été arrêté. Peut-être songea-t-il que les peres prendroient facilement le change ; & que quand une fois ils traiteroient du dogme, ils iroient de question en question, & seroient long-temps sans penser à la réforme. C'est ce qui arriva.

Paul III en est éffrayé sans fondement.

La diete de Ratisbonne fut renvoyée, sous différents prétextes, jusqu'au mois de juin. L'empereur y parla avec plus de hauteur, qu'il n'avoit encore fait : il menaça même. Ce n'est pas que par l'intérêt qu'il prenoit au concile de Trente, il fut offensé de ce que les Luthériens refusoient de le reconnoître ; c'est parce qu'il se croyoit alors assez puissant pour les accabler. Il avoit déja fait une partie de ses préparatifs : il étoit sur le point de conclure un traité avec le pape : afin de tomber sur eux

Charles-Quint cesse dissimuler vec les Protestants. 1546

M 3

avec toutes ses forces, il avoit fait une treve
avec Soliman. Il n'attendoit donc plus que l'occasion pour éclater. Il y avoit long-temps que
les Luthériens se plaignoient de la chambre impériale. L'empereur, qui cherchoit à les mé-
contenter pour les porter à quelque soulévement, fit dire au préfident de cette chambre
de favorifer toujours les Catholiques.

Avant que la diete s'affemblât, le bruit s'é-
toit déja répandu que l'empereur armoit à la
follicitation du pape, & les Proteftants en
avoient été alarmés. Cependant Charles-Quint
leur avoit dit fi pofitivement qu'il ne fongeoit
qu'à la paix, que, trompés par fa diffimulation,
ils s'étoient enfin raffurés. Le ton qu'il prit
dans la diete, ne leur permit plus d'ignorer
fes vrais fentiments.

C'est qu'il ve-
noit de faire
une ligne a-
vec le pape.
Par le traité fait entre l'empereur & le pape, il étoit dit, que puifque plufieurs peuples
d'Allemagne perfévéroient dans l'héréfie, & refufoient de fe foumettre au concile ; le pape
& l'empereur avoient jugé néceffaire, pour la
gloire de Dieu & le falut de la nation, d'armer contre eux. Le pape s'obligeoit à donner
à l'empereur deux cents mille écus d'or, & à
fournir douze mille hommes d'infanterie &
cinq cents chevaux. De plus il lui accordoit
pour l'année courante la moitié des revenus
des églifes d'Efpagne, avec la permiffion d'a-

liéner les biens des monaftères de ce royaume,
jufqu'à la fomme de cinq cents mille écus. De
fon côté, Charles-Quint promettoit de lui céder
une certaine partie de ce qu'on prendroit fur les
Proteftants, & de ne faire aucun accord avec
eux que de concert avec lui. Ils convinrent encore que fi quelqu'autre prince catholique vouloit entrer dans cette fainte ligue, il y feroit
admis & auroit part aux acquifitions comme
aux frais. Ce traité étoit pour fix mois ; après
lequel terme, on devoit faire de nouvelles
conventions, fi la guerre continuoit. Par un
article fecret l'empereur affuroit le duché de
Parme à Pierre-Louis Farnefe.

Après avoir fouvent promis de n'inquiéter
perfonne au fujet de la religion, après avoir
affuré les Luthériens que tous les différents
fur le dogme & fur la difcipline feroient ré-
glés dans une diete ou dans un concile tenu
en Allemagne ; l'empereur fe fût démenti trop
ouvertement, s'il eût déclaré aux hérétiques,
qu'il prenoit les armes pour leur falut & pour
la plus grande gloire de Dieu. Ne pouvant
donc plus cacher qu'il armoit, il diffimula
que la religion en fût le prétexte, & il voulut
faire croire que l'ambition n'en étoit pas le
motif.

*Mais en ar-
mant contre
les Proteftants
il diffimule
que la re i-
gion en eft le
prétexte.*

En 1542 les princes de la ligue de Smalcalde avoient porté leurs plaintes à la diete
de Spire, contre Henri duc de Brunfwick qui

*Il prend pour
prétexte une
guerre civile.*

M 4

ne ceffoit de commettre des hoftilités fur les
terres des Proteftants. On avoit eu égard à
leurs remontrances, & il avoit été défendu
aux Catholiques de troubler la paix : mais Henri ayant continué, Jean-Frédéric électeur de
Saxe & Philippe landgrave de Heffe eurent recours aux armes, & le dépouillerent de fes
états. L'empereur, alors obligé de ménager les
Proteftants, ne parut pas défapprouver leur
conduite. Lors même que le duc de Bruns-
wick vint lui demander d'être rétabli, il répondit que c'étoit aux princes de la ligue de
Smalcalde à voir le parti qu'ils voudroient
prendre.

En 1544 il fut réglé que Henri pour-
fuivroit fon droit en juftice, & que jufqu'au
jugement, fon duché feroit en féqueftre entre
les mains de l'empereur. Cependant il prit les
armes l'année fuivante, malgré les défenfes
de Charles-Quint, qui le menaçoit de le
mettre au ban de l'empire. Il fut fait prifonnier.

Alors le landgrave de Heffe repréfenta que
Henri méritoit d'être mis au ban de l'empire,
parce qu'il avoit défobéi, & manqué à tous
fes engagements. L'empereur éluda, exhortant les confédérés à ufer de la victoire avec
modération, & les invitant à congédier leurs
troupes, puifqu'ils n'avoient plus rien à craindre du duc de Brunfwick. Cependant quel-

que adroite que fût fa reponfe, elle fit naître des foupçons. En effet il vouloit que cette guerre civile lui fervît de prétexte pour prendre les armes contre les Proteftants.

C'eft certainement Henri qui avoit troublé la paix de l'empire. Néanmoins les princes alliés de la maifon de Brunfwick ayant réuni leurs forces, l'empereur approuva non-feulement la ligue qu'ils avoient faite : il promit encore de leur donner des fecours & de commander leur armée. Il crut avoir trouvé le moment qu'il attendoit : car fes forces lui paroiffoient alors bien fupérieures à celles de l'électeur de Saxe & du landgrave de Heffe. Voulant néanmoins toujours diffimuler, il publia que l'ambition & la religion n'entroient pour rien dans fes vues ; qu'il étoit temps de terminer une guerre civile, qui continuoit au mépris de la majefté impériale ; & qu'il armoit uniquement contre les rebelles, dont le landgrave de Heffe & l'électeur de Saxe étoient les chefs. Mais quelle que fût fa diffimulation, toute fa conduite parloit trop clairement. Il fut donc facile aux princes qu'il accufoit, de faire voir que la religion étoit le motif ou le prétexte de la guerre, & que l'empereur fe propofoit d'affervir l'Allemagne.

Il femble qu'en cette occafion Paul III voulût ouvrir les yeux à ceux que la diffimulation de Charles-Quint pouvoit tromper encore.

1546

Cependant une bulle de Paul III décla-

ce qu'on arme pour foumettre les Proteftants à l'églife.

Après avoir expofé, dans la bulle du jubilé, fa follicitude paftorale pour le falut des hommes, après avoir gémi fur l'héréfie & fur la perte des ames, il dit, qu'il venoit de conclure une ligue avec l'empereur, pour forcer par les armes les Hérétiques à fe foumettre à l'églife ; & il exhorta les Catholiques à demander au ciel par des prieres & par des jeûnes le fuccès de cette guerre fainte. Le cardinal Farnefe, fon légat, ayant joint l'armée dans le même efprit, voulut encore publier des indulgences : l'empereur, déja mécontent de la bulle du pape, s'y oppofa. Ce prince, dont tout l'artifice étoit de nier ce que tout le monde voyoit, venoit de mettre au ban de l'empire l'électeur de Saxe & le landgrave de Hefle, comme rebelles, féditieux, coupables de leze-majefté, perturbateurs du repos public ; & il avoit eu foin d'écarter tout prétexte de religion.

Les Proteftants laiffent échapper l'occafion d'écrafer l'empereur.

Cependant fes mefures étoient fi mal prifes, que l'électeur & le landgrave avoient déja raffemblé quatre-vingts mille hommes, lorfqu'il ne leur en pouvoit encore oppofer que neuf mille. Mais le défaut de concert affoiblit toujours les puiffances liguées, & fouvent des intérêts particuliers font abandonner ou trahit la caufe commune. C'eft pourquoi les Proteftants laifferent échapper deux fois l'occafion d'écrafer l'empereur : ils ne la trouverent plus, lorfque ce prince eut raſſemblé toutes ſes forces.

L'armée de Charles-Quint, mal payée, manquoit de vivres & de fourrages ; le temps qui
devenoit mauvais , commençoit à cauſer des
maladies; & on délibéroit, ſi on ne licencie-
roit pas les troupes , lorſqu'une diverſion pré-
para de plus grands ſuccès.

Maurice ſe
rend maitre
de la Saxe que
l'électeur lui
avoit conſiée.

En mettant l'électeur & le landgrave au ban
de l'empire, Charles-Quint avoit donné leurs
états à Maurice de Saxe duc de Miſnie ; le
menaçant de la même peine , s'il refuſoit de
joindre ſes armes aux ſiennes.

Maurice étoit proteſtant & de la ligue de
Smalcalde : mais il avoit encore des raiſons
plus fortes , pour ſe refuſer aux offres de
l'empereur : car l'électeur de Saxe, ſon parent & ſon tuteur , avoit gouverné ſes biens
avec beaucoup de zele ; & le landgrave de
Heſſe, ſon beau-pere, lui avoit conſervé la
Miſnie contre les entrepriſes de Ferdinand
d'Autriche. Cependant il envahit la Saxe, que
l'électeur avoit confiée à ſes ſoins. Cette nouvelle répandit la conſternation parmi les confédérés ; & Jean-Frédéric ayant emmené la plus
grande partie des troupes pour aller au ſecours
de ſes états, on ne ſongea plus qu'à mettre en
quartier d'hiver celles qui reſtoient. Charles-
Quint fit alors des conquêtes. Mais le papa

rappella ſes troupes, ſous prétexte que les ſix mois étoient expirés. Il commençoit à craindre la puiſſance de l'empereur.

Jean Frédé-
ric eſt fait pri-
ſonnier ;
1547
Au commencement de l'année ſuivante la ligue de Smalcalde ne ſubſiſtoit preſque plus. Elle ſe trouvoit privée de tout ſecours étran-ger par la mort des rois d'Angleterre & de France. Jean Frédéric avoit recouvré ſes états & même conquis la plus grande partie de la Miſnie. Mais reſté ſeul, inférieur en forces, trahi même, il fut vaincu & fait priſonnier. Il étoit fils de Frédéric le Sage.

& la Saxe eſt
aſſuréeàMau-
rice.
Sans conſulter les états de l'empire, l'em-pereur condamne à mort Jean-Frédéric, qui apprend ſon arrêt ſans émotion. Bientôt après cependant il lui fit grace de la vie, à la ſol-licitation de Maurice, qui craignit que l'hor-reur de ce jugement retombant ſur lui-même, ne lui ſuſcitât des ennemis, & ne lui fît per-dre la Saxe. Jean Frédéric donna ſa renoncia-tion à l'électorat, & Charles-Quint confirma la Saxe à Maurice, afin de faire croire qu'il n'avoit pas pris les armes pour la religion.

Le landgrave
de Heſſe ſe
livre, & Char-
les-Quint ſe
eroit maître
dans l'empi-
re.
Le landgrave ſe livra enſuite lui-même, comptant ſur la clémence de l'empereur, dont l'électeur de Brandebourg & Maurice s'étoient rendus cautions. Charles-Quint, contre la foi donnée, le retint priſonnier. Maître alors des deux chefs de la ligue qu'il avoit diſſipée,

il établit des garnisons étrangeres dans plusieurs villes, il chargea d'impôts les peuples & surtout les Protestants, il crut avoir soumis tout le corps germanique; il se trompa : de pareilles révolutions ne sont pas si promptes. Il faut du temps pour accoutumer au joug des peuples aguerris, qui ne l'ont jamais porté, surtout quand le fanatisme leur donne un nouveau courage.

Pendant que ces choses se passoient en Allemagne, le concile s'étoit transféré à Bologne, ou plutôt il étoit proprement dissous; car une partie des évêques étoit restée à Trente, & plusieurs s'étoient tout-à-fait retirés. L'empereur, mécontent de cette translation, avoit encore un autre sujet de plaintes contre le pape; il le soupçonnoit de s'être allié de la France, pour abaisser la maison d'Autriche en Italie. Sur ces entrefaites, Pierre-Louis Farnese, qui se faisoit détester, fut assassiné, l'année de la mort de François I & de Henri VIII ; & Ferdinand de Gonzague, gouverneur du Milanès, se saisit de Plaisance au nom de l'empereur, qu'on soupçonna d'avoir eu part à la conspiration. Ce fut une question de savoir si Plaisance appartenoit à l'empire ou au saint siege.

Comme le concile étoit suspendu, ou que du moins le pape ne permettoit pas aux évêques de revenir à Trente, l'empereur crut de-

Le concile étoit suspendu. L'empereur & le pape se désunissoient.

1547

Charles-Quint persécute pour fai-

se recevoir
son *interim*.

voir prendre des mesures pour suspendre aussi les disputes de religion. Dans cette vue il fit faire un formulaire, qu'on nomma *interim*, parce qu'il contenoit les articles qu'il falloit croire, en attendant les décisions d'un concile. Cet acte ayant été reçu dans la diete d'Augs-

1548

bourg que bloquoit l'armée impériale, fut imprimé & publié. Mais bien loin de terminer les disputes, il en fit naître de nouvelles ; car il ne contenta ni les Protestants ni les Catholiqués. Charles-Quint cependant sévissoit contre les villes, qui ne le vouloient pas recevoir. Ce n'est pas qu'il fût convaincu que tous les articles de son *interim* fussent autant d'articles de foi, puisqu'on n'y devoit croire qu'en attendant que l'église eût décidé : mais il ne cherchoit qu'un prétexte pour exercer son despotisme. Il le trouva, car il y eut à ce sujet bien des révoltes & bien du sang répandu.

Il met la division dans sa maison & force les princes de l'empire à se réunir.

Depuis long-temps Charles-Quint avoit fait élire roi des Romains Ferdinand son frere. Il se repentoit de n'avoir pas conservé cette couronne pour un fils, qu'il croyoit former dans l'art de gouverner, & dont il concevoit les plus grandes espérances, parce qu'il le trouvoit plein de dissimulation & d'artifice. Il tenta d'obtenir la renonciation de Ferdinand, qui bien loin de la donner, prit des mesures pour se maintenir dans ses droits. Maurice & les autres princes protestants, charmés de voir naître la division dans la maison d'Autriche, promirent au roi des Romains de ne pas souffrir que l'empereur le dépouillât. Charles-Quint, qui ignoroit les liaisons de son frere, crut, dans l'ivresse de ses succès, que les électeurs n'oseroient se refuser à ses vues. Il présumoit trop : plus il se croyoit absolu, plus il faisoit redouter un fils, qui recueilleroit toute sa puissance. Le seul fruit de son projet fut de mettre la division dans sa famille & de soulever l'empire.

Les Protestants ayant formé une nouvelle ligue, chercherent un appui dans une puissance étrangere. L'Angleterre n'étoit pas en état de donner des secours. Henri VIII avoit laissé la couronne à Edouard VI, qu'il avoit eu de Jeanne Seymour. Accoutumé au pouvoir absolu, ce prince s'étoit imaginé qu'il le conserveroit après sa mort : mais le conseil de régence, qu'il nomma pour gouverner pendant la minorité de son fils, n'eut rien de plus pressé que de s'écarter de ses dernieres volontés.

1551 L'Angleterre ne pouvoit donner des secours aux Protestants qui cherchoient l'appui d'une puissance étrangere.

Les membres de ce conseil étoient divisés sur la religion, & les principaux favorisoient le luthéranisme. L'hérésie fit donc de grands progrès. Le peuple embrassa la nouvelle doctrine avec d'autant plus d'ardeur, qu'il avoit été plus contenu jusqu'alors ; & les grands

L'hérésie y faisoit des progrès pendant la minorité d'Edouard VI.

exciterent le fanatifme , dans l'efpérance de s'enrichir des dépouilles du clergé féculier, dont les biens furent en effet envahis , comme ceux des moines l'avoient été.

Par tout où prévaloient les Proteftants, ils portoient la réforme jufqu'aux derniers excès, aboliffant tout rite, toute cérémonie , toute pompe , & réduifant la religion à une contemplation fpirituelle. Ils croyoient que réformer, n'étoit autre chofe que rejeter tout ce que l'églife romaine obfervoit. Mais en condamnant tout culte qui parloit aux fens, ils tomboient fouvent dans des rêveries femblables à celles des Gnoftiques. Plufieurs dans leur enthoufiafme croyoient pouvoir s'élever immédiatement jufqu'à Dieu.

La prétendue réforme devenoit donc fuperftitieufe, en croyant éviter la fuperftition. Cette religion toute fpirituelle avoit encore un autre inconvénient : c'eft qu'elle ne pouvoit pas durer. Elle n'avoit pour elle que les premiers moments de ferveur, & on prévoyoit que lorfque l'enthoufiafme feroit diffipé ; un culte fans cérémonies ne feroit plus à la portée du peuple.

Le confeil de régence, qui connut ces inconvénients, crut tenir un jufte milieu entre les Catholiques & les Luthériens, en confervant des rites de l'églife Romaine. Il innova

Sous prétexte de réformer, on y fupprimoit tout culte extérieur.

La régence qui vouloit prendre un jufte milieu, mécontentoit

nova même plus lentement sur le dogme : toutes les sectes. mais ces tempéraments ne se prenoient pas dans des circonstances favorables. Les esprits échauffés trouvoient qu'on faisoit trop ou qu'on ne faisoit pas assez. Ils se divisoient, ils disputoient, & les sectes ne cessoient de se multiplier. Dans cette confusion, il n'étoit pas possible de définir l'hérésie, & cependant une loi du royaume condamnoit les hérétiques au feu. Si, par consequent, toutes les sectes ne s'étoient pas réunies par la haine qu'elles conservoient contre ce qu'elles appelloient le papisme, elles se seroient brûlées les unes à l'envi des autres. Cependant le conseil de régence, parce qu'il pouvoit sévir, persécutoit ceux qui n'approuvoient pas son rituel. Edouard, plus sage, quoiqu'il n'eût que dix à onze ans, signa à regret & malgré lui, la sentence qui condamnoit une femme au feu.

Ces troubles de religion n'étoient pas les seuls. Une guerre avec l'Ecosse, une autre avec Il y avoit encore bien d'autres troubles. la France, des révoltes dans plusieurs provinces, & des factions continuelles qui conduisirent sur l'échafaud le chef même de la régence, sont autant de raisons qui ne permettoient pas au roi d'Angleterre de donner des secours aux Protestants d'Allemagne.

Henri II, fils de François I, regnoit en 1550 Henri II entre dans la ligue France. Il venoit de recouvrer Boulogne sur les Anglois ; & de faire avec Edouard un traité de paix, dans lequel il avoit compris l'Ecoffe. Auffi brave que fon pere & moins précipité dans fes démarches, il avoit déja la réputation d'un politique habile & d'un bon capitaine. Jaloux d'abaiffer la maifon d'Autriche, il entra volontiers dans la ligue des princes Allemands.

Maurice étoit le chef de cette ligue. Il affiégeoit alors la ville de Magdebourg, que Charles-Quint avoit mife au ban de l'empire; & il faifoit à deffein traîner ce fiege, afin d'avoir le temps de raffembler plus de forces & de s'affurer un plus grand nombre d'alliés.

L'empereur ne foupçonnoit rien de ce qui fe tramoit. Il craignoit même fi fort de rompre avec la France, qu'il n'ofoit armer contre Ottavio Farnefe, que le troupes de Henri avoient rétabli dans le duché de Parme. Paul III étoit mort, & cette guerre ne paroiffoit intéreffer que le roi de France qui foutenoit Ottavio, & Jules III, qui prétendoit que Parme appartenoit au faint fiege. Charles-Quint ne prévoyoit pas qu'elle feroit une diverfion dont les Proteftants d'Allemagne tireroient avantage.

Cependant Henri défendit par un édit d'envoyer de l'argent à Rome pour les bulles; & l'empereur, follicité par le pape, crut enfin

pouvoir faire marcher ſes troupes comme au-
xiliaires, & faire ainſi la guerre au roi de
France ſans rompre la paix. Les François lui
enleverent pluſieurs places. La guerre alors
s'alluma de plus en plus. Il fallut envoyer de
nouvelles troupes, & dégarnir les places d'Allemagne.

Comme elle duroit plus qu'il n'avoit penſé,
il ſe trouvoit déja dans l'embarras, parce qu'il
manquoit encore d'argent. D'un autre côté, les
Turcs faiſoient des conquêtes dans la Tran-
ſilvanie & dans la Hongrie. Telle étoit la poſition de l'empereur, lorſque Maurice lui déclara la guerre; apportant pour raiſons la priſ-
ſon du landgrave contre la foi donnée, & les
attentats commis contre la liberté du corps
germanique.

Charles-Quint, qui croyoit avoir aſſujetti
l'Allemagne, s'enfuit à la hâte d'Inſpruck ;
trop heureux d'échapper, il abandonna tous
ſes équipages; & la plus grande partie de ſa
cour le ſuivit à pied, la nuit, dans de mauvais chemins.

Hors d'état de réſiſter aux princes ligués,
il donna plein pouvoir au roi des Romains de
traiter de la paix. Elle fut faite à Paſſaw le
2 août par une tranſaction célebre, qui aſſu-
ra la liberté du corps germanique. Les principaux articles étoient que *l'interim* ſeroit ſup-

*Maurice ſe
déclare.*

1552

*Fuite d'Inſ-
pruck.*

*Tranſaction
de Paſſaw.*

1552

N 2

primé; que l'empereur assembleroit une diete,
pour terminer les disputes de religion; qu'en
attendant, les Protestants jouiroient d'une entiere liberté de conscience; que les assesseurs
de la chambre impériale seroient tirés indifféremment des deux religions; & que si dans
la diete prochaine les esprits ne pouvoient pas
se concilier, la transaction présente seroit observée comme loi de l'empire.

Henri II
avoit conquis
les trois évê-
chés.

Henri II avoit conquis Metz, Toul &
Verdun, qui sont depuis restés à la France:
mais abandonné par ses confédérés, il ne fut
point compris dans le traité de paix. Ainsi
chargé seul de tout le poids de la guerre, il
fut obligé de mettre des impôts, & d'aliéner
une partie de son domaine.

L'empereur
leve le siege
de Metz.

L'empereur, voulant reprendre les places
qui lui avoient été enlevées, vint mettre lui-
même le siege devant Metz, avec une armée
de cent mille hommes & une artillerie nombreuse. Il le leva le mois de janvier suivant,
après avoir perdu plus du tiers de ses troupes.
Le duc de Guise commandoit dans la place.

1554

Il continue de
faire la guerre
à Henri II.

Charles-Quint se vengea de cet affront sur
Térouane, que ses généraux prirent, & qu'il
fit démolir entiérement. Il n'en reste plus que
les ruines. Ils le rendirent aussi maître de Verdun. La guerre continua dans les Pays-Bas,
& en Italie, avec des succès variés, cepen-

dant avec plus d'avantages du côté des François. Elle se ralentit enfin en 1555, parce qu'on étoit épuisé de part & d'autre.

Edouard étoit mort en 1555, dans la seizieme année de son âge, regretté des Anglois, qui aimoient en lui la douceur de son caractère, son application à l'étude & aux affaires, son extrême facilité, la justesse de son esprit, & son amour pour l'équité. Il laissoit un royaume épuisé, les finances en mauvais état, & le domaine de la couronnne livré au brigandage des courtisans. On espéroit que s'il eût vécu, son économie auroit pu réparer ces désordres, qui étoient uniquement l'effet de la régence.

Edouard VI étoit mort regretté

Marie, fille de Henri VIII & de Catherine d'Arragon, monta sur le trône, malgré les intrigues du duc de Northumberland qui voulut mettre la couronne sur la tête de Jeanne Gray, sous prétexte que Marie & Elisabeth avoient été déclarées illégitimes. Vous avez vu que Marie, sœur de Henri VIII, avoit épousé Louis XII : veuve peu de temps après, elle épousa le duc de Suffolk. C'est de ce mariage que descendoit Jeanne Gray, qui se trouvoit par sa mere petite-niece de Henri. Elle perdit la tête sur un échafaud, ainsi que le duc de Northumberland.

Marie fille de Catherine d'Arragon ; lui avoit succédé.

N 3

Son mariage avec Philippe.

Auſſitôt que Charles-Quint eut appris que Marie étoit reine d'Angleterre, il projeta de mettre cette couronne dans ſa famille, en mariant Philippe ſon fils, alors veuf, avec cette princeſſe. Il s'imaginoit ſans doute qu'on eſt d'autant plus puiſſant, qu'on a un plus grand nombre de royaumes. Marie accepta cette propoſition avec joie, & le mariage ſe fit, après qu'on eut pris toutes les meſures pour aſſurer les libertés de la nation Angloiſe, qui n'approuvoit point cette alliance.

Combien les Anglois crai-gnoient la maiſon d'Au-triche.

Mais plus les conditions étoient favorables à l'Angleterre, moins on comptoit ſur la fidé-lité de l'empereur à les remplir. On ſe rap-pelloit le deſpotiſme qu'il avoit exercé ſur l'empire, malgré la capitulation qu'il avoit ſignée à ſon avénement. On voyoit gémir ſous ſon joug les Pays-Bas, le Milanès & le ro-yaume des Deux-Siciles. Philippe, auſſi diſſi-mulé, auſſi faux, paroiſſoit encore plus à craindre, parce qu'il montroit un orgueil qui le portoit à la tyrannie. On redoutoit le tri-bunal de l'inquiſition, que Charles-Quint avoit établi, autant qu'il avoit pu, dans tous ſes états (*). On ſavoit les barbaries que les Eſ-

___

(*) L'inquiſition cauſa de ſi grands ſoulévements dans les Pays-Bas, & en fit ſortir un ſi grand nombre de fa-milles, que Charles-Quint fut obligé d'abandonner le deſ-

pagnols avoient commifes dans la conquête
de l'Amerique. Tout, en un mot, faifoit
préfager que l'Angleterre, devenue province
d'Efpagne, feroit réduite à la plus grande fer-
vitude.

Dans le mécontentement général, que pro-
duifoit ce mariage, il ne manquoit au peuple
qu'un chef. Mais foit crainte, foit prudence,
la nobleffe ne remua pas; & une révolte
mal concertée ne fit qu'affermir l'autorité de la
reine.

1554

Élevée dans la religion catholique, Marie fe hâta de la rétablir. La révolution fut
auffi fubite qu'elle pouvoit l'être. Il eût été

Marie entre-
prend de réta-
blir la reli-

---

fein de l'y établir. Malgré cette expérience il voulut quelque temps après l'établir encore dans le royaume de Naples.
Ferdinand le Catholique l'avoir déja tenté inutilement. Cependant les Napolitains, plus accoutumés qu'aucun autre peuple à fouffrir toutes les vexations de la cour de Rome, paroiffoient faits pour fe foumettre encore à ce tribunal. Mais
ils l'avoient connu fous les princes de la maifon d'Anjou:
ils le connoiffoient encore d'après ce qui fe paffoit en Efpagne; & comme les princes d'Arragon n'avoient point reçu
les inquifiteurs, ou les avoient toujours contenus, en les fou-
mettant aux magiftrats, les Napolitains ne concevoient plus
que de l'horreur pour l'inquifition. La nobleffe & le peuple,
tout le monde prit les armes, & on fe battit dans Naples
pendant plus de quinze jours. Il fe trouva que Charles-
Quint n'avoit fait que compromettre fon autorité.

Ce n'a pas été une leçon pour fes fucceffeurs ni pour
les papes: car ils ont continué de faire des tentatives jufqu'en 1769, que l'empereur Charles VI, abolit tout-à-fait
l'inquifition. *Voyez Giannone. l. 32. c. 5.*

N 4

plus fage d'ufer de quelque modération. Comme l'héréfie avoit gagné la multitude, & que
les efprits étoient dans la chaleur de l'enthoufiafme, une perfécution trop ouverte ne pouvoit qu'allumer la haine contre ce qu'on appelloit le papifme. Elle devenoit d'autant plus
odieufe que la reine s'étoit rendue odieufe
elle-même par fa cruauté contre tous ceux
qui paroiffoient avoir eu part à la confpiration de Northumberland.

Une feule chofe fufpendit quelque peu les
coups de Marie : c'eft que dans l'impatience de
l'arrivée de Philippe, il ne lui reftoit de raifon, que pour compter les moments. Enflam-
mée pour un époux qu'elle n'avoit jamais vu,
piquée du filence dédaigneux qu'il gardoit avec
elle, courroucée contre la nation qui n'approuvoit pas fon choix, elle étoit encore inquiete
avec fondement, quand elle confidéroit que
fes attraits, qui avoient toujours été médiocres,
étoient flétris par l'âge & par la maladie, &
que fa paffion immodérée ne les rétabliffoit pas.

Philippe arriva. Il eût fallu d'autres charmes que ceux de la reine, pour faire naître l'a-
mour dans une ame où l'ambition regnoit feule.
Elle eût voulu, pour lui plaire, mettre la couronne fur fa tête. Elle le tenta vainement.
Il ne lui refta d'autres reffources que d'extor-
quer l'argent de fes fujets, pour affouvir l'a-
varice de fon époux.

On s'occupa des moyens de réconcilier l'Angleterre avec l'église. Il étoit difficile de ramener le peuple : mais on composa avec les grands, à qui on abandonna les biens qu'ils avoient enlevés au clergé. Lorsque les membres du parlement virent leur fortune à couvert, ils firent peu de résistance. Les deux chambres supplierent le roi & la reine de les protéger auprès du saint siege, pour obtenir l'absolution de leur faute ; & le cardinal Pole, légat de Jules III, leva les censures, & reçut les Anglois à la communion de l'église.

Réconciliation trop précipitée de l'Angleterre avec l'église.

Ce cardinal, plein de zele pour la vraie religion, croyoit, quoique légat, qu'il ne falloit pas employer la violence pour précipiter une révolution, qu'on ne pouvoit trop delirer. On prétend même que l'empereur donnoit le même conseil à Philippe & à Marie, avouant que la persécution n'avoit fait que mettre le trouble dans ses états. La reine ne goûta pas cette modération. On a compté que dans le cours de trois ans, deux cents soixante-dix-sept personnes furent brûlées ; & qu'un plus grand nombre fut condamné à d'autres peines. Mais ce n'étoit rien en comparaison de ce que Charles-Quint avoit fait dans les Pays-Bas, où l'on assure que cinq mille personnes furent pendues, décapitées, enterrées vives, ou brûlées,

Persécutions en Angleterre, dans les Pays-Bas & en France.

pour n'avoir pas voulu recevoir fon *interim.*
Le nombre de ces exécutions n'avoit pas été
moindre en France; & on remarque que les
progrès de l'hérésie en avoient été plus grands.
Toute l'histoire prouve que le fanatisme de la
superstition est encore plus difficile à subjuguer, que le fanatisme de la liberté; & qu'il
faut que le temps qui amene le calme, prépare les esprits à la vérité.

1555
La diete
d'Augsbourg
assure en Al-
lemagne la
liberté de con-
science.

Pendant qu'on sévissoit en Angleterre, la
diete d'Augsbourg, convoquée en conséquence
du traité de Passaw, établissoit la tolérance
en Allemagne. Il fut arrêté que les Protestants jouiroient d'une entiere liberté de conscience & de tous les droits des Catholiques;
& on condamna aux peines portées contre les
perturbateurs du repos public, ceux qui les
inquiéteroient pour la religion.

Charles-
Quint abdi-
que ses états.

Charles-Quint étoit alors à Bruxelles, où
il se préparoit à renoncer à tous ses états en
faveur de Philippe, qu'il avoit rappellé auprès
de lui. Il lui avoit déja donné le Milanès &

1555

1556

le royaume de Naples: il lui céda encore les
Pays-Bas, & quelques semaines après, l'Espagne & tout ce qu'il possédoit en Amérique. Il
ouvrit les yeux en descendant du trône. Si c'é-
toit trop tard pour lui, c'étoit assez tôt pour
éclairer son fils. Il lui recommanda de veiller
au bonheur des peuples, & de les gouverner
par l'amour plutôt que par la crainte; recon-

noiffant le vuide de fes projets ambitieux, qui avoient fait le malheur de fes fujets, celui de fes voifins & le fien propre.

Afin que fon fils eût le temps de s'affermir dans les états qu'il venoit d'abdiquer, il fit une treve de cinq ans avec la France; & il termina la guerre d'Italie, en donnant à Ottavio Farnefe l'inveftiture de Parme & de Plaifance. Il auroit encore voulu laiffer l'empire à fon fils, & il fit de nouvelles tentatives auprès de Ferdinand : il crut au moins pouvoir obtenir que Philippe feroit déclaré vicaire de l'empire en Italie & dans les Pays-Bas. Ferdinand ne voulut rien céder.

Treve avec la France. Fin de la guerre d'Italie.

Quoique Charles-Quint n'influât plus guere fur la terre, il crut cependant que ce qui arrivoit dans les cieux, devoit encore le regarder : il prit une comete pour le préfage de fa mort. Cela le confirma dans le deffein d'abdiquer l'empire: mais il s'imagina avoir befoin du confentement du pape, & ce qu'il y a de plus fingulier, c'eft qu'il ne l'obtint pas. Il abdiqua cependant, & fe retira en Efpagne dans l'abbaye de S. Juft.

Il abdique l'empire.

1556

Pendant que Charles-Quint renonce au monde à l'âge de cinquante-cinq ans, Paul IV, près de la décrépitude, ne rouloit que des projets d'ambition, & vouloit procurer des principautés aux Caraffes, fes neveux. Voyant que

Les intrigues de Paul IV font recommencer la guerre.

la treve, qu'on venoit de conclure, faifoit tomber toutes fes efpérances, il envoya des ambaſſadeurs aux rois de France & d'Eſpagne, ſous prétexte d'offrir ſa médiation pour une paix ſolide, & dans le vrai pour allumer la guerre de nouveau. Il y réuſſit: Henri rompit la treve.

Mais ſoit que Philippe II, roi d'Eſpagne, eût eu des ſoupçons, ſoit qu'il voulût profiter d'une circonſtance, qui privoit le pape de tout ſecours, le duc d'Albe, qui commandoit dans le royaume de Naples, commença les hoſtilités dans l'état eccléſiaſtique. Le roi de France fit auſſitôt partir des troupes, & la guerre recommença en Italie.

1557

L'Angleterre étoit épuiſée. Cependant Marie, contre l'avis de ſes miniſtres, voulut tout ſacrifier à Philippe, qui menaçoit de ne la plus revoir, ſi elle ne prenoit les armes pour lui. Après avoir employé toute ſorte de moyens pour mettre ſon peuple à contribution, elle leva dix mille hommes, qui ſe joignirent à cinquante mille que le roi d'Eſpagne avoit dans les Pays-Bas.

Marie donne des ſecours à Philippe.

Bataille de S. Quentin, où le connétable de Montmorenci eſt fait priſonnier.

Emanuel Philibert duc de Savoye, qui commandoit cette armée, mit le ſiege devant S. Quentin. Le connétable de Montmorenci, avec la moitié moins de troupes, s'avança pour faire entrer quelque ſecours dans la place: il fut vaincu & fait priſonnier. Les ennemis s'étoient ouvert la frontiere par cette victoire, & la consternation se répandoit dans Paris, lorsque l'amiral de Coligni, qui s'étoit jeté dans S. Quentin, défendit si vaillamment cette place foible & mal pourvue, qu'il suspendit les progrès de l'armée victorieuse. La saison se trouvant trop avancée, elle ne songea plus qu'à prendre ses quartiers d'hiver.

Le duc de Guise, rappellé d'Italie où il commandoit, enleva Calais au milieu de l'hiver, place qui passoit pour imprenable, & sur laquelle les François n'avoient jamais osé faire de tentatives. Les Anglois avoient cette place depuis deux cents ans. Elle étoit pour eux la clef du royaume: dès qu'ils l'eurent perdue, ils ne conserverent plus rien en France. Cependant les François reçurent encore un échec à Gravelines, où le comte d'Egmont les défit pour la seconde fois; car il avoit eu beaucoup de part à la victoire de S. Quentin. Sur ces entrefaites, Marie étant morte, Philippe, à qui les intérêts de l'Angleterre devenoient indifférens, se prêta à une négociation de paix.

Le duc de Guise enleve Calais aux Anglois.
1558

Ce fut cette année seulement que la renonciation de Charles-Quint à l'empire fut présentée aux électeurs; différentes circonstances n'ayant pas permis d'assembler plutôt une diete électorale. Paul IV fit encore de nouvelles oppositions. Il prétendoit que l'abdication n'avoit pu se faire sans son aveu; &

Prétentions de Paul IV, à l'occasion de la renonciation de Charles-Quint, à l'empire.

que quand il y auroit confenti, ce feroit encore au faint fiege à défigner un fuccefeur à Charles-Quint. Ce pontife fuperbe fe plaçoit au deffus des rois, & croyoit devoir encore difpofer des couronnes. Ce n'eft pas là le chef qu'il falloit alors à l'églife.

Elles étoient conformes aux préjugés des électeurs eccléfiaftiques, & de Ferdinand même. Il ne faut pas s'étonner de cette façon de penfer du pape; car les électeurs eccléfiaftiques paroiffoient l'approuver, & Ferdinand lui-même refufoit de recevoir l'empire, s'il n'avoit auparavant le confentement du faint fiege. Il accepta cependant : mais ce ne fut qu'après avoir arrêté qu'il enverroit une ambaffade à Rome, pour obtenir la confirmation de tout ce qui avoit été fait.

Charles-Quint fait fes obfeques la veille de fa mort. Quelques mois après, Charles-Quint fit célébrer fes obfeques la veille de fa mort. Son maufolée fut dreffé dans l'églife de S. Juft : il s'étendit dans une biere : on dit fur lui un *De profundis* & un *Libera* ; & il mourut le lendemain, dans fa cinquante-huitieme année. L'inquifition voulut faire brûler fon teftament, où elle crut voir des héréfies.

Pertes faites pendant fon regne. Sous le regne de ce prince, les Turcs s'emparerent de la Hongrie, pillerent l'Autriche, ravagerent les côtes de Naples, de Sicile, d'Italie ; les François enleverent à l'empire Metz, Toul, & Verdun ; & les Proteftants, après avoir été perfécutés, obtinrent une entiere liberté de confcience.

L'année fuivante la paix fut conclue entre la France, l'Angleterre & l'Efpagne par le traité fait à Cateau-Cambrefis ; & pour en refferrer les nœuds, Henri donna fa fille Elifabeth à Philippe II : mais ce mariage occafionna des fêtes, qui finirent d'une maniere funefte ; car le roi de France mourut d'une bleffûre, qu'il reçut dans un tournoi. Il étoit dans la treizieme année de fon regne & dans la quarante-unieme de fon âge. Ce prince laiffa le royaume dans un état qui préfageoit les plus grands malheurs.

1559
Paix de Cateau-Cambrefis. Mort de Henri II.

CHAPITRE IV.

Des principales puissances de l'Europe pendant le regne de François II, roi de France.

A la fin du quinzieme sie-cle les puis-sances de l'Eu-rope ne con-noissoient ni leurs intérêts ni leurs for-ces.

La conquête du royaume de Naples par Charles VIII changea la face de l'Europe. Les nations s'étoient occupées de leurs troubles sépa-rément : alors l'Italie, l'Allemagne, la France, l'Angleterre & l'Espagne commencerent à s'observer, & à former des ligues contre la puissance qui paroissoit plus redoutable. Si dans des circonstances aussi nouvelles les sou-verains n'ont pas su se conduire, il ne faut pas s'en étonner : aucun ne savoit juger ni des forces, ni des intérêts de ses voisins, ni même de ses forces & de ses intérêts pro-pres.

On craignoit une puissan-ce, parce qu'-elle osoit en-treprendre.

Charles VIII, Louis XII, & François I croient que rien ne leur résistera au dehors, parce que rien ne leur résiste au dedans. A la tête d'une noblesse courageuse, qui n'ambiti-
onne

onne que de partager avec son roi la gloire d'une conquête ; ils marchent comme assurés du succès ; & leur confiance, mal fondée, répand une fausse alarme chez les peuples voisins de la France. Ils osent, donc ils peuvent : c'est ainsi qu'on jugeoit de leur puissance, sans considérer quelles seroient leurs ressources pour conquérir & pour conserver.

Si les Italiens avoient eu encore un Laurent Médicis, ils en auroient jugé tout autrement. Ce grand homme auroit prévu que les rois de France ne pouvoient avoir que des succès momentanés : il se seroit même flatté de les arrêter par les seules forces réunies de l'Italie : ou du moins il auroit été sûr de ruiner, en temporisant, leurs troupes, dans les champs mêmes de leurs victoires. Peut-être les rois de France n'auroient-ils pas seulement songé à passer les Alpes. Mais leur confiance augmenta en voyant l'effroi & les mouvements plus inquiets que raisonnés des princes & des républiques d'Italie : parce que ces peuples craignoient de tomber sous leur domination, ils s'imaginèrent de pouvoir les subjuguer.

Elle osoit entreprendre, parce qu'on la craignoit.

Cette confiance, que produit l'ignorance de ses ressources & de celles de l'ennemi, a été le défaut des puissances de l'Europe, depuis Charles VIII jusqu'à la mort de Charles-Quint. Voilà pourquoi elles entreprennent au de-là de

Dans le seizieme siecle, avec la même ignorance, elles n'ont que de l'inquiétude.

Tom. XIII.   O

& ne forment que des entreprises ruineuses.

ce qu'elles peuvent, & que leurs succès ne laissent voir que des efforts inutiles & ruineux. Vous prévoyez que, tant qu'elles ne se conduiront pas mieux, elles ne prendront les armes que pour prendre les armes; qu'elles les quitteront par épuisement, lorsqu'elles verront leurs espérances trompées; & que trop foibles pour conserver leurs conquêtes & pour recouvrer ce qu'elles auront perdu, elles seront forcées de finir par se rendre mutuellement ce qu'elles se seront pris. Il est rare qu'une province de plus rende un royaume plus puissant, souvent elle l'affoiblit: que faut-il donc penser de ces guerres, qui après avoir coûté bien des sujets, mettent dans la nécessité de fouler par des impôts ceux qui restent?

On diroit que le hazard dirige toutes leurs démarches.

Comme d'un côté on formoit des entreprises au hazard, on cherchoit de l'autre, encore au hazard, les moyens de les faire échouer; & la fortune étoit on ne peut pas plus inconstante, parce qu'il n'y avoit pas d'homme assez habile pour la fixer. Les ligues étoient l'unique ressource: mais en les faisant on ne prevoyoit jamais rien; & on étoit bientôt obligé de s'allier avec son ennemi, contre un ami qui commençoit à donner de l'ombrage. Les Italiens, sur-tout, se sont en cela bien mal conduits: car incapables d'être unis, comme ils l'étoient sous Laurent Medicis, ils ne se sont jamais lassés d'appeller les étrangers dont ils

ne vouloient point ; & on voit que toujours
en contradiction avec eux-mêmes, ils feront
tôt ou tard la proie de ces barbares, dont ils
ne favent pas fe paffer.

On commençoit dans ce fiecle à fentir
qu'on avoit befoin d'acquérir des alliés : & on
ne favoit ni les choifir, ni fe les attacher. L'art
de négocier, que Laurent Medicis avoit créé,
s'étoit perdu avec lui, & étoit encore à re-
produire. Il eft fur-tout bien fingulier de voir
le pape entreprendre de tenir la balance entre
les grandes puiffances, & les mettre pour cela dans la Lombardie & dans le royaume de
Naples, comme dans deux baffins.

Elles fentent le befoin de faire des al-liances, & n'en favent pas faire.

Tout l'art de négocier confiftoit alors à fe
tendre des pieges, à traiter de mauvaife foi,
& à former le projet de fe fervir d'un allié,
pour l'abandonner enfuite ou pour l'écrafer.
La diffimulation & la fauffeté étoient le fubli-
me de la politique, au point qu'on tiroit vanité d'être diffimulé & faux. Tels étoient,
fur-tout, Ferdinand le Catholique, Charles-
Quint & Philippe II, & il y a des hiftoriens
qui les en louent. Vous voyez que fi les princes font quelquefois affez aveugles, pour croire qu'un vice eft une vertu en eux ; les écrivains font fouvent affez fots ou affez bas pour
donner à ce vice le nom de vertu. Vous ne
pourrez compter fur vos alliés, qu'autant qu'ils

L'art de négo-cier n'eft pour elles que diffi-mulation, & fauffeté.

auront un intérêt commun avec vous. Or, cet intérêt ne peut pas subsister, lorsque la bonne foi est bannie. Mais, Monseigneur, me voilà presque au moment de faire encore un écart: car j'aurois bien des choses à vous dire à ce sujet. Heureusement vous les trouverez ailleurs, & vous n'y perdrez pas (*).

Les temps les plus malheureux sont les plus instructifs. Les siecles les plus florissants & les plus heureux ne sont pas les plus instructifs pour un prince. Quand tout est bien, il paroît si naturel que tout soit bien, qu'on n'est presque pas tenté d'en rechercher les causes. Il n'en est pas de même, quand tout est mal. Instruisez vous donc, Monseigneur; nous allons entrer dans des temps, qui vous donneront de grandes leçons. Si je n'étois pas si pressé de finir, je m'arrêterois volontiers sur les détails, malgré les dégoûts que j'éprouve à vous en tracer une légere idée.

C'est de Londres qu'il faut considérer les malheurs du reste de l'Europe. Je me propose de vous faire voir d'un coup d'œil ce qui va se passer en France, dans les Pays-Bas, en Espagne, en Angleterre, en Écosse & en Irlande. Voilà le théâtre; il ne s'agit plus que de nous bien placer. Or, Londres où tout ne sera pas bien,

_____

(*) Voyez le Traité des Négociations.

eft le lieu où il faut nous tranfporter pour
voir plus facilement tout ce qui fera mal
ailleurs. C'eft de-là que nous pourrons faifir l'enfemble.

Elifabeth, fille d'Anne de Boulen & , par
conféquent, proteftante, avoit été expofée aux
plus grands dangers, pendant le regne de fa
fœur. Marie pouvoit ouvertement févir contre elle fous le prétexte de la religion : mais
elle nourriffoit dans le fecret de fon ame des
fentiments dont les effets étoient encore plus à
craindre. Courteney, comte de Devonshire,
avoit dédaigné fa main , & parut préférer l'efprit & la jeuneffe d'Elifabeth à la couronne de
Marie. La reine fe vengea bientôt ; & feignant
de les croire fufpects , elle enferma fa fœur
dans la tour , & confina le comte dans un château.

Prifon d'Eli-fabeth.

Philippe, après fon mariage, fit rendre la
liberté à l'un & à l'autre, moins par générofité
que par politique. Il vouloit effayer de gagner
l'affection des Anglois; d'ailleurs il craignoit
que la mort d'Elifabeth ne réunît l'Angleterre
à la France : car François dauphin , fils de Henri
II, avoit époufé Marie reine d'Écoffe, & cette
princeffe, qui defcendoit de Henri VII, étoit,
après les enfants de Henri VIII, l'héritiere du
royaume d'Angleterre.

Pourquoi Phi-lippe II lui a-voit fait ren-dre la liberté.

Sauvée par la politique de Philippe, Elifabeth, avec une conduite toujours prudente, mé-

Amour des Anglois pour

O j

rita l'estime de sa nation. On avoit partagé
ses malheurs, on avoit tremblé pour elle: on
ne fut plus sensible qu'à la joie, quand on la
vit survivre à sa sœur. Les transports furent
si universels, qu'on oublia quelque temps les
disputes de religion.

Sa générosité. Elle eut la générosité & la sagesse d'oublier
les outrages qu'elle avoit reçus. Aucun de
ceux dont elle pouvoit se plaindre, n'éprouva
jamais les effets de son ressentiment. Tous
ceux qui l'approcherent, eurent lieu de s'applaudir de l'accueil qu'elle leur fit. Il n'en
faut excepter que le seul Bonner, un barbare
qui s'étoit plu, sous le dernier regne, à se baigner dans le sang. Elle en détourna les yeux
avec une sorte d'horreur.

*Conduite im-
prudente &
orgueilleuse
de Paul IV.* Élevée dans la religion protestante, elle ne
pouvoit pas rentrer dans la communion de l'é-
glise, sans se soumettre à la sentence que le
pape avoit portée contre le mariage de Henri
VIII & d'Anne de Boulen. Elle se seroit donc
déclarée illégitime, & elle n'auroit plus eu de
droits à la couronne. Cependant elle voulut
prévenir Paul IV, afin de le sonder; mais ce
pontife orgueilleux étoit bien éloigné de la
prudence que demandoit une conjoncture aussi
délicate. Il répondit comme si l'Angleterre
eût encore été un fief du saint siege, & qu'E-
lisabeth eût commis un attentat, en montant
sur un trône auquel le peuple l'appelloit.

Sans reſſource de ce côté, la reine considéra qu'en général la nation penchoit en ſecret
pour la réforme. En effet, les efforts de Marie, au lieu de perſuader, avoient ſoulevé les
eſprits, & les Proteſtants s'étoient multipliés.
On avoit d'ailleurs vu ſous Henri & ſous
Edouard, combien l'ignorance diſpoſoit le peuple à ſe ſoumettre en tout au ſouverain, dont
l'autorité n'avoit plus de bornes. Eliſabeth
jugea donc qu'il lui ſeroit facile de rendre ſa
religion dominante.

Eliſabeth trouvoit les eſprits ſoumis à ſes volontés, & diſpoſés à la réforme.

Mais elle réſolut de ne rien précipiter.
Contente de laiſſer tranſpirer inſenſiblement
ſes deſſeins, elle fit ouvrir les priſons à ceux
qu'on y retenoit pour cauſe de religion. Les
Catholiques & les Proteſtants déclamoient en
chaire avec fureur les uns contre les autres :
elle défendit à tous de prêcher ſans une permiſſion de ſa part ; & ſi elle n'accorda cette
permiſſion qu'aux Proteſtants, elle eut la prudence de ne l'accorder qu'aux plus modérés.

En ne précipi-tant rien, elle réuſſit à ren-dre ſa religion dominante.

C'eſt ainſi qu'au lieu de ſévir contre les
Catholiques, elle entretenoit un calme favorable à la doctrine, qu'elle vouloit répandre.
Cependant elle acquéroit de l'empire ſur les
eſprits en gagnant les cœurs. Ses manieres po-
pulaires, ſon air affable, ſon attention à ſe
montrer au public, la ſatisfaction avec laquelle elle en partageoit les plaiſirs, & les

graces qui l'accompagnoient par-tout, prévenoient en faveur de fa façon de penfer, faifoient juger que ce qu'elle croyoit devoit être
cru, & tenoient lieu de démonftrations. Elle
acheva fon ouvrage, en ne donnant qu'à des
Proteftants les chaires des univerfités & les
dignités eccléfiaftiques, & en les préférant
dans la diftribution des emplois civils & militaires. En un mot, elle employa, pour affermir l'erreur, cette fageffe, dont il faudroit
ufer pour établir la vérité. Plût à Dieu que
les princes de l'Europe euffent été capables de
prendre de fes leçons !

1559
Le parlement
la déclare ju-
ge fuprême en
matiere de re-
ligion, & elle
nomme une
commiffion
pour exercer
fon autorité.

Le premier parlement déclara la puiffance
fpirituelle inhérente à la couronne, avec le
pouvoir de s'en fervir fans le concours d'un parlement ni du clergé. Ainfi de fa feule autorité, Elifabeth pouvoit juger du dogme, des
héréfies, de la difcipline, des rites & de tout
ce qui concerne la religion. Afin même qu'elle pût exercer ce pouvoir, on lui accorda le
droit de nommer une commiffion, compofée
à fon choix d'eccléfiaftiques ou de laïques. On
ftatua des peines contre ceux qui refuferoient
de reconnoître fa fuprématie. En un mot, on
lui donna toute la plénitude de puiffance, dont
fon pere & fon frere avoient joui : on prit
même encore des mefures pour enrichir le
domaine, en achevant de ruiner le clergé.
Ces réglements qui fe firent fans violence &

fans tumulte, furent exécutés fans obftacles &
fans troubles ; & cette révolution fubite fe fit
auffi facilement, que fi elle avoit été préparée
depuis long-temps. Rien n'eft plus propre à
faire voir combien Marie s'étoit trompée dans
le choix des moyens.

Henri II venoit de mourir, & les factions,   *Les factions*
qui divifoient la cour de France, annonçoient *de la cour de*
des troubles d'autant plus funeftes, que les *Henri II de-*
                                voient avoir
dernieres guerres avoient formé beaucoup de *des fuites fu-*
grands capitaines. Mais pour remonter au *neftes.*
premier principe des calamités qui fe préparent, il faut reprendre les chofes de plus
haut.

C'eft fous François I. que les femmes com- *Sous François*
mencerent à jouer un rôle à la cour. Ce prin- *I les femmes*
ce naturellement galant, leur laiffa prendre *avoient com-*
trop d'empire : & comme l'efprit trouve tou- *mencé à jouer*
jours des raifons, pour autorifer les goûts du *un rôle à la*
cœur, il crut que ce fexe foible, qui cepen- *cour.*
dant le dominoit quelquefois, pourroit adoucir les mœurs de fes courtifans, qui jufqu'a-
lors ne connoiffoient guere que la gloire des
armes. Mais, Monfeigneur, & vous en avez
déja vu des exemples, les femmes aimables
font fouvent bien à redouter. Elles n'ont
que trop de pouvoir fur les hommes: leur foibleffe même irrite leur ambition: leur confiance s'appuie fur leurs attraits & fur leurs graces;

la fauffeté fouvent acheve leurs fuccès. Bientôt, affurées de plaire, elles font tyrans, fi elles veulent l'être, & elles le veulent presque toujours : tyrans d'autant plus dangereux, qu'on aime à porter leurs chaînes.

Ce prince y avoit attiré les prélats & les beaux efprits.

Pour rendre fa cour plus brillante, François I y attira les plus riches prélats. C'eſt par eux que le luxe avoit commencé en France : à cet égard, ils étoient donc propres à rendre auffi les mœurs plus douces. Enfin comme la culture de l'efprit contribue à produire le même effet, ce roi appella encore les gens de lettres auprès de lui. Voyons ce qui doit naître de tout cet affemblage.

Ce que devoit produire cet affemblage.

Les femmes voudront plaire au roi, aux miniſtres & à tous ceux qui auront du crédit : leur coquetterie remplira la cour d'intrigues : elles auront chacune leurs partifans : elles diſtribueront les places, elles regneront en un mot. L'autorité ne fera donc plus ni entre les mains du roi, ni entre celles des miniſtres : les femmes s'en faifiront, pour fe l'arracher les unes aux autres.

Au milieu de ces diffentions, où la coquetterie s'arme des graces de la figure & de l'efprit, les prélats paroîtront avec l'éclat que donnent les richeffes. Leurs mœurs étant plus douces que celles des autres courtifans, ils en feront plus aimables. La réputation d'être encore plus éclairés, autorisera leurs protectrices à parler pour eux. Par conséquent, ils ne se contenteront pas d'être un des ornements de la cour: ils voudront la gouverner, & ils la gouverneront.

Les beaux esprits, voulant pénétrer jusqu'au cabinet d'un seigneur, ou jusqu'à la toilette d'une grande dame, prôneront l'idole du jour, ou quiconque est à la veille de l'être, ou moins encore. Ils prodigueront, & si j'ose dire, ils vomiront les flatteries devant des cœurs que rien ne souleve: ils donneront la réputation d'esprit, de talent, de génie, souvent à de sots protecteurs. Ils jouiront bientôt d'une sorte de considération. Ils se rendront nécessaires: il faudra en avoir dans son parti, si on veut être prôné. Chaque femme à la mode aura les siens: un grand se fera honneur d'avoir de pareils protégés; bientôt on verra des especes, qui ne cultiveront les lettres, que pour devenir de petits intriguants de cour. Cependant ce mélange de femmes, de prélats, de beaux esprits & de militaires, dont les mœurs sont devenues plus polies, formera ce qu'on appelle une cour brillante & galante.

Les Luthériens qui se piquoient de mœurs austeres, se répandirent en France, précisé- Les mœurs de la cour de

ment dans le temps où la cour devenoit galante & que les prélats en faisoient un des ornements. Ce contraste, trop à l'avantage des
hérétiques, étoit pour eux un sujet de décla-
mation, & favorisoit la propagation de leur
doctrine: car le peuple, à qui son ignorance
ne permet pas de raisonner, croyoit voir la
vérité où il voyoit plus de mœurs. Pour
sentir combien cette réflexion est vraie, il suffit
d'imaginer S. Louis à la place de François I.
Nous aurions alors un roi, qui donnant l'e-
xemple de la vraie piété à ses courtisans & à
son clergé, deviendroit le bouclier de la religion; & qui n'auroit pas besoin d'employer
le fer & le feu, pour écarter l'hérésie de ses
états. Aucun François n'eût mis en question,
si la religion de son roi étoit la seule véritable.
S. Louis n'eût pas toléré les hérétiques, parce
qu'il les eût combattus par ses mœurs, &
c'est ainsi qu'il convient à un prince de ne les
pas tolérer. Mais les mœurs de la cour de
François I ouvrirent le royaume aux Protestants.

La ruine du clergé dans les provinces pro-
testantes d'Allemagne alarma le clergé de
France. Sans doute qu'il y eut des ecclésiastiques, qui s'éleverent contre l'erreur par un
zele aussi pur qu'éclairé: mais on ne fera pas
un jugement téméraire, si on soupçonne les
prélats de la cour d'avoir pris sur-tout la défense de leurs mœurs & de leurs richesses,

Voilà le motif secret des conseils sanguinaires qu'ils donnerent à Francois I : voilà pourquoi ils ne cesserent pas d'exalter la religion de ce prince, lorsque du sein des plaisirs il ordonnoit la mort des hérétiques. Ils lui persuadoient qu'il se rachetoit par là de tous les péchés, qu'il pouvoit avoir commis. Ils ne lui disoient pas qu'il perdoit le fruit de cette persécution, en protégeant les Protestants d'Allemagne, parce qu'il leur importoit peu qu'il y eût des Protestants ailleurs qu'en France.

Telle étoit la conduite des prélats courtisans; & pour vous en convaincre, il suffit de vous faire voir que le pere Daniel écrit dans le même esprit : car la façon de penser des courtisans est souvent contagieuse pour les historiens, parce qu'ils prennent naturellement l'esprit de chaque siecle, sur-tout lorsque cet esprit est celui des grands. *Nonobstant*, dit Daniel (*) *la passion de l'amour, à laquelle ce prince s'abandonna beaucoup, il conserva toujours un grand fond de religion : autant par une véritable piété que par une sage politique, il prit toutes les précautions possibles, pour empêcher que les nouveautés en matiere de religion ne s'introduisissent dans son royaume, il fit de terribles exemples de sévérité.* Faisons quelques réflexions sur ce passage : car à ce *grand fond de*

Comment le pere Daniel juge de la religion de Fran çois I.

_____

(*) A la fin de la vie de François I.

religion, à cette *véritable piété*, on croiroit presque qu'il seroit question d'un S. Louis.

Ce jugement n'est qu'une prostitution. S'il n'y a point de religion sans la foi aux dogmes, la foi aux dogmes n'est pas non plus toute la religion: l'exactitude à remplir les devoirs de son état en est certainement une partie essentielle. Louer par conséquent la piété des souverains qui les violent, c'est prostituer la religion pour flatter les vices des grands.

Or, sans parler des amours de François I, de ces amours, qui, selon le pere Daniel, ne l'empêchoient pas d'être véritablement pieux, on peut lui reprocher que, plus occupé des plaisirs que des affaires, il a souvent négligé les soins du gouvernement. Son peu d'économie, sa magnificence, ses fêtes dissipoient ses finances, qui se ruinoient déja, parce qu'il y mettoit si peu d'ordre, qu'il ne savoit pas quelquefois l'emploi qu'on en faisoit. Il se voyoit ensuite dans la nécessité de surcharger son peuple pour soutenir ses guerres; & quelles guerres! étoient-elles entreprises pour l'avantage ou pour la défense de l'état? non, c'est une fausse gloire, qui lui faisoit prendre les armes, sans avoir rien combiné, sans avoir rien prévu. Que lui en est-il resté? des victoires & des défaites, des conquêtes bientôt perdues, une prison, un traité honteux, violé, un royaume ruiné. Voilà cependant le compte

que ce prince religieux aura rendu de son regne. Il a cru aux dogmes, & il a brûlé ceux
qui n'y croyoient pas : c'est à quoi se réduit
tout son *grand fond de religion*, toute sa *véritable piété*. On ne dit pas qu'il a rempli tous
les devoirs d'un roi : on dit seulement qu'il à
fait de terribles exemples de sévérité ; & on
ose assurer qu'il a *pris toutes les précautions
possibles*, pour empêcher l'hérésie de pénétrer
dans ses états. Mais S. Louis en auroit trouvé
d'autres dans ses mœurs. Voilà cependant,
Monseigneur, la morale avec laquelle on em-
poisonne l'ame des princes. J'ai cru devoir relever cet endroit du pere Daniel, afin de
vous prévenir contre cet écrivain & ses pareils.

François I fit donc de terribles exemples
de sévérité. Henri II eut à ce titre encore
plus de religion que lui : car ces exemples se
multiplierent beaucoup sous son regne & furent plus terribles encore. Mais ces moyens
étoient si peu ceux qu'il falloit employer, que
le nombre des Protestants ne fit que s'accroître. Vous en verrez bientôt les effets.

Henri II a été encore plus sanguinaire que François I.

Pendant que le luthéranisme se répandoit,
les femmes, les prélats, les beaux esprits &
les grands cabaloient à la cour ; & entre plusieurs partis qui se formerent, il y en eut deux
principaux ; celui de la duchesse d'Étampes,

Deux factions principales divisoient la cour de François I.

maîtreſſe de François I , & celui de Diane de
Poitiers , maîtreſſe de Henri dauphin.

La cour, remuée par toutes ces cabales,
étoit pour le public un tableau mouvant, qui
offroit ſouvent de nouvelles ſcenes & de nouveaux ſujets de converſation. Si ceux qui
s'élevoient & qui ſe culbutoient, avoient été
de ſimples courtiſans, qui n'auroient eu pour
titres que leurs complaiſances, leurs flatteries
& leur fauſſeté; leur élevation ou leur chûte
n'auroit cauſé aucune commotion dans le royaume: mais il y avoit parmi eux des ſeigneurs
qui étoient grands par eux-mêmes, qui avoient
été élevés dans le métier des armes, & qui joignoient des talents à la naiſſance. Ces hommes, dont les mœurs n'étoient pas encore
adoucies, pourront être d'autant plus dangereux, qu'ils ſeront capables de chercher des
reſſources juſques dans la ruine de l'état.

La diſgrace de la ducheſſe d'Étampes ſuivit la mort de François I. Toute la cour changea. Les creatures, que la ducheſſe ne pouvoit plus ſoutenir, tomberent; & Diane de
Poitiers, devenue toute puiſſante, mit en leur
place les perſonnes qu'elle favoriſoit.

Deux factions
divifoient
auſſi celle de
Deux factions partagerent la cour de Henri
II : celle du connétable de Montmorenci,
homme ſage & capitaine expérimenté; & celle
de

de François duc de Guife, ambitieux qui joignoit à des talents, des qualités brillantes &
féduifantes. La prife de Calais & d'autres
fervices rendus à l'état parloient en fa faveur: il
pouvoit compter fur quatre freres aufli ambitieux que lui, Claude, duc d'Aumale, Louis,
cardinal de Lorraine, François, grand-prieur, &
René marquis d'Elbeuf: enfin fa naiffance paroiffoit autorifer toutes fes prétentions; car il
étoit fils de Claude, prince de la maifon de
Lorraine, qui s'étoit établi en France fous
François I.

Henri II.

Après la mort de Henri, les Bourbons,
à qui la couronne appartenoit au défaut de la
branche des Valois, formerent une nouvelle
faction. Les deux chefs de cette maifon
étoient Antoine, roi de Navarre, par fon mariage avec Jeanne d'Albret, & Louis de Condé, fon frere.

Sous François II les Bour- bons forment une nouvelle faction.

Depuis la révolte du connétable de Bourbon, on fe faifoit une loi de ne confier aucune autorité aux princes du fang, comme
s'il étoit plus fage de la donner toute entiere à
des princes étrangers. Le roi de Navarre & le
prince de Condé n'avoient donc aucune part
à la faveur. Le premier, foible, &, par cette
raifon, modéré, fouffroit fans fe plaindre, &
n'ofoit rien entreprendre: le fecond, d'un caractère bien différent, travailloit à former en

secret un parti contre les Guifes. Il avoit de grandes liaisons avec l'amiral de Coligni & son frere Dandelot, deux capitaines diftingués; & il pouvoit encore s'unir au connétable de Montmorenci , dont il avoit époufé la niece.

Celle des Guifes a pour appui Marie Stuard,

Ces factions préfageoient des maux d'autant plus grands, que François II, foible de corps & d'efprit, étoit incapable de prendre aucune réfolution par lui-même. Marie Stuard, fa femme, le gouvernoit : elle avoit de la beauté, des graces , de l'efprit, & elle foutenoit les Guifes, dont elle étoit la niece.

& Catherine de Medicis fe joint à eux.

Cependant Catherine de Medicis, mere du roi, ambitionnoit d'être à la tête du gouvernement. Étrangere, il ne lui étoit pas poffible de fe faire un parti affez puiffant pour abattre tous les autres. Il ne lui reftoit qu'à fe déclarer pour celui qui lui donneroit le plus d'autorité. Elle étoit dans cette fituation embarraffante, lorfque les Guifes la prévinrent. Elle accepta leurs offres, à condition qu'on lui abandonneroit fa rivale, Diane de Poitiers, ducheffe de Valentinois; & Diane facrifiée, quoique les Guifes lui duffent leur élévation, fe retira de la cour. Alors le duc de Guife & le cardinal de Lorraine fe faifirent du gouvernement fans oppofition, & le connétable de Montmorenci fut difgracié.

Voilà ce qui fe paſſoit à la cour. Mais Cependant le Calviniſme faiſoit des progrès rapi- des. les diſputes de religion avoient diviſé tout le royaume. Les Proteſtants, connus en France ſous les noms de Calviniſtes & de Huguenots, avoient répandu leur doctrine parmi le peuple, & en avoient féduit une grande partie. Ils avoient des partiſans dans le parlement de Pa- ris, dans la cour même, & juſques dans le clergé. Raſſurés par leur nombre, ils com- mençoient à prendre plus de confiance ; ils s'obſervoient moins, ils parloient avec plus de liberté ; ils profeſſoient preſque ouvertement leur religion.

Cependant le parlement fe plaignoit que Le parlement repréſentoit l'inutilité des ſupplices. les juges eccléſiaſtiques, ſous prétexte d'extir- per l'héréſie, uſurpoient l'autorité ſur les tri- bunaux laïques. Il repréſentoit que puiſque les ſupplices avoient eu ſi peu d'effet, il étoit inutile de multiplier les édits ; que le moyen le plus efficace, pour préſerver les peuples du poiſon de l'erreur, étoit que les évêques & les autres paſteurs des ames réſidaſſent dans leurs égliſes plus qu'ils ne faiſoient ; & que déſor- mais on fît un meilleur choix de ceux qu'on deſtinoit à remplir ces importantes places.

Ces remontrances, ajoute le pere Daniel Jugement du pere Daniel ſur les remon- trances du parlement. que je copie en cet endroit, *avoient pour prin- cipe, dans la plupart de ceux qui compoſoient cet illuſtre corps, la ſageſſe, la modération, &*

P 2

le zele pour le bien de l'état. Vous imagineriez peut-être que cet écrivain va conclure, que le roi devoit suivre l'esprit de ces remontrances. Non : il ne les appuie sur de bonnes raisons, que pour les rendre suspectes : car il dit aussitôt : *mais elles étoient fort interessées à l'égard de quelques autres, que les livres de Calvin avoient déja mis dans ses intérêts.* J'avoue que je ne vois pas comment il étoit de l'intérêt des Calvinistes que les evêques résidassent & fussent bien choisis.

Henri II, considérant que plus on punissoit de coupables, plus le nombre en augmentoit, & qu'il ne viendroit jamais à bout de les exterminer tous, se repentit de n'avoir encore fait tomber son bras que sur des hommes de néant, & jugea qu'il falloit répandre la terreur par de plus grands exemples. En conséquence, il se proposa d'aller choisir ses victimes dans le parlement même. Les Guises, & la duchesse de Valentinois, qui pensoit comme eux, avoient donné ce conseil au roi, & le président de Thou leur reproche dans cette occasion des vues interessées. Cependant *il est certain,* dit encore le pere Daniel, *qu'il n'étoit pas contraire aux regles de la prudence.* Comment donc pouvoit-il concilier la prudence qu'il suppose dans ce conseil, avec la sagesse, la modération & le bien de l'état qu'il reconnoît dans les remontrances ? Mais laissons le pere

[note marginale :] Henri II prend ses victimes dans le parlement.

Daniel : car je ne finirois pas, fi je voulois
m'arrêter à tous les mauvais raifonnemens de
ce méchant hiftorien.

Henri fe rendit au parlement , fit faifir
entre autres & conduire à la Baftille, Anne Dubourg confeiller clerc, & ordonna qu'on lui fît
fon procès.   Étant mort fur ces entrefaites, le
duc & le cardinal de Guife fuivirent eux-mêmes les confeils qu'ils avoient donnés au feu
roi. On ne parla plus en tous lieux que d'em-
prifonnemens, de confifcations, de fupplices,
& Dubourg fut pendu & brûlé, au mois de
décembre 1559.   Certainement il n'y avoit
pas eû de la prudence à faire un exemple fur
un magiftrat, que fon intégrité & fes mœurs
rendoient refpectable, & qui mourut avec la
conftance d'un martyr.   Son fupplice alluma
donc encore le fanatifme des Calviniftes, &
leur fit de nouveaux partifans.   Jufques-là, ils
n'avoient pas pris les armes, ils vont les
prendre.

La condam-
nation d'An-
ne Dubourg
va faire pren-
dre les armes
aux Hugue-
nots.

L'Angleterre avoit changé quatre fois de
religion : fous Henri VIII, fous Édouard, fous
Marie & fous Elifabeth.   Il femble que cela
devroit y produire des troubles. Elle eft tranquille cependant, & elle continuera de l'être.
C'eft qu'il n'y a point de factions à la cour :
c'eft que la reine a toute l'autorité, & qu'elle
fait infpirer l'amour & le refpect.

Cependant
l'Angleterre
étoit tranquil-
le, quoiqu'el-
le eût changé
quatre fois de
religion.

P 3

Condé chef
des Hugue-
nots.

Les Huguenots ne se seroient pas révoltés,
s'ils n'avoient pas trouvé des chefs dans les
factions de la cour, qui n'auroient point produit de guerres civiles, s'il n'y avoit pas eu des
Huguenots. Le roi & la reine de Navarre
étoient Calvinistes: le prince de Condé le devint, sur les conseils de Coligni, qui l'étoit
lui-même. Il se vit par ce moyen à la tête
d'un parti, avec lequel il pouvoit se flatter de
culbuter les Guises. Si ceux-ci, comme le
dit de Thou, persécutoient les Huguenots par
des motifs intéressés, le prince de Condé, par
de pareils motifs, les armoit contre les Catholiques. La religion n'étoit que le prétexte,
& chaque parti armoit le fanatisme, pour immoler le peuple à son ambition.

On pouvoit
déja prévoir
les calamités,
qui mena-
çoient la Fran-
ce.

Au milieu des troubles qui vont commencer, représentez-vous François II, incapable
de gouverner, Catherine de Medicis ambitieuse & sans autorité, toute la puissance confiée à
des princes étrangers, la couronne endettée de
quarante-deux millions par Henri II, quoiqu'il
eût trouvé dans le trésor dix-sept cents mille
écus, enfin un peuple enthousiaste, qu'échauf-
fent des fanatiques, & qui est assez simple pour
croire qu'on veut défendre sa religion. Ne
prévoyez-vous pas déja confusément les calamités, qui vont désoler la France? Il ne s'a-
gira plus de mettre en question, s'il faut tolérer ou persécuter: il y a deux nations ennemies
dans le royaume, & la guerre va commencer.

Les Calviniftes confpiroient dans toutes les provinces, & le prince de Condé, ame invifible de ce parti, attendoit, fans s'éloigner du roi, le moment de fe déclarer. De toutes parts, les conjurés devoient à un jour marqué fe rendre à Blois, où étoit la cour. Arrivés au lieu du rendez-vous par divers chemins & en petites troupes, un grand nombre devoit aller fans armes préfenter une requête au roi, pour demander la liberté de confcience; & fur le refus auquel on s'attendoit, ceux qui étoient armés, fe propofoient de chaffer ou de tuer les Guifes, de fe rendre maître de François II, & de le forcer à nommer le prince de Condé pour fon lieutenant-général.

Ce fecret, confié à des milliers de perfonnes répandues dans toutes les parties du royaume, ne tranfpiroit point; lorfque la Renaudie, chef de la confpiration, en fit la confidence à Avenelles avocat de Paris, qu'il connoiffoit pour calvinifte zélé & qui cependant révéla tout. La cour alors inftruite de ce qui fe tramoit, quitta Blois, où il n'y avoit point de fortifications, & fe retira dans le château d'Amboife. Quoiqu'à cette démarche, les Huguenots foupçonnaffent qu'on les avoit découverts, ils voulurent cependant exécuter encore leur entreprife: les mefures du duc de Guife la firent échouer.

Confpiration des Huguenots contre les Guifes.

Elle eft éventée.

1560

P 4

Le prince de Condé, foupçonné, eft arrêté : mais on ne peut le convaincre. Le duc
de Guife, embarraffé d'un pareil criminel, &
confidérant que fa mort fouléveroit de nouveau
les Calviniftes & leur donneroit un autre chef,
prit le parti de diffimuler & lui rendit la liberté. Le prince offrit de fe juftifier les armes
à la main contre quiconque ofoit l'accufer ;
& le duc, que ce défi regardoit, répondit
qu'il étoit fi convaincu de l'innocence du prince, qu'il offroit d'être fon fecond. Ils fe récon-
cilierent donc en apparence : cependant Condé fe hâta d'aller trouver fon frere en Béarn.

Condé arrêté, eft remis en liberté.

Parmi ces diffentions, Catherine de Medicis, toujours ambitieufe & toujours fans autorité, eût voulu chaffer les Guifes : mais elle
redoutoit le pouvoir que prendroient alors les
princes du fang. Sa politique fut donc de fe
ménager avec les deux partis, c'eft-à-dire, de
déplaire à tous deux, & d'être toujours dans
la dépendance de l'un ou de l'autre.

Catherine de Medicis, en croyant mé- nager les deux partis, déplait à tous deux.

Henri II avoit voulu établir l'inquifition
en France, & le cardinal de Lorraine s'obfti-
noit opiniâtrément dans cette réfolution. On
prétend même que ce fut pour parer ce coup,
que le chancelier de l'Hôpital, magiftrat célebre par fon intégrité & par fa fageffe, fit donner l'édit de Romorentin, qui attribue aux
évêques la connoiffance du crime d'héréfie, &

Le chancelier de l'Hôpital empêche d'é- tablir l'inqui- fition en Fran- ce.

l'interdit aux cours de parlement : en effet, c'étoit éviter un plus grand mal. L'Hôpital n'étoit pas fait pour entrer dans des factions. Tout-à-la fois modéré & ferme, parce qu'il étoit éclairé, il savoit faire parler les loix, même au milieu des troubles, & il en a fait d'excellentes. Il sembloit que la reine mere, qui venoit de le faire chancelier, l'eût choisi comme un homme propre à contenir tous les partis. Il eût été en effet une digue au torrent des désordres, si cette princesse eût eu quelque autorité.

Quelque puissants que fussent les Guises, ils n'osoient pas tout prendre sur eux-mêmes : car ils se défioient de Catherine de Medicis, & ils savoient que le chancelier ne sacrifieroit pas son devoir à leur ambition. C'est pourquoi le roi convoqua à Fontainebleau les princes du sang, les principaux seigneurs, les ministres & plusieurs évêques, pour délibérer sur les moyens de rétablir le repos dans l'état.

Assemblée de Fontainebleau.

Cette assemblée se tint au moins d'août. On eut la précaution d'augmenter considérablement la garde du roi, & de faire venir des troupes à Fontainebleau & aux environs. Le connétable de Montmorenci y vint accompagné de huit cents chevaux : car alors la magnificence des grands consistoit sur-tout à marcher avec une suite nombreuse de gens armés.

1560

Cette magnificence coûtera cher au royaume.

Réfultat de
cette affem-
blée. Il falloit que les Huguenots connuffent
leurs forces, puifque dans une affemblée qui
fe tenoit comme au milieu d'un camp, Coligni ofa préfenter une requête pour demander
la liberté de confcience, & fe plaindre encore des nouvelles précautions qu'on avoit prifes, comme d'une défiance injurieufe à la nation. Le réfultat de toutes les délibérations
fut de fufpendre l'exécution des édits fanglants
portés contre les Calviniftes, de convoquer
les états généraux, & de tenir un concile de
la nation, fi le pape en refufoit un général:
car le concile de Trente, qui avoit été rompu,
lorfque Charles-Quint s'enfuit d'Infpruck, étoit
encore fufpendu. Cette réfolution des François fut caufe que Pie IV le fit rouvrir au commencement de 1562.

Condé, arrêté
& condamné
dans les états
d'Orléans. Le prince de Condé, non plus que fon
frere, n'étoit point venu à l'affemblée de
Fontainebleau. Il avoit embraffé ouvertement
le Calvinifme: on le foupçonnoit d'être le
chef caché de quelques révoltes qu'il y avoit
eu, & d'avoir voulu fe rendre maître de plufieurs villes. Cependant il ofa fe rendre aux
états d'Orléans, avec la même confiance qu'il
avoit montrée lors de la confpiration d'Amboife.
Il n'eût tenu qu'à lui de venir à la tête d'une

armée : il voulut n'être suivi que de ses domestiques, comptant sur la parole du roi, qui l'assuroit qu'il auroit toute sa liberté, & qu'il pourroit se retirer, quand il le jugeroit à propos. Il fut condamné à mort, & le roi de Navarre fut retenu prisonnier. On dressa l'arrêt : mais il n'étoit pas encore signé, lorsque François II tomba malade. Dans cette conjoncture, la reine mere, sur les conseils du chancelier, en suspendit l'exécution, malgré les instances du duc de Guise.

La mort du roi rendit la liberté au prince de Condé. Peu de temps après, un arrêt du conseil le déclara innocent, & le duc de Guise fut obligé de désavouer tout ce qui avoit été fait contre lui.

1560
La mort de
François II lui
rend la liberté
1560

Charles IX, frere de François, monta sur le trône. Il étoit dans sa onzieme année. Après un gouvernement aussi foible que celui du dernier roi, une minorité ne pouvoit qu'enhardir encore les factions. Les Guises, à qui leur niece, Marie Stuard, reine de France & d'Écosse, ne donnoit plus de crédit, songeoient à se soutenir par d'autres moyens. Le prince de Condé ne respiroit que la vengeance. Le roi de Navarre, par sa foiblesse & son irrésolution, donnoit tour-à-tour de l'espérance & de la méfiance à tous les partis. Catherine de Medicis, dont la politique étoit d'entretenir

Le gouvernement, toujours plus divisé par les factions, dégénére en anarchie.

les divisions pour commander, produisoit les mêmes effets. Enfin le jeune roi n'étoit entouré que de factieux, & le gouvernement dégénéroit en anarchie par les nouvelles mesures que prenoit chaque parti.

On n'accorda pas à la reine mere le titre de régente par ménagement pour le roi de Navarre : cependant elle en eut toute l'autorité. Le duc & le cardinal de Guise continuerent de prendre place au conseil ; à la verité, ils y eurent moins d'influence, parce que les princes du sang y entrerent comme eux. D'ailleurs le connétable de Montmorenci, que Catherine venoit de rappeller, y formoit un troisieme parti. Je vous laisse à penser ce qu'on doit attendre d'un conseil où les membres ont des intérêts contraires, & où personne, excepté le chancelier, ne s'interessoit au bien de l'état.

Les baillis d'épée perdent l'administration de la justice.

On commença néanmoins par un acte de modération. Car les prisonniers pour cause de religion furent élargis & rétablis dans leurs biens, & on accorda une amnistie générale. Quant aux états d'Orléans, ils produisirent peu d'effet. Je remarquerai seulement qu'ils acheverent de séparer tout-à-fait la robe & l'épée ; car ils ôterent l'administration de la justice aux baillis d'épée, qui avoient encore des jurisdictions dans les provinces. Depuis cette époque, les magiftrats de tous les tribunaux, comme ceux des parlements, ont toujours été des hommes de robe longue. Ce réglement fut fur-tout l'ouvrage du chancelier qui connoiffoit l'incapacité des gens de robe courte, c'eft-à-dire, des hommes d'épée. En effet, il falloit que la nobleffe militaire fût bien ignorante, pour être dépouillée fous un gouvernement auffi foible.

J'ai dit que les Huguenots n'auroient pas eu de chefs, & ne fe feroient pas révoltés, s'il n'y avoit pas eu des factions à la cour; & que les grands, mécontents du gouvernement, n'auroient pas foulevé le peuple, s'il n'y avoit pas eu des Huguenots perfécutés dans le royaume.

Caufes, qui concouroient à produire des guerres civiles.

En effet, les François n'avoient jamais connu cette liberté, pour laquelle les Grecs & les Romains prenoient fi facilement les armes. Les feigneurs avoient voulu fe maintenir dans l'indépendance des rois, pour être les tyrans du peuple. Ayant été fubjugués peu à-peu, tout le royaume enfin étoit foumis; & depuis Louis XI, la puiffance royale ne trouvoit plus de réfiftance. Les princes du fang fe feroient donc courbés fous le joug des Guifes, s'ils n'avoient pas vu, dans les Huguenots perfécutés, des bras prêts à fervir leur ambition. Les hérétiques crurent prendre les armes pour

défendre leur religion & leur vie. Ils ne ſe
propoſoient point de ſe rendre indépendants:
mais le fanatiſme produiſit des guerres plus
terribles que n'auroit fait l'amour de la liberté.
Ainſi il ne faudroit pas chercher la cauſe des
troubles dans les ſeules factions de la cour, ou
dans l'établiſſement ſeul du calviniſme en
France : elle eſt dans ces deux choſes à la fois,
& encore dans la conduite inconſidérée du gouvernement ſous François I. & ſous Henri II.
Cette obſervation ſe confirmera, en jetant un
coup d'œil ſur les Pays-Bas.

Les Pays-Bas qui avoient fait partie de la France, en avoient été ſéparés.

Les Pays-Bas avoient fait partie de la France.   Les ducs & les comtes profiterent, comme ailleurs, de la foibleſſe des rois de la ſe-
conde race, pour ſe rendre indépendants. Sous
la troiſieme, ces provinces parurent étrangeres,
à meſure qu'elles ſe gouvernerent ſans prendre
part à ce qui ſe paſſoit dans le reſte du royaume.   Enfin elles s'en ſeparerent tout-à-fait,
lorſque par le mariage de Marie de Bourgogne
avec Maximilien, elles paſſerent ſous la domination de la maiſon d'Autriche.

Les ſouve-rains n'y a-voient pas u-ne autorité abſolue.

Les ſouverains n'y jouiſſoient pas d'une
autorité abſolue.   L'uſage de convoquer les
états s'y étoit conſervé; & le peuple s'aſſem-
bloit avec la nobleſſe, pour délibérer ſur les
principales affaires, & pour régler les ſubſides.
D'ailleurs il y avoit des villes, qui étoient

proprement des républiques sous la protection du prince.

Les Pays-Bas se souleverent contre Maximilien. Ils furent soumis sous Philippe le Beau son fils, parce qu'ils trouverent en lui un pere qu'ils chérissoient. Charles-Quint lui même sentit le besoin de les ménager, jusqu'au temps où il se crut maître en Allemagne. Son *interim* y commença les désordres, & son fils va les achever.

Trois à quatre cents villes, plus de six mille gros bourgs, & une population nombreuse rendoient les Pays-Bas très florissants. Les habitants étoient propres à l'agriculture, au commerce, à la navigation; &, pendant les dernieres guerres, une partie étoit devenue d'excellents soldats. Or, un peuple laborieux & qui vit dans l'aisance, aime le gouvernement qui fait sa prospérité: il craint les révolutions: il ne se souleve pas, à moins qu'on ne l'y force. Il n'étoit donc pas bien difficile de savoir comment il falloit gouverner les Flamands, pour en faire de bons sujets: mais Philippe en voulut faire des esclaves.

Tous ces peuples avoient de grands privileges & le roi d'Espagne n'avoit pas les mêmes droits sur chacun d'eux. Sa souveraineté sur Groningue, par exemple, se bornoit à recevoit chaque année un tribut de fix mille écus, & à tenir, dans cette province un lieutenant pour prendre connoiffance des caufes civiles, laiffant d'ailleurs les caufes criminelles aux magif-trats du pays, fur lefquels il n'avoit point d'au-torité. Plus ou moins puiffant dans les autres provinces, il les poffédoit à différents titres, & n'étoit abfolu nulle part.

Dans le Brabant, les loix fondamentales étoient, que le prince ne pouvoit autorifer à juger en matiere civile ou criminelle, autre-ment que par les loix & les formes du pays; qu'il ne pouvoit mettre aucun nouvel impôt, fous quelque nom, fous quelque prétexte que ce fût; qu'il ne lui étoit point permis de don-ner les emplois à des étrangers, d'affembler les états hors du pays, d'augmenter le clergé ou de lui accorder de nouveaux biens. Enfin, il étoit arrêté, que fur aucune de ces chofes, il ne fe-roit pas le moindre changement fans le confen-tement des trois ordres des états; & que s'il entreprenoit, par artifice ou par violence, d'en-freindre quelques-uns de ces privileges, le peu-ple feroit délié du ferment de fidélité, & pour-roit prendre tel parti qu'il jugeroit convenable.

Il y avoit un moyen lent pour acquérir une plus grande autorité : c'étoit de refpecter les privileges, de convoquer les états, de ne rien faire qu'avec leur confentement. Par-là, Philip-pe

pe eût gagné la confiance, & obtenu tous les
jours de noveaux droits.　Le peuple abandonne volontiers les soins du gouvernement à
un souverain qu'il aime.　Vous en avez déja
vu la preuve : dans la suite, les Hollandois
vous en donneront encore un exemple.

Lorsque Philippe quitta les Pays-Bas, Paul
IV venoit d'y créer à sa sollicitation treize
nouveaux évêchés.　Ce pape crut que la vigi-
lance d'un plus grand nombre d'évêques arrê-
teroit les progrès de l'hérésie, & le roi d'Espagne s'imagina que plus il prendroit de moyens pour contenir les peuples dans l'obéissance à l'église, plus il les soumettroit à sa propre autorité: car tout prouve que ce prince ne
vouloit faire regner tyranniquement la religion, que pour regner tyranniquement lui-
même.　Mais ses précautions produisirent des
effets tous contraires. Ce ne fut pas sans chagrin
que l'ancien clergé se vit dépouiller en partie
par le nouveau: le peuple regarda tous ces évêques comme autant d'inquisiteurs : il craignit
au moins qu'on ne voulût par-là prendre des
mesures, pour établir ensuite l'inquisition; &
ce n'étoit pas sans fondement.　Il est temps
de vous donner une idée de ce tribunal ecclésiastique, afin que jugeant combien il étoit
contraire aux privileges des Flamands, vous
puissiez comprendre pourquoi ils le redoutoient
par dessus tout.

Tom. XIII,　　　　Q

1559
Il emploie
d'autres mo-
yens.

Etabliffement
de l'inquifi-
tion.

Ce tribunal, comme vous l'avez vu , fut
d'abord établi contre les Albigeois. On le
nomma inquifition , parce que le devoir des
inquifiteurs étoit de rechercher , de juger &
de punir ceux qui étoient coupables ou foup-
çonnés d'héréfie. Les papes chargèrent de ce
faint office les freres prêcheurs, qui avoient
alors tout le zele, qu'ont toujours les ordres
dans leur naiffance ; & les évêques furent affez foibles ou affez ignorants , pour fe laiffer
dépouiller d'un droit qui n'appartenoit qu'à
eux, s'il eft vrai qu'il appartienne à l'églife de
brûler les hérétiques.

Dans ce temps-là , toute opinion contraire
aux prétentions du faint fiege , étoit traitée
comme hérétique par les papes. Il étoit donc
de leur intérêt d'établir par tout un tribunal
auffi redontable. Ils n'eurent pas beaucoup
de peine à le faire reconnoître en Italie ; & en
1478 , Ferdinand le Catholique l'érigea en Efpagne pour achever d'exterminer les Juifs &
les Maures.

Objet de ce
tribunal.

L'objet de l'inquifition eft déja odieux par lui-
même : car rechercher fur de fimples foupçons, c'eft répandre les délateurs , confondre
l'innocent avec le coupable , & jeter le trouble
parmi les familles. Mais la maniere dont elle
procéde , eft encore plus odieufe. Je n'en parlerai que d'après Mariana , qui , ayant écrit en

Espagne, ne peut pas être soupçonné de l'avoir peinte avec des couleurs trop noires.

Les inquisiteurs ont, dans les villes & dans les campagnes, des espions pour observer tout ce qui se dit & tout ce qui se fait. Les personnes qui sont arrêtées comme suspectes ou coupables, ne connoissent jamais leurs accusateurs; on ne les confronte pas avec les témoins; souvent elles ne savent pas ce dont on les accuse. Elles n'ont donc aucun moyen de se défendre, ni de repousser la calomnie. Cependant après avoir été tenues long-temps dans une prison, où elles ont beaucoup souffert, elles sont brûlées vives. La confiscation des biens, une prison perpétuelle & une note d'infamie sont les moindres peines auxquelles on puisse être condamné. Enfin l'inquisition fait porter aux enfants la peine du crime des peres, & ses jugements flétrissent une famille à perpétuité. Si on vous eût laissé à deviner où se trouve un pareil tribunal, vous l'auriez été chercher parmi les nations les plus barbares, & vous ne l'y auriez pas trouvé. Voilà cependant comment les hommes pervertissent une religion qui ne respire que la douceur & l'amour.

Comment il procède.

Mariana parle de la prudence, de la modération, de la probité, & de la solide piété des premiers inquisiteurs. On les choisit tels,

Ce tribunal est odieux par sa nature.

Q 2

selon lui , pour prevenir l'abus que d'autres auroient pu faire de leur pouvoir ; & on fit des loix très sages, pour les retenir dans les bornes de la justice & de la raison. On voit bien qu'il est obligé de parler ainsi : car, par sa nature, l'inquisition est nécessairement hors des bornes de la justice & de la raison , & il est bien difficile d'imaginer qu'on ait pu choisir des inquisiteurs tels qu'il les suppose , ou faire des loix pour contenir ceux qui voudroient abuser de leur pouvoir. Ceux qui établissoient ce tribunal en étoient-ils capables ?

Premier acte des inquisiteurs.

On vit bientôt ce que c'étoit que ce choix & ces loix. Les inquisiteurs commencerent par faire publier une déclaration, par laquelle ils offroient la grace à tous ceux qui viendroient d'eux-mêmes avouer leur faute. On dit, que dix-sept mille personnes vinrent avec confiance dans l'espérance d'obtenir l'absolution. Deux mille, Monseigneur, furent brûlées, & les autres n'échapperent que par la fuite. Voilà le premier acte de la prudence, de la modération , de la probité, & de la solide piété de ce tribunal, dont la puissance s'accrut encore dans la suite. Certainement les Ithaciens n'avoient jamais été aussi cruels contre les Priscillianistes. Cependant S. Martin & S. Ambroise refuserent de communiquer avec eux: le pape Sirice & un concile de Turin les condamnerent; & Ithace fut lui-même dépofé & excommunié par l'églife (*)

Ce tribunal s'établit fans obftacle, parce qu'il ne féviffoit que contre les Juifs & les Maures, que les Efpagnols haïffoient; & il fut plus cruel qu'ailleurs, parce que le peuple, devenu féroce par des guerres de plufieurs fiècles, aimoit à fe baigner dans le fang des ennemis, qu'il avoit eu tant de peine à vaincre. On venoit en foule à ces *Auto da fé*, à ces fpectacles religieux & fanguinaires, où l'on livroit aux flammes avec pompe jufqu'à des milliers de victimes. Les Efpagnols ne prévoyoient pas que ces feux s'allumeroient un jour pour eux.

Pourquoi ce tribunal s'établit fans obftacle en Efpagne.

Ils s'allumerent en 1559 par les ordres de Philippe, qui apprit que le Calvinifme pénétroit en Efpagne, & s'y faifoit des partifans. Il s'y rendit par mer la même année. Mais, ayant été affailli par une tempête furieufe, il crut devoir fon falut au vœu qu'il fit d'exterminer tous les hérétiques; & il ne douta pas que la providence n'eût fait un miracle pour un *Auto da fé*.

Vœu de Philippe II.

Arrivé en Efpagne, il s'empreffa d'aller à Séville, où les inquifiteurs avoient ramaffé des

Auto da fé dont il goûta

(*) Voyez Tillemont tom. 8 des Prifcillianiftes, article 11 & fuivans.

Q 3

le spectacle.

Protestants, pour lui donner un spectacle digne de lui. On en brûla treize, tant hommes que femmes. Quelques jours après, vingt-huit gentils-hommes furent encore brûlés à Valladolid en sa présence. Il voyoit de ses fenêtres ces malheureux dévorés par les flammes, il entendoit leurs cris: bien loin d'en détourner la vue, ou de montrer quelque reste de pitié, il portoit sur eux ses regards avec une sorte de plaisir barbare. Malheur à ceux qui ne le partageoient pas: car des espions, répandus parmi le peuple, avoient ordre de faire arrêter quiconque laisseroit échapper quelque signe de compassion. L'humanité étoit une hérésie aux yeux de ce prince.

Jugement de l'inquisition contre des personnes qui avoient été attachées à Charles-Quint.

Constantin Ponce & Jean Egidius, deux hommes de mérite, étoient morts; le premier pendant qu'on lui faisoit son procès, le second après avoir été renvoyé absous: Ponce avoit été confesseur & prédicateur de Charles-Quint; Egidius, prédicateur de réputation, avoit été nommé par l'empereur à l'évêché de Tortose. Il seroit difficile de dire s'ils étoient coupables, ou si les inquisiteurs voulurent flétrir la mémoire de deux hommes, dont le crédit avoit excité leur jalousie. Ils en reprirent le procès, & firent brûler deux fantômes de paille habillés en prédicateurs. Enfin on arrêta Barthelemi Caranza, archevêque de Tolede. Il avoit assisté Charles-Quint dans les derniers

moments de fa vie. Ce fut là tout fon crime :
car l'empereur étoit foupçonné d'être mort
avec quelque penchant pour la religion proteftante. Ce prélat fut tenu en prifon long-
temps, & on lui confifqua fon temporel.

Philippe ayant appris qu'il y avoit des Proteftants dans un Canton de la Calabre, ordonna au vice-roi de Naples de faire marcher les
troupes contre eux ; & tous furent paffés au
fil de l'épée, excepté quatre-vingts, dont une
partie fût brûlée, & l'autre pendue. Le duc
de Savoie avoit voulu convertir de la même
maniere des Calviniftes, qui habitoient dans
fes montagnes, & fes miffionnaires avoient été
défaits. Le roi d'Efpagne donna ordre au gouverneur de Milan de conduire des fecours au
duc, écrivant à celui-ci de n'épargner ni le
bois ni les cordes. Sa lettre finiffoit par ces
mots : *todos à las fuercas, todos à las fuercas.*
Les tentatives qu'il fit plufieurs fois pour introduire l'inquifition dans le royaume de Naples
& dans le Milanès, ne firent que foulever les
peuples ; cependant il ne défefpéra jamais de
l'y établir un jour. Auffi ne ceffa-t-il d'exhor-
ter les papes à conjurer, avec tous les princes
catholiques, l'extinction des hérétiques. J'ai
raffemblé toutes ces chofes, afin de n'y plus
revenir.

Il n'eft pas douteux que l'inquifition ne
contribuât en Efpagne à rendre l'autorité de

ficulté d'éta-
blir l'inquifi-
tion hors de
d'Eſpagne.

Philippe plus abfolue : voilà pourquoi il vouloit l'établir dans tous ſes états. Mais il raiſonnoit mal, parce qu'il ne ſavoit pas remarquer la différence des circonſtances. Il auroit
dû obſerver que les Eſpagnols n'avoient ſouf-
fert l'érection de ce tribunal, que parce qu'ils
n'avoient pas prévu qu'il s'érigeoit contre eux;
& qu'ils n y reſtoient ſoumis, que parce que
la terreur des *Auto da fé* répandoit une méfiance générale, qui ne permettoit pas de concerter un ſoulévement. Il n'en étoit pas de
même des Napolitains, des Milanois & des
Flamands: ils ne pouvoient pas s'y méprendre;
& le clergé, qui commençoit à connoître ſes
droits, s'oppoſoit à l'inquiſition, autant que
les peuples. Philippe auroit donc dû prévoir que
plus il feroit d'efforts, plus on lui réſiſteroit;
& que l'ombre même d'un inquiſiteur excite-
roit des tumultes. Mais ſon deſpotiſme aveugle ne prévit rien.

Le cardinal
nal Granvel-
le ſe rend o-
dieux aux Fla-
mands, qui
craignoient
déja Philippe
& l'inquiſi-
tion.

Le ſang froid cruel du roi d'Eſpagne étoit
connu dans les Pays-Bas: la renommée l'exa-
geroit, s'il étoit poſſible, & les Flamands
croyoient, en quelque ſorte, appercevoir la fu-
mée des *Auto da fé*. Marguerite, ducheſſe de
Parme, que ce roi avoit nommée gouvernante,
étoit aimée : il ne tenoit pas à elle que les peuples ne fuſſent heureux, & que, par conféquent
ſon frere n'eût ſur eux toute l'autorité, que les
princes ont toujours ſur leurs ſujets, lorſqu'ils

en font le bonheur. Mais on lui avoit donné, pour premier miniftre, Granvelle, alors évêque d'Arras, & quelque temps après, cardinal. Cet homme naturellement dur, le devint encore davantage, pour plaire à fon maître; & fans égard pour les loix & pour les privileges, il voulut gouverner en defpote.

Après le traité de Cateau-Cambrefis, les Flamands avoient fupplié le roi de retirer les troupes Efpagnoles, que la paix, qu'on venoit de faire, rendoit inutiles. Philippe les laiffa, parce qu'il les jugea néceffaires pour établir fon autorité abfolue, & ne fit aucune attention aux repréfentations des états.

Ils demandent qu'on retire les troupes efpagnoles.

Cette conduite parut fufpecte & aliéna les efprits. On fit encore des repréfentations à ce fujet, après le départ du roi; & d'autres entreprifes du miniftère donnerent lieu à d'autres plaintes. Granvelle affecta de ne pas s'en appercevoir : il éluda toutes les demandes des états; & les peuples fe refuferent aux impofitions néceffaires pour l'entretien des troupes. Alors il fallut céder, & les Efpagnols partirent au commencement de 1561. Tel eft fouvent le defpotifme : il entreprend plus qu'il ne peut, il fe compromet; cependant lorfqu'il eft contraint de s'arrêter, il perd toujours plus qu'il n'a gagné par la violence.

Philippe eft forcé à y confentir.

Les Flamands fe réjouirent de ne plus voir chez eux de troupes étrangeres. Ils s'applau-

La crainte de l'inquifition

diſſoient de la foibleſſe , que le gouvernement
venoit de montrer.   Ils n'en avoient pas plus
de confiance au roi ni au miniſtre : ils ſe ſen-
toient ſeulement plus enhardis : ils continuoient
toujours de redouter l'inquiſition : les Proteſtants entretenoient parmi eux ces craintes ; &
la conduite de Granvelle ne les confirmoit que
trop.   Bientôt regardant la religion prétendue réformée comme un aſyle contre le deſpotiſme , ils embraſſerent à l'envi la doctrine de
Luther. Voilà le fruit des perſécutions incon-
ſidérées.

La défenſe de la religion mit dans leur ame
un fanatiſme , qui tiendra lieu de l'amour de
la liberté : car ils ne ſongeoient point encore
à ſe ſouſtraire à tout ſouverain.   Ils prendront
de la confiance , en voyant juſques dans le
conſeil de la régente , des ſeigneurs du pays em-
braſſer leurs intérêts.   C'eſt Guillaume de
Naſſau , prince d'Orange , c'eſt le comte d'Egmont , le comte de Horn , & pluſieurs autres.
La mauvaiſe politique de Philippe a donc été
la cauſe des progrès du luthéraniſme dans les
Pays-Bas , du mécontentement des peuples , &
des factions parmi les miniſtres.   Nous verrons
bientôt les guerres qui naîtront de là.

Pendant le court regne de François II ,
l'Allemagne n'offre rien qui mérite d'être remarqué.   On voit ſeulement les efforts inuti-

les de l'empereur pour engager les Proteftants
à reconnoître le concile de Trente, qui alloit
fe rouvrir. Ferdinand I fut contraint d'abandonner ce deffein, & de confirmer la paix de religion
de 1555. Il eft temps de repaffer en Angleterre
pour obferver Elifabeth, & avec elle les
principales puiffances de l'Europe.

confirmer la paix de reli-gion.

CHAPITRE V.

Des principales puissances de l'Europe depuis l'avénement d'Elisabeth au trône d'Angleterre jusqu'à la paix de Vervins.

La mort de François II dissipe les projets du duc de Guise sur l'Angleterre.

LES Catholiques ne reconnoissant point la légitimité d'Elisabeth, lui contestoient tout droit au trône, & le duc de Guise établissoit là dessus ses projets d'ambition, songeant au crédit qu'il acquerroit si sa niece, qui avoit réuni l'Écosse à la France, y réunissoit encore l'Angleterre. Il avoit, en conséquence, déterminé Henri II à faire prendre au dauphin & à la dauphine les titres que leur donnoient leurs droits reconnus par les Catholiques, & on n'attendoit plus que l'occasion pour les faire valoir. Mais la mort de François II dissipa tous les projets du duc de Guise, & en même temps toutes les inquiétudes qu'ils avoient pu donner à la reine Elisabeth.

Marie Stuart se prépare à

Marie Stuart n'avoit presque plus de considération à la cour de France : elle étoit au

contraire expofée aux dégoûts, que lui donnoit Catherine de Medicis. Cette reine fe
vengeoit fur elle du peu d'autorité qu'elle
avoit eue pendant le regne de François II.
Il fallut donc que Marie fe préparât à retour-
en Écoffe. Voyons quel étoit l'état de ce royaume.

retourne en
Ecoffe.

En 1513 Jacques V monta fur le trône
d'Écoffe. Il avoit à peine deux ans, & la régence, qu'un prince du fang conteftoit à la
reine mere, produifit auffitôt deux factions.
Les troubles qui en nâquirent, durerent pendant toute la minorité: ils continuerent même,
après que le roi eut pris les rênes du gouvernement; & lorfqu'il commençoit à fe flatter
de les voir diffipés, le calvinifme, qui avoit
pénétré en Écoffe, jetoit de nouvelles femences de divifion, & préparoit de plus grands
maux. Le roi trouva des fujets défobéiffants
dans les partifans de la nouvelle doctrine; &
la nobleffe qui faifoit la principale force de
ce parti, le traverfa prefque toujours dans fes
deffeins. Il mourut en 1542 du chagrin que
lui donnoient toutes ces diffentions.

Le calvinif-
me avoit dès
fa naiffance
porté de nou-
veaux trou-
bles en Ecoffe
fous Jacques
V pere de Ma-
rie.

Marie Stuart qu'il avoit eue de Marie de
Lorraine, fœur des Guifes, n'avoit alors que
huit jours. Une feconde minorité réveilla
toutes les factions, & en fit naître de nouvelles. Cependant, après quelques années de trou-

Après la mort
de Jacques,
Marie de Lor-
raine fa veuve
fe faifit de la
régence.

bles , la reine mere fe faifit de la régence , avec les fecours que Henri II lui envoya , & la jeune reine deftinée au dauphin fut conduite en France en 1548.

Les Calvi-
niftes d'Ecoffe
conjurent la
ruine des Ca-
tholiques ,
lorfqu'ils ap-
prennent les
perfécutions
que Marie
reine d'Angle-
terre, fait aux
Proteftants.

Lorfque la régente fongeoit à ramener les novateurs , ou du moins à refroidir leur faux zele , en tenant avec eux une conduite modérée; la mort d'Édouard lui fit efpérer , qu'étant pri-vés de l'appui que l'Angleterre leur donnoit , ils fe refroidiroient infenfiblement d'eux mê-mes. Elle ne fe fût peut-être pas trompée dans fon attente, fi Marie, fille de Henri VIII, eût été capable de quelque modération. Mais les Proteftants que cette reine chaffa par la ter-reur des fupplices, ayant cherché un afyle en Écoffe , porterent avec eux la haine qu'ils avoient conçue contre les Catholiques , & firent craindre aux Écoffois des perfécutions dont ils n'étoient pas encore menacés. Alors le comte d'Angus, le lord Lorne fon fils, les comtes de Morton & de Glencarne, & plu-fieurs autres formerent une affociation, qu'ils nommerent la congrégation du Seigneur, pour l'oppofer à l'églife romaine , qu'ils nommoient la congrégation de Satan. La formule de cette affociation étoit conçue en ces termes. »Nous » appercevant de la rage infernale, avec laquel-» le Satan, par l'organe de fes fuppôts , les An-» techrifts de nos jours, cherche à renverfer » & à détruire l'évangile de Jéfus-Chrift, &

» l'affemblée de fes fideles, nous nous fommes
» crus obligés de prendre la défenfe de la caufe
» de notre maître, même jufqu'au péril de no-
» tre vie, certains de triompher en lui. Nous pro-
» mettons donc, en préfence de la majefté divi-
» ne & de cette congrégation, qu'avec le fecours
» de la grace, nous confacrerons conftamment
» nos foins, notre pouvoir, nos biens & nos jours
» à conferver, à étendre, à établir la parole fa-
» crée du Très-Haut & fa congrégation. Nous fe-
» rons tous nos efforts pour raffembler des paf-
» teurs fideles, qui puiffent adminiftrer les con-
» folations du faint évangile, & les facrements
» à fon peuple dans toute leur pureté. Nous
» nous engageons à foutenir ces pafteurs, à
» pourvoir à leur fubfiftance, à les défendre,
» ainfi que toute cette congrégation en général
» & chacun de fes membres en particulier, de
» toute notre puiffance, contre Satan & contre
» toute autorité impie, qui entreprendroit de
» tyrannifer, ou de troubler la dite congréga-
» tion. Nous nous uniffons à elle, de même
» qu'à la parole divine: nous déteftons, nous
» abandonnons la congrégation de Satan, fes
» fuperftitions, fes abominations & fes prati-
» ques d'idolâtrie. Nous nous déclarons ouver-
» tement fes ennemis par cette promeffe fincere,
» faite devant Dieu, que nous dépofons ici,
» fignée de notre main, à Édimbourg le 3 dé-
» cembre 1557.

Marie de Lorraine est trop foible pour combattre le fanatisme qui passe d'Angleterre en Écosse.

Vous voyez que ces enthousiastes ne se bornent pas à demander l'exercice de leur religion ; ils conjurent la ruine des Catholiques. Ils sont prêts à prendre les armes pour prévenir les persécutions, qu'on fait ailleurs contre les Protestants, jugeant qu'ils seront exterminés, s'ils n'exterminent. Parce qu'ils se disent de la congrégation du Seigneur, ils se croient envoyés de Dieu, pour extirper la *congrégation de Satan*. Malheureusement ils se voyoient soutenus par la plus grande partie du peuple, & ils osoient déja donner des réglements sur la maniere de prier. La régente éprouva que les autres princes avoient donné au fanatisme des forces auxquelles elle ne pouvoit plus opposer de barriere. La conduite modérée qu'elle tenoit avec ces enthousiastes, ne les rassuroit pas. Ils n'attribuoient sa modération qu'à son impuissance, & ils jugeoient qu'elle n'attendoit que le moment de pouvoir sévir impunément, persuadés qu'elle devoit persécuter, puisqu'elle étoit Catholique. Or, ce fanatisme devoit produire en Écosse des désordres d'autant plus grands, que les peuples y étoient plus féroces qu'ailleurs, & presqu'encore sauvages.

A l'avénement d'Elisabeth les Protestants Écossois se flattent de trouver une protection

L'avénement d'Elisabeth donna une nouvelle hardiesse aux Protestants écossois, car ils se flatterent que cette reine ne leur refuseroit pas des secours. Dans ce siecle, le prince le plus sage avoit d'autant plus de peine à se bien conduire,

conduire, que tout ce qui fe faifoit de mal dans les états des autres, influoit néceſſaire-ment dans les ſiens. La congrégation du Seigneur oſa demander à la régente & au parle-ment l'extinction de l'idolâtrie ; c'eſt ainſi qu'elle déſignoit l'égliſe romaine.

dans cette reine.

Marie de Lorraine temporiſoit, lorſque Jean Knox arriva de Geneve, avec tout le fa-natiſme de la ſecte de Calvin. Aux déclama-tions de ce forcené, le peuple devint furieux, briſa les images, renverſa les autels, enleva les vaſes ſacrés, pilla, détruiſit pluſieurs monaſtè-res. La régente fut obligée de prendre les ar-mes : mais il fallut bientôt négocier, parce que les grands, qui vouloient faire ſervir l'enthou-ſiaſme du peuple à leur ambition, s'étoient mis à la tête des rebelles dont le parti croiſſoit tous les jours.

Jean Knox allume enco-re leur fana-tiſme. il les aime & les grands ſont à leur tête.

L'accommodement ne pouvoit pas être durable. Les rebelles connoiſſoient trop les châtiments qu'ils méritoient, pour ſe repoſer ſur un traité, auquel ils avoient forcé l'autorité légitime. Les chefs prenoient donc de nou-velles meſures. Ils continuoient d'exciter le peuple, ils lui faiſoient de nouveaux ſujets de crainte, ils lui offroient le pillage des égliſes & des monaſtères, & Knox avec ſes déclama-tions groſſieres & extravaguantes n'étoit que trop propre à remuer des eſprits ignorants & ſauvages.

Tom. XIII. R

Sur ces entrefaites, le mariage du dauphin avec Marie Stuart, & la mort de Henri II, qui arriva l'année suivante, fournirent aux chefs des factieux de nouveaux prétextes, pour animer encore le peuple. Ils lui représenterent la puissance des Guises en France, & l'usage qu'ils en faisoient contre les Calvinistes ; ils lui firent craindre les secours qu'ils enverroient à la régente ; & ils le firent si bien entrer dans toutes leurs vues, qu'ils oserent, de leur propre autorité, publier un acte, par lequel ils ôtoient la régence à Marie de Lorraine, & ordonnoient aux troupes françoises de sortir du royaume.

Ils publient un acte, par lequel ils ôtent la régence à Marie de Lorraine & ordonnent aux troupes françoises de sortir du royaume.

Leur confiance se fondoit principalement sur les secours qu'ils demandoient à la reine d'Angleterre, & qu'ils se flattoient d'obtenir. En effet, les intérêts d'Elisabeth ne s'accordoient que trop avec les leurs. Le titre de reine d'Angleterre que Marie Stuart avoit pris, découvroit assez les desseins, que les Guises se proposoient d'exécuter, après avoir subjugué l'Écosse. Elle voyoit que les Catholiques, mécontents de son gouvernement, n'attendoient que l'occasion pour se déclarer en faveur de sa rivale. Elle jugea donc qu'elle assuroit sa couronne, si elle entretenoit les troubles en Écosse, & ses troupes marcherent. Elles mirent le siege devant Leith, où les François s'étoient renfermés.

Elisabeth leur donne des secours.

Dans ces circonstances, la tempête dispersa une flotte qui conduisoit le marquis d'Elbœuf, & la régente mourut. Cette princesse, dit Mr. Hume, joignoit aux talents qui étoient comme héréditaires dans sa maison, une modération & des vertus qu'on ne remarquoit pas dans les autres princes de son sang. Après ces deux évé-nements, les François ne pouvant plus se main-tenir en Écosse, les ministres de France & d'Angleterre signerent à Edimbourg un traité, qui portoit que les troupes françoises évacue-roient incessamment l'Écosse ; que François & Marie cesseroient de prendre le titre de roi & de reine d'Angleterre ; & qu'ils accorderoient une amnistie générale pour tout ie passé. Ils réglerent aussi la part que le parlement auroit au gouvernement. Elisabeth sut si bien se conduire dans cette conjoncture, qu'elle conserva plus d'autorité sur les Écossois, qu'elle n'en laissoit à Marie même.

Traité conclu à Edimbourg avec les re-belles.

Les chefs de la congrégation se trouvoient maîtres du royaume. Ils convoquerent un par-lement, dans lequel on conclut la ruine en-tiere de la religion Catholique. Bientôt les Protestants sévirent avec fureur : ils abolirent la messe, établirent leurs minis-tres, pillerent les monastères & les égli-ses, & se saisirent des biens du clergé. L'ava-rice jointe au fanatisme produisoit par tout un brigandage, qu'aucune puissance ne pouvoit ré-

Ils abolissent dans un par-lement la re-ligion catho-lique.

R 2

primer. Cependant François & Marie refufoient de ratifier le traité d'Édimbourg , & de
reconnoître un parlement, qui s'étoit affemblé
fans leur aveu. C'est dans ces circonftances, que
le roi de France étant mort, Marie fe vit forcée à retourner dans un royaume, où fes fujets
étoient les ennemis de fon autorité & de fa
religion. Elle quitta le titre de reine d'Angleterre : mais quelques inftances que fiffent auprès d'elle les miniftres d'Elifabeth, elle refufa
de renoncer aux droits qu'elle avoit à cette
couronne.

Marie Stuart arrive en E-coffe.   Elle fut conduite en Écoffe par fes oncles
le duc d'Aumale, le grand-prieur & le mar-
quis d'Elbœuf. Elle avoit à peine dix-neuf ans.
Si fes graces féduifantes & les charmes de fon
efprit étoient fans force dans un climât prefque
fauvage, l'éclat de fa beauté frappa les yeux
de ces peuples brutaux, & fes manieres hu-
maines, affables, bienfaifantes toucherent ces
ames féroces: elle eût été adorée par des hommes, elle captiva quelque temps les Écoffois.

Sa préfence paroît calmer le fanatifme ; mais ce n'eft que pour un momens.   La vue de cette princeffe aimable produifit
donc au moins un calme paffager. Voulant
en profiter pour rétablir l'ordre, elle eut la
fageffe de donner fa confiance à des miniftres
agréables à la nation. Mais l'enchantement :
diffipa bien vîte. Les fanatiques fortirent
comme d'un fonge : ils fe réveillerent en pen-
fant que la reine étoit catholique. Ils lui avoient

accordé comme une faveur d'avoir une messe dans sa chapelle; & cependant ils se demandoient : souffrirons-nous cette idolâtrie ? un idolâtre n'est-il pas digne de mort ? peut-il conserver quelque autorité dans l'état ? Le clergé prétendu réformé osoit faire des prieres publiques pour sa conversion. Il lui déclaroit ouvertement qu'il espéroit de lui voir bientôt abjurer ses erreurs ; & il lui demandoit de payer ses vœux & ses prieres par une augmentation de biens. Elle tenta vainement d'adoucir le caractère brutal de Jean Knox. Elle descendit jusqu'à le prier, s'il trouvoit quelque chose à reprendre dans sa conduite, de l'en avertir en particulier, & de ne pas l'avilir dans ses sermons aux yeux du peuple. Il lui répondit que si elle vouloit venir à l'église, elle y entendroit l'évangile de la vérité; & il ne cessa jamais d'invectiver contre elle, ni de soulever les esprits par des discours séditieux. Tout étoit un objet de scandale dans cette jeune princesse, son enjouement, sa parure, ses amusemens les plus innocents. On la contrarioit, en un mot, dans tous ses goûts. Quelques ornements, que les femmes portoient sur leurs habits, parurent à ces réformateurs aussi absurdes que rigides, comme une vanité criminelle, qui devoit attirer la colere du ciel sur tout le royaume.

R 3

Elle recher-
che l'amitié
d'Elifabeth :
qui eft fon en-
nemie par po-
litique & par
jaloufie.

Sans appui, n'ayant que des revenus très-
médiocres, entourée de factions, au milieu
d'une nobleffe féditieufe, d'un peuple fuperftitieux, & d'un clergé infolent, Marie fentit
combien il étoit de fon intérêt d'être en bonne
intelligence avec Elifabeth, qui avoit plus
d'autorité qu'elle en Écoffe. Mais la politique fembloit donner d'autres confeils à la reine
d'Angleterre. Pouvoit-elle fe lier avec une
princeffe, qui avoit des droits fur fa couronne,
& qui l'avoit déclaré fi ouvertement? ne feroit-
ce pas enhardir les Catholiques, qui la défi-
roient fur fon trône, à tramer quelque confpiration contre le gouvernement préfent? & pouvoit-elle contribuer à lui procurer un regne
tranquille, fans s'expofer à troubler elle-mê-
mème fon propre repos? Malheureufement
le caractère d'Elifabeth n'entroit que trop dans
les vues de fa politique, & fa prudence fervoit
à voiler d'autres motifs qu'elle n'avouoit pas,
mais qu'elle cachoit mal. Avec le génie d'un
homme, elle avoit toutes les petiteffes d'une
femme : elle étoit artificieufe, fauffe, coquette, impérieufe, & jaloufe. C'eft pourquoi
autant elle montroit de courage & de prudence
avec les miniftres des autres princes, autant
elle laiffoit voir de frivolité avec l'ambaffadeur
de Marie. Elle lui faifoit des queftions fur la
figure de cette princeffe, fur fa taille, fur la
couleur de fes cheveux : elle lui demanda qui

des deux jouoit mieux du clavecin; elle pouſſa
même l'indiſcrétion juſqu'à lui demander, laquelle étoit la plus belle. Elle paroiſſoit tous
les jours avec de nouvelles parures, avec de
nouveaux habits : tantôt vêtue à l'angloiſe,
tantôt à l'Italienne, tantôt à la françoiſe, elle
ſembloit vouloir paſſer pour la plus belle femme de chaque nation, & on eût dit qu'elle ne
voyoit le miniſtre écoſſois, que pour traiter
avec lui des droits aux graces & à la beauté. Au
reſte, ſon inquiétude n'étoit pas ſans fondement:
car, à cet égard, Marie avoit tout l'avantage. Il
étoit aiſé de s'appercevoir qu'indépendamment
de toute raiſon politique, Éliſabeth ſeroit toujours l'ennemie de la reine d'Écoſſe ; & que ſes
démonſtrations d'amitié ne ſeroient jamais que
fauſſeté & diſſimulation.

Marie cependant, qui vouloit compter ſur
cette amitié, parce qu'enfin elle en avoit be-
ſoin, lui fit propoſer de la cimenter, en la
reconnoiſſant pour ſon héritiere à la couronne
d'Angleterre. Vous pouvez juger ſi cette propoſition fut agréée. Eliſabeth répondit que Marie, refuſant de ratifier le traité d'Edimbourg,
paroiſſoit aſſez dans le deſſein de ne pas attendre que la ſucceſſion fût ouverte, & que dans
cette conjoncture, elle n'auroit pas l'imprudence de lui donner de nouveaux partiſans en Angleterre, en la montrant aux Anglois, comme devant être un jour leur reine. Elle ajouta

Elle négocie avec elle ſans ſuccès.

R 4

cependant , que fi Marie vouloit ratifier le
traité , elle offroit de l'expliquer , & d'ôter tout
foupçon qu'elle voulût l'exclure de fa fucceffion.
Alors la reine d'Écoffe confentit à renoncer à
toutes prétentions actuelles fur la couronne
d'Angleterre , pourvu qu'Elifabeth lui en affu-
rât l'héritage. Cette derniere propofition étoit
fi jufte , qu'Elifabeth ne pouvoit s'y refufer ,
fans mettre le tort de fon côté : elle prit donc
le parti de laiffer traîner cette affaire , jufqu'à ce
qu'enfin on n'en parlât plus.

Elifabeth ne craignoit rien tant que d'être
expofée à partager fon autorité , jufques-là
qu'elle auroit pris ombrage , non-feulement
d'un mari , mais encore de fes propres enfants.
Elle paroiffoit haïr d'avance quiconque pouvoit
lui fuccéder : elle paroiffoit même vouloir empêcher que ceux qui avoient quelque droit au
trône , puffent avoir des defcendants. Le comte
Hartfort , ayant époufé fecretement Catherine
Gray , fœur cadette de l'infortunée Jeanne ,
elle les fit enfermer dans la tour de Londres , &
ne rendit la liberté au comte qu'après la mort
de fa femme. Avec ce caractère , elle étoit bien
éloignée de défigner pour fon héritiere une
princeffe , que beaucoup d'Anglois defiroient
de voir fur le trône.

Quoiqu'elle ne paroiffe pas avoir été infen-
fible à l'amour , elle fe déclara ouvertement

Combien E-
lifabeth étoit
jaloufe de fon
autorité.

C'eft pour-
quoi elle fe

pour le célibat, par la crainte de perdre son autorité. Cependant elle n'étoit pas fâchée qu'on imaginât qu'elle ne persisteroit pas dans cette résolution. Elle laissoit volontiers concevoir des espérances aux princes étrangers, & aux grands du royaume, qui aspiroient à sa main ; les ménageant toujours, ne s'engageant jamais , & les retenant par ce moyen dans ses intérêts. Sa politique s'accordoit en cela parfaitement avec sa coquetterie. Cependant quelles qu'aient été les petitesses de cette reine , elle ne les eût pas eues , si elle n'eût pas été femme ; & vous verrez qu'en changeant de sexe, elle eût été un grand homme. Marie Stuart n'étoit pas un grand homme : mais elle n'avoit pas , comme Elisabeth , toutes les petitesses de son sexe, peut-être parce qu'elle étoit plus sûre d'en avoir toutes les graces.

résolut à vivre dans le célibat sans néanmoins ôter toute espérance à ceux qui aspiroient à sa main.

Les circonstances étoient bien différentes pour ces deux princesses. Tandis que Marie , enveloppée dans une suite d'événements funestes, n'a rien à se reprocher & s'attend chaque jour à de nouveaux malheurs; tout devient favorable à la reine d'Angleterre. Sa rivale impuissante est au moment d'être opprimée par des sujets rebelles : les Guises qu'elle avoit redoutés, ne peuvent plus rien entreprendre, depuis qu'ils ont perdu en France une partie de leur autorité. Elle ne voit aucun sujet d'inquiétude ni au dehors ni au dedans; & le calme est

Dans des circonstances bien différentes de celles de Marie Stuart, elle fait de grandes choses.

dans ſes états, pendant que des orages s'élevent tout autour d'elle. Dans cette ſituation
heureuſe, elle ſe fit un plan de ne rien entreprendre témérairement, & de s'occuper du
bonheur de ſes peuples. » Elle acquitta une
» partie des dettes immenſes de la couronne:
» elle fit des réglemens ſur la monnoie, que
» ſes prédéceſſeurs avoient conſidérablement
» altérée: elle remplit ſes arſenaux d'armes,
» qu'elle fit venir d'Allemagne & d'autres en-
» droits: elle engagea la nobleſſe à s'en pour-
» voir à ſon exemple: elle introduiſit dans ſes
» états l'art de faire la poudre, & de fondre
» des canons de cuivre; elle fortifia ſes fron-
» tieres du côté de l'Écoſſe; fit de fréquentes
» revues de ſes milices; & favoriſa l'agricultu-
» re, en favoriſant l'exportation des grains.
» Elle releva le commerce & la navigation:
» elle augmenta ſi conſidérablement la marine
» de ſon royaume, par les vaiſſeaux qu'elle fit
» conſtruire à ſes frais, & par ceux qu'elle en-
» gagea les négocians à faire conſtruire à leurs
» dépens, qu'elle fut regardée à juſte titre com-
» me la reſtauratrice de la puiſſance & de la
» gloire maritime d'Angleterre, & comme la
» ſouveraine des mers du nord. Loin que ſon
» économie naturelle fût un obſtacle à ces
» grandes entrepriſes, elle lui aſſuroit au con-
» traire les moyens de les exécuter avec plus de
» certitude. Enfin l'Europe entiere admira dans

» la conduite de cette princesse, tout ce que des
» projets conçus, dirigés prudemment & sui-
» vis avec constance, peuvent produire d'a-
» vantageux à une nation. » Dans ce tableau,
que fait Mr. Hume, Elisabeth n'est plus une
petite coquette, occupée de sa personne & de
sa parure, c'est un roi digne du trône.

Un triumvirat s'étoit formé en France. Le
duc de Guise, le connétable de Montmorenci,
& le maréchal de S. André : ces trois hommes
qui avoient fait auparavant à la cour trois partis contraires, jurerent au commencement du
regne de Charles IX de ne plus séparer leurs
intérêts & de s'unir pour la défense de l'ancienne religion. Ce motif étoit dans le connétable seul l'effet d'un zele sincere : car autrement il auroit penché à prendre le parti du prince de Condé, dans lequel étoient Coligni &
Dandelot ses neveux.

Triumvirat en France au commencement du regne de Charles IX. 1561

Catherine de Medicis, à qui ce triumvirat
donnoit de l'inquiétude, craignit que le roi
de Navarre ne s'y joignît encore, comme il en
étoit vivement sollicité. Afin de le retenir,
elle le flatta de traiter plus favorablement les
Huguenots. Cependant elle ne tint pas, ou
du moins elle ne put tenir sa parole : car au
mois de juillet, il parut un édit qui interdisoit
toute assemblée aux Calvinistes.

Catherine de Medicis, qui craint les triumvirs, veut s'atta-cher le roi de Navarre.

1561

Voyant alors qu'on tramoit pour diminuer son autorité, elle s'attacha le roi de Navarre & & l'amiral, en faisant convoquer une assemblée à Poiffi, dans laquelle les Catholiques & les Proteftants devoient difcuter les points controverfés, & chercher les moyens de fe réunir. Les plus fages s'oppofoient à ce deffein, parce qu'ils en prévoyoient l'évenement : mais le cardinal de Lorraine l'approuva, comptant que ce feroit une occafion de faire briller fon éloquence. Cette affemblée s'ouvrit le 9 de feptembre, en préfence du roi, de la reine & des princes du fang : c'eft ce qu'on nomme *le colloque de Poiffi*. Théodore de Beze y parla pour les Huguenots. On difputa, & les deux partis fe féparerent, chacun avec la confiance d'avoir vaincu.

1562

Le colloque de Poiffi parut avoir converti Antoine de Bourbon. Il eft au moins certain que, follicité par le légat qui le flattoit de la reftitution du royaume de Navarre, il revint à la communion romaine, & s'unit au triumvirat. Jaloux d'ailleurs du mérite de fon frere, il voyoit qu'il ne joueroit jamais que le feeond rôle dans le parti des Calviniftes ; & il crut qu'en qualité de premier prince du fang, il feroit plus confidéré dans le parti qui fuivoit le roi, ou que le roi fuivoit. Jeanne d'Albret, qui avoit fouffert impatiemment le huguenotifme de fon mari, parce qu'elle ne vouloit pas, difoit-elle, perdre le peu qui lui reftoit, fe fit huguenote quand le roi de Navarre fe fit catholique, & devint huguenote très-opiniâtre.

La reine vit que l'union du roi de Navarre aux triumvirs, alloit lui enlever le peu d'autorité qu'elle confervoit encore. Elle facrifia donc fa religion à fes intérêts, & fe jetant dans le parti des Huguenots, elle fit révoquer l'édit de juillet, & en fit donner un autre qu'on appella l'édit de janvier, & qui leur permettoit les affemblées & tous les exercices de leur religion, jufqu'à ce que le concile général eût décidé fur les points conteftés.

Alors Catherine paffe dans le parti des Huguenots & fait donner un édit en leur faveur.

1562

Dès que Philippe II eut appris cette nouvelle, il fe hâta d'écrire au pape, au roi de Navarre, à Catherine de Medicis, & à tous les princes catholiques, pour témoigner la douleur qu'il en reffentoit. Il les exhortoit à prendre les armes, afin de porter le dernier coup au parti proteftant, & il offroit de fa part tous les fecours qu'on jugeroit néceffaires.

Philippe II défaprouve cet édit.

Antoine de Bourbon, follicité par le légat & par l'ambaffadeur d'Efpagne, qui lui offroient toujours l'appât du royaume de Navarre, preffa la reine d'éloigner de la cour les Colignis à qui elle paroiffoit donner fa confiance. Elle y confentit à condition que le cardinal de

Les chefs des deux partis fe retirent de la cour.

Lorraine, le duc de Guife & le maréchal de S. André, fe retireroient dans leurs terres. La condition fut acceptée, parce que ces feigneurs comptoient trouver l'occafion de revenir, & que d'ailleurs ils laiffoient auprès de Charles IX, le roi de Navarre & le connétable de Montmorenci, qui veilleroient fur leurs intérêts.

Commencement de la guerre civile. La cour étoit alors à Monceaux, près de Meaux ; & Condé voyant la retraite de fes ennemis, vint à Paris dans l'efpérance de s'en rendre maître. Le roi de Navarre fut effrayé du projet de fon frere, & n'ofant s'y oppofer tout feul, il invita le duc de Guife & le connétable à s'avancer avec des troupes, & à fe joindre à lui. Le duc étant arrivé à Vaffi, petite ville de Champagne, fes gens en vinrent aux mains avec les Huguenots, qui tenoient leur prêche dans une grange : il y fut lui-même bleffé, & ce fut là le commencement de la guerre civile.

Condé, à la follicitation de Catherine, arme contre les triumvirs, qui fe font faifis de la perfonne du roi. Le prince de Condé fortit alors de Paris, & s'empara d'Orléans, dont il fit fa place d'armes : mais les triumvirs fe rendirent maîtres de la perfonne du roi, & le conduifirent à Paris, malgré la réfiftance de la reine, qui repréfentoit que cette violence autoriferoit les rebelles, & romproit toutes les mefures qu'elle avoit prifes, pour ramener les efprits par la douceur. C'est qu'elle se voyoit désormais sans autorité: aussi écrivit-elle plusieurs lettres au prince de Condé, pour l'inviter à la délivrer, elle & le roi, de la dépendance où ils étoient. Ce motif fut en effet celui que publia Condé dans ses manifestes, où il représenta le roi & la reine, comme en captivité sous la puissance des Guises. Aussitôt les Huguenots prirent les armes dans toutes les provinces: ils pillèrent les églises; ils se saisirent de plusieurs villes: & le soulévement fut général. Il y eut en différentes parties du royaume jusqu'à quatorze armées, qui laissoient par tout des traces de leur cruauté. Le sang des citoyens, les autels renversés, les temples ruinés, les villes pillées, les campagnes dévastées étoient les marques auxquelles on reconnoissoit les lieux, par où elles avoient passé.

Cependant les Royalistes avoient reçu des secours de troupes & d'argent du roi d'Espagne, du pape, de Côme duc de Florence, & de la république de Venise. Condé, hors d'état de résister à tant de forces, eut recours à la reine d'Angleterre: maître de la plus grande partie de la Normandie, il offrit de lui livrer le Havre-de-Grace, si elle vouloit lui donner cent mille écus, & envoyer six mille hommes pour défendre cette place, Dieppe & Rouen. Ces propositions étoient trop avantageuses pour

Il obtient des secours d'Elisabeth, à qui il livre le Havre.

n'être pas acceptées. Le Havre dédommageoit Elisabeth de la perte de Calais : il lui importoit d'ailleurs de s'oppofer à l'agrandiſſement des Guifes, & d'humilier en France les Catholiques, afin de s'aſſurer mieux de leur obeiſſance en Angleterre.

Bataille de Dreux où Condé & le connétable ſont faits priſonniers.

Les Royaliſtes reprirent pluſieurs villes, Rouen, entre autres, fut enlevée d'aſſaut, & coûta la vie au roi de Navarre, qui mourut de ſes bleſſures. Mais Condé ayant reçu un ſecours des Proteſtants, que Dandelot lui amena d'Allemagne, s'avança juſqu'à Paris, dont il attaqua les fauxbourgs. Repouſſé par le duc de Guife, il fut ſuivi par les catholiques, & joint près de Dreux, lorſqu'il alloit en Normandie, dans le deſſein de s'unir aux Anglois. L'action fut vive, la perte à peu-près égale des deux côtés ; le champ de bataille reſta aux Royaliſtes : le maréchal de S. André perdit la vie, & les deux généraux furent faits priſonniers, c'eſt-à-dire, le connétable & le prince de Condé.

Le duc de Guife aſſaſſiné par Poltrot.

L'amiral raſſembla les débris de l'armée, trouva de nouvelles reſſources, reprit preſque toute la Normandie, pourvut à la défenſe de la ville d'Orléans, dont le duc de Guife forma le ſiege. La place étoit fort preſſée, lorſqu'un jeune gentil-homme calviniſte, nommé Poltrot, crut ſervir ſa religion, en aſſaſſinant le duc de Guife. On accuſa Coligni & Beze d'avoir

1563

d'avoir excité la fureur de ce malheureux ;
mais ce fut sans preuve. Jamais on n'a rien remarqué dans leur conduite, qui puisse les faire
soupçonner avec quelque fondement. Il est
seulement vrai que cet assassinat trouva parmi
les huguenots des fanatiques qui l'approuverent.
Voilà le premier crime de cette espece, & ce
ne sera pas le dernier (*).

La perte que les Catholiques venoient de
faire, fit penser à la paix. Montmorenci &
Condé la desiroient, pour recouvrer la liberté ;
& Catherine pour reprendre une puissance que
les Guises ne paroissoient plus en état de lui
disputer. Le traité qui fut fait, rendit la liberté
aux deux généraux, & permit avec quelques
restrictions l'exercice de la religion prétendue
réformée. Alors les Catholiques & les Huguenots s'étant réunis sous les ordres du connéta-

*Les deux par-
tis ayant fait
la paix re-
prennent le
Havre.*

(*) L'année suivante on découvrit à Rome une conjuration qui fait bien voir ce que pouvoit alors le fanatisme. Le comte Antoine Canossa & cinq autres personnes de
distinction connurent par des révélations célestes, que le successeur de Pie IV seroit le monarque du monde, & qu'il
établiroit par-tout la seule religion catholique. Afin donc
de hâter cet événement, ces visionnaires concerterent l'assassinat du pape; bien persuadés sans doute qu'ils obtiendroient
chacun des principautés, comme s'ils eussent été les neveux
de celui qui leur étoit prédit. On les mit à la question,
on les interrogea séparément; & ils répondirent tous de la
même maniere que le seul motif de leur conjuration avoit
été le désir de voir une seule religion sous un pape souverain du monde. On ne put pas leur arracher autre chose.

ble & du prince de Condé, firent le siege du Havre, & enleverent cette place aux Anglois. Coligni & Dandelot, qui avoient montré de l'éloignement pour la paix, ne prirent point de part à cette entreprise. La tranquillité fut enfin rétablie dans le royaume, malgré les efforts de l'ambassadeur d'Espagne, qui tenta d'exciter de nouveaux troubles.

Fin du concile de Trente. 1563

Le concile de Trente, qui s'étoit rouvert au mois de Janvier 1562, finit cette année le 4 de décembre. On ne le publia pas en France, soit par la crainte de soulever les Protestants, soit par d'autres raisons qui subsistent encore, & qui en ont empêché la publication jusqu'à ce jour. Il renferme plusieurs articles de discipline qu'on auroit peine à concilier avec la jurisdiction des princes & des magistrats, ainsi qu'avec les libertés de l'église gallicane. D'ailleurs il est approuvé pour la doctrine, & reconnu dans toute la catholicité.

Elisabeth fait la paix avec la France.

Le Havre avoit fait peu de résistance, parce que de plus de six mille hommes, la garnison avoit été réduite par la peste à quinze cents en état de servir, & que de nouveaux secours partis d'Angleterre, ayant été retenus par les vents, n'arriverent que lorsque la place venoit de capituler. Pour comble de malheurs, les troupes angloises porterent la peste à Londres, où elle enleva vingt mille personnes. Elisabeth dont en cette occasion la prévoyance & l'activité s'étoient démenties, fit sa paix avec la France.

L'Écosse attiroit alors son attention. Elle n'ignoroit pas que les Guises offroient Marie à tous les princes qui pouvoient servir leur ambition & causer des troubles en Angleterre : c'est pourquoi elle affecta de répondre au désir, que Marie avoit d'être bien avec elle. Ces deux reines s'écrivoient toutes les semaines, avec les plus tendres expressions, comme deux sœurs qui s'aiment. Elisabeth répétoit souvent à Marie, combien elle désiroit de la voir mariée avec un seigneur Anglois, parce que c'étoit le seul moyen de cimenter l'union entre les deux royaumes. Elle offroit même, dans ce cas là, de l'appeller à sa succession: mais ce n'étoit que dissimulation de sa part. Elle vouloit seulement gagner du temps, & elle se rétracta, lorsqu'elle vit que ses offres alloient être acceptées.

Elle donne de fausses marques d'amitié à Marie Stuart

Marie étoit depuis deux ans le jouet des artifices de cette reine, lorsqu'elle consentit à prendre pour époux, celui que son conseil & les vœux de la nation lui désignoient. C'étoit le lord Darnley, fils du comte de Lenox. Il étoit né & avoit été élevé en Angleterre, où son pere s'étoit fixé depuis qu'une faction l'avoit chassé d'Écosse. Proche parent de Ma-

La reine d'Écosse épouse le lord Darnley.

S 2

rie, il avoit après elle plus de droit qu'aucun autre à la couronne d'Angleterre.

Elifabeth qui avoit paru approuver ce mariage, veut l'empêcher.

Elifabeth eût mieux aimé que Marie fût reftée veuve : mais elle fe voyoit au moins délivrée de l'inquiétude d'une alliance étrangere. C'eft pourquoi elle parut d'abord approuver ce mariage. Cependant lorfqu'il fut fur le point d'être conclu, elle envoya ordre à Darnley de revenir en Angleterre, fous peine de défobeiffance : elle fit mettre à la tour la mere & le frere de ce feigneur : elle fit faifir tous les biens de la maifon de Lenox : elle fe plaignit, protefta, menaça fans pouvoir donner aucune raifon plaufible de fon mécontentement. En effet, elle ne pouvoit pas avouer fes petites jaloufies, ni le deffein perfide d'enhardir à la révolte les Ecoffois qui défapprouveroient ce mariage, & que fa conduite paroiffoit affurer de fa protection.

Sa conduite enhardit les mécontents à fe révolter.
1565

Sa politique parut d'abord avoir tout le fuccès qu'elle en avoit efpéré. Knox & d'autres miniftres de la réforme prétendue crierent en chaire que le nouveau roi étoit catholique, quoiqu'il donnât toutes les démonftrations du contraire. Ils ameutoient déja la populace d'Édimbourg, lorfque plufieurs des principaux de la nobleffe s'étant affemblés à Sterling, fous le prétexte fpécieux de la religion, jurerent de prendre les armes contre leur fouveraine, &

demanderent à la reine d'Angleterre des fecours qu'elle leur promit.

Marie, inftruite de leur confpiration, les fit fommer de venir rendre compte de leur conduite. Elle avoit levé des troupes, pour affurer l'exécution de fes ordres. Cependant les rebelles, déja au nombre de mille chevaux, tentoient de foulever le peuple. Mais la nation n'éroit pas difpofée à la révolte. Elle eftimoit, elle aimoit la reine, & comme le mariage étoit en général approuvé, elle ne fe laiffoit pas tromper aux vues intereffées des feigneurs mécontents. Pourfuivis par l'armée royale, forte de dix-huit mille hommes, ils abandonnerent l'Écoffe, & fe réfugierent en Angleterre.

Ils font forcés à fe retirer en Angleterre.

Elifabeth, trompée dans fon attente, les défavoua hautement. Elle engagea même les chefs, par des affurances fecretes de fa protection, à convenir devant les ambaffadeurs de France & d'Efpagne, qu'elle n'avoit aucune part à leur révolte; & dès qu'elle eut cet aveu, elle les chaffa de fa préfence, comme des traîtres & des fcélérats qu'elle avoit en horreur.

Elifabeth les défavoua, quoiqu'elle leur eût promis des fecours.

Les rebelles fugitifs, bannis & fans appui, eurent recours à la clémence de leur fouveraine. Marie naturellement n'étoit pas portée à la rigueur. Elle croyoit même, en pardonnant,

Le cardinal de Lorraine empêche Marie de traiter les rebelles avec clémence.

s'attacher des sujets, dont la religion lui faisoit des ennemis. Elle étoit dans ces dispositions, lorsqu'un ambassadeur qui vint de France, lui apporta les conseils violents du cardinal de Lorraine.

Alors l'entrevue de Bayonne & d'autres circonstances éffrayoient les Huguenots de France.

La paix accordée aux Huguenots ne paroissoit à Coligni qu'un piege pour les désarmer, afin de les accabler ensuite plus surement. La conduite de Catherine de Medicis ne confirmoit que trop ces soupçons. Sous prétexte de remédier aux abus causés par les dernieres guerres, elle parcouroit le royaume avec le roi: mais on conjecturoit que son dessein étoit d'observer dans chaque province les moyens d'exterminer à la fois tout le parti protestant. Ce dessein, aussi extravagant que barbare, parut vraisemblable, lorsqu'on la vit se rendre à Bayonne, où se trouverent la reine d'Espagne sa fille, & le duc d'Albe. On connoissoit trop le plan que Philippe s'étoit fait, & l'ame atroce du duc d'Albe, pour ne pas attendre de cette entrevue les projets les plus sanguinaires; & l'événement prouvera qu'on ne se trompoit pas.

1565

Marie convoque un parlement pour juger les rebelles.

Dans de pareilles circonstances, le cardinal de Lorraine étoit bien éloigné d'approuver le plan de modération que Marie s'étoit fait; & cette princesse étoit de son côté d'autant plus portée à se prêter aux vues de son oncle, que la conduite qu'elle avoit tenue jufqu'alors, n'avoit point diminué l'emportement avec lequel les miniftres proteftants déclamoient contre elle. C'eft pourquoi fe déterminant à faire faire le procès aux feigneurs bannis, elle convoqua le parlement à Edimbourg. Leur crime étoit manifefte, leur condamnation paroiffoit inévitable : mais un événement imprévu & terrible les déroba à la rigueur des loix & caufa la perte de Marie.

.1566

Un trône eft toujours environné de précipices pour une jeune perfonne qui ne veille pas affez fur fes démarches : il ne faut qu'un faux pas. Combien donc ne devez vous pas trembler pour Marie, qui regne dans des temps plus difficiles, qu'aucun de ceux dont l'hiftoire ait confervé le fouvenir ! cette princeffe aimable, pour qui vous vous intéreffez, irréprochable jufqu'à ce moment, & même digne d'éloges à bien des égards, va devenir criminelle.

Mais elle va devenir criminelle.

Henri, c'eft le nom que portoit Darnley depuis qu'il étoit fur le trône, Henri, dis-je, avoit tous les agréments extérieurs, capables de féduire une jeune perfonne. Marie, dans les premiers tranfports de fon amour, lui avoit donné le titre de roi; elle joignoit fon nom au fien dans tous les actes publics, & elle ne croyoit jamais affez faire, pour l'élévation d'un

Caractère de Henri fon mari.

S 4

époux qu'elle aimoit. C'étoit une imprudence: elle le fentit, lorfqu'elle découvrit dans ce prince un homme infolent, violent, irréfolu, crédule, bas, groffier, brutal dans fes plaifirs; & qui, gouverné par les plus vils flatteurs, croyoit toujours mériter au de-là de ce qu'on faifoit pour lui. Elle voulut alors ufer de plus de réferve; il en fut indigné, & quoique fes vices fuffent l'unique raifon du refroidiffement de la reine, il fuppofa qu'elle avoit d'autres motifs, & il médita fa vengeance.

La reine d'Ecoffe accorde imprudemment trop de confiance à David Rizzio.

Il y avoit alors à la cour un muficien, nommé David Rizzio. Il étoit venu à la fuite de l'ambaffadeur du duc de Savoie; & Marie qui l'avoit d'abord retenu pour completer fa mufique, l'avoit fait enfuite fecrétaire des dépêches françoifes. Cet homme avoit la figure contre lui: mais il avoit un efprit au deffus de fa naiffance & de fon éducation. Il gagna la confiance de fa maîtreffe, il devint le canal de toutes les graces. Sa fortune auroit fuffi feule, pour exciter la jaloufie & la haine des grands, & il y ajouta l'infolence & l'avidité. Quoiqu'il fût abfurde de reprocher autre chofe à la reine, que trop de confiance donnée imprudemment à un étranger fans naiffance: on fuppofa des crimes qui n'exiftoient pas. Rizzio paffoit pour être penfionnaire du pape, & il invitoit à punir févérement tous ceux qui avoient eu part à la derniere révolte. C'en fut affez pour réunir contre lui les feigneurs, & les miniftres proteftants. Alors s'accréditerent toutes les fables, qu'on répandoit fur la reine & fur le favori ; & Henri jaloux crut avoir trouvé fa victime.

Marie foupoit en particulier avec le comte d'Argile, fa fœur naturelle, Rizzio & quelques autres perfonnes. Le roi entra tout-à-coup, fuivi du lord Ruthven, de George Douglas, & de plufieurs autres affaffins armés. Effrayée à cet afpect, elle veut en vain défendre Rizzio qu'on menace. Il eft frappé, lorfqu'il imploroit la protection de fa maîtreffe qu'il ferroit dans fes bras. On l'arrache, on l'entraîne dans l'antichambre, on le perce de cinquante-fix coups. Le choix de ce moment étoit d'autant plus cruel, qu'il mettoit en danger la vie de la reine, qui étoit dans le feptieme mois de fa groffeffe.

Henri fait affaffiner Rizzio.

Je ne pleurerai plus, dit Marie, en effuyant promptement fes larmes : je ne fongerai qu'à me venger. Cet attentat contre fon autorité, contre fa vie, contre fon honneur, changea tout-à-coup fon caractère : elle prit une ame artificieufe, fauffe & perfide, réfolue à s'abandonner aveuglément à tout moyen de vengeance.

Marie ne refpire que la vengeance.

Cependant le roi la retint prifonniere dans le palais, & les feigneurs bannis revinrent.

Elle pardonne à tous, & regagne la confiance de fon mari pour fe venger fur lui.

Marie leur pardonna : le dernier outrage qu'elle avoit reçu, parut avoir effacé le fouvenir de leur crime. Ils furent rétablis dans leurs biens & dans leurs dignités ; & Murrai, un des principaux quoique fon frere naturel, fut même reçu avec toutes les démonftrations d'une amitié tendre. Mais lorfque les affaffins de Rizzio folliciterent auffi leur grace, elle éluda fur ce qu'étant environnée de gardes, tout ce qu'elle figneroit feroit nul. Ils furent bientôt contraints de s'enfuir en Angleterre, où ils vécurent dans l'indigence & dans l'opprobre. Cependant la reine n'ayant pas tardé à regagner la confiance de fon mari, recouvra fa liberté ; & quelque temps après, le comte de Bothwel, nouveau favori de cette princeffe, follicita leur retour & l'obtint. Il vouloit fortifier fon parti, en s'attachant les conjurés ; & la reine confentoit à pardonner à tout le monde, pourvu qu'elle fe vengeât fur Henri.

Mais lorf-qu'elle lui a fait faire des démarches qui le rendent méprifable, elle s'en fépa-re. Elle accou-che d'un fils.

Perfonne n'ignoroit que le roi n'eût tramé, ordonné & conduit le meurtre de Rizzio: les circonftances de l'affaffinat, les fuites, & un écrit, par lequel il avoit autorifé les conjurés, en étoient autant de preuves certaines. La reine l'engagea à faire une déclaration publique, par laquelle il affuroit n'avoir eu aucune part à ce crime, & défavouoit toute intelligence avec les meurtriers. Lorfque par ce moyen elle lui eut enlevé la confiance de tous les partis, &

l'eut rendu l'objet du mépris univerfel, elle
ne cacha plus fa haine, ni fon indignation :
elle fe fépara de lui, elle l'humilia, & fe fit
une joie de le rendre méprifable à la populace
même. Elle accoucha fur ces entrefaites, &
la naiffance d'un fils, objet intéreffant pour la
nation, devoit affurer le fort & l'autorité de
Marie.

L'ambaffadeur dépêché pour porter cette
nouvelle à la cour de Londres, arriva lorfqu'-
Elifabeth paroiffoit au milieu d'une fête avec
toute fa gaîté. Frappée tout-à-coup, elle tomba dans une profonde mélancolie, laiffant
échapper ces mots : *la reine d'Écoffe eft mere,
& je ne fuis qu'une plante ftérile !* mais le lendemain ayant repris fa diffimulation ordinaire,
elle affecta de la joie, & montra l'intérêt le
plus tendre pour Marie.

*Effet que pro-
duit fur Elifa-
beth la nou-
velle de ces
couches.*

Il fembloit que toute l'Angleterre dît avec
Elifabeth, *la reine d'Écoffe eft mere, & notre
reine n'eft qu'une plante ftérile !* car tout le public demandoit qu'elle réglât la fucceffion.
Le parlement qui s'ouvrit alors, alloit même
délibérer fur cette affaire, lorfqu'elle fit
defenfe d'aller plus avant, affurant qu'elle étoit
dans l'intention de fe marier, & que la déclaration d'un fucceffeur entraîneroit de trop
grands dangers pour fa perfonne : on compta
peu fur des promeffes, défavouées par l'éloignement qu'elle montroit pour le mariage.

*Les Anglois
demandent
qu'Elifabeth
fe marie ou
regle la fuc-
ceffion.*

On murmura hautement : on demanda fi la
défenſe de délibérer fur un objet auſſi important, ne violoit pas les libertés & les privileges des chambres : quelques-uns, plus empor-
tés dirent qu'Eliſabeth ſacrifioit à ſes craintes
les intérêts de la nation, que ſon ambition étoit
ſeulement de gouverner, ſans ſe mettre en peine de ce qui pouvoit arriver après elle ; & que
par ces ſentiments, elle ſe montroit plutôt la
marâtre que la mere de ſon peuple. La reine,
informée de ce ſoulévement, révoqua la défenſe qu'elle avoit faite, & rendit aux chambres la liberté des délibérations. Cette condeſ-
cendance ayant calmé les eſprits, elle ſe hâta
de rompre le parlement.

1567

Les vœux
d'un grand
nombre ſe dé-
claroient
pour Marie.

Elle s'étoit dérobée aux inſtances de la nation : mais il n'étoit pas facile d'éluder toujours une demande auſſi bien fondée. Les partiſans de Marie ſe multiplioient, & leur zele
croiſſoit depuis la naiſſance de ſon fils. Il y en
avoit juſques dans la cour même. La plupart
des grands ſeigneurs étoient convaincus de la
néceſſité de la nommer héritiere : les Catholiques ſe déclaroient pour elle, & même les
Proteſtants, ſi on excepte les plus fanatiques.
On ne parloit que de la modération & de la
bienfaiſance de cette princeſſe : & on ne regardoit ſes fautes, que comme des erreurs de
jeuneſſe & d'inexpérience. Mais toutes ces
préventions favorables ſe diſſiperent par la

conduite que tint Marie; car nous sommes au moment de ses crimes.

Bothwel, avec une grande naissance, étoit sans talents. Il n'avoit acquis de la considéra-tion, qu'en se déclarant ouvertement pour le parti catholique. Sans mœurs, sans conduite, accablé de dettes, les entreprises désespérées paroissoient son unique ressource. Il étoit digne, en un mot, de la confiance de Marie, puis-qu'alors elle méditoit les desseins les plus noirs, oubliant son caractère, sa gloire, sa réputa-tion & son honneur.

Caractère de Bothwel.

L'assassinat du roi fut l'effet de sa foiblesse pour ce monstre. On ne douta pas qu'il n'en fût l'auteur: on ne douta pas non plus qu'il ne l'eût commis, après l'avoir projeté avec elle : la combinaison de toutes les circonstan-ces en étoit la preuve. Elle fit rendre une sen-tence qui le déclara innocent, mais si à la hâte, si inconsidérément, que la procédure même confirma l'opinion générale. Alors elle affronta le public: elle ne connut plus de pu-deur : elle redoubla de confiance pour Bothwel: elle vécut avec lui dans la plus grande fami-liarité: enfin ne craignant pas d'exposer sa couronne & sa vie pour un homme, à qui elle avoit fait le sacrifice de sa réputation, elle l'épousa; & ce mariage flétrissant par lui-mê-me, le fut encore par toutes les circonstances

Il assassine Henri, & Marie l'épouse.

qui l'accompagnerent. C'est ainsi que cette malheureuse princesse, d'abord imprudente avec Rizzio, & ensuite criminelle avec Both-wél, se précipite par son inconsidération d'aby-me en abyme. Envain les menaces de la nation s'opposoient à ce mariage ; envain Elisabeth & les Guises mêmes avoient fait ce qu'ils avoient pu pour l'empêcher ; Marie, dans son ivresse étoit devenue insensible à la crainte, aux conseils & au mépris.

Soulévement des Ecossis. Marie prisonniere.

Pendant que cette nouvelle porte chez l'étranger l'horreur qu'elle inspire, l'Écosse se souleve, Bothwel s'enfuit, traînant après lui ses crimes, ses remords, & marchant vers la fin malheureuse qui l'attend. Marie, sans secours, reste prisonniere. Ses sujets, devenus ses ennemis, sont des ames féroces, fanatiques, dont l'enthousiasme s'allume encore par le scandale : & cependant elle n'a pour sa défense, que sa jeunesse, sa beauté, ses graces ses larmes, & je ne puis pas ajouter son innocence.

Elle est forcée à signer son abdication.

Après avoir été traînée en prison, à travers les insultes de la populace, elle fut forcée de signer son abdication. Son fils fut proclamé roi : on donna la régence à Murrai, & on résolut de procéder contre elle avec la derniere rigueur.

Dès qu'Elisabeth cessa de voir une rivale dans cette reine infortunée, sa jalousie fit place à d'autres sentiments. Elle réfléchit sur les revers, qui menaçoient les trônes dans ces temps de troubles & de factions; & elle s'attendrit sur le sort de Marie. Se flattant de trouver les moyens de pacifier l'Ecosse, elle offrit sa médiation par son ambassadeur. Elle l'avoit chargé de quelques conseils pour Marie, auprès de laquelle il ne put pas avoir d'accès; & de représenter aux confédérés, que quoiqu'elle désapprouvât la conduite de leur reine, elle jugeoit leur révolte inique, & contraire aux principes de tout bon gouvernement; que les prieres, les conseils, les remontrances, sont les seules armes dont les sujets puissent légitimement se servir; & que lorsque ces moyens ne réussissent pas, c'est du ciel qu'ils doivent attendre le retour de leur maître à la justice. Elle oublioit qu'elle même auparavant les avoit encouragés à la révolte. A ces représentations, son ambassadeur avoit ordre de joindre les menaces : mais enfin tous ses efforts furent inutiles. Elle ne put rien gagner sur des hommes, qui avoient déja trop fait pour reculer.

Elisabeth s'attendrit sur son sort, & veut lui procurer la liberté.

Cependant il étoit bien difficile que tous les chefs fussent également contents de la forme que prenoit le gouvernement, puisqu'ils ne pouvoient pas y avoir tous la même part.

Un parti se forme en faveur de Marie

La jalousie les divisa donc, & parut pouvoir
plus en faveur de la reine que la protection
d'Elisabeth. Marie d'ailleurs commençoit à
paroître moins coupable depuis la fuite de
Bothwel, qu'on regardoit comme le premier
auteur de ses crimes; & ce favori n'étant plus
à craindre, les seigneurs mécontents songeoient qu'ils pouvoient s'étayer du nom de
cette reine.

Le peuple, après les moments donnés à l'indignation, ne sentoit plus que les infortunes
de cette princesse: il gémissoit de voir dans
les fers celle qu'il avoit aimée sur le trône;
& les Catholiques sur-tout desiroient une nouvelle révolution en sa faveur. On se plaignoit
donc assez généralement de la rigueur avec
laquelle elle étoit traitée. Alors plusieurs seigneurs s'assemblerent, pour concerter les moyens de la servir.

Elle est déli-
vrée: mais son
parti est vain-
cu & elle fuit
en Angleterre.
1568

Sur ces entrefaites, George Douglas trouva
le moyen de la délivrer & de la conduire à
Hamilton, où elle eut en peu de jours une
armée de six mille hommes. Elisabeth, qui
en est instruite, se propose de lui envoyer des
secours, mais elle ne le peut pas assez tôt. Les
troupes de Marie sont défaites par le régent:
elle fuit avec très-peu de suite: arrivée sur les
frontieres d'Angleterre, elle balance: enfin
elle n'a pas d'autre ressource. Comptant donc
sur

fur la générofité, dont Elifabeth lui a donné des preuves, elle fe livre à fa rivale.

Elifabeth ayant Marie en fa puiffance, fe voyoit délivrée de l'inquiétude, que lui don-noient l'Ecoffe & les droits de cette princeffe. Elle trouvoit des inconvénients à prendre les armes pour la rétablir, & elle n'en trouvoit point à protéger la régence : car Murrai ne pouvoit avoir d'autres intérêts que les fiens. Elle jugea donc qu'elle devoit s'affurer de Marie, & ne point déclarer encore fi elle em-ployeroit fes forces pour ou contre elle. Ainfi fe bornant à l'affurer de fon amitié, elle refu-fa de la voir, jufqu'à ce qu'elle fe fût juftifiée du meurtre de Henri. Marie répondit, les lar-mes aux yeux, qu'elle la prenoit volontiers pour arbitre. Sa fituation étoit embarraffante, elle fentoit bien que la raifon qu'apportoit Eli-fabeth, n'étoit qu'un prétexte : mais elle fen-toit auffi qu'en s'y refufant, elle avouoit indi-rectement fon crime.

Elifabeth refufe de la voir, jufqu'à ce qu'elle fe foit juftifiée, à quoi Marie confent.

Dès qu'Elifabeth eut le confentement au-quel elle s'étoit attendu, elle dépêcha au ré-gent d'Ecoffe, & lui enjoignit d'envoyer quel-qu'un à Londres pour rendre compte de fa conduite : Murrai fut choqué d'un ordre don-né en fouveraine : cependant il vint lui-même avec quelques autres, croyant devoir ménager la reine d'Angleterre. D'ailleurs il jugeoit de

Murrai régent d'Ecoffe vient à Londres.

ses vues, par l'intérêt qu'elle avoit à le soutenir; & il prévoyoit bien qu'elle ne lui seroit
pas contraire.

**Marie veut re-
tirer son con-
sentement.** Marie pouvoit faire les mêmes réflexions,
& son embarras en croissoit d'autant plus. Elle
voulut alors retirer le consentement qu'elle
avoit donné, se fondant avec raison sur ce
qu'étant reine, des sujets rebelles ne pouvoient
pas la citer devant un souverain étranger; &
elle demanda qu'Elisabeth la rétablît, ou lui
permît de passer en France. Cependant il fallut
céder, quoiqu'avec répugnance : car sa situation donnoit trop d'avantage à la reine d'Angleterre, qui dailleurs coloroit ses démarches
de tous les dehors de l'amitié.

**On confère
sur les accusa
tions.** On produisit donc d'un côté les accusations,
de l'autre on ne répondit pas, ou on répondit
mal. Marie étoit si séduisante, qu'elle avoit
convaincu de son innocence tous ceux qui
l'approchoient : il ne lui étoit pas aussi facile
de se justifier devant un tribunal, où elle ne
paroissoit pas & qui eût été fâché de la trouver innocente.

**Les conféren-
ces ayant été
rompues, Ma-
rie demande
inutilement
des secours.** Après que les conférences eurent été rompues,
Murrai retourna en Ecosse, & Marie deman-
da encore ou des secours, ou la permission de
se retirer en France. Comme elle étoit venue
en Angleterre de son propre mouvement,

elle n'imaginoit pas qu'on pût fans injuftice lui refufer l'une ou l'autre de fes demandes. Elifabeth lui donna des efpérances, ufa de diffimulation, gagna du temps, & Marie refta prifonniere.

Telle étoit, en quinze cents foixante-huit, la fituation des chofes en Angleterre & en Ecoffe: mais la guerre ayant commencé l'année précédente dans les Pays-Bas & en France, Elifabeth ne pouvoit manquer d'y prendre quelque part, quand ce n'eût été que pour écarter l'incendie qui menaçoit fon royaume.

Granvelle avoit été rappellé, en 1564, à la follicitation de la ducheffe de Parme, qui avoit repréfenté combien la conduite de ce miniftre foulevoit les peuples: cependant le concile de Trente qu'un grand nombre ne vouloit pas recevoir, l'inquifition que tous redoutoient, & les édits rigoureux qui avoient été publiés, étoient toujours autant de femences de révolte. Le comte d'Egmont, chargé d'en inftruire le roi Efpagne, partit au commencement de 1565.

Philippe affembla cinquante théologiens, pour favoir ce qu'ils penfoient fur la liberté de confcience, que demandoient les Flamands. Ils répondirent qu'on pouvoit la leur accorder, parce qu'autrement le roi & l'églife couroient

T 2

risque de perdre les Pays-Bas. Je ne vous demande pas, dit Philippe, si je le puis, mais si j'y suis obligé; & lorsqu'ils eurent répondu qu'ils ne pensoient pas que ce fût une obligation, il se jeta à genoux, & tendant les mains au ciel: je vous prie, mon Dieu, dit-il, de m'entretenir dans la résolution où je suis de n'être plus souverain, plutôt que d'avoir des sujets qui vous méconnoissent.

Cependant l'entrevue de Bayonne effrayoit les Flamands que Marguerite cherchoit en vain à ramener.

Le voyage du comte d'Egmont fut donc inutile, & cependant l'entrevue de Bayonne répandit la terreur en Flandre comme en France. Marguerite, forcée d'obéir aux ordres de son frere, chercha toutes les voies de douceur: mais il n'y en avoit point pour soumettre au despotisme des peuples jaloux de leurs privileges. Elle n'étoit point aidée par son conseil: car les seigneurs de la nation que Philippe y avoit fait entrer, dans la vue de se les attacher, parloient ouvertement contre toute entreprise, qui tendoit à détruire l'ancien gouvernement: tels étoient entre autres, le prince d'Orange, le comte d'Egmont & le comte de Horn.

Ils lui demandent la liberté de conscience.

En 1566, le comte de Bréderode & le comte de Nassau, frere du prince d'Orange, accompagnés de quatre cents hommes presque tous de la noblesse, se presenterent devant la régente, & lui demanderent la liberté de conscience avec la suppression de l'inquisition. Elle répondit qu'elle en écriroit au roi d'Espagne, & en attendant elle fit suspendre l'exécution des édits jusqu'à nouvel ordre. Elle prit ce parti modéré, malgré les conseils du comte de Barlemont, qui lui disoit de ne pas se mettre en peine de ces gueux ameutés.

Ce propos injurieux donna un nom à cette ligue, & un nom est quelque chose, sur-tout quand il rappelle une offense. Bréderode mit une besace sur ses épaules, & but dans une écuelle de bois. Tous burent à son exemple dans la même écuelle : tous crierent *vivent les gueux* ; tous jurerent de sacrifier leur vie à la défense de la patrie. Cette ligue devint célebre; & le devint peut être plus, que si elle eût pris tout autre nom.

Ligue des Gueux.

Marguerite ne put plus contenir le peuple, qui prévoyoit trop bien la réponse du conseil d'Espagne. Il se souleva dans plusieurs endroits, pilla les églises, brisa les images & professa publiquement la nouvelle religion. Philippe s'applaudit en quelque sorte de cette révolte, parce qu'il crut avoir un prétexte pour ôter aux Flamands tous leurs privileges. Il chargea de ses ordres Ferdinand de Tolede, duc d'Albe, auquel il donna un corps de troupes Espagnoles. C'étoit un bon capitaine ; mais un homme sanguinaire, qui croyoit conduire des peuples

Soulévement des Flamands. Le duc d'Albe est envoyé dans les Pays-Bas.

T 3

comme des soldats. Marguerite fit de vains efforts pour faire tomber le choix de son frere
sur un autre.

1567
Despotisme
du duc d'Al-
be. Marguert-
te se retire.

Arrivé dans les Pays-Bas, le duc d'Albe
parut craindre de n'être pas assez redouté. Il
prit toutes sortes de mesures, pour répandre
la terreur. Il rendit publique toute l'étendue
des pouvoirs qu'il avoit reçus du roi d'Espagne: il affecta de montrer les troupes qu'il
avoit amenées : il déclara qu'il se proposoit de
bâtir des citadelles ; & il fit arrêter le comte
d'Egmont & le comte de Horn. Marguerite,
voyant qu'elle n'avoit pas la puissance d'empêcher les maux qu'elle présageoit, demanda
& obtint la permission de se retirer. Elle partit, après avoir tout tenté pour persuader à son
frere plus de modération. Elle fut regrettée de
tous les Flamands.

Philippe étoit bien éloigné de désapprouver
la sévérité de son ministre; car il se retrouvoit
lui-même dans cette ame cruelle. Le duc d'Albe sévit donc avec la derniere rigueur. Sans
égard pour les privileges de la nation, il traita
de criminel quiconque osoit parler de privilege ; & il établit un conseil terrible qu'on nomma pour cette raison *le conseil de sang*. On
prétend que dans le cours d'un mois, deux mille
personnes furent mises en prison, & trente
mille s'enfuirent dans les pays étrangers. Ce-

pendant le prince d'Orange qui s'étoit retiré en Allemagne, follicitoit les peuples à la révolte, & ramaffoit des forces pour venir à leur fecour.

Les Huguenots de France ne voyoient pas fans inquiétude l'oppreffion où étoient ceux des Pays-Bas. Ils craignoient pour eux-mêmes un pareil fort; les foupçons qu'avoit fait naître l'entrevue de Bayonne fe renouvellerent; & la conduite du duc d'Albe dans les Pays-Bas, fut une des caufes qui hâta la guerre civile en France.

La terreur qu'elles répandent en France, caufe le foulévement des Huguenots.

Le prince de Condé avoit alors de nouveaux fujets de mécontentement; car la reine ne lui avoit pas donné l'autorité qu'elle lui avoit promife, lors de la paix de 1563. Il fe ligua donc avec Coligni. Le projet fut formé, d'enlever Charles IX, qui étoit à Monceaux. Il échoua, & le roi, qui n'echappa qu'avec peine, fe retira dans fa capitale.

Condé eft à leur tête.

Condé s'étoit rendu maître de plufieurs places aux environs de Paris: mais les troupes qui étoient dans la ville, fe trouvant fupérieures aux fiennes; le connetable fortit, lui préfenta la bataille dans la plaine de S. Denis, & fut bleffé mortellement. Cette action ne fut pas décifive; & chaque parti s'attribua la victoire.

Bataille de S. Denis. 1567

T 4

La reine de
Navarre ame-
ne fon fils à la
Rochelle.

L'année fiuivante la paix fe fit, & fut bientôt rompue. Condé & Coligni, qu'on avoit
voulu enlever, reprirent les armes. La Rochelle leur ouvrit les portes, & ils y reçurent
un fecours de la reine de Navarre, qui leur
amena fon fils Henri, prince de Béarn, âgé
de quinze ans. Cette guerre fe fit avec plus de
fureur que toutes les précédentes.

Condé perd la
vie à la batail-
le de Jarnac.

Le prince de Condé perdit la bataille & la
vie près de Jarnac, en 1569. Le duc d'Anjou,
frere de Charles, commandoit l'armée royale.
La mort du chef eût diffipé les rebelles, fi Coligni n'eût relevé leur courage. Il mit à leur
tête Henri & le fils de Condé.

Bataille de
Moncontour.

Henri qui ne donnoit encore qu'un nom à
fon parti, fe trouva la même année à la bataille de Moncontour, qui fut perdue, &
où il fit préfager que fon nom feroit grand un
jour.

Paix qui fut
prife pour un
piege.

Coligni, fouvent battu, trouvoit toujours
des reffources. Il reparut avec une nouvelle
armée; il fut même en état de menacer Paris. C'eft pourquoi le roi, qui manquoit de
reffources, fut contraint de faire la paix. On
prétend cependant que ce ne fut qu'un piege
pour exécuter les projets, qu'on foupçonnoit
avoir été fo. ès à Bayonne. Par ce traité, les
Huguenots obtinrent la liberté de confcience
& plufieurs villes pour leur fureté.

1570

Pendant cette guerre, Elisabeth donna des secours aux Huguenots, & Philippe à Charles IX. Le roi d'Espagne regardoit les troubles de France comme son affaire, se reposant de la Flandre sur le duc d'Albe, dans lequel il avoit mis toute sa confiance. Mais par ses secours, comme par ses conseils, il n'a fait que du mal à la France, sans savoir en tirer aucun avantage. En désapprouvant toujours la paix, & en exhortant toujours à la derniere rigueur, il n'a jamais employé assez de forces, ni pour soutenir le parti qu'il paroissoit favoriser, ni pour acquérir quelque chose lui-même. Cependant il me semble qu'en ne faisant que ce qu'il falloit pour faire durer les troubles en France, il n'en faisoit pas assez pour les faire finir dans les Pays-Bas.

Elisabeth se conduisoit avec plus de sagesse. Comme un de ses principaux soins étoit de tenir ses sujets catholiques dans l'impuissance de former quelque conspiration, elle devoit prendre des mesures pour leur ôter tout espoir de secours de la part de Philippe & de Charles IX. Il étoit donc de son intérêt d'entretenir les troubles en France & dans les Pays-Bas, & elle remplissoit son objet, en empêchant seulement que les Protestants ne fussent tout-à-fait opprimés : elle n'avoit donc garde de faire pour eux tout ce qu'ils demandoient. Elle les soutenoit en France, parce qu'elle ne craignoit pas Charles IX : mais elle se contentoit d'observer les Pays-Bas, sans se déclarer encore, parce que les vastes & paisibles états, où Philippe étoit absolu, le rendoient redoutable. Elle gagnoit cependant à tous ces troubles; car les Flamands, qu'elle accueilloit, cherchoient un asyle en Angleterre, où ils apportoient les manufactures, le commerce & l'industrie.

Elle se saisit d'une somme que Philippe envoyoit au duc d'Albe. Quoiqu'elle fût attentive à ne point fournir de prétexte au roi d'Espagne, elle se permit néanmoins un coup hardi. Des vaisseaux qui avoient été attaqués par des corsaires, s'étant réfugiés dans ses ports, elle apprit qu'ils portoient quatre cents mille écus au duc d'Albe, & que cette somme avoit été prêtée par les Génois. Elle s'empara de cet argent, en déclarant qu'elle l'empruntoit elle-même. Le duc d'Albe qui en avoit besoin pour payer ses troupes, fut dans la nécessité de mettre de nouveaux impôts. La tyrannie avec laquelle il les établit, souleva le peuple; & il l'irrita encore par la sévérité des châtiments. Il en fut plus odieux & moins puissant : c'est ce qu'Elisabeth avoit prévu. Cette affaire fut le sujet d'une négociation, & occasionna seulement quelques hostilités passageres entre l'Angleterre & l'Espagne.

Cependant elle affermissoit Pendant qu'Elisabeth offensoit ou ménageoit avec adresse les puissances étrangeres,

& ne se compromettoit jamais, tout plioit
sous son joug en Angleterre, où elle sentoit
toute l'étendue de son autorité. Nous allons
voir dans un parlement les derniers efforts
d'une liberté déja bien foible.

son autorité.

1571

Le chancelier Bacon défendit, au nom de la
reine, de délibérer sur aucune affaire d'état. Cette
défense regardoit sans doute l'article du mariage, & celui de la succession : car il y avoit
long-temps que les parlements n'osoient tou-
cher aux choses que le souverain s'étoit reser-
vées, telles que la paix, la guerre, les alliances & les négociations.

Elle défend
au parlement
de délibérer
sur les affaires
d'état.

Cependant Stricland, un des membres de
la chambre des communes, proposa des bills
pour rectifier la liturgie. Il vouloit sur-tout
proscrire le signe de la croix dans le baptême.
Un autre demanda la suppression des génufle-
xions, qui se font en recevant les sacrements.
Ils prétendoient que c'étoit-là des cérémonies superstitieuses.

Stricland pro-
pose un bill
pour rectifier
la liturgie.

Les courtisans rejeterent ces bills; disant
que le parlement ne pouvoit se mêler des cérémonies de religion, sans entreprendre sur la
suprématie de la reine, & sur la prérogative
royale dont la suprématie faisoit partie. Un
nommé Pistor, scandalisé de leur retenue,
s'éleva contre eux. Il soutint que ces ques-

La chambre
des commu-
nes demande
la permission
de délibérer
sur ce bill.

tions regardoient le salut des ames, & que, par conséquent les prérogatives royales, ainsi que les royaumes n'étoient rien en comparaison. Il fut approuvé de la chambre des communes. Cependant craignant de se mêler d'une affaire d'état, elle arrêta qu'on présenteroit une requête à la reine, pour lui demander la permission d'aller en avant sur ces bills.

Elisabeth défend à Stricland de reparoître au parlement; ce qui souleve les esprits.

Elisabeth, aussi jalouse de la suprématie que des autres droits de sa couronne, manda Stricland, & lui défendit de reparoître à la chambre des communes. Cet acte d'autorité sur le représentant d'une partie des citoyens, souleva les esprits. On se plaignit que les libertés étoient violées : on remarqua que, si cet exemple n'étoit pas dangereux sous un gouvernement aussi juste que celui de la reine, il le deviendroit sous ses successeurs, parce qu'ils s'en feroient un droit. On ajouta même, que quels que fussent les privileges de la couronne, ils n'étoient pas sans limites, & que le souverain ne pouvoit ni faire ni abroger des loix de sa seule autorité.

Apres bien des contestations, on suspend toute délibération.

La hardiesse de ces discours parut étrange, parce qu'il y avoit long-temps que de pareilles vérités ne se faisoient plus entendre. Les courtisans raisonnerent sur des principes bien différents, & les contestations furent vives;

mais parce que plus on s'échauffoit, moins il étoit possible de rien décider, on convint de suspendre quelque temps toutes délibérations.

Elisabeth, en faisant une tentative hardie, ne se compromettoit pas, parce qu'elle savoit céder à propos, pour reprendre bientôt plus d'autorité. Elle saisit le moment où l'on ne délibéroit pas, pour rendre à Stricland la permission de siéger dans le parlement. Elle parut, par cette démarche, regarder le silence des communes, comme un acte d'obéissance dont elle vouloit les récompenser. Elle fit dire ensuite par la chambre-haute qui entra dans ses vues, qu'elle avoit examiné les articles de réforme : que son intention étoit de les publier, comme chef de l'église anglicane; & qu'elle ne permettoit pas de les discuter. Cette conduite adroite & ferme fit insensiblement oublier tous ces bills.

Elisabeth profite de ce moment pour permettre à Stricland de retourner au parlement.

Robert Bell ayant ensuite ouvert un avis contre un privilege exclusif, accordé à une société de marchands; Elisabeth envoya ordre de passer rapidement sur cette matiere & d'éviter les longs discours. Les membres de la chambre-basse comprirent qu'elle trouvoit mauvais qu'on eût agité cette question. C'est pourquoi quelques-uns établirent le droit d'accorder des privileges, comme faisant partie

Quelques membres disent que le droit d'accorder des privileges exclusifs est une partie de la prérogative.

de la prérogative royale. Ils attefterent, pour
le prouver, les régiftres des autres parlements;
c'eft-à-dire, qu'ils autoriferent un abus, parce
qu'il y en avoit déja eu des exemples. Sur de
pareils principes trop ordinaires, ils conclurent que demander, fi la reine pouvoit ufer
de ce droit, c'étoit mettre en doute fi elle
étoit reine; & que l'avis de *Bell* étoit un attentat contre fon autorité. Ils avertirent donc
la chambre d'ufer de plus de circonfpection, &
de ne pas forcer Elifabeth à déployer toute fa
puiffance.

D'autres trai-
tent ces dif-
cours de flat-
terie; mais
enfin tous fe
foumettent.

Ces difcours déplurent; mais trop intimi-
dée pour les défapprouver hautement, la chambre des communes déclara qu'elle n'avoit jamais eu d'autre intention, que de faire à ce
fujet de très-humbles remontrances à fa majefté.
Cependant un des membres eut le courage de
les blâmer: il les repréfenta comme le langage d'une lâche adulation: il foutint qu'ils
étoient injurieux à la chambre, & il recommanda de fonger aux moyens de conferver la
liberté de la parole & tous les privileges du
parlement. Alors Bell, qui avoit été mandé
par le confeil, revint avec une contenance fi
abattue, qu'il répandit une terreur générale,
& on ne parla plus qu'avec beaucoup de réferve. Comme il n'étoit pas poffible de voir
où finiffoit la prérogative, qui s'étendoit au
gré du fouverain, on craignoit toujours de pa-

roître vouloir lui oppofer une digue. On alloit comme en tâtonnant dans les ténebres :
on avoit peur à chaque queftion, que les moins
timides propofoient : on fe demandoit : pou-
vons - nous l'agiter ? la reine n'en fera-t-elle
pas offenfée ? on prenoit de grands détours;
on faifoit de longs préambules ; on louoit fur-
tout le gouvernement ; & fouvent on ne
paroiffoit parler , que pour éviter de dire fon
avis.

Vous voyez que l'autorité fouveraine, parvenue à fon comble, étoit tout-à-fait abfolue.
Les fonctions des parlements fe bornoient à di-
riger les manufactures de cuir , & les fabri-
ques de toile, à veiller à la confervation des
faifans & des perdrix, à faire réparer les
ponts & les chauffées à punir les vagabonds
& les mendiants, & à maintenir la police
dans la campagne. Leurs plus beaux privileges
étoient d'accorder des fubfides; de juger la
nobleffe, quand il ne plaifoit pas à la reine
de nommer une commiffion ; & d'être l'inftrument dont elle pouvoit fe fervir, toutes les
fois qu'elle ne vouloit pas paroître agir de fa
feule autorité.

C'eft dans ce parlement que la reine acheve de rendre fon autorité tout-à-fait abfolue.

Elifabeth étoit fi perfuadée que fa prérogative n'avoit point de bornes, qu'elle traitoit
d'audacieux & de téméraires ceux qui avoient
agité ces queftions que j'ai rapportées. Elle

Elle agiffoit & parloit comme bien convaincue que fa préro

gative n'avoit
pas de bornes.

menaçoit quiconque auroit à l'avenir la même préfomption; & elle trouvoit qu'on manquoit d'obéiſſance & de fidélité, lorſqu'on oſoit ſeulement propoſer des remontrances. Bien loin de faire un myſtère des maximes deſpotiques qu'elle adoptoit, elle les montroit ſans détour & avec hauteur, dans tous ſes diſcours, & dans toutes ſes dépêches au parlement.

Quoiqu'elle
abuſât quel-
quefois de ſon
pouvoir, elle
étoit aimée.

Cependant elle faiſoit quelquefois un mauvais uſage de ſon pouvoir. Le privilege qu'elle conſerva ſi deſpotiquement, avoit été accordé en faveur de quatre courtiſans, & entraînoit la ruine totale de ſept ou huit mille ſujets induſtrieux. Ce n'étoit pas même là le ſeul exemple de cet abus qui ſe multiplioit tous les jours: elle ſe ſervoit de ce moyen ruineux pour ſon peuple; parce qu'en vendant ces privileges, elle évitoit de demander trop ſouvent des ſubſides qui l'auroient forcée à ménager le parlement. Cependant le deſpotiſme de ſon gouvernement n'empêchoit pas qu'elle ne fût adorée. C'eſt qu'on s'y étoit accoutumé peu-à-peu, & que ne conſervant aucun ſouvenir du paſſé, on ne connoiſſoit que l'adminiſtration préſente. Au reſte, aux abus près dont je viens de parler, elle uſoit ſagement de ſa puiſſance, & il me paroît hors de doute, que ſi elle eût eu moins d'autorité, l'Angleterre auroit été déchirée par des guerres civiles.

Vous

Vous avez été étonné, en voyant les matieres sur lesquelles ce parlement si soumis a
montré quelques restes de liberté. Il faut vous
en faire voir la cause, afin de vous préparer
aux révolutions des regnes suivants.

Pendant que le luthéranisme s'établissoit en
Angleterre, il se forma une secte d'enthousiastes, qui trouvoient qu'on ne réformoit point
assez. Dans leurs ravissements & dans leurs
extases, ils se croyoient seuls capables de pur-
ger le culte de tout ce qu'ils nommoient ido-
latrie, & ils avoient pris le nom de Puritains.
Leur principe étoit de n'avoir rien de commun avec l'église romaine. En conséquence, ils
condamnoient toutes les cérémonies en usage,
& ils regardoient comme autant d'objets de
scandale, la simarre, le rochet, le surplis,
l'étole, le bonnet quarré, en un mot, tous les
vêtements des prêtres & des évêques. Ils vouloient même encore supprimer tout l'ordre épis-
copal. Ils ne pouvoient donc pas approuver
Elisabeth, qui jugeant l'appareil nécessaire
pour conserver la religion parmi le peuple, ne
s'éloignoit du culte de l'église que le moins
qu'il lui étoit possible. Or, ce sont ces Puritains qui proposoient de corriger la liturgie, &
c'est leur fanatisme qui donnoit au parlement
une apparence de liberté. Persuadés que la réforme qu'ils imaginent, regarde le salut des
ames, ils sont prêts à sacrifier leur vie pour

Tom XIII. V

Toute la résis-
tance du der-
nier parle-
ment venoit
des Puritains
dont le fana-
tisme sera fu-
neste à l'An-
gleterre.

l'établir. Ils feront, par conféquent, peu difpofés
à reconnoître la fuprématie des fouverains,
qui ne l'approuveront pas. Ils leur réfifteront:
ils prêcheront qu'il ne faut pas leur obéir fur
ce qui concerne le culte. Pour appuyer fur des
principes leur doctrine féditieufe, ils examine-
ront la prérogative royale : ils chercheront ce
qu'elle a été dans différents temps : ils traite-
ront d'abus & d'ufurpation toute autorité qui
les contrariera ; & ils réclameront l'ancienne
liberté. Nous verrons cette fecte changer tout-
à-fait le gouvernement d'Angleterre.

Alors Pie V formoit le projet d'ôter l'empire de la Méditerranée aux Turcs. Lorfqu'Elifabeth achevoit de vaincre les
derniers efforts d'une liberté expirante, il fe
formoit en Italie une ligue contre les Turcs,
qui continuoient la guerre contre les Chrétiens. Selim II, fils du célébre Soliman, regnoit alors fur eux. L'ame de cette ligue étoit
le pape Pie V, pontife d'un caractere remuant
& févere. Sous lui, le tribunal de l'inquifition devint en Italie plus fanguinaire
qu'il ne l'avoit été : il fomenta les troubles
en France : il tenta de foulever l'Irlande contre
la reine d'Angleterre ; il donna la fameufe
bulle *In cena Domini*, qui fe publie à Rome tous les ans le jeudi faint, & qui excommunie tout prince qui exige des eccléfiaftiques quelque contribution, fous quelque nom
que ce puiffe être. Bien éloigné de la modéra-

tion que demandoient les temps malheureux de l'église, il avoit de grandes qualités, qui auroient été mieux sur un trône que sur le saint siege. Riche & puissant par son économie, il pouvoit fournir aux grands projets qu'il formoit, & donner des secours à ses alliés. Il se proposa d'ôter aux Turcs l'empire de la Méditerranée.

De toutes les puissances, les Vénitiens & le roi d'Espagne furent les seules qui entrerent dans ses vues, parce que c'étoient celles qui s'intéressoient davantage au succès de ce projet, & Philippe pouvoit donner de grands secours. La flotte fut composée de deux cents vingt galeres, de six grosses galéasses, de vingt-cinq vaisseaux, & de plusieurs autres navires. D. Juan ou Jean, fils naturel de Charles-Quint, la commandoit. Sous lui, étoit Marc-Antoine Colonne, général nommé par le pape, qui avoit fourni la sixieme partie de l'armement. Les Vénitiens avoient donné le commandement de leurs forces à Veniero & à Barbarigo. Cette flotte rencontra près du golfe de Lépante celle des ennemis beaucoup plus considérable. Les généraux turcs n'étoient pas d'accord. Le conseil qu'un d'eux donna d'éviter l'action, eût rendu inutile l'armement des Chrétiens. Il ne fut pas suivi; & les Turcs furent entièrement défaits. Leurs forces maritimes en ont

Les Vénitiens & Philippe entrent dans ses vues. Bataille de Lépante.

V 2

été si affoiblies, que depuis ils n'ont plus été redoutables sur mer.

D. Juan se fit par cette victoire un nom célebre dans toute la chrétienté. Il passa, en 1573, en Afrique, & prit Tunis: mais les Espagnols reperdirent cette conquête l'année suivante. Pie V étoit mort en 1572; la ligue ne subsistoit plus, & les opérations mal concertées ne pouvoient pas avoir les mêmes succès.

Dans ce même temps la cour de France ne s'appliquoit qu'à dissiper les craintes des Huguenots.

L'Angleterre étoit tranquille, sous l'autorité absolue d'Elisabeth, & les armes des Chrétiens venoient d'abattre la puissance maritime des Turcs; lorsque le fanatisme méditoit en France des conjurations inouies, & telles que les langues n'ont pas d'expression pour tracer l'horreur qu'elles inspirent.

La paix de 1570 n'avoit pas rassuré les Huguenots: plus elle leur étoit favorable, plus ils craignoient les pieges d'une cour perfide. Henri, Condé, & l'amiral qui servoit de pere à ces princes, se tenoient éloignés, & veilloient dans la méfiance: mais le conseil du roi ne négligeoit rien pour dissiper les soupçons: il observoit scrupuleusement la tolérance: il sévissoit contre les Catholiques, qui tentoient de l'enfreindre: il donnoit des emplois à la noblesse protestante, il la combloit de graces; & il déclaroit que le roi convaincu de la difficulté de contraindre les consciences, étoit determiné à laisser à chacun le libre exercice de sa religion.

Il ouvrit une négociation avec la reine d'Angleterre, & lui proposa d'épouser le duc d'Anjou. C'étoit encore un artifice pour persuader aux Huguenots, qu'il ne conservoit plus la même antipathie contre eux. Elisabeth trouvoit aussi son intérêt à se prêter à cette négociation. Car Philippe ne pouvoit être qu'inquiété de la voir au moment de s'allier avec la France ; & les partisans de Marie, en Écosse & en Angleterre, devoient en être intimidés. Les deux cours parurent donc se rapprocher : les difficultés s'applanirent : on offrit, on céda de part & d'autre : le mariage parut sur le point de se conclure. Mais on ne s'étoit si fort avancé, que parce qu'on voyoit que l'article de la religion pouvoit toujours être un obstacle invincible.

Elle ouvre une négociation avec Elisabeth.

Ces artifices ne furent pas les seuls. Charles dit qu'il vouloit déclarer la guerre au roi d'Espagne. Il parut le prouver, en faisant un traité avec Elisabeth, en permettant au comte de Nassau de lever des troupes en France, & en lui promettant de porter ses armes dans les Pays Bas. Il ajouta même que l'amiral étoit seul capable de conduire cette guerre : enfin il offrit Marguerite sa sœur en mariage au prince de Béarn.

Elle feint de vouloir déclarer la guerre à l'Espagne.

V 5

Charles IX
donne fa fœur
Marguerite à
Henri, & c'eſt
alors qu'on é-
gorge les Hu-
guenots.

Il n'étoit plus poſſible de conſerver des ſoupçons. Pouvoit on croire que Charles, dont
on connoiſſoit le caractère emporté, ſeroit capable de diſſimuler juſqu'à ce point? La principale nobleſſe proteſtante ſe rendit donc à Paris, pour ſe trouver aux noces de Henri. Elles ſe
firent le 18 du mois d'août; & la nuit du 23 au
24, jour de S. Barthelemi, les Huguenots furent égorgés. On n'épargna ni enfants ni femmes
enceintes. Les Catholiques dans ce déſordre
exercerent leur vengeance, les uns ſur les autres. Sept cents maiſons furent pillées. Le maſ-
ſacre dura pluſieurs jours, & le roi lui-même
de ſes fenêtres tira, dit-on, ſur ſes ſujets. Coligni fut aſſaſſiné des premiers. Henri & Condé
ne ſauverent leur vie, qu'en faiſant abjuration.
La reine de Navarre étoit morte quelque temps
auparavant, & on a ſoupçonné qu'elle avoit
été empoiſonnée.

De pareils ordres ſanguinaires avoient été
expédiés dans les provinces. On obéit à Meaux,
à Rouen, à Orléans, à Troies, à Bourges, à
Lyon, à Toulouſe, & dans d'autres villes.
Mais il y eut des gouverneurs qui ſe refuſerent
à cette cruauté. Tels furent les comtes de Ten-
des & de Charni; le vicomte d'Orte, S. He-
ran, la Guiche, Tanegui le Veneur, Maude-
lot, de Gordes, &c.

C'eſt le duc de Guiſe, fils du dernier mort,
qui fut chargé d'exécuter dans la capitale ce

projet, que Catherine de Medicis & le conseil avoient formé de sang froid. Cet événement confirma, que dans l'entrevue de Bayonne, il avoit été résolu d'exterminer les Huguenots de façon ou d'autre. Il ne seroit pas possible d'assurer le nombre des personnes qui périrent dans le royaume. Les mémoires de Sulli le portent à plus de soixante-dix mille, & Péréfixe à cent mille.

Charles, pour se justifier dans les cours étrangeres, fit publier qu'il avoit voulu prévenir une conjuration des Huguenots : comme s'il eût été possible que tous ceux qui avoient été massacrés, eussent conspiré, & que dans cette supposition absurde, les chefs se fussent livrés sans précaution. Fénelon, alors ambassadeur en Angleterre, eut honte d'être François, quand il se vit forcé de présenter à la reine cette trahison monstrueuse comme un acte de prudence. Lorsqu'il vint à l'audience, il trouva toute la cour vêtue de deuil: le silence & l'obscurité ajoutoient à ce triste appareil : aucun regard ne se tourna sur lui : il parvint jusqu'à la reine, sans qu'on fît aucun mouvement à son approche: Elisabeth montra son étonnement, sans laisser voir toute son indignation, blâma le conseil de France, & plaignit le roi.

Consternation de la cour de Londres à cette nouvelle.

Mais à Madrid, lorsque la nouvelle de ce massacre y fut portée, on connut pour la pre-

Joie de Philippe.

V 4

miere fois que Philippe étoit senfible à la joie.
Il n'en avoit donné aucun figne en apprenant
la victoire de Lépante : mais fa gravité ne put
cacher la fatisfaction qu'éprouvoit fon ame,
en fe repréfentant le fang répandu de tant de
citoyens.　Il fit des préfens au courier ; il écrivit à Charles pour le féliciter : il fe réjouit avec
fes courtifans : il fe réjouit, en public ; & il
exigea des corps qu'ils vinffent lui faire com-
pliment.

A ce maffacre
Elifabeth ju-
ge ce qu'elle
doit attendre
de Charles,
& de Philippe,
fonge à leur
donner de
l'occupation
chez eux.

Elifabeth vit alors le fondement qu'elle
pouvoit faire fur l'alliance de Charles. Elle vit
ce qu'elle pouvoit attendre de ce prince & de
Philippe, fi jamais ils étoient affez maîtres
chez eux, pour tenter de protéger les Catholiques d'Angleterre. Elle prit donc les mefures
les plus fages, pour prévenir les attentats dont
elle étoit menacée.　Cependant elle feignit de
croire aux proteftations d'amitié, que la France ne ceffoit de lui faire : elle parut même fe
prêter à la propofition qu'on lui fit d'époufer
le duc d'Alençon, troifieme frere de Charles :
il n'étoit plus queftion du duc d'Anjou.　Elle
triomphoit fur tout, lorfque la coquetterie entroit pour quelque chofe dans la politique, &
d'ailleurs elle étoit flattée de penfer qu'un prince,
plus jeune qu'elle de vingt-cinq ans, foupiroit
pour fes attraits : car jufques dans fa vieilleffe
elle eut la manie de fe croire belle.

Il est bien étrange qu'on ait imaginé d'é-
gorger en une nuit tous les Huguenots, qui
étoient en France; & quand on les eût égorgés,
n'en restoit-il pas en Allemagne? n'en restoit-
il pas dans les Pays-Bas, & en Angleterre? que
gagnoit donc la religion à ce massacre? Mais
le fanatisme est toujours aveugle, & ceux qui
le dirigent ne songent pas à la religion.

La S. Barthelemi chassa du royaume une
quantité de Huguenots, qui se sauverent en
Angleterre, en Allemagne & dans la Suisse,
où ils exciterent l'indignation des Protestants.
Ceux qui ne purent pas s'enfuir, chercherent
un asyle dans quelques citadelles. Montauban,
Castres, Nîmes & la Rochelle formerent une
confédération. Ce parti qu'on croyoit avoir
exterminé, eut bientôt dix-huit mille hommes sur pied, & se vit maître d'environ cent
villes, châteaux ou forteresses. La noblesse
d'Angleterre offrit de lever vingt-deux mille
hommes d'infanterie, & quatre mille chevaux,
de les conduire en France & de les y entretenir
pendant six mois. Mais Elisabeth qui n'approuvoit pas cette espece de croisade, contint
cette ardeur indiscrette. En Allemagne, au
contraire, les princes protestants permirent de
lever des troupes chez eux.

La guerre civile recommence pour la quatrieme fois. Le duc d'Anjou fait le siege de

La S. Barthe-
lemi qui ne
pouvoit être
utile à la reli-
gion,

rend les Hu-
guenots plus
puissans que
jamais.

1573
L'année du

duc d'Anjou se ruine devant la Rochelle qui capitule.

la Rochelle. Mais son armée y périt presque toute entière ; car, soit dans les assauts, soit par les maladies, il perdit près de vingt-quatre mille hommes. La place capitula cependant, parce qu'on fit aux Huguenots les propositions les plus avantageuses ; & le traité fut tout à leur avantage. Ce prince partit ensuite pour la Pologne : il venoit d'en être élu roi.

Catherine de Medicis s'unit au duc de Guise & au cardinal de Lorraine.

Le duc de Guise, avec les talents de son pere & des manieres aussi séduisantes, avoit encore plus d'ambition. Son ame, formée parmi les troubles, en étoit devenue plus audacieuse. La foiblesse qu'il voyoit dans le gouvernement, & le sentiment de sa supériorité, sembloient lui applanir le chemin même du trône. Il s'étoit fait une grande réputation dans les dernieres guerres, & sa puissance mettoit la cour dans la nécessité de le ménager. Catherine de Medicis, qui cherchoit toujours des appuis, s'unit avec lui & avec le cardinal de Lorraine, parce qu'elle prévit la mort de Charles, qui étoit tombé malade.

1574 Parti des mécontents ou des politiques. Mort de Charles IX.

Cette démarche fit naître un nouveau parti, qu'on nomma *les mécontents* ou *les politiques* ; parce qu'il se proposoit de réformer l'état, en abattant la puissance des Guises. Le maréchal duc de Montmorenci, qui en étoit le chef, mit à la tête le duc d'Alençon. Cette conspiration ayant été découverte, les maréchaux de

Montmorenci & de Coffé furent mis à la Baftille, & le duc d'Alençon avec le roi de Navarre furent enfermés dans le château de Vin-
cennes. Le prince de Condé qui s'évada, se retira en Allemagne. La guerre continuoit, &
les Huguenots se battoient en défespérés, lorsque Charles mourut. Ce prince ne manquoit
pas d'efprit. Amiot, son précepteur, lui avoit
donné des connoissances & du goût pour les
lettres: mais naturellement violent, emporté,
féroce même, il ne parut sur le trône que pour
être l'instrument de la vengeance & de l'ambition de ceux qui l'entouroient. Il nomma sa
mere régente, jusqu'au retour du duc d'Anjou
son héritier: car il ne laissa pas d'enfant légitime.

1574

Henri III se repentit alors d'avoir accepté
la couronne de Pologne. Il eut quelque peine
à s'échapper, parce que les Polonois le gardoient
à vue. Il revint par Vienne, Venise & Turin.
L'empereur Maximilien II, fils de Ferdinand,
les Vénitiens & le duc de Savoie lui conseille-
rent d'accorder une amnistie générale, & de ne
plus faire la guerre aux Huguenots. Cette conduite eût fait espérer un gouvernement tout
différent de celui de son frere. Les peuples qui
se flattent sur les plus légeres apparences, en
auroient auguré d'autant plus favorablement,
que ce prince montoit sur le trône avec une
forte de réputation; parce qu'il s'étoit trouvé

Henri III re-
vient de Polo-
gue. Raifons
qu'il avoit
d'ufer de mo-
dération.

à la tête des armées, qui avoient remporté des victoires. Il y a donc lieu de préfumer que la modération eût rétabli le calme. Elle étoit même d'autant plus néceffaire que les Huguenots, dans une affemblée tenue en Rouergue, venoient de reconnoître pour chef Condé, qui levoit alors des troupes en Allemagne ; que le maréchal d'Anville, frere de Montmorenci, s'étoit déclaré chef des mécontents ; qu'il avoit pris fur lui de convoquer les états de Languedoc, province dont il étoit gouverneur ; & qu'il traitoit pour faire alliance avec les Huguenots. Henri avoit encore une autre raifon : c'eft qu'il haïffoit fecrétement les Guifes, & qu'il vouloit les abaiffer. Il ne falloit donc pas foulever contre lui - même le parti auquel ils étoient odieux.

Il fait la guerre aux Huguenots.

Le feul acte de modération qu'il fe permit, fut de rendre la liberté à fon frere le duc d'Alençon & au roi de Navarre. D'ailleurs à peine fut-il arrivé, qu'il fit marcher des troupes contre les Huguenots du Dauphiné, du Languedoc, de la Guienne & du Poitou : mais d'Anville recevoit des fecours du roi d'Efpagne & du duc de Savoie, & commençoit à devenir redoutable.

1576
Il demande la paix & il

Alors Henri fit des propofitions de paix qu'on méprifa. Il n'a pas fu faifir le moment de s'attacher les rebelles, & ils veulent actuellement lui donner la loi. Sur ces entrefaites, l'évafion du duc d'Alençon donne un chef aux mécontents; & Condé amene d'Allemagne des fecours aux Huguenots. Cependant le roi peut à peine raffembler vingt mille hommes. Il fallut rendre la liberté aux maréchaux de Mont-morenci & de Coffé, & les prier d'employer le crédit qu'ils avoient fur le duc d'Alençon, pour obtenir de lui une treve de fix mois. Le roi la paya cent foxante mille écus, qu'il donna aux Allemands levés par le prince de Condé. Il accorda de plus fix villes de fureté aux Huguenots & aux mécontents, & il permit le libre exercice de la religion proteftante.

ne l'obtient qu'en fubiffant la loi.

Pendant cette treve, le roi de Navarre s'échappa de la cour: il déclara que fon abjuration avoit été forcée, fe mit à la tête des Huguenots, & eut fur le champ une armée de trente mille hommes. Cependant comme il n'avoit point d'argent, il écouta les propofitions que la reine lui fit faire: il obtint des conditions encore plus avantageufes que celles de la treve, & ce fut la cinquieme paix générale conclue avec les Huguenots.

1576 Le roi de Navarre fe met à la tête des Huguenots, & obtient des conditions encore plus avantageufes.

Les Catholiques murmurerent des privileges qu'on venoit d'accorder aux Hérétiques. Le duc de Guife excita ces murmures: Les magiftrats de Péronne & la nobleffe de Picardie formerent une ligue pour la deftruction du calvinifme.

La ligue fe forme.

Cet exemple fut suivi dans plusieurs provinces, & les Huguenots furent attaqués dans différentes villes. Le duc de Guise, chef de cette ligue qu'on nomma sainte, y fit entrer le roi d'Espagne.

Henri, forcé par les états de Blois, devient chef de la ligue.

Ces troubles se passoient lorsque Henri tint les états à Blois. Tous les députés étoient Catholiques, ou même engagés pour la plupart dans la ligue. Ils demanderent au roi de ne souffrir qu'une seule religion. Il fut donc arrêté qu'on révoqueroit les privileges accordés aux Huguenots, & qu'on leur déclareroit la guerre. Henri, trop foible pour avoir une volonté, fut contraint d'entrer dans la sainte ligue, & il ne lui resta d'autres ressources, que de s'en déclarer le chef, afin que le duc de Guise ne fût pas, ou ne parût pas l'être.

1577

Nouvelle paix dont les conditions sont moins favorables aux Huguenots.

La guerre recommença donc, & finit la même année par une paix moins favorable aux Protestants que la précédente. Les Catholiques néanmoins se plaignirent encore. Il n'étoit donc pas possible d'éteindre la haine qui séparoit les deux partis, & la situation du roi se trouvoit telle, qu'il n'étoit plus en son pouvoir ni de tolérer ni de persécuter.

Mais les deux partis traitoient de

Les traités violés si souvent, ne permettoient pas de compter sur une paix durable. L'animosité qui s'étoit accrue, avoit fait des Fran-

çois deux peuples ennemis : le fanatifme les
armoit pour leur ruine réciproque ; & dans le
temps même qu'on fignoit la paix, chaque
parti eût cru manquer de prudence, s'il ne fe
fût pas préparé pour une nouvelle guerre.

Entre ces deux partis, le roi n'étoit rien.
Pour être quelque chofe en apparence, il donnoit fon nom à la ligue, & il n'étoit qu'un inftrument du duc de Guife. Cependant il s'en-
dormoit dans l'oifiveté, dans les plaifirs, dans
la débauche même. Il diffipoit fes finances avec
fes *mignons*, jeunes débauchés, qui le gouvernoient. Il faifoit prefque regretter les brigandages de la guerre, par les impôts dont il fouloit
fon peuple en temps de paix ; il perdoit tous les
jours l'affeCtion de fes fujets, & fe rendoit méprifable à toute l'Europe. Catherine de Medicis put voir alors combien il lui étoit impoffible
de commander en divifant. Il eût fallu d'autres talents que les fiens pour regner fur deux
hommes, tels que le duc de Guife & le roi de
Navarre, qui partageoient toute la France. La
paix fe rompit encore, elle fe renoua ; & les
troubles fubfifterent toujours quelque part jufqu'en 1584, que la guerre recommença avec
plus de fureur que jamais.

Elifabeth voyoit avec inquiétude l'agrandiffement du duc de Guife : elle craignoit encore
l'alliance qu'il avoit faite avec Philippe, qu'el-

feintes négo-
ciations, &
donnoit des
secours aux
Huguenots.

le regardoit comme son ennemi. Cependant
elle ne vouloit pas rompre ouvertement avec la
cour de France : elle se prêtoit toujours à la négociation de son mariage avec le duc d'Alençon,
alors duc d'Anjou ; & elle s'y prêtoit d'autant
plus volontiers, que Henri III, jaloux de son
frere, auroit été fâché de la voir réussir. Mais
en même temps, elle ne refusoit pas tout secours
aux Huguenots ; car c'étoit en partie avec son
argent, que Condé avoit levé des troupes en
Allemagne.

Le duc d'Al-
be avoit avan-
cé le moment,
où elle pour-
roit donner
aux Flamands
sans se com-
promettre.

Elle eût voulu secourir encore les Protestants des Pays-Bas. Elle les eût secourus, si
elle l'eût pu sans se compromettre avec le roi
d'Espagne, que l'état de foiblesse où elle voyoit
ces peuples, lui faisoit une loi de ménager. Le
duc d'Albe cependant avoit déja bien avancé le
moment, où elle pourroit se conduire avec
moins de circonspection.   On s'étoit soulevé
de tous côtés : la Hollande & la Zélande avoient
secoué le joug : le prince d'Orange avoit eu des
avantages en plusieurs occasions ; & Philippe
avoit rappellé le duc d'Albe en 1573, rejetant
les mauvais succès sur la conduite de ce général.
Il ne pouvoit pourtant lui reprocher que la sévérité qu'il avoit conseillée lui-même. Le duc
d'Albe se vantoit d'avoir fait périr, par la main
du bourreau, dix-huit mille personnes dans le
cours de cinq ans.   De ce nombre étoient le
comte d'Egmont & le comte de Horn.

Réquesens

Réquefens, d'un caractère modéré, fut envoyé dans les Pays-Bas : mais la modération, ne pouvoit plus rien fur des peuples, qui avoient en horreur la domination efpagnole. La guerre continua. Cependant les peuples de Hollande & de Zélande, craignant de fuccomber, demanderent des fecours à la reine d'Angleterre, & lui offrirent la fouveraineté de leur pays. Ils fuivoient en cela les confeils du prince d'Orange même.

La Hollande & la Zélande lui offrent la fouveraineté.

Elifabeth, trop fage pour avoir l'ambition des conquêtes, fe contentoit de maintenir la tranquillité dans fes états. Elle n'eût donc garde d'accepter une fouveraineté, qui l'expofoit à une guerre avec l'Efpagne, ne pouvant pas d'ailleurs attendre de grands fecours de la part de ces deux provinces. Elle répondit avec reconnoiffance, elle offrit fa médiation, & ouvrit une négociation avec la cour de Madrid.

Elle la refufe & offre fa médiation.

Sur ces entrefaites, Réquefens mourut. Alors les troupes efpagnoles, fans paye & fans chef, fe porterent aux derniers excès. Anvers & Maftricht ayant été pillés, & les autres villes étant menacées de l'être, toutes les provinces, excepté le Luxembourg, s'unirent pour repouffer les violences, & appellerent à leur fecours le prince d'Orange & les Hollandois. Elles firent un traité, connu fous le nom de pacification de Gand, par lequel elles arrêterent l'ex-

Pacification de Gand ou traité des provinces qui s'uniffent pour la défenfe de la liberté.

pulfion des troupes étrangeres, & le rétabliffement de la liberté.

D. Juan viole
le traité qu'il
a ratifié; & E-
lifabeth don-
ne des fecours
aux Flamands
D. Juan, envoyé par le roi d'Efpagne,
trouva les états maîtres du gouvernement, &
fon autorité ne fut reconnue, que parce qu'il
ratifia le traité de Gand, au nom de Philippe,
& qu'il renvoya les troupes efpagnoles. Il
viola bientôt tous fes engagements, fe faifit de
Namur, & fit revenir les troupes, quoiqu'il
fût affez difficile de dompter ces peuples par la
force. On prétend qu'il projetoit encore d'é-
poufer la reine d'Écoffe, & de conquérir l'Angleterre. Mais Elifabeth lui donna de l'occupation dans les Pays-Bas: car voyant toutes les
provinces en état, par leur union, de faire une
vigoureufe réfiftance, elle ne craignit plus de
s'allier avec elles, & de leur donner des fecours.
Elle négocia même en cette occafion fi adroitement avec la cour de Madrid, qu'elle mit
Philippe dans la néceffité de diffimuler fon
reffentiment.

1577
Alexandre
Farnefe gou-
verneur des
Pays-Bas.
D. Juan mourut en 1577. On a foupçonné Philippe de l'avoir fait empoifonner, parce
qu'il en redoutoit l'ambition: on a dit auffi que
le prince d'Orange avoit eu l'art de le rendre fuf-
peɛt au roi d'Efpagne. Quoi qu'il en foit, les Provinces-Unies eurent à fe défendre contre un bien
plus grand homme. C'eft Alexandre Farnefe,

duc de Parme, fils d'Ottavio. Ce prince étoit
dans les Pays-Bas, où il avoit amené des troupes d'Italie, & il en prit le gouvernement.
Fait pour la guerre, pour le cabinet,
pour les négociations, il avoit l'art, peu
connu dans son siecle, d'employer la clémence
à propos. Il recouvra des provinces: il reprit
la supériorité sur les rebelles: mais enfin les
choses étoient trop désespérées, & il ne put
empêcher l'union d'Utrecht.

Sept provinces, Gueldre & Zutphen, Hollande, Zélande, Utrecht, Frise, Over-Issel,
& Groningue signerent, le 13 janvier 1579,
une association, qui est l'époque du commencement de la république des Provinces-Unies. Le
prince d'Orange en fut déclaré chef, sous le
nom de Stathouder. *Association de sept pro-vinces. 1579*

Il y avoit alors deux princes, qui tentoient
de se faire des souverainetés dans les Pays-Bas.
Le premier étoit Mathias, archiduc d'Autriche, fils de l'empereur Maximilien II. Les
seigneurs du Brabant, jaloux du prince d'Orange, l'avoient appellé, & lui avoient donné le
gouvernement de leur province: mais il n'avoit
déja plus d'autorité. Le second étoit le duc
d'Anjou, qui fut proclamé duc de Brabant &
comte de Flandre. Il n'eut pas plus de succès.
Ambitieux, sans talents, il ne se contenta pas
de l'autorité limitée que les états lui avoient *Mathias & le duc d'An-jou tentent de se faire des souverainetés dans les Pays-Bas.*

X 2

confiée : il voulut gouverner en despote des peuples, qui s'étoient donnés librement ; & il fut contraint de revenir en France, où il mourut peu de temps après. Le prince d'Orange,

1583

1584
Le prince d'Orange premier Stathouder est assassiné. Maurice son fils lui succéde.

dont Philippe avoit mis la tête à prix, fut assassiné par Balthasar Gerard, franc-comtois, que le fanatisme arma plutôt que la récompense offerte. Maurice son fils, âgé de dix-huit ans, lui succéda dans le stathoudérat, & fut grand comme lui. Nulle part la guerre se fit avec plus de fureur que dans les Pays-Bas, ni avec plus d'habileté.

Pendant que le fanatisme des peuples, l'ambition des grands, & l'imprudence des souverains troubloient l'Europe, Elisabeth maintenoit la tranquillité dans ses états, par sa prudence & par sa fermeté. Elle ne craignoit rien d'aucune puissance étrangere : elle étoit à l'abri de toute insulte de la part de l'Ecosse, où les Protestants, qu'elle avoit rendus supérieurs, étoient ses alliés : Henri III, trop foible pour regner dans ses propres états, ne pouvoit être un ennemi redoutable : le duc de Guise, qui commandoit à ce roi, trouvoit dans les Huguenots un parti, qu'un chef habile rendoit puissant : Philippe enfin, épuisoit ses vastes états, pour soumettre des peuples, que le désespoir armoit : il devoit au moins s'écouler bien du temps, avant qu'il pût former quelqu'entreprise sur l'Angleterre, & encore toute entre-

prise de cette espece étoit bien hazardeuse. Dans
le cas d'une guerre, Elisabeth se voyoit de grandes ressources dans la confiance & dans l'amour
de ses sujets. Par son économie, elle avoit non-
seulement remboursé les emprunts qu'elle avoit
faits au commencement de son regne : elle
avoit encore acquité toutes les dettes de la couronne, quoique contractées sous les regnes pré-
cédents.   Cette conduite établissoit si bien son
crédit, qu'elle pouvoit, sans user de violence,
disposer de la bourse de ses sujets : fond de richesses bien plus solide, que les trésors que Philippe tiroit des Indes.   Nous en verrons la
preuve.

Cependant les haines de religion étoient en
Angleterre comme ailleurs une semence de désordres.   Les excommunications de la cour de
Rome, qui relevoient les sujets du serment de
fidélité, suffisoient pour faire prendre les armes aux Catholiques ; & des missionnaires enthousiastes leur prêchoient continuellement la
révolte en croyant prêcher la religion.   Il fallut donc sévir : la multitude des sectes, animées à se détruire, forçoit l'autorité ; & un
souverain qui embrassoit un parti, étoit dans la
nécessité de déclarer la guerre à l'autre : il falloit obéir au préjugé dominant, qui regardoit comme peu attaché à une secte, quiconque ne faisoit pas tous ses efforts pour exterminer les sectes contraires.

Elle est ce-
pendant for-
cée à sévir
contre le fa-
natisme.

X 3

Elifabeth employa donc les châtiments.
Cependant elle eût d'abord la prudence de ne
pas porter au défefpoir par des perfécutions
trop violentes. Elle n'exigeoit de ferment de
fuprématie que de ceux qui devoient y être
foumis par leurs places, ou par le miniftère
public dont ils étoient chargés. Elle toléroit
même l'exercice de la religion catholique
dans les maifons particulieres, lorfque ceux qui
la profeffoient, ne cherchoient point à troubler l'état. Mais elle traitoit les Puritains
avec plus de rigueur, parce qu'ils s'arrogeoient
des droits étranges, tant en matieres civiles
qu'en matieres de religion. En 1581, le parlement voyant les féditions, que les catholiques tentoient d'exciter, décerna des peines
contre eux. Ces peines néanmoins n'étoient
encore que des amendes ou des flétriffures.
Mais un autre parlement, tenu en 1584, décerna la peine de mort contre les Jéfuites, &
tous les prêtres catholiques qui paroîtroient en
Angleterre: la religion catholique ne fut donc
plus tolérée, & ce fut le commencement d'une
perfécution violente. Cependant il n'y eut
point de guerres civiles; parce que l'attention &
la fermeté d'Elifabeth prévenoient, ou faifoient
échouer les confpirations. Le parlement qui
voulut fe repofer fur elle de la tranquillité du
royaume, l'autorifa à nommer des commiffaires pour faire le procès à quiconque préten-

(marginal note) Elle ufe d'a-bord de mo-dération.

(marginal note) Le parlement l'autorife à plus de vio-lence.

droit à la couronne, ou trameroit quelque sou-
lèvement. Elle créa aussitôt une commission
ecclésiastique ; tribunal redoutable, qui ne fut
soumis à aucune loi : c'étoit une vraie inquisition , établie encore plus contre les Puritains,
que contre les Catholiques. Tel étoit le malheur des temps : les Protestants avoient en horreur l'inquisition , & ils établissoient parmi eux
un tribunal semblable.

Les persécutions, qui bouleversoient les
autres états , troubloient si peu le repos de
l'Angleterre , qu'Elisabeth osa s'engager dans
une guerre ouverte avec le roi d'Espagne : elle
trouva même encore des ressources, pour
donner des secours d'argent aux Huguenots
de France.

Mais les per-
sécutions ne
causent point
de séditions.

Les États-Généraux, c'est ainsi qu'on nomme la république de Hollande ou des Provinces-Unies , se trouverent fort affoiblis, par la
seule mort de Guillaume, prince d'Orange.
Le duc de Parme avoit eu de grands avantages
sur eux, & ils se voyoient au moment de retomber sous la domination d'Espagne. Ayant
donc besoin d'un secours étranger, ils offrirent
la souveraineté de leurs provinces d'abord au
roi de France, & ensuite à la reine d'Angleterre.

Les États-Gé-
néraux offrent
la souverai-
té de leurs
provinces à
Henri III , &
puis à Elisa-
beth.

Après avoir vu combien Henri III étoit
éloigné de pouvoir accepter une pareille offre,

X 4

nous verrons qu'elle fut la réponse d'Elifabeth,
& le parti qu'elle prit.

Le duc de
Guife afpire
au trône.

La mort du duc d'Anjou, arrivée en 1584,
laissoit le roi de Navarre héritier préfomptif
de la couronne, parce que Henri n'avoit point
d'enfant. Le duc de Guife forma le projet de
l'exclure du trône, pour s'y placer lui-même.

1585

La religion lui fervit de prétexte, & il renouvella la ligue dans laquelle il fit entrer Philippe
& le pape Grégòire XIII. Il perfuada même
au cardinal de Bourbon, oncle du roi de Navarre, de s'en déclarer le chef, lui offrant la
couronne, comme à l'héritier légitime. Il y
eut alors trois partis ; celui des ligueurs, celui
des protestants, & celui du roi, le plus foible
de tous.

Les prédica-
teurs décla
ment contre
Henri III qui
fe rend tous
les jours plus
méprifable.

Timide, inappliqué, irréfolu, diffipateur,
Henri étoit méprifé de fes fujets, autant qu'un
prince l'ait jamais été. Il eut le fecret, dans
ces temps fuperftitieux, de fe rendre méprifable,
même par les pratiques de dévotion qu'il affectoit pour perfuader fon attachement à la religion : c'eft qu'on ne pouvoit pas les concilier
avec les mœurs diffolues qu'on lui connoiffoit.
Je crois cependant, comme on l'a dit, qu'elles étoient finceres : mais je crois auffi qu'il
n'avoit aucune idée de la vraie piété. Il paffa
donc pour hypocrite, & comme on le craignoit
auffi peu qu'on le refpectoit, les prédicateurs

déclamerent en chaire contre lui & souleverent le peuple.

Son royaume lui échappoit : car les ligueurs
lui faisoient la guerre, ainsi qu'au roi de Navarre. Il se joint à eux, en signant le traité
de Némours, par lequel il s'engage à ne souffrir que la religion catholique. En conséquence, il ne donne que six mois aux Huguenots
pour se convertir, ou pour sortir de France.
La guerre s'allume dans la plupart des provinces.

Henri III est forcé de se joindre aux ligueurs.

Sur ces entrefaites, Sixte-Quint qui succede
à Grégoire XIII, désapprouve la ligue, & en
même temps, il la favorise, puisqu'il excommunie le roi de Navarre & le prince de Condé.
Le roi de Navarre en appelle au concile général, & fait afficher son acte d'appel aux portes
du vatican.

Le roi de Navarre appelle au futur concile d'une bulle de Sixte-Quint.

Trois curés de Paris, quelques docteurs &
des bourgeois forment une nouvelle ligue, en
faveur du duc de Guise. Ils partagent entre
eux les seize quartiers de cette capitale, & ils
sont au moment de se saisir de la Bastille, de
l'arsenal, du temple, du palais du Louvre &
de la personne du roi. Le duc d'Épernon arrive pour faire échouer leur projet : mais cette
ligue subsiste sous le nom de la ligue des
seize.

Ligue des seize.

1586
1587

Le roi de Na-
varre défait
les ligueurs à
Coutras.

Le roi de Navarre défait, près de Coutras en Saintonge, le duc de Joyeuse, qui est assassiné, lorsqu'il veut se rendre prisonnier. *Il n'y a que des guerres de religion*, dit Mr. le président Hénault, *où l'on voie de semblables meurtres. Le duc de Guise périt ainsi devant Orléans, le prince de Condé à Jarnac, le maréchal de S. André à Dreux & le connétable de Montmorenci à S. Denis.*

Mais les Al-
lemands, qui
viennent à
son secours,
sont défaits
par le duc de
Guise, & il ne
peut tirer par-
ti de la vic-
toire.

Le duc de Guise défait les Allemands, qui venoient au secours des Huguenots, & le roi de Navarre n'a pas pu profiter de la victoire de Coutras. La religion qui faisoit prendre les armes, ne tenoit pas lieu de solde: chacun retournoit donc chez soi après un certain temps; & le vainqueur, à qui l'argent manquoit, étoit forcé de finir la campagne, lorsqu'il auroit pu compter sur de nouveaux succès. Cette maniere de faire la guerre la rendoit à la longue plus destructive. Ajoutons à cela que Henri III, qui combattoit à regret pour les ligueurs, ralentissoit à dessein les opérations. Il auroit trop craint le duc de Guise, si le parti des Huguenots eût été tout-à-fait ruiné: c'est ainsi que tout contribuoit à faire durer les désordres & les calamités.

La ligue des
seize accuse
Henri III d'a-
voir appellé

La conduite du roi n'étoit pas si adroite, qu'on ne démêlât ses vues. La ligue des seize fit plus: elle l'accusa d'avoir appellé les Allemands au ſecours du roi de Navarre. A cette lesAllemands au ſecours des Huguenots. occaſion, toutes les provinces s'empreſſerent de lever de nouvelles troupes pour le duc de Guiſe.

Le roi revient à Paris après avoir contri- On l'inſulte publique-ment. bué à chaſſer les Allemands. Il y voit croître le mépris pour ſa perſonne, & l'enthouſiaſme pour le duc de Guiſe, qu'on regarde comme le ſauveur de la France. C'eſt publiquement, c'eſt dans les chaires qu'on l'inſulte ; & la Sorbonne décide qu'on peut ôter le gouvernement aux princes, qu'on ne trouve pas tels qu'il faut, comme l'adminiſtration au tuteur, qu'on a pour ſuſpect. Le roi intimidé oſa à peine faire une réprimande à ces prêtres ignorants, fanatiques & rebelles.

Toujours plus hardis, le duc de Guiſe & 1588 On lui demande de ſe déclarer ouvertement pour la ligue. les principaux chefs de la révolte, lui adreſſerent un mémoire, par lequel ils lui demanderen de ſe déclarer plus ouvertement pour la ligue, de publier le concile de Trente, d'établir l'inquiſition, & de leur livrer des places de ſureté. On lui enjoignoit encore de fournir aux frais de la guerre, & de faire ſaiſir les biens des Huguenots. *Beau plan qui mettoit la religion catholique en ſureté dans le royaume*, dit le pere Daniel, *& y detruiſoit l'héréſie.* Il n'eſt pas vrai que l'héréſie eût été détruite. Mais on parloit ainſi dans les temps de la ligue,

afin de porter les peuples à la révolte. Cependant vous ne feriez rien aujourd'hui, Monfeigneur, fi l'efprit féditieux qui fe retrouve dans
cette hiftoire, où les rois font baffement flat-
tés, n'eût été réprimé par les vertus de Henri IV.

**Il veut mon-
erer de la fer-
meté, & il eft
fur le point
d'être enlevé.** Le roi feint d'approuver tout ce qu'on lui
propofe. Cependant les infultes continuelles
des feize réveillent un moment fon courage timide, ou du moins fa colere, & il menace de
les faire pendre : mais il eft fur le point lui-
même d'être enlevé par cette faction. Peu de
temps après, le duc de Guife arrive pour la
foutenir, & ofe fe préfenter à Henri III, qui
lui avoit défendu de venir à Paris.

**Forcé à s'en-
fuir, il fe reti-
re à Chartres,
où il figne l'é-
dit de réunion** Henri fait entrer pour fa fureté des troupes dans la ville, & les diftribue dans différents
quartiers. Les factieux répandent que c'eft un
corps de Huguenots, qui va fe rendre maître
de la capitale. A ce bruit, les fujets les plus
fideles fe joignent à eux: tout le peuple prend
les armes: on tend les chaînes dans les rues:
des barricades s'élevent par-tout: les foldats
renfermés ne peuvent plus fe réunir: on tire
fur eux du haut des maifons: on les affomme
avec des pavés: le roi s'enfuit à Chartres:
le duc de Guife eft maître de Paris: toutes les
villes fe déclarent pour l'un ou l'autre parti:
on eft au moment de voir une guerre civile

entre les Catholiques même : enfin pour la
prévenir, Henri eſt obligé de ſigner l'édit de
réunion. Plus honteux que le traité de Némours, cet acte tendoit ſur-tout à exclure du
trône le roi de Navarre. Le prince de Condé
étoit mort de poiſon à S. Jean d'Angeli ; &
Charlotte de la Tremouille, ſa femme, qui
fut accuſée de l'avoir empoiſonné, accoucha
quelque mois après d'un fils, qui ſera le pere
du grand Condé.

Les états ſe tinrent à Blois. Le roi y fit
aſſaſſiner le duc de Guiſe & le cardinal de Lorraine ſon frere : mais n'ayant pris aucunes meſures pour établir ſon autorité, la ligue en devient encore plus redoutable. Elle a pour chef
le duc de Mayenne, autre frere du duc de
Guiſe. Les prédicateurs déclament contre
Henri : les confeſſeurs refuſent l'abſolution à
ceux qui le reconnoiſſent pour ſouverain : la
Sorbonne délie les ſujets du ſerment de fidélité : le parlement de Paris, qui reſte ſeul fidele, eſt conduit à la Baſtille : les ligueurs forment un autre parlement : & on fait le procès
à Henri de Valois, ci-devant roi de France &
de Pologne.

*Il fait aſſaſſi-
ner, aux états
de Blois, le
duc de Guiſe
& le cardinal
de Lorraine,
& il rend les
rebelles enco-
re plus auda-
cieux.*

1589

Le roi, qui dans cette ſituation n'avoit pas
ſeulement une armée, ſe jette entre les bras
du roi de Navarre. Il eſt bientôt en état de
faire le ſiege de Paris, & cette ville ne paroît

*Il eſt poi-
gnardé.*

pas pouvoir lui réſiſter. Mais Sixte-Quint, à qui il a demandé inutilement l'abſolution pour le meurtre du cardinal de Lorraine, l'a excommunié, & le fanatiſme, allumé plus que jamais, arme un ſcélérat qui poignarde Henri. C'eſt un moine dominicain, nommé Jacques Clément. J'ai paſſé rapidement ſur ces temps d'horreur, puiſqu'enfin j'étois obligé d'en parler, & je reviens à l'Angleterre.

1589

Une partie du conſeil d'Eliſabeth lui conſeilloit de refuſer la ſouveraineté des Provinces-Unies, & de ne point ſe mêler de la guerre des Pays-Bas.

Les miniſtres d'Eliſabeth furent partagés ſur la réponſe qu'elle devoit faire à la propoſition des États Généraux. Les plus circonſpects conſeilloient de la rejeter. Ils lui repréſentoient, que ſi juſqu'alors elle avoit donné quelques ſecours aux Flamands, elle avoit moins paru vouloir les ſouſtraire à la domination eſpagnole, que diminuer l'oppreſſion ſous laquelle ils gémiſſoient; & qu'elle s'étoit aſſez juſtifiée auprès de Philippe, en l'invitant à les traiter avec plus de douceur, & en lui faiſant voir qu'elle avoit dû prendre des meſures contre les projets de D. Juan, dont l'ambition avoit été ſuſpecte à ce monarque même. Ils remarquoient combien il étoit dangereux de donner un pareil exemple au roi d'Eſpagne, qui fomentoit déja ſourdement les factions d'Angleterre, & qui déſormais ſeroit autoriſé à les protéger ouvertement. Ils craignoient enfin ſa puiſſance, qui s'étoit encore accrue depuis quelques années; car l'acquiſition qu'il avoit faite du Portugal en 1580, ajoutoit à ses anciens états un royaume opulent, plusieurs possessions dans les Indes orientales, de nouvelles forces navales, & toutes les richesses d'un grand commerce.

Les autres ministres trouvoient au contraire de l'imprudence à laisser succomber les Pays-Bas. Ils prévoyoient qu'aussitôt que Philippe les auroit subjugués, il tourneroit ses armes contre l'Angleterre : le regardant comme l'ennemi caché d'Elisabeth, & jugeant que quelque ménagement qu'on gardât avec lui, la religion & les mécontentements qu'il avoit déja reçus, lui fourniroient toujours assez de prétextes. Ils conseilloient donc d'accepter les offres des États-Généraux.

Une autre partie lui conseilloit d'accepter la Souveraineté.

Elisabeth ne suivit ni l'un ni l'autre de ces conseils opposés, & prit un parti plus sage. Elle refusa la souveraineté, qui auroit pu l'engager à défendre ces provinces de tout son pouvoir ; & qui, par conséquent, pouvoit dans la suite porter dommage à son royaume. Mais ne voulant pas abandonner des peuples, dont les intérêts lui paroissoient si liés aux siens, elle fit alliance avec eux. Par ce moyen, elle ne fut obligée qu'à remplir les engagements du traité qu'elle contracta : elle se réserva de faire à son choix, plus ou moins, suivant les conjonctures : elle se fit chérir des Flamands, par

Elle la refuse & s'allie des Etats - Généraux.

l'idée qu'elle leur donna de sa modération:
elle fit prendre un nouvel essor à leur amour
pour la liberté: elle les força par les secours
qu'elle leur accordoit, & par ceux qu'elle pouvoit ajouter dans la suite, à chercher de nouvelles ressources dans leur courage; & elle put
déja se flatter de trouver un jour en eux des alliés puissants. Si les choses réussissoient ainsi,
il est certain que cette alliance, fondée sur l'intérêt commun, valoit mieux pour l'Angleterre
que l'acquisition de plusieurs provinces.

**Elle leur
envoie des se-
cours.**
Cette conduite est on ne peut pas plus sage:
mais malheureusement les rois ont quelquefois
des favoris, & une reine coquette court bien risque de ne les choisir que sur les agréments. Or,
le comte de Leicester, qui eut le commandement des troupes destinées à cette guerre, n'é-
toit qu'un favori aimable, dont le courage &
la capacité ne répondirent point à la confiance
d'Elisabeth. Les Flamands qui connoissoient
la faveur où il étoit auprès d'elle le reçurent
avec les mêmes respects que s'il eût été leur
souverain. Il ne conserva pas long-temps la
considération, qu'il ne devoit qu'à sa qualité
de favori. Bientôt devenu odieux par ses hauteurs, & méprisable par sa conduite, il força
la reine d'Angleterre à le rappeller, & les états
donnerent le commandement au jeune Maurice, digne adversaire du duc de Parme.

Elisabeth

Elisabeth porta la guerre en Amérique, parce que c'étoit le pays où Philippe avoit le plus de richesses & le moins de forces. Elle jugea d'ailleurs que dans l'espoir d'une fortune aussi grande que facile & rapide, les Anglois entreroient volontiers dans ses vues, & feroient les frais des armemens. En effet, ils équiperent une flotte de vingt vaisseaux. François Drake en fut l'amiral, & Christophe Carlisle eut le commandement des troupes de terre. Elle portoit deux mille trois cents volontaires, sans compter les matelots.

Elle porte la guerre en Amérique.

Drake étoit alors le plus grand homme de mer. Il s'étoit déja enrichi par ses pirateries, en attaquant les Espagnols dans les places les plus fortes qu'ils eussent au nouveau-monde, & en 1577, il avoit tenté d'y faire une nouvelle expédition avec le consentement d'Elisabeth. Il partit avec cinq vaisseaux, gagna la mer Pacifique par le détroit de Magellan, & fit de riches prises sur les Espagnols, qui ne l'attendoient pas. Craignant ensuite d'être pris, s'il retournoit par le même chemin, il fit voile aux Indes orientales, & revint par le Cap de Bonne-Espérance. Il est le premier commandant en chef, qui ait fait le tour du globe: car Magellan, dont le vaisseau avoit fait le même trajet, mourut dans son passage.

Expérience de Drake qui a le commandement de la flotte.

La flotte dont on lui donna le commande-

Ses succès engagont les An-

Tom. XIII. Y

glois à former
de nouvelles
entreprises
sur l'Améri-
que.
1586

ment à la fin de 1585, eut encore de grands succès. Il surprit S. Jago près du Cap-Verd: il se rendit maître de S. Domingue & de Carthagene: en revenant, il brûla quelques villes sur les côtes de la Floride : enfin il rapporta de si grandes richesses , & fit si bien connoître la foiblesse des Espagnols dans ces contrées, qu'il anima la cupidité des Anglois pour ces sortes d'entreprises. C'étoit donc là une guerre , qui se faisoit aux frais de Philippe, & qui enrichissoit l'Angleterre.

Mais Marie
Stuart don-
noit de l'in-
quiétude à
Elisabeth.

Les plus grandes inquiétudes d'Elisabeth venoient de Marie Stuart. Elle se sentoit souvent chanceler sur son trône, depuis qu'elle la retenoit prisonniere. Cette princesse, éclairée par ses malheurs, n'avoit plus que des vertus. Elle avoit étouffé tous ces sentiments criminels, que la jeunesse, l'inexpérience, & le concours funeste de plusieurs circonstances avoient mis dans une ame, où ils étoient étrangers. Son esprit, sa raison, la dignité de sa conduite, & sa modestie permettoient à peine de croire qu'elle eût jamais été coupable. Son crime étoit devenu un problême, & elle méritoit qu'on la crût innocente.

Toute l'Euro-
pe s'intéres-
soit au sort de
cette princes-
se, & ce fut la
cause de plus

Cette façon de penser, qui gagnoit tous les jours, sur-tout parmi les Catholiques, rendoit Elisabeth odieuse , & faisoit regarder comme une injustice l'oppression de Marie. Toute l'Europe paroissoit scandalisée: la France

& l'Espagne ne cessoient de demander la délivrance de cette princesse : elles menaçoient même quelquefois : l'espérance d'épouser une reine d'Ecosse, qui avoit des droits sur l'Angleterre, faisoit à Marie de nouveaux partisans parmi les princes étrangers & parmi les grands du royaume ; & elle avoit tout l'esprit & toute l'adresse nécessaires pour mouvoir de sa prison tous ceux qui vouloient s'intéresser à son sort. Ce furent là les causes de plusieurs conspirations : la première se fit en 1569.

Le duc de Norfolk, le plus grand seigneur d'Angleterre par sa naissance, par sa fortune, & par son crédit, joignoit à ces avantages une conduite sage & généreuse, qui le rendoit cher tout-à-la fois aux Catholiques & aux Protestants. Comme il étoit encore d'un âge proportionné à celui de la reine d'Ecosse, il parut si convenable de les unir, que ses amis & ceux de Marie penserent en même temps à ce mariage. Trop vertueux pour vouloir susciter une révolte, Norfolk ne se prêta d'abord à ses vues, que dans l'espérance d'avoir l'agrément d'Elisabeth. C'étoient des choses difficiles à concilier ; car il eût fallu que cette reine eût rétabli la réputation de Marie, & lui eût rendu la liberté & la couronne. Si jusqu'alors elle avoit montré de la répugnance pour tous les mariages proposés à cette princesse, elle devoit en avoir encore davantage. Il crut

Y 2

donc devoir lui faire une forte de violence; en faifant approuver fes deffeins à la plus haute nobleffe. Plufieurs grands fe déclarerent pour lui: Leicefter, qui fut du nombre, écrivit lui-même à Marie une lettre, qui fut fignée des perfonnes du premier rang. La réponfe favorable qu'elle fit, donna de nouvelles efpérances à Norfolk; & il en conçut de plus grandes encore, lorfque les rois de France & d'Efpagne, qu'on avoit confultés fecrétement, eurent approuvé cette entreprife. On propofa d'enlever Marie: mais Norfolk s'y oppofa, foit qu'il ne voulût pas être la caufe d'une révolte, foit qu'il craignît que cette princeffe, devenue libre, ne jetât les yeux fur un autre. L'entreprife dans laquelle il s'étoit engagé, étoit difficile pour un homme vertueux: car s'il ne pouvoit pas renoncer à l'ambition d'époufer la reine d'Écoffe, il ne pouvoit pas non plus prendre fur lui d'y réuffir par toutes fortes de voies. Pendant qu'il héfite, & qu'il ne fait les chofes qu'à demi, William Cecil, miniftre actif & vigilant, découvre toute la trame de ce complot. Norfolk eft enfermé dans la tour: plufieurs feigneurs font gardés à vue, ou mis aux arrêts dans leurs maifons: Marie eft transférée dans un lieu plus fûr que celui où elle étoit; & pendant quelque temps, on interdit tout accès auprès d'elle.

Sur ces entrefaites, une révolte s'éleva
dans le nord. Les comtes de Northumberland
& de Weſtmoreland, qui en étoient les chefs,
avoient communiqué leur plan à Marie : ils
étoient ſoutenus par le duc d'Albe ; & les
Catholiques qui étoient en grand nombre dans
ces provinces, ſe joignoient à eux. Elle fut
diſſipée : on ſévit ſi cruellement contre les ſé-
ditieux, qu'au moins huit cents perſonnes périrent par la main du bourreau. Mais Eliſabeth
rendit la liberté à Norfolk, qui du fond de ſa
priſon avoit ſollicité ſes amis & ſes partiſans
à prendre les armes pour elle. Elle exigea ſeulement qu'il renonçât au mariage de la reine
d'Écoſſe, & qu'il gardât juſqu'à nouvel ordre
les arrêts dans ſa maiſon,

Soulève-
ment dans le
nord, Eliſa-
beth rend la
liberté à Nor-
folk.

Pour prévenir de pareilles conſpirations,
Eliſabeth paroiſſoit s'intéreſſer au ſort de Marie : elle entretenoit avec elle une correſpon-
dance d'amitié : elle négocioit avec les Écoſſois,
pour la rétablir ſur le trône. Mais ce n'étoit
qu'un artifice, & il ne lui étoit pas difficile
de faire échouer tous les projets, qu'elle ſeignoit d'adopter. La reine d'Écoſſe, forcée à
diſſimuler avec elle, lui témoignoit la plus
grande confiance, & entroit cependant dans
tous les deſſeins que formoient ſes partiſans
pour lui rendre la liberté.

Pour préve-
nir les conſpi-
rations, Eliſa-
beth ſeignoit
de vouloir ré-
tablir Marie
ſur le trône.

En 1571, le duc d'Albe ouvrit une négociation avec elle, & la trouvant bien convain-

Le duc d'Al-
be trame une

Y 3

nouvelle confpiration qui coûte la vie à Norfolk.

cue de la perfidie d'Elifabeth, il la fit entrer dans une confpiration qu'il tramoit par le moyen d'un marchand florentin. Lodolfi, c'eft le nom de ce marchand, paroiffoit avoir tout difpofé pour fufciter une révolte en Angleterre, & pour faciliter le débarquement des troupes, qui devoient être tranfportées des Pays - Bas. Le pape & le roi d'Efpagne approuvoient ce complot, & le duc de Norfolk confentoit à fe mettre à la tête des mécontents. Ce feigneur jugeoit qu'il avoit perdu fans retour la faveur de la reine: il voyoit avec chagrin qu'on ne lui laiffoit qu'une liberté fort reftreinte. Le dépit fe joignit donc à l'ambition, & il étouffa fes premiers remords, à mefure qu'il ouvrit fon ame à de nouveaux fentiments; faifant des efforts pour fe déguifer fon crime, & ne fe croyant pas rebelle pour vouloir rendre la liberté à Marie, & l'époufer avec le confentement même d'Elifabeth. Cecil decouvrit encore cette confpiration; & Norfolk, quoiqu'il fe défendît d'avoir eu l'intention d'attenter à l'autorité de la reine, reconnut l'équité de la fentence qui le condamnoit, & mourut avec fermeté. Les communes demanderent qu'on fît encore le procès à la reine d'Ecoffe: rien n'eût été plus odieux que d'y confentir; car enfin cette princeffe étoit autorifée à tout entreprendre pour s'affranchir d'une prifon, où elle étoit retenue contre toute juftice.

Des fanatiques formerent une autre confpiration quelques années après. Ils fe propofoient d'affaffiner Elifabeth, & de délivrer la reine d'Écoffe. Ils n'avoient point d'hommes de nom à leur tête: cependant pleins de confiance, ils voulurent communiquer leur projet à Marie: mais leurs lettres ayant été interceptées, on fe faifit des chefs, & on les exécuta.

Elifabeth n'héfita plus. Comme la demande que les communes lui avoient faite, la flattoit de l'aveu de la nation; elle nomma quarante commiffaires, auxquels elle donna le pouvoir d'interroger, de juger Marie: pouvoir qu'elle n'avoit pas elle-même. Les révoltes auxquelles les perfécutions portoient les Catholiques, & la guerre ouverte alors avec l'Efpagne, la déterminerent à fouler toutes les loix de l'équité, plutôt que de laiffer vivre une prifonniere, qui lui donnoit tous les jours de plus grandes inquiétudes. Marie fut condamnée à perdre la tête.

Voilà ce qu'Elifabeth attendoit: mais elle redoutoit le dernier pas qui lui reftoit à faire, lorfqu'elle confidéroit la honte dont elle alloit fe couvrir. Elle fe flatta de fauver fa gloire par fa duplicité: elle affecta la plus grande répugnance: elle donna des marques de la com-

margin notes:

1586
Autre confpiration encore découverte.

Une commiffion juge Marie & la condamne à perdre la tête.

1586

Un parlement demande l'exécution de cette fentence.

Y 4

paſſion la plus tendre : elle rejeta les ſollicitations de ſes courtiſans & de ſes miniſtres. Cependant elle convoqua un parlement, bien aſſurée que ce corps, qui lui étoit toujours dévoué, ſuivroit les impreſſions des courtiſans & des miniſtres. En effet, il demanda l'exécution de la ſentence contre Marie.

Elifabeth feint de s'y refufer, mais elle defiroit qu'on vainquît fa repugnance.

Eliſabeth feignit encore, elle ſe plaignoit même de la violence qu'on lui faiſoit. Cependant les courtiſans trop adroits pour ne pas démêler ſes vrais ſentimens parmi ſes plaintes, ne cherchoient qu'à diſſiper des ſcrupules ſur leſquels elle ne demandoit qu'à s'aveugler. Elle conſentit d'abord à rendre publique la requête que le parlement lui avoit préſentée.

Le Jeune roi d'Écoſſe ſollicitoit vivement pour ſa mere, & les puiſſances étrangeres ſe joignoient à lui. Eliſabeth qui vouloit paroître mépriſer les menaces, montroit alors plus de ſincérité, & juroit la perte de Marie. Mais auſſitôt que ſes miniſtres la preſſoient, elle reprenoit ſa duplicité & ſembloit demander qu'on vainquît ſa répugnance. Ils ne négligerent rien pour lui prouver que la tranquillité de l'Angleterre ne pouvoit ſe concilier avec la vie de la reine d'Écoſſe.

Bruit qu'elle fait courir à Cependant on dit qu'une flotte eſpagnole eſt arrivée au havre de Milford ; que les Écoſ-

fois ont fait une irruption; qu'une armée, con-cet effet.
duite par le duc de Guife, a débarqué dans la
province de Suffex, que le nord fe fouleve; que
Marie, échappée de fa prifon, a raffemblé des
troupes; qu'il y a une nouvelle confpiration
pour affaffiner la reine; & que même elle eft
affaffinée. Ce font des bruits qu'Elifabeth faifoit répandre elle-même, afin que le cri de la
nation demandât la mort de la reine d'Écoffe.
Alors elle figna l'ordre, chargea Davifon, fe-1587
crétaire d'état, d'y faire appofer les fceaux;
voulant, difoit-elle, qu'il fût prêt, fi l'on tentoit de délivrer Marie.

Davifon avoit obéi, lorfque le lendemain Ses miniftres vont en avant
elle lui ordonna de fufpendre, & le répriman-
da de fa précipitation. Inquiet fur le parti qu'il
devoit prendre, il confulta les autres miniftres,
qui lui confeillerent d'aller en avant, & qui
lui promirent de le juftifier & de prendre tout
fur eux.

Marie apprit fa fentence, & n'en fut point Marie Stuart apprend fa fentence.
troublée. Elle écrivit à la reine d'Angleterre
avec autant de modération que de dignité, fans
fe plaindre, fans fe permettre un mot, par lequel elle parût vouloir écarter la mort. Elle
demandoit que fon corps fût porté en France;
qu'on laiffât jouir fes gens de ce qu'elle
leur légueroit; qu'on leur permît de
fe retirer où ils jugeroient à propos;
que fon exécution fût publique, & qu'elle eût

pour témoins ses anciens domestiques, afin qu'on ne noircît pas sa mémoire, en lui supposant des foiblesses, dont elle ne se croyoit pas capable. Elle vouloit obtenir ces graces d'Elisabeth, & la conjuroit de ne la pas renvoyer à ses ministres. Elle n'en reçut point de réponse.

Les comtes de Kent & Shrewsbury se transporterent au château de Fotheringay, dans le comté de Northampton, où étoit Marie; & lui dirent de se préparer à la mort pour le lendemain matin à huit heures. Elle répondit sans émotion & même avec un souris naturel, qu'elle n'auroit pas cru que la reine, sa sœur, eût consenti à l'exécution d'une sentence prononcée contre une personne, qui n'étoit soumise ni aux loix ni à la jurisdiction d'Angleterre: mais qu'enfin elle bénissoit le moment qui alloit terminer ses malheurs.

Lorsqu'elle se vit libre, elle hâta son souper, & se mit à table avec sa gaîté & sa douceur ordinaires; disant qu'elle avoit besoin de prendre un peu de nourriture, de peur que l'accablement du corps n'exposât l'ame à quelque foiblesse: elle but à la santé de tous ses gens qu'elle avoit fait venir, & elle voulut qu'ils bussent avec elle. Ils se précipiterent à ses genoux, lui demandant pardon des négligences qu'ils avoient commises: elle leur demanda pardon

(marginalia:) On lui dit de se préparer à la mort pour le lendemain.

(marginalia:) Sa fermeté & son sang froid

elle - même des mortifications qu'elle avoit pu leur donner. Ils fondoient en larmes, & elle les consoloit.

Elle fit apporter l'inventaire de son mobilier : elle mit à côté de chaque article le nom de celui pour qui elle en disposoit. Elle distribua de l'argent à quelques - uns, proportionnant les récompenses au grade & au mérite : enfin elle écrivit au roi de France & au duc de Guise, son cousin, pour les leur recommander.

Elle se mit ensuite au lit, dormit quelques heures, passa le reste de la nuit en prieres, pénétrée des sentiments de sa religion, & heureuse de pouvoir penser qu'on eût été moins ardent à sa perte, si elle n'eût pas été catholique.

Le matin, quand on vint la prendre, le sort de ses gens après elle fut son unique inquiétude. On la rassura à cet égard : mais elle ne put cacher son indignation au refus qu'on lui fit de les avoir pour témoins de ses derniers sentiments. *Je suis cousine de votre reine*, s'écria-t-elle, *descendue comme elle de Henri VII, veuve d'un roi de France, & reine d'Écosse.* Sa fermeté sembloit rendre le refus encore plus odieux. On consentit donc qu'elle fût accompagnée d'un petit nombre de ses domestiques. Elle fit choix de quatre hommes & de deux

de ſes femmes. » Adieu , mon cher Melvil , dit-
elle à un d'eûx. Tu vas voir le terme lent &
deſiré de mes malheurs. Publie que je ſuis
morte inébranlable dans ma religion , & que
je demande au ciel le pardon de ceux qui ont
été altérés de mon ſang.   Dis à mon fils , qu'il
ſe ſouvienne de ſa mere. Adieu encore une fois,
mon cher Melvil , ajouta - t - elle en l'embraſ-
ſant ; ta maitreſſe , ta reine ſe recommande à
tes prieres. »

Sa mort.   On la conduiſit dans une ſalle, où l'on avoit
élevé un échafaud tendu de noir. Les ſpecta-
teurs , qui la rempliſſoient , furent frappés en
voyant le maintien aſſuré de cette reine , belle
encore. Leur ame touchée à la vue des charmes , des graces & de la douceur de toute ſa
figure , ſe pénétroit de reſpect , en conſidérant
l'air de dignité répandu ſur toute ſa perſonne.
Ils admiroient le courage intrépide , avec lequel elle avançoit au ſupplice : ils ſe rappel-
loient l'enchaînement malheureux des circon-
tances de ſa vie ; & ce n'étoit que gémiſſe-
mens de toutes parts. Elle ſe tourna du côté
de ſes domeſtiques , en mettant le doigt ſur la
bouche, pour leur faire ſigne de garder le
ſilence. Elle leur donna ſa bénédiction , leur
dit de prier pour elle , & tendit ſa tête ſans
1587   montrer la moindre frayeur. Ainſi mourut
Marie Stuart , dans la quarante-ſixieme année

de fon âge, & dans la dix neuvieme de fa dé-
tention en Angleterre.

A cette nouvelle, Elifabeth frappée de fur-
prife, refta ftupide, fans parole, fans mouvement. Après quelque temps, vinrent les regrets,
les gémiffements, les larmes. Furieufe contre
tous ceux de fon confeil, e'le les chaffa de fa
préfence. Ils étoient coupables, difoit-elle,
de la mort de fa chere fœur: ils l'avoient fait
périr contre fon intention, qui leur étoit bien
connue. C'eft ainfi qu'avec une diffimulation
groffiere, elle feignoit une douleur qui l'accufoit elle-même, & la rendoit plus odieufe.
Davifon, victime de cette feinte, fut contraint
de fe feindre coupable lui-même. Il fut jugé
comme tel: il n'ofa fe défendre, & fut condamné à une amende, qui le ruina. Il vécut
dans la mifere. Elifabeth lui donna dans la
fuite quelques légers fecours, comme par
grace.

Philippe projetoit alors la conquête de l'Angleterre. Les préparatifs qu'il faifoit, paroiffoient formidables: c'étoit une flotte compofée de cent cinquante vaiffeaux, portant feize
cents pieces de canon de fonte, & mille cinquante de fer; montée de huit mille matelots
& de vingt mille foldats, fans compter les volontaires. On avoit encore préparé des bateaux
plats, pour tranfporter trente-cinq mille hom-

Faux regrets d'Elifabeth.

Philippe fai-
foit alors des
préparatifs
contre l'An-
gleterre.

mes , que le duc de Parme avoit raſſemblés
dans les Pays - Bas. Il devoit les commander;
& c'étoient de vieilles troupes , conduites par
d'excellents capitaines. Que pouvoit oppoſer
Eliſabeth à tant de forces? une marine bien
foible , des ſoldats qu'une longue paix ne rendoit pas propres à la guerre , des capitaines peu
expérimentés. Il ne falloit que deux victoires
à l'ennemi ; une ſur mer aſſuroit la deſcente ,
une autre ſur terre achevoit la conquête.

Il ne ſuit pas
les conſeils
d'Alexandre
Farneſe, & ſa
flotte qu'il
nomme *In-*
vincible, eſt
ruinée.

Cependant Alexandre Farneſe déſapprou-
voit avec raiſon le plan du roi d'Eſpagne. Il
vouloit qu'avant tout , on ſe rendît maître de
quelques places maritimes dans les Pays-Bas :
il voyoit les riſques que couroit l'armée navale,
ſi elle étoit aſſaillie de la tempête , ſans avoir
de port où ſe retirer. Mais Philippe , au lieu
d'écouter des conſeils auſſi prudents , donna le
nom d'*Invincible* à ſa flotte , ou s'applaudit de
ce qu'on le lui donnoit , & fit mettre à la
voile.

1588

Les vents , les flots & les Anglois ruinerent
la plus grande partie de cette flotte ; & le reſte
en fort mauvais état revint en Eſpagne. Preſque tout le royaume fut en deuil pour cet armement , qui avoit épuiſé ſes revenus & ſes
forces. Il faut admirer, diſent les hiſtoriens,
la fermeté de Philippe , qui ayant appris cette
nouvelle , dit froidement : *je ne les avois pas*

envoyés combattre les vents & les flots. Je l'admirerois peut-être, s'il n'avoit pas eu l'imprudence de rejeter les conseils du duc de Parme. Je dis *peut-être*, parce que je ne vois pas que le courage d'un souverain consiste à se montrer insensible, lorsque ses sujets périssent pour lui; sur-tout, s'il n'a pas prévu qu'il y a des vents & des flots sur l'Océan. Pendant que ses généraux gagnoient la bataille de S. Quentin, il étoit dans sa tente entre deux moines, avec lesquels il demandoit la victoire au ciel; & il n'en sortit qu'après s'être assuré de l'entiere défa... des François. Uu prince qui veille avec tant de prudence sur lui, est volontiers téméraire, quand il n'expose que ses soldats; & lorsqu'il fait des pertes, sa fermeté apparente n'est que le masque d'une ame vaine, qui ne veut pas avouer ses torts.

Philippe réussissoit mieux dans les tentatives qu'il formoit pour soulever l'Irlande. Aussi la chose étoit-elle facile: car si d'un côté cette province n'avoit jamais pu secouer tout-à-fait le joug, de l'autre les rois d'Angleterre n'y avoient jamais eu que peu d'autorité.

Il réussissoit mieux à soulever l'Irlande contre l'Angleterre.

L'Irlande, qui cultivoit les sciences du temps de Charlemagne, étoit devenue tout-à-fait barbare, pendant que les autres peuples se policioient. Ce fut l'effet de la conduite que tinrent les Anglois pour y conserver leur domination.

Le gouvernement des Anglois avoit rendu barbares les peuples de cette île.

Tant qu'ils furent occupés des guerres de France, dont les succès mêmes auroient tourné à leur défavantage, ils négligerent l'Irlande, province fertile, qui par sa situation dévoit contribuer à leur puissance. Ils la forcerent même à la révolte par la tyrannie qu'ils ne cesserent d'y exercer; ayant toujours refusé de l'associer aux loix de l'Angleterre, & ayant donné pour paye aux soldats qu'ils y envoyoient, la liberté d'y vivre à discrétion. Les Irlandois, réduits au désespoir, abandonnerent les villes, chercherent dans leurs bois & dans leurs marais un asyle contre l'inhumanité de leurs maîtres, & n'en sortirent plus que comme des bêtes féroces, animées par la vengeance à la destruction de leurs ennemis.

L'imprudence des rois d'Angleterre accrut encore ces maux. Trop foibles pour soumettre cette île, ils en abandonnerent la conquête à tous ceux qui furent en état de lever des troupes. Plusieurs avanturiers s'y formerent donc des principautés : mais voulant s'attacher leurs sujets, ils renoncerent bientôt à tous les usages de leur patrie : ils se firent barbares, & l'Angleterre eut en eux de nouveaux ennemis.

Sans prendre part aux questions qui troubloient l'égli- Trop ignorants pour être curieux, les Irlandois ne prirent point de part aux questions, qui s'agiterent dans le cours du seizieme siecle.

Attachés

Attachés à leur religion qu'ils nommoient catholique, & qu'ils avoient défigurée par des pratiques bizarres & superstitieuses, ils craignirent la réforme que le gouvernement d'Angleterre vouloit établir, & ils conçurent une nouvelle haine contre les Anglois : haine d'autant plus violente, qu'elle se cachoit à eux-mêmes sous le zele de la religion. Si nous ajoutons que dans leurs révoltes ils ne pouvoient attendre des secours que des papes & des princes catholiques, nous aurons les raisons qui les ont conservés à l'église, pour être un jour mieux instruits.

se, les Irlandois haïssoient la réforme parce qu'ils haïssoient les Anglois.

Comme l'Irlande coûtoit beaucoup plus à l'Angleterre qu'elle ne rapportoit, Élisabeth n'y entretenoit qu'un corps de mille hommes, quelle portoit à deux mille dans les cas extraordinaires. Ses revenus & son économie ne lui permettoient peut-être pas d'en faire davantage. Mais de si petites forces ne faisoient qu'irriter les Irlandois, & les enhardir à la révolte. Les soulévements furent continuels pendant tout le regne d'Elisabeth.

Elisabeth n'avoit pas assez de troupes pour les soumettre.

En 1580, Philippe fit passer pour la premiere fois un corps de troupes en Irlande. C'étoient sept cents Espagnols ou Italiens qui venoient conquérir cette île au nom de Grégoire XIII ; & ce pape en vouloit faire un royaume pour son neveu Buon-Compagno. Le roi d'Es-

Philippe leur envoyoit des secours pour les entretenir dans la révolte.

pagne continua d'y fomenter l'esprit de révolte,
& cette guerre devint la plus onéreuse pour
Elisabeth. Cependant sur la fin de son regne,
elle y eut des succès, qui firent augurer la fin
des troubles.

Mais sa puis-
sance s'affoi-
blissoit, & ce-
pendant il se
flatroit encore
de disposer de
la France.

Depuis la défaite de la flotte Invincible, la
puissance de Philippe continua de s'affoiblir : il
parut n'en conserver que pour épuiser ses ennemis, & pour s'épuiser encore plus lui - même, quoiqu'il eût de plus grandes ressources
qu'aucun d'eux. En un mot, il faisoit le malheur de l'Europe, sans en tirer aucun avantage.
Cependant il ne pouvoit renoncer aux espérances, que les divisions de la France lui avoient
fait concevoir. Il regardoit déja ce royaume
comme à lui ; ou du moins il ne doutoit pas,
qu'il n'amenât les choses au point d'en pouvoir
disposer.

Il est vrai
que Henri IV
trouvoit de
grands obsta-
cles ; mais il
les surmonte.

En effet Henri IV avoit les plus grands obstacles à surmonter. Son armée ayant été affoi-
blie par la retraite des seigneurs, qui ne vouloient pas reconnoître un roi protestant, il avoit
été obligé de lever le siege de Paris. Il s'étoit
retiré en Normandie avec sept mille hommes
& le duc de Mayenne l'y avoit suivi à la tête
de trente mille. Tout paroît donc assurer sa
perte ; mais son courage lui reste. Les victoires
d'Arques & d'Ivri, qui font une révolution
dans les esprits, préparent les peuples à recon-

noître leur roi. Tous font des vœux pour lui, tous demandent au ciel de lever les obstacles qui lui ferment le chemin du trône, & c'est dans ces circonstances que Henri couronne ses succès par son abjuration.

Rome veut encore résister ; mais les Fran- çois aiment un roi qu'ils estiment. Les villes lui ouvrent leurs portes : il est maître de Paris, sans répandre une goutte de sang : enfin tout se soumet, jusqu'au duc de Mayenne, qui fut depuis un sujet fidele.

L'année précédente, le roi avoit déclaré la guerre à l'Espagne. Le duc de Parme étoit mort en 1592 : la puissance des Provinces - Unies s'étoit affermie par les succès du comte Mauri-te ; & devenues redoutables à l'Espagne, elles étoient en état d'y porter la guerre. En effet leur flotte combinée avec celle des Anglois, battit la flotte espagnole à la vue de Cadix, & cette place fut prise & pillée. La perte des Es-pagnols en cette occasion fut estimée à vingt millions de ducats, & la guerre des Pays - Bas en avoit consumé cinq cents soixante - quatre millions, de l'aveu de Philippe. Après tant de désastres, ce prince, songeant aux embarras qu'il pouvoit laisser à son fils encore jeune, fit des propositions de paix à Henri.

La France avoit besoin de repos. La dif- ficulté étoit de combiner ses intérêts avec ceux

Z 2

de l'Angleterre & des Provinces-Unies, ſes
alliées: car Philippe refuſoit de traiter avec la
Hollande, comme avec un état indépendant;
& Eliſabeth ne vouloit pas abandonner cette
république. Ces deux puiſſances s'oppoſoient
donc à la paix. Cependant les raiſons ſolides
de Henri & la franchiſe avec laquelle il les
expoſoit, ayant écarté ou diminué ces obſtacles, il conclut à Vervins un traité particulier,
par lequel il recouvra toutes les places, dont
l'Eſpagne s'étoit emparée pendant les guerres
civiles. Philippe mourut quelques mois après,
la même année.

1598

Jugement ſur
Philippe. On a repréſenté ce prince comme un grand
politique, qui du fond de ſon cabinet remuoit
toute l'Europe: je ne conçois pas pourquoi on
lui fait cet honneur. En effet qu'a-t-il remué?
la France? elle ſe remuoit aſſez toute ſeule.
Il a fomenté les factions, il a ſur-tout voulu
ſoutenir la ligue: mais ſans autorité dans les
partis pour leſquels il ſe déclaroit, il croyoit
les faire mouvoir, & il n'étoit que l'inſtrument dont ils ſe ſervoient. Il a troublé le
Milanès & le royaume de Naples avec l'inquiſition, qu'il ne lui a pas été poſſible d'y établir. Il a remué les Pays-Bas, ſi mal adroitement qu'il en a perdu pluſieurs provinces.
Il a fait paſſer quelques ſecours en Irlande, &
il a remué des rebelles qui ſe remuoient ſans
lui depuis long-temps. Il n'a pas pu cauſer le

moindre soulévement en Angleterre. Enfin souvent humilié par des ennemis qu'il paroissoit devoir écraser, il n'a remué l'Espagne que pour la ruiner. Elle étoit la premiere puissance de l'Europe, lorsque Charles-Quint la lui céda: il ne lui laisse plus que l'ambition de l'être encore, & une politique artificieuse qui troublera ses voisins, & qui ne la relevera pas elle-même. Philippe n'a été qu'une ame cruelle, un esprit faux & brouillon.

LIVRE DOUZIEME.

CHAPITRE PREMIER.

De Henri IV jusqu'à la paix de Vervins.

Un prince doit étudier la vie de Henri IV pour apprendre à l'imiter.

J'AVOIS mérité vos reproches pour n'avoir dit qu'un mot de Philopémen, que vous saviez être un grand homme. Cependant, Monseigneur, j'ai passé rapidement sur Henri IV, dont la mémoire doit vous être chere à bien des titres, & qui est un des princes des plus accomplis qu'il y ait jamais eu. Je ne sais si vous pensez à m'en faire des reproches: mais je dois le supposer. Je vous laisserai néanmoins beaucoup de choses à desirer afin qu'étant forcé d'étudier un jour par vous-même la vie de ce grand homme, vous foyez, s'il eft poſſible, plus porté à l'imiter. Une curioſité ſtérile n'eſt pas ce qu'on exige de vous. Ce feroit peu de ſavoir ce qu'à fait Henri IV: il faut lui reſſembler.

La branche des Bourbons remonte à un des plus grands rois : car Antoine, pere de Henri, deſcendoit de Robert, comte de Clermont, cinquieme fils de S. Louis. Antoine avoit épouſé Jeanne d'Albret, fille & héritiere de Henri d'Albret roi de Navarre, & de Marguerite de Valois, fœur de François I. Ce Henri d'Albret étoit fils de Jean, ſur qui Ferdinand le Catholique avoit envahi la haute Navarre. Il ne conſerva que la baſſe, qui eſt en deça des Pyrénées, petite province peu fertile: mais il avoit encore les pays de Béarn, d'Albret, de Foix, d'Armagnac, de Bigorre, & pluſieurs autres domaines.

Henri, fils d'Antoine de Bourbon & de Jeanne d'Albret, deſcendoit de S. Louis.

Antoine commandoit en Picardie une armée contre Charles-Quint, & c'eſt dans ſon camp que Jeanne ſentit pour la premiere fois remuer dans ſon ſein un enfant, que le ciel deſtinoit à bien des traverſes, comme pour faire paroître avec plus d'éclat les vertus dont il vouloit le combler. Jeanne étoit au neuvieme mois de ſa groſſeſſe, lorſqu'elle revint à Pau, auprès de Henri d'Albret, ſon pere, qui vouloit recueillir lui-même le fruit qu'elle portoit,

Sa naiſſance.

Z 4

& en faire l'objet de ses soins. Elle arriva le 4 décembre 1553, & le 13 elle accoucha heureusement d'un fils.

Cet enfant ne pouvoit pas tomber en de meilleures mains, que celles de son grand pere. Henri d'Albret le fit élever dans le château de Couraffe, situé dans les montagnes de Béarn. Là, vêtu & nourri comme les enfants du pays, courant dans les montagnes, & grimpant comme eux sur les rochers, il ne voyoit rien qui lui fit soupçonner qu'il fût prince, & il se formoit pour être un grand roi. La Gaucherie, son premier précepteur, cultiva son esprit par des lectures & par des entretiens. Affez sage pour abandonner ce fatras d'études, imaginé dans des siecles barbares & plus fait pour dégoûter que pour instruire, il songea surtout à jeter dans l'ame de son éleve des semences de vertu. Après la mort de la Gaucherie,

Henri fut confié à Florent Chrétien. C'étoit encore un homme de mérite : mais comme il étoit huguenot, il entra volontiers dans les vûes de la reine de Navarre, qui ayant embraffé le calvinisme depuis quelques années, vouloit que son fils fût élevé dans cette fausse religion.

Henri n'avoit que quinze ans, lorsque sa mere le conduisit à la Rochelle, & le mit à la tête des Huguenots. A cet âge il remarqua

les fautes de Condé & de Coligni ; c'étoient pitaine expérimenté.
1569
cependant deux grands capitaines. A la journée de Jarnac, il jugea imprudent d'engager une
action, & quelques jours auparavant il avoit
conseillé d'attaquer le duc d'Anjou, dans un
moment qui en effet eût été favorable. Pendant la bataille de Moncontour, l'amiral ne
voulant pas exposer ce jeune prince, dont il
connoissoit l'ardeur, le mit à l'écart sur une
colline avec une garde de quatre mille chevaux.
L'avant-garde du duc d'Anjou fut enfoncée ; &
si le corps de réserve eût donné tout-à-coup,
il achevoit la victoire. Henri qui vouloit alors
fondre sur l'ennemi, & qui en fut empêché,
s'écria: *nous perdons la bataille.* On la perdit,
& ce ne fut pas la faute de ce nouveau Philopémen, qui voyoit en grand capitaine.

Les jeux étranges & funestes qui suivirent Prisonnier à
la cour de
Charles IX, il
est exposé à
des périls, &
il n'échappe
pas à tous.
ses noces, le retinrent en quelque sorte dans
les fers, & l'exposerent à de nouveaux
périls, contre lesquels il ne fut jamais bien en
garde. Il eut des foiblesses qu'on pardonne à
son âge, mais qui ne s'excusent pas, quand
elles durent au delà ; car je ne dois pas vous
cacher ses défauts.

Fait pour échapper à tous les pieges, qu'on Il ne faut pas
craindre pour
lui ceux qu'on
peut éviter a-
vec une con-
évite avec de la prudence & du courage, il se
conduisit parfaitement bien au milieu des ennemis qu'il savoit conjurer sa perte. Cepen-

dant il se trouvoit dans une situation bien délicate. Il lui importoit de conserver l'estime
du public, & de montrer tous les jours de nouvelles vertus pour se faire estimer tous les jours
davantage. Mais ses vertus étoient injurieu-
ses à une cour corrompue : elles faisoient ombrage à l'ambition des Guises: elles attisoient
la haine de Catherine de Medicis: elles allu-
moient la jalousie dans l'ame lâche & fausse
du duc d'Alençon, & dans celle du duc d'Anjou, qui tout aussi foible, n'avoit qu'une réputation dérobée : enfin elles excitoient les fu-
reurs d'un roi cruel. Cependant ce n'étoient
pas là les ennemis les plus dangereux pour
Henri: car il sut se mettre à l'abri de leurs
coups. Il eut l'art de ménager tout-à-la fois
la cour & les Huguenots; & malgré la haine
qui divisoit ces deux partis, il continua d'être
cher à l'un, sans être suspect à l'autre.

Mais enfin Henri étoit jeune, & l'appât du
plaisir le fit tomber dans des pieges, dont il
ne connoissoit pas encore le danger. Catherine de Medicis avoit toujours autour d'elle plusieurs demoiselles jeunes, jolies & coquettes.
Par leur moyen elle découvroit les secrets que
la passion ne sait pas cacher à ce qu'on aime:
elle démêloit les pensées & les desseins des
courtisans: elle semoit parmi eux la défiance,
la jalousie, la division; & l'amour préparoit au
milieu des fêtes, les guerres qui devoient déso-

[marginal note:] duire pruden-
re & coura-
geuse.

[marginal note:] Il faut craindre les plaisirs
avec lesquels
Catherine de
Medicis ten-
doit des pie-
ges & tramoit
des intrigues.

ler la France. Tels étoient les reſſorts ſecrets
de la politique de cette reine.

Henri aima donc, & quelques années de
ſéjour dans cette cour efféminée lui firent contracter des habitudes, qui répandront quelques
taches ſur ſa gloire, & qui feront le malheur
de ſa vie. Cependant ſa premiere éducation
ſur les rochers de Béarn lui avoit fait un tempérament, que l'amour même ne pouvoit pas
énerver. C'eſt pourquoi les plaiſirs, qu'il aimoit, n'avoient pas aſſez de priſe ſur lui pour
le fixer : il leur échappoit toutes les fois que
ſes devoirs l'appelloient à la fatigue & aux périls. On l'a vu dans les camps ſe confondre
parmi les ſoldats, ſe coucher ſur la paille comme eux, fouir avec eux la terre, & ſe nourrir
du même pain. Lorſqu'il aſſiégeoit une place, il viſitoit les travaux jour & nuit: il diſpoſoit lui-même les batteries : il marquoit le lieu
où l'on devoit ouvrir une mine: il traçoit les
tranchées; & ſouvent corrigeant les fautes de
ſes ingénieurs, il diminuoit le péril, abrégeoit
le travail, & gagnoit pluſieurs jours. Dans
les batailles, il s'expoſoit comme ſes ſoldats;
& ſon panache blanc leur montroit le chemin
de l'honneur & de la victoire. Il étoit toujours
au milieu des hazards ; mais il y étoit avec un
ſang froid, qui faiſoit ſon ſalut & celui de ſes
troupes. Il voyoit tout, il veilloit ſur tout,
& ſes ordres venoient toujours à propos, parce

Henri fut donc ſenſible à l'amour, & le fut pour toute ſa vie : mais il aima toujours ſes devoirs, c'eſt-à-dire, les fatigues, les périls & la gloire.

qu'il ne s'engageoit pas comme un téméraire qui entraîné par un faux defir de gloire, va devant lui, & ne voit pas à côté. Ses foldats trembloient fouvent pour lui, mais il ne craignoit jamais pour eux. Il croyoit leur devoir donner l'exemple, jugeant que fon fort étoit de vaincre ou de mourir, & qu'il ne pourroit faire un jour le bonheur de la France, qu'après avoir échappé aux plus grands dangers.

Jamais capitaine n'en a donné tant de preuves.

„Il a fignalé fon courage héroïque, remarque Péréfixe, en quatre ou cinq batailles „rangées, en plus de cents combats fort fan- „glants, & en deux cents fieges de places. „Avant que la mort de Henri III l'eût appel- „lé à la couronne, il eut à foutenir fept guer- „res, qu'il termina heureufement par fept „traités de paix, & dans ces guerres, il fe „vit à diverfes fois & en divers lieux, qua- „rante-cinq armées fur les bras, n'ayant rien „de bien affuré que fa propre vertu pour fup- „porter un fi grand fardeau.„ Jamais la va- leur & les talents militaires n'ont été mis à tant d'épreuves; & Henri avoit encore à com- battre des troupes aguerries & fanatiques, commandées par des capitaines expérimen- tés.

Cependant il ne lui auroit

Cependant, s'il n'avoit eu que les qualités d'un grand général, peut-être n'eût-il jamais

été roi de France.   Car on dompte difficile- pas fuffi d'a-
ment le fanatisme avec des victoires; & dans voir tous les talents milices fortes de guerres les chefs peuvent être dé- taires.
faits, mais ils ne manquent jamais de soldats.
Henri avoit encore d'autres talents & d'autres vertus.

D'un jugement sûr, il démêloit les desseins Son activité
des ennemis, il en connoissoit le fort & le & sa prévo-
foible; il prévoyoit ce qu'ils devoient faire, yance pou-
ce qu'ils feroient, & ce qu'ils ne feroient pas; voient sans doute beau-
il les suprenoit, & n'étoit jamais surpris.   Il coup.
exécutoit avec tant de promptitude, que le
duc de Parme le comparoit à un aigle, qui
fond tout-à-coup où on ne l'attend pas.   Son
activité paroissoit le multiplier.   C'est lui qui
concertoit ses entreprises; c'est lui qui les conduisoit.   Il se trouvoit par tout, il veilloit
sur tout; & il trouvoit peu d'obstacles, qu'il
n'eût prévus, & qu'il ne surmontât.   *Invia
virtuti nulla est via*, c'étoit sa devise.

Juste, vrai, exact observateur de sa parole, Mais ses au-
franc, d'un accès facile, généreux, bienfaisant, tres vertus
clément, & pere du peuple, il falloit enfin pouvoient da-
qu'il gagnât le cœur de ses sujets.   Il sut mê- vantage, & il leur dus la
me gagner ses ennemis, plus habile à réunir couronne.
pour lui les esprits divisés, que Catherine de
Medicis n'étoit habile à semer les divisions.
On a dit qu'il a conquis son royaume: cela est
vrai, si on n'a égard qu'aux sieges & aux com-

bats. Ce qui eſt plus vrai encore, c'eſt qu'il a dû ſa couronne à ſes vertus plus qu'à ſes armes. Ses talents militaires, qui le mettent à côté des plus grands capitaines, ne ſont pas ce qu'il y a eu de plus grand en lui. Plus vous étudierez la vie de Henri, Monſeigneur, plus vous ſerez convaincu que je n'exagere pas. Mais je ne puis vous en donner qu'une légere eſquiſſe; il faudroit une autre plume pour achever ce tableau. Je vais mettre ſous vos yeux les principales circonſtances, dans leſquelles il s'eſt trouvé enveloppé: vous verrez par-là comment tout conſpiroit à ſa ruine, & vous jugerez mieux de ſa conduite.

Henri aimoit le duc de Guiſe, parce qu'il l'eſtimoit.

Henri III, étant monté ſur le trône en 1574, épouſa l'année ſuivante Louiſe de Lorraine. La maiſon de Guiſe en devint plus puiſſante. Cependant Henri, c'eſt ainſi que je nommerai toujours notre Philopémen, notre Ariſtide, notre Thémiſtocle, notre Épaminondas, car il eſt tout cela, Monſeigneur: cependant, dis-je, Henri eſtimoit le duc de Guiſe, & en étoit eſtimé. Ce ſentiment avoit rapproché ces deux rivaux; ils vivoient dans une étroite familiarité, & ils s'aimoient: car ſi les grandes ames peuvent avoir des intérêts contraires, elles ne ſavent pas haïr.

Mais il ne pouvoit ai-

Henri ne haïſſoit pas le frere du roi, connu ſous les noms de duc d'Alençon, & de duc

d'Anjou : mais comme il ne pouvoit pas l'estimer, il se sentoit repoussé, & il se trouvoit
plus à son aise, en s'éloignant de lui.   Marguerite, sa femme, cherchoit pourtant à le
rapprocher de son frere, qu'elle aimoit pas-
sionnément.   Cette reine, qui ne pouvoit vivre sans intrigues, vouloit par cette union se
faire un parti puissant à la cour.

nier le duc d'Alençon qu'il méprisoit.

Marguerite sa femme, tâchoit de l'en rapprocher.

Toute union faisoit ombrage à Catherine
de Medicis. Elle travailloit donc à diviser, ins-
pirant de la jalousie au roi contre la reine, &
se servant de la coquetterie de ses femmes,
pour tendre ses filets à de jeunes princes, trop
faits pour s'y prendre.   C'est ainsi que cette
marâtre répandoit la discorde, faisoit le malheur de ses enfants, celui de la France, &
souffloit sur les Valois un poison, qui devoit
les exterminer.

Mais toute union offensoit Catherine de Medicis.

Sur ces entrefaites, le roi étant tombé dangereusement malade, crut avoir été empoison-
né par le duc d'Alençon. Un soupçon de cette
espece étoit l'effet des défiances que la reine
mere donnoit à ses fils. Le roi ne douta point.
Il fit venir Henri : il lui conseilla, il lui ordonna même de faire périr le duc d'Alençon ; l'assurant que s'il ne le prévenoit, il en seroit lui-
même la victime. *Les favoris du roi, qui
avoient la même opinion que leur maître,* dit
Péréfixe, *sacrifioient déja ce prince à leur ven-*

Générosité de Henri envers le duc d'Alençon. *1575*

geancé, par des regards meurtriers. En effet, tout étoit contre lui, & rien ne le défendoit; parce qu'il étoit généralement haï & méprifé. Le vertu de Henri veilla fur fes jours. Cet Ariftide eut horreur du forfait qu'on lui commandoit ; & quoique la mort du duc d'Alençon, lorfque le roi étoit mourant, parût le placer fur le trône, il ne fongea qu'à diffiper les foupçons odieux qu'on avoit formés.

1576
Le duc d'A-
lençon fe met
à la tête des
mécontents.

Le roi recouvra la fanté: mais il conferva toute fa haine contre fon frere. Il fe fit un plaifir de l'expofer au mépris des courtifans, ne fongeant pas qu'il fe rendoit méprifable lui-même ; & il montra fa haine fi ouvertement, que les favoris, à ce qu'on prétend, oferent former le projet d'affaffiner le duc d'Alençon. Ce fut dans cette circonftance que ce prince s'évada, & fe mit à la tête des mécontents & des Huguenots.

Catherine
s'en applau-
dit & attend
avec impa-
tience, que
Henri quitte
auffi la cour.

La reine mere s'applaudiffoit des troubles qu'elle faifoit naître. Comme elle craignoit de perdre toute autorité, parce que fon fils paroiffoit vouloir prendre connoiffance des affaires; elle ne cherchoit qu'à lui fufciter des embarras, afin que ce prince indolent ne pût pas fe paffer d'elle. Son foin principal étoit d'animer tous les partis. Avec ce caractère elle étoit charmée de l'évafion du duc d'Alençon; & elle attendoit avec impatience celle du roi de Navarre.

L'amour

L'amour retenoit Henri enchaîné auprès de madame de Sauves: la gloire brisa ses fers. Il étoit à craindre que les Huguenots ne s'accoutumaffent à ne voir à leur tête, que le prince de Condé ou le duc d'Alençon. Henri s'échappa, avant qu'on eût commencé les hostilites. On négocioit même alors de part & d'autre, & la paix fut bientôt faite. Le traité fut favorable aux Huguenots. Condé eut le gouvernement de Picardie, on donna le duché d'Anjou au duc d'Alençon. Henri qui n'obtint rien de la cour, acquit l'estime & l'amour des Huguenots, qui le reconnurent pour chef.

Quoique l'amour le retint, il s'échappe, & les Huguenots le reconnoiffent pour chef.

1576

Mais vous ne pourriez pas fuivre l'histoire de Henri dans les détails les plus intéreffants & les plus inftructifs, fi je ne vous faifois pas connoître le marquis de Rofny, ami de ce roi.

Pour fuivre l'hiftoire de Henri IV, il faut connoître Rofny.

Maximilien de Béthune, marquis de Rofny, d'une maifon des plus anciennes & des plus illuftres, n'avoit qu'onze ans, lorfqu'au commencement de 1572 il fut préfenté à la reine de Navarre & à Henri. Son pere, qui le préfenta, lui avoit donné une excellente éducation, & voyant en lui des germes de vertus, il crut faire un vrai préfent au roi de Navarre, en lui donnant fon fils, & affurer une fortune à fon fils, en lui obtenant la protection de ce prince. Si les Huguenots n'éviterent pas les

Rofny ayant été préfenté à Henri par fon pere, part pour Paris.

Tom. XIII. A a

pieges qu'on leur tendoit, ce ne fut pas la faute de cet homme sage. Il ne cessa jusqu'au
dernier moment de faire voir combien on devoit peu compter sur une cour perfide, dont les
desseins étoient d'autant plus suspects, qu'elle
promettoit davantage. Mais enfin voyant le
départ de Henri, & voulant que son fils courût
la même fortune, il le fit aussi partir pour
Paris.

Danger que
court Rosny
pendant le
massacre de
la S. Barthe-
lemi.

A trois heures du matin, le jour de S. Barthelemi, Rosny ayant été réveillé au bruit des
cloches, & des cris du peuple, son gouverneur
& son valet de chambre sortirent pour apprendre le sujet de cette alarme : ils ne revinrent
point, & on n'a jamais su ce qu'ils étoient devenus. Cet enfant resté seul avec son hôte, qui
étoit huguenot, & qui le pressoit d'aller à la
messe, eût le courage de chercher son salut,
en affrontant le danger qui le menaçoit. Ayant
pris sa robe d'écolier & un gros livre sous son
bras, il essaya de se sauver au college de Bourgogne, dont le principal étoit son ami. Il trouva trois corps de garde sur son chemin. Dès
le premier, il fut arrêté & rudoyé, & on ne
le laissa passer qu'après avoir remarqué le livre qu'il portoit; car il se trouva par hazard
que c'étoient des heures. Il passa les deux autres avec le même bonheur. On crioit de toute
part, *tue*, *tue*, *Huguenot*; on enfonçoit les

portes ; on pilloit les maifons ; on égorgeoit
hommes, femmes, enfants. Néanmoins fans
fe déceler par aucun figne de frayeur, il arriva
au collège de Bourgogne, où le principal le
tint caché pendant trois jours. Après ce temps
un édit, qui défendoit de tuer davantage,
ayant été publié, le maffacre diminua, fans
ceffer tout-à-fait, & il y eut un peu plus de fû-
reté pour les Huguenots. Rofny put alors donner de fes nouvelles à fon pere, qui étoit fort
en peine ; & conformément aux ordres qu'il
en recut, il continua fes études à Paris, & s'attacha de plus en plus au roi de Navarre, qu'il
n'abandonna jamais dans les plus grandes ad-
verfités.

Il quitta Paris, pour fuivre Henri en 1576. *Lorfque Henri s'échappa de la cour, il quitta Paris pour le fuivre.*
Ce fut alors que la ligue s'étant formée, força
le roi à rompre la paix, & à fe déclarer chef de
faction. Les Huguenots, attaqués tout-à-la fois
en Dauphiné, en Languedoc, en Guienne, en
Poitou, firent des pertes confidérables. Si les
Catholiques avoient fuivi ces premiers avantages avec vigueur, ils en auroient pu avoir de
plus grands encore : mais le roi craignoit la trop
grande puiffance de la ligue ; & la reine mere
avoit befoin d'une nouvelle paix, pour femer
de nouvelles divifions.

L'année d'après que le traité eut été figné, *Senfible à l'a-mour, Rofny*
Catherine fit un voyage en Guienne, fous

plaît à Henri par ce foible: mais il lui plaît encore plus par ses vertus.

1578

prétexte de conduire sa fille Marguerite au roi de Navarre. Les cours des reines & de Henri s'étant reunies à Auch, il ne fut plus question que de jeux, de plaisirs & d'amours. Rosny, jeune encore, eut comme les autres des foiblesses, qui contribuerent sans doute à le rendre cher au roi de Navarre. Mais elles ne durerent pas, & il avoit d'ailleurs des qualités que ce prince savoit discerner, & dont il recueillera les fruits: c'étoient un grand jugement, un grand courage, & une probité parfaite.

Intrigues de Catherine & de Marguerite parmi les fêtes.

Les deux reines avoient chacune leur escadron. C'est ainsi que Henri nommoit la suite de jolies femmes, qu'elles avoient avec elles; & il convenoit que ce corps de troupes étoit bien redoutable. En effet, Catherine sema la division entre lui, le prince de Condé, Mr. de Turenne, & les principaux chefs huguenots, & Marguerite se servit contre elle des mêmes armes. Non-seulement, elle prit dans les filets de ses filles plusieurs des gentils-hommes de la cour de sa mere: elle s'avisa encore d'inspirer elle-même de l'amour à Pibrac, qui en avoit toute la confiance. C'étoit un magistrat de cinquante ans, qui avoit été ambassadeur au concile de Trente, & qui dans toutes les affaires où il avoit été employé, avoit montré autant de sagesse que de talent. Marguerite se fit un plaisir malin de faire succomber cet homme grave. Pibrac ne fit plus que ce qu'elle vou-

lut; & Catherine, qui n'avoit pas prévu une
paſſion auſſi folle dans une tête auſſi ſage,
ſe laiſſa conduire par ſon confident, qui ſe laiſſoit mener par Marguerite. Sa négociation ne
réuſſit donc pas auſſi bien qu'elle ſe l'étoit promis; & les deux cours ſe ſéparerent un peu
plus aigries qu'auparavant.

Henri n'aimoit pas Marguerite. Il la regardoit plutôt comme ſœur du roi, que comme
ſa femme; & il ſe propoſoit de faire rompre
un jour ſon mariage, où il y avoit des nulli-
tés. Marguerite ne l'aimoit pas davantage;
& ſi elle l'avoit ſervi, c'étoit par coquetterie
& par goût pour l'intrigue.

Pendant que les cours étoient à Auch,
Henri perdit la Réole par une imprudence. Il
avoit donné le gouvernement de cette place
importante à Uſſac, gentil-homme fort conſi-
déré dans le parti huguenot. Or, ce capitaine, quoique-vieux & fort laid, devint amoureux
d'une des filles de la reine mere. Les jeunes
courtiſans en firent des plaiſanteries; & Henri,
jeune auſſi, ne le ménagea pas davantage.
Uſſac offenſé des railleries de ſon maître, oublia ſon devoir, & livra la Réole aux Catholiques. Voilà une leçon pour les princes, Monſeigneur: s'il n'eſt pas facile d'imiter les vertus
de Henri, il faut au moins éviter ſes fautes.

Une raillerie inconſidérée fait perdre la Réole à Henri.

Aa 3

Une nouvelle guerre civile, qu'on nomma la guerre des amoureux, fut l'effet des intrigues, que l'amour avoit conduites, pendant que les cours n'avoient paru occupées que de fêtes. Elle se fit dans le même esprit, & voici comment on se provoquoit souvent au combat: *Allons, cavaliers, un coup de pistolet pour l'amour de nos maîtresses. Des hommes, qui marchent sous les drapeaux de Mars & de l'amour, pourroient-ils se retirer, sans avoir donné un coup d'épée?* L'esprit de ce temps n'étoit qu'un mêlange d'hypocrisie, de fanatisme, de galanterie & de cruauté.

Il fallut encore négocier. Coutras ayant été choisi pour le lieu des conférences, Catherine, Marguerite, le duc d'Anjou, Henri, & sa sœur la princesse de Navarre s'y rendirent. Tout s'y passa, comme à l'ordinaire, en intrigues galantes: car c'étoit toujours là le grand ressort de la guerre & de la paix. On avoit fait une treve pour Coutras & une lieue & demie à la ronde. La reine mere n'avoit pas voulu l'étendre plus loin; assurant qu'avant qu'une treve générale eût été publiée dans tout le royaume, elle auroit conclu la paix, ou qu'elle en auroit ôté toute espérance. Il arriva par cet arrangement que ceux qui vivoient ensemble à Coutras parmi les plaisirs, s'égorgeoient, lorsqu'ils se rencontroient à une lieue & demie de-là. On étoit quelquefois obligé de nommer des experts, & de compter en quelque forte les pas, pour favoir fi les hoftilités commifes étoient une infraction à la treve, & fi les chofes qu'on s'enlevoit réciproquement, étoient de bonne prife.

Perfonne ne defiroit plus la paix que le duc d'Anjou, parce qu'il avoit befoin que les deux partis lui donnaffent des fecours pour fon entreprife des Pays-Bas. Il s'employa donc vivement, & elle fe fit, en conféquence des conférences qui fe tinrent à Fleix. Elle fut prefque auffi funefte que la guerre, par les impôts dont le roi chargeoit le peuple, & par la violence avec laquelle il en autorifoit la levée.

On fait la paix.

1580

Elle parut menacer la France d'un plus grand malheur : car Henri commençoit à s'endormir dans le repos, & les plaifirs enchainoient déja fes vertus. Il avoua lui-même que s'il n'eût été réveillé au bruit de tant d'ennemis, qui conjuroient fa perte, l'oifiveté l'eût peut-être enfeveli dans un coin de la Guienne. Combien de circonftances, combien de revers même il faut raffembler pour former un grand homme ; puifque Henri avec toutes les difpofitions de l'efprit, de l'ame & du corps, n'étoit pas grand encore ! Je tremble, Monfeigneur, quand j'y penfe : car des états auffi petits, auffi tranquilles & auffi foumis que ceux de Parme,

Pendant cette paix Henri commençoit à s'endormir dans les plaifirs.

ne donnent de puissance, que ce qu'il en saut précisément pour s'endormir.

Henri se réveilla, lorsqu'après la mort du duc d'Anjou, ses ennemis armerent pour l'exclure du trône. Il ne s'endormira plus. Cinq princes du sang embrasserent son parti: le duc de Montpensier, gouverneur du Poitou, avec son fils le prince de Dombes ; le prince de Condé, qui tenoit une partie du Poitou, de la Saintonge & de l'Angoumois; le comte de Soissons, & le prince de Conti, son frere. Tous ces princes étoient catholiques, excepté le prince de Condé. Le maréchal d'Anville Montmorenci, gouverneur du Languedoc, se déclara encore pour lui, ainsi que Lesdiguieres, qui de simple gentil-homme, étoit devenu comme souverain du Dauphiné. Parmi les seigneurs huguenots, qui fortifierent son parti, les principaux étoient Claude de la Trémouille, duc de Thouars, très puissant en Poitou & en Bretagne; Henri de la Tour, vicomte de Turenne; Chatillon, fils de l'amiral Coligni; René, chef de la maison de Rohan; & Rosny, qu'il ne faut pas oublier, fut des premiers à se rendre auprès de son maître. Il apporta quarante mille francs. Le roi de Navarre & toute sa cour ensemble n'auroient pas pu faire une pareille somme ; ce qui prouve bien qu'il avoit mal employé les années de paix. D'habiles négociateurs, car il savoit choisir ceux

qu'il employoit, lui obtinrent encore des fecours d'Elifabeth & des princes proteftants
d'Allemagne. En un mot, il fe difpofa fi bien
& fi promptement à la défenfe, que la ligue,
qui croyoit devoir l'écrafer, fe trouva trop
foible pour exécuter les grands projets
qu'elle avoit formés. Il ne fe fit point d'ex-
ploit confidérable, pendant les années 1585
& 1586.

La reine mere ayant offert fa médiation,
il y eut une fufpenfion d'armes, pendant laquelle cette princeffe fe rendit à S. Brix, près
de Cognac, pour conférer avec Henri, ou plutôt pour chercher l'occafion de le défunir d'a-
vec les chefs de fon parti. Il démêla fes deffeins, & les fit échouer. Mais que demandez-
vous, dit la reine, après bien des conférences
inutiles? Rien de tout cela, répondit Henri,
en regardant les filles qu'elle avoit à fa fuite.
Faut-il que la peine que j'ai prife, ne produife
aucun fruit, dit-elle une autre fois? & m'en
retournerai-je fans avoir obtenu le repos que je
defire? Madame, repliqua le roi de Navarre,
je n'en fuis pas caufe: ce n'eft pas moi qui vous
empêche de coucher dans votre lit; c'eft vous
qui ne voulez pas que je couche dans le mien.
La peine que vous prenez, vous plaît & vous
nourrit; le repos eft le plus grand ennemi de
votre vie.

Sufpenfion d'armes, pen-dant laquelle Catherine cherche inu-tilement à fe-mer la divi-fion dans le parti de Hen-ri.

Les cours des deux rois passerent le reste de l'hiver en festins & en danses. Car la misere publique ne pouvoit arrêter ce goût contagieux que Catherine avoit répandu ; & l'austérité de la prétendue réforme n'en garantissoit pas même les Huguenots.

Bataille de Coutras.
1587

Au printems, la guerre recommença, & devint vive, sur-tout, à la fin de la campagne. Plus de vingt-cinq mille Allemands furent défaits par le duc de Guise, parce que des contre-temps ne leur avoient pas permis de concerter leur marche avec Henri, & qu'ils étoient commandés par des chefs qui ne s'accordoient pas. Joyeuse avoit alors perdu la bataille de Coutras. C'étoit le mignon favori du roi de France. En conséquence, on n'avoit pas douté à la cour ni à Paris, qu'il ne fût le seul homme envoyé du ciel pour la destruction des Huguenots. Sixte-Quint lui avoit donné tous les domaines de Henri ; & il croyoit lui-même marcher à une conquête assurée, avec des troupes nombreuses que la noblesse la plus brillante embarrassoit de sa mollesse & de son luxe, & où chacun vouloit commander. Cependant les forces qu'il alloit combattre, consistoient principalement dans les débris de fer & de soldats, échappés aux batailles de Jarnac & de Moncontour.

L'armée victorieuse se sé-

Henri, sans être ébloui du succès de ses armes, montra autant de générosité après la vic-

toire, qu'il avoit montré de courage & de conduite pendant la bataille. Mais cette victoire
ne produifit pas les effets qu'on en devoit attendre. Les chefs, divifés fecrétement par de
vieilles jaloufies, fe féparerent tout-à fait,
auffitôt que l'ennemi commun parut moins à
craindre, & chacun voulut s'occuper de fes in-
terêts particuliers. Le projet du prince de Condé étoit, d'avoir pour lui l'Anjou, le Poitou,
l'Aunis, la Saintonge & l'Angoumois, laiffant
les autres provinces au roi de Navarre; & Turenne qui portoit fes vues fur le Limoufin &
fur le Périgord, crut avoir trouvé le moment
favorable à fon ambition. Il fut un de ceux
qui hâterent le plus la féparation des troupes.
Condé s'étant donc retiré à la Rochelle, &
Henri en Béarn, l'armée victorieufe fe trouva
diffipée, huit jours après la bataille.

Il eût fans doute été difficile à Henri de
conferver toutes les troupes fous fes ordres:
mais il n'étoit pas fâché d'aller voir la comteffe de Guiche, dont il étoit amoureux: il étoit
même impatient de mettre à fes pieds les dépouilles des ennemis. Le comte de Soiffons
l'entretenoit encore dans ces difpofitions, parce
qu'il vouloit auffi aller voir la princeffe de Navarre, qu'il comptoit époufer; & l'amitié que
Henri avoit pour fa fœur & pour ce prince,
fervit de prétexte au voyage de Béarn.

pare.

Henri étoit impatient de mettre fes lauriers aux pieds de la comteffe de Guiche.

Il se brouille avec le comte de Soissons, qui en recherchant son alliance, ne son-geoit qu'à l'abandonner.

Cependant le comte de Soissons n'étoit pas sincérement attaché à Henri. Persuadé que ce prince ne pouvoit manquer de succomber sous les efforts du pape, du roi d'Espagne & de la ligue, il ne songeoit à s'allier avec lui que dans l'espérance de s'approprier un jour les biens de la maison de Navarre; & il se proposoit de se retirer à la cour de France, aussitôt que le mariage auroit été conclu. De pareils sentiments brouillerent bientôt ces deux princes, & le mariage ne se fit pas.

1588
Circonstances qui l'appellent au trône.

La mort du prince de Condé, qui arriva l'année suivante, répandit la consternation parmi les Huguenots, & les divisa encore, parce qu'elle alluma l'ambition des chefs. Mais les barricades de Paris, la fuite du roi & le meurtre des Guises faisoient voir de plus grands désordres parmi les Catholiques. Je passe rapidement sur ces temps malheureux; & sans m'arrêter sur l'attentat qui trancha les jours du dernier des Valois, je viens au moment où Henri fut appellé au trône.

Il étoit sans doute avantageux pour Henri d'avoir été appellé au secours du dernier roi; moins parce qu'il se voyoit aux portes de Paris, maître de plusieurs places & à la tête d'une armée, que parce qu'il avoit eu occasion de se faire connoître davantage des Catholiques. Ses vertus lui firent des partisans parmi ceux qui lui auroient été contraires ; & il lui eût fallu bien du temps pour se mettre dans une position aussi favorable, si, à la mort du dernier Valois, il se fût trouvé confiné dans le Béarn. Tout étoit néanmoins dans la confusion la plus grande : il le voyoit lui-même, & il sentoit qu'il avoit besoin de beaucoup de prudence. Il n'en manquera pas.

Les Huguenots ne balancerent pas à le reconnoître : mais c'étoit la moindre partie de ses forces. Cet exemple fut suivi dans le premier moment par un nombre assez considérable de seigneurs & de gentils-hommes catholiques. Les uns s'attacherent à lui sincérement & sans rien exiger, tels que le maréchal d'Aumont, Givri, & Humieres ; d'autres ne firent cette premiere démarche, que parce qu'ils n'avoient pas eu le temps de concerter encore leurs mesures. Le scrupule qu'ils se faisoient, ou vouloient se faire, de servir un roi huguenot, leur servoit de prétexte pour se vendre cher. Quelques-uns demandoient même des provinces en souveraineté. Le maréchal de Biron, par exemple, demanda le Périgord.

Obstacles qui l'en éloignoient. Les seigneurs catholiques songeoient à l'abandonner, ou à se vendre cher.

Un refus devoit naturellement l'irriter ; & cependant il étoit bien dangereux de lui accorder sa demande, puisque c'eût été enhardir les autres seigneurs, & se mettre dans la nécessité de leur en accorder autant. Quel étoit dans

ce fiecle le prince qui n'eût pas ufé de diffimulation, & tout promis pour ne rien tenir?
Henri, franc & de bonne foi, refufa & fut
cependant s'attacher Biron. Ce maréchal jura
même de ne pas permettre qu'aucune province fût jamais démembrée. Il fit plus: Sanci
avoit amené au feu roi des Suiffes, qui étant
des cantons catholiques, refufoient de porter
les armes pour un prince huguenot: Biron fe
joignit à lui pour les engager au fervice de
Henri.

Le comte de Soiffons avec les autres princes du fang & une partie de la nobleffe, re-muent pour empêcher qu'il ne foit reconnu.

J'ai déja dit, que le duc d'Épernon & d'autres feigneurs abandonnerent le roi. Les princes du fang ne lui donnoient pas moins d'embarras. Il y en avoit fix alors, un vieux cardinal de Bourbon, le cardinal de Vendôme,
le comte de Soiffons, le prince de Conti, le
duc de Montpenfier, & le prince de Dombes,
fon fils. Tous avoient des prétentions. Le
comte de Soiffons, brouillé avec Henri, intri-
guoit fur-tout, pour empêcher qu'il ne fût reconnu, s'il ne fe faifoit catholique. La réfolution en fut même prife par une partie de la
nobleffe; & François d'O, furintendant des
finances, chez qui elle s'étoit affemblée, eut
la hardieffe de le déclarer au roi. Henri répondit avec autant de fermeté que de douceur;
témoignant qu'il défiroit de les conferver,
mais qu'il ne craignoit pas de les perdre. Il fut
reconnu dans une affemblée plus nombreufe,

qui se tint chez François de Luxembourg, duc de Pinei, & dont le résultat fut que Henri protégeroit l'exercice de la religion catholique dans ses terres, qu'il s'en seroit instruire lui-même, & qu'il ne donneroit pas les emplois aux Huguenots. Cette assemblée crut devoir députer vers le pape, pour lui faire agréer les motifs de son obéissance à son roi légitime.

Il étoit encore bien difficile au roi de conserver les provinces qui paroissoient soumises: car les gouverneurs n'imaginant pas comment il se dégageroit de tous les obstacles dont il étoit enveloppé, croyoient prévoir le moment où la France alloit se diviser en une multitude de principautés; & chacun songeoit à se rendre souverain dans sa province. Tels étoient le maréchal de Montmorenci en Languedoc, & Lesdiguieres en Dauphiné.

Les gouverneurs des provinces songent à se rendre souverains & indépendants.

Turenne remuoit de son côté. Il projetoit de faire une seule république de toutes les églises réformées du royaume: il vouloit les mettre sous la protection de l'électeur Palatin, pour en obtenir des secours; & il comptoit en être le chef, avec le titre de lieutenant-général de cet électeur. Mais il ne montroit en cela que de mauvais desseins & peu de jugement, comme le remarquoit Henri. En effet, rien n'étoit plus chimérique que de prétendre gouverner par les mêmes loix les églises des Hu-

Turenne s'applique à se rendre suspect aux Huguenots, qu'il flatte du vain projet de se gouverner en république.

guenots, éparfes dans la France & féparées par des églifes catholiques. Le roi n'appréhendoit donc pas cette affociation. Il craignoit feulement que les projets chimériques de Turenne ne fiffent illufion aux Huguenots. En effet, ils n'en voyoient pas, comme lui, l'impoffibilité. Les plus ambitieux, qui ne demandoient que des troubles, feignoient d'en croire l'exécution facile: ils entraînoient les plus fimples dans leur fentiment, & ils les pottoient à la révolte, en faifant prévoir que Henri fe convertiroit tôt ou tard, & les abandonneroit. C'eft ainfi que tout faifoit obftacle au roi de France, jufqu'aux projets chimériques de fes ennemis.

D'un autre côté les ennemis de Henri ne pouvoient pas agir de concert. Le pape n'avoit garde d'entrer dans toutes les vues du roi d'Efpagne.

Heureufement fes ennemis n'avoient pas moins de peine à fe concilier, tant leurs intérêts fe croifoient & fe contrarioient. Le pape n'avoit garde d'entrer fincérement dans toutes les vues du roi d'Efpagne. Il ne le trouvoit déja que trop puiffant; & il prévoyoit bien, difoit Rofny, que fi ce prince s'agrandiffoit encore, il n'en feroit bientôt lui-même que le chapelain. Il étoit donc de fon intérêt de reconnoître Henri, s'il fe faifoit catholique, plutôt que de fouffrir que la France tombât fous la domination de la maifon d'Autriche.

Philippe, incapable de

Le roi d'Efpagne, à qui la révolte des Pays-Bas ne permettoit pas d'employer affez de forces

ces pour conquérir la France, n'avoit point de deſſein arrêté. Se trouvant d'ailleurs mieux dans un cabinet qu'à la tête d'une armée, il attendoit beaucoup plus de ſa politique artifi- cieuſe que du ſort des armes ; & il ſe propo- ſoit de prendre ſon parti, ſuivant les conjonctu- res. S'il ne pouvoit pas être roi de France lui- même, il vouloit diſpoſer de cette couronne en faveur d'un ſeigneur, qui épouſeroit ſa fille ; ou anéantir cette puiſſance, en partageant le royaume entre tous les grands, qui pouvoient former des prétentions ; ou enfin s'accommo- der avec Henri, ſi ce roi vouloit lui céder quel- ques provinces. Dans cette vue, il entretenoit la diviſion parmi les chefs, donnant à tous de grandes eſpérances & de foibles ſecours, & ſe flattant que les déſordres viendroient au point qu'il donneroit la loi. Mais en roulant dans ſa tête un ſi grand nombre de projets, les meſu- res qu'il prenoit dans un temps renverſoient celles qu'il avoit priſes dans un autre ; & il reſſembloit lui ſeul à pluſieurs alliés, qui ne peuvent pas s'accorder. Le grand art de la po- litique, eſt de ſavoir d'abord prendre le bon parti, & enſuite de s'y tenir toujours, ſans ja- mais s'en écarter. Ce ſera l'art de Henri.

Les artifices, les plus fins dans les commence- ments, deviennent groſſiers, lorſqu'ils ſe répé- tent ; parce qu'en trompant, on ouvre enfin les yeux à ceux qu'on trompe. Le roi d'Eſpagne ne

ſuivre un plan, ſe con- trarioit lui- même dans ſes projets.

Il donnoit de la méfiance aux chefs de la ligue.

donna donc que de la méfiance. Les chefs de la ligue connurent qu'il ne vouloit contribuer à affermir aucun d'eux en particulier ; & de leur côté ils fongerent à fe fervir de lui, fans lui laiffer prendre trop d'autorité.

Les principaux chefs qui paroîtront à la tête de la ligue, font les ducs de Mayenne, de Né- mours fon frere utérin, de Lorraine, de Savoie, de Mercœur de la maifon de Lorraine, & de Guife fils de celui qui avoit été affaffiné à Blois. Mais ils étoient en général fi divifés, qu'on doit moins les regarder comme une ligue, que comme des chefs qui fe font chacun des inté- rêts féparés.

Les gentils-hommes, qui fans être affez puif- fants pour faire un parti, étoient au moins af- fez néceffaires pour faire valoir leurs fervices, avoient encore leurs intérêts particuliers, & changeoient de vues fuivant les conjonctures. Toujours au moment de quitter un chef pour un autre, chacun d'eux formoit les plus grands projets fur les plus petites efpérances. Les fem- mes fur-tout nourriffoient cette incertitude dans les efprits, car la galanterie continuoit toujours ; & l'amour, cherchant par des intrigues à for- tifier tour-à-tour chaque parti, femoit la méfiance parmi ceux mêmes qui paroiffoient fuivre un feul chef.

Si les grands avoient chacun leurs intérêts, les principales villes avoient auffi les leurs. Plufieurs fe flattoient de trouver pendant les troubles l'occafion de fe gouverner en républiques. C'eft le gouvernement que les feize vouloient établir à Paris : mais ils n'étoient pas les plus forts, & les autres citoyens demandoient un roi.

leurs intérêts à part, & penfoient à fe gouverner en républiques.

Vous n'avez point vu dans l'hiftoire de fituation femblable à celle où vous voyez la France. Quelle que fût l'anarchie des fiefs, il y avoit au moins des loix & des droits convenus: actuellement tout eft prétention, méfiance, intérêt contraire. En peu d'années cependant le génie de Henri rétablira l'ordre & la paix. Cela eft plus étonnant que les conquêtes de tous les héros de l'antiquité. Tâchons d'en démêler les caufes.

En peu d'années, Henri rétablira l'ordre & la paix.

L'excès même des défordres amenera la paix. Les peuples, accablés de mifere, fe lafleront enfin d'une guerre civile, qui interrompt tout commerce, & qui les expofe continuellement au pillage des foldats. Ils reviendront de l'erreur où ils étoient, de pouvoir former des républiques; ils regarderont avec mépris, avec haine, cette multitude de fouverains imaginaires, qui entreprenant d'élever leurs trônes fur les malheurs publics, fe renverfent mutuellement ; & ils chercheront un roi qui puiffe enfin leur faire goûter le repos. S'ils le trouvent, les chefs de la ligue, fortant de leur illufion, connoîtront com-

Circonftances qui amenerront ce moment defiré.

bien il leur eſt impoſſible à tous de ſe concilier, & à chacun en particulier de dominer : alors ils ne chercheront plus qu'à ſe ſoumettre ; & les uns après les autres ils ſaiſiront le moment favorable pour ſe faire un mérite de leur obéiſſance, & obtenir de meilleures conditions. C'eſt ainſi que cette ligue formidable ſe diſſoudra peu-à-peu.

C'eſt dans les qualités de Henri & de Mayenne qu'il faut prévoir l'événement.

La ligue a de plus grandes forces, ſi on compte les hommes : mais ce n'eſt pas ainſi qu'il faut juger : il ne faut conſidérer que Henri & Mayenne. Celui qui ſaura le mieux ſe concilier les eſprits dans ſon parti, & ſe faire eſtimer dans le parti contraire : celui, en un mot, qui aura le plus de vertus, vaincra infailliblement.

Mayenne avec du mérite, avoit dans l'ame & dans le corps une peſanteur qui le privoit de grace, & de reſſort.

Quoique le duc de Mayenne eût du mérite, il avoit un défaut capital pour un capitaine : je veux dire, une ame lente dans un corps maſſif, auquel il falloit beaucoup de nourriture & de ſommeil. Cette peſanteur, que ſes courtiſans appelloient gravité, lui ôtoit toutes les graces de la figure, rendoit inutiles les reſſources de ſon eſprit, & ne lui permettoit pas d'avoir cet extérieur affable qui attache. Sixte-Quint, qui avoit trop d'eſprit pour faire cas de la ligue qu'il protégeoit, prédit qu'elle ne manqueroit pas de ſuccomber : car, diſoit-il, le Béarnois, c'eſt ainſi qu'il nommoit Henri, eſt moins de temps au lit que Mayenne à table.

Ce n'eſt pas ſeulement par ſon activité que
Henri devoit vaincre, c'eſt encore par le concours heureux de pluſieurs autres qualités, c'eſt-
à-dire, une belle figure, un eſprit prompt,
agréable & facile; une ame humaine & géné-
reuſe, une clémence qui pardonnoit, ſans conſerver aucun reſſentiment, une eſtime ſincere
& tendre pour les hommes de mérite, le don
de les récompenſer avec un mot ingénieux &
flatteur, & ſur-tout une probité à toute épreuve.
Il étoit impoſſible de ne pas l'aimer quand on
avoit quelque part à ſa familiarité, ou ſeulement quand on le connoiſſoit. Sa probité étoit
ſi connue, que lorſqu'il marchoit à Paris avec
ſon prédéceſſeur, les villes des environs, qui
capitulerent, ne voulurent pour ſureté que ſa
parole, mépriſant les écrits, les ſerments &
les ôtages du dernier des Valois. Tranſportez-
vous donc aux temps où les peuples ſeront las
de la guerre, & vous jugerez que tous les vœux
ſe tourneront ſur Henri. Si, comme votre phi-
loſophie vous l'apprend, les effets ſont contenus dans les cauſes, je viens de vous faire
en abrégé l'hiſtoire de ce grand prince juſqu'à
la paix de Vervins. Après cette expoſition,
nous pourrons paſſer rapidement ſur les événements principaux.

Après la mort du dernier Valois, le duc de
Mayenne fit proclamer roi, ſous le nom de
Charles X, le vieux cardinal de Bourbon, que

Bb 3

Henri tenoit prisonnier à Tours. Il se réserva la qualité de lieutenant-général du royaume, n'osant prendre la couronne lui-même : car le roi d'Espagne & les autres chefs de la ligue s'accordoient à ne la pas mettre sur sa tête, quoiqu'ils ne sussent pas trop ce qu'ils en vouloient faire ; le peuple en général vouloit un Bourbon.

1590
Situation difficile d'où Henri sort par une retraite.

L'année suivante, Mayenne marcha au secours de Rouen, que le roi menaçoit ; & Henri, forcé de se retirer à Dieppe, se vit enveloppé d'une armée trois fois plus nombreuse que la sienne. Déja les chefs de la ligue se disputoient d'un œil jaloux les dépouilles de ce prince, & publioient qu'il ne pouvoit leur échapper qu'en sautant dans la mer. En effet, on lui conseilloit de s'embarquer, pour se retirer à la Rochelle, ou pour aller demander des secours à la reine Elisabeth. Cette démarche eût porté coup à sa réputation, &, par conséquent à ses affaires. Henri ne suivit donc que les conseils de son courage, & vainquit.

Il reçoit d'Elisabeth un secours d'hommes & d'argent.

Il reçut alors un renfort de quatre mille hommes, qu'Elisabeth lui envoya, avec vingt-deux mille livres sterling pour prévenir la désertion des troupes suisses & allemandes. Cette somme étoit si considérable pour lui, remarque Mr. Hume, qu'il avoua ne s'être jamais vu autant d'argent. Ainsi, pendant que la ligue avoit presque toujours des troupes entretenues

par l'Eſpagne & par le pape, Henri étoit hors
d'état de ſoudoyer les ſiennes. Souvent il ſe
voyoit obligé d'en licentier une partie, & de
congédier les gentils-hommes, qui avoient be-
ſoin de retourner chez eux pour amaſſer quelque argent. Mais il étoit ſûr de les voir revenir,
auſſitôt qu'ils le pouvoient : car ils ſacrifioient
volontiers pour lui leur fortune & leur vie.

C'eſt ainſi qu'il fit la guerre pendant trois *Il n'avoit que*
ou quatre ans, n'ayant jamais que dix, douze, *peu de treu-*
ou quinze mille hommes de troupes, & n'é- *pes qu'il ne*
tant pas encore aſſez riche pour les tenir toujours *même ſou-*
ſous ſes drapeaux. Mais ſon activité ſe commu- *doyer.*
niquoit à ſes capitaines & à ſes ſoldats, tandis que la lenteur de Mayenne étoit conta-
gieuſe dans le parti contraire. Or, il eſt naturel
qu'une petite armée qui vole, pour ainſi dire,
faſſe plus qu'une grande qui ſe meut peſam-
ment.

La connoiſſance des hommes & des affaires *Sa prévoyan-*
donnoit encore un grand avantage à Henri. Il *ce & ſa fran-*
connoiſſoit parfaitement le caractère de tous *chiſe.*
les chefs de la ligue : il n'ignoroit pas les obſtacles qu'ils ſe faiſoient mutuellement, il jugeoit de leurs projets & de leurs moyens ; & en
leur faiſant la guerre, il négocioit avec eux ;
mais en grand homme, ſans artifice & ſans
fineſſe.

Dans la journée d'Ivri, où la déroute des li- *Sa générofité*
gueurs fut complete, ſon cri de victoire fut: *après la vic-*

Bb 4

épargnez, fauvez les Francois. Il arrêta la fureur des foldats : il traita les prifonniers avec
humanité : non-feulement il fit quartier aux
Suiffes, qu'il pouvoit tailler en pieces ; mais il
leur rendit leurs enfeignes, & les renvoya chez
eux, où ces braves gens allerent célébrer la générofité de leur vainqueur. Cette action lui attacha les cantons catholiques.

Henri fit enfuite le fiege de Paris. Bientôt
maître des fauxbourgs, il pouvoit réduire par
famine cette ville, où il y avoit deux cents
trente mille habitants. La mifere y étoit fi grande, que plufieurs fautant par deffus les murail-
les, préféroient de mourir par le fer des affié-
geants. Mais le roi, qu'ils avoient offenfé, veilloit fur leurs jours : quoi qu'on pût lui repréfenter, il ne pouvoit refufer de tendre les bras à
ceux qui avoient recours à fa clémence. Il permettoit même de donner quelques fecours de
vivres aux affiégés. Les foldats leur en ven-
doient, & les capitaines en envoyoient à leurs
amis & aux dames. Un affaut eût vraifemblablement emporté cette place : Henri ne voulut
pas le donner. C'eût été livrer le peuple à la
fureur des foldats, & il aimoit mieux vaincre
par fon humanité, que par des armes enfan-
glantées du fang de fes fujets. Il prévoyoit que
tôt ou tard il vaincroit par cette voie ; & c'eft
le fanatifme des moines qui retardoit ce moment.

Cependant le duc de Parme vient au secours
des assiégés ; & le roi levé le siege pour marcher à lui avec toutes ses forces. Mais Farnese
prend si bien ses mesures qu'il évite le combat,
se rend maître de Lagni sur Marne, fait descendre des vivres par la riviere, met l'abondance dans Paris, & se retire. Ce fut la fin de la
campagne. *Le duc de Parme le fait lever.*

1590

L'année suivante n'offre pas d'événements
considérables. Comme on manquoit de fonds
de part & d'autre, on pouvoit rarement former de grandes entreprises. Les armées qui entroient en campagne, se séparoient au bout de
deux ou trois mois, pour se rassembler quelque
temps après, & la guerre ne se faisoit que par
intervalles.

En 1592, le roi fut obligé de lever le siege
de Rouen. Forcé de marcher contre le duc de
Parme, qui l'arrête toujours au milieu de ses
succès, il alla lui-même avec quatre ou cinq
cents chevaux pour reconnoître l'armée ennemie : il l'arrêta long-temps par deux ou trois
charges vigoureuses : & il fit une belle retraite.
Cependant il eut besoin de sa présence d'esprit
& de sa valeur, pour sortir du mauvais pas,
où il s'étoit engagé trop témérairement. Curieux
de savoir ce qu'en pensoit Farnese, il lui écrivit. La retraite est belle en effet, répondit le
duc ; mais pour moi, je ne me mets jamais en
lieu, d'où je sois obligé de me retirer. La criti- *Siege de Rouen : retraite de Henri.*

que est d'un homme d'esprit : il fut pourtant
lui - même bientôt dans la nécessité de faire
une belle retraite. Il la fit, & mérita l'admira-
tion de Henri. Au reste, il est vraisemblable qu'il
eût été battu, si Biron eût fait son devoir. Il ne
le fit pas à dessein, parce qu'il croyoit trouver
son intérêt à faire durer la guerre. Si en temps
de paix, les rois donnoient aux grands généraux
de la considération à proportion des services
qu'ils auroient rendus, ils préviendroient souvent ces sortes d'infidélités.

Retraite du duc de Parme.

Le cardinal de Bourbon étoit mort en 1590,
& depuis ce temps, la jalousie avoit multiplié de
plus en plus les divisions parmi les ligueurs. Il
s'en étoit aussi formé dans le parti du roi ; & elles auroient été funestes, si ce prince ne les eût
étouffées dans leur naissance, ou n'en eût au
moins arrêté les progrès.

Les divisions se multiplient après la mort du cardinal de Bourbon.

Au milieu de ce chaos d'intérêts, qui se croi-
soient & se heurtoient confusément, il se forme un tiers parti, qui se proposoit de pacifier le royaume, & de contenter tout le monde ; c'est-à-dire, le pape, le roi d'Espagne, le
comte de Soissons, les ducs de Savoie, de Lorraine, de Mayenne, de Guise, de Mercœur,
d'Aumale, d'Elbœuf, de Némours, de Nevers ;
des gouverneurs, des généraux, des évêques,
en un mot, tous ceux qui étoient assez puissants
pour former des prétentions. Le cardinal de
Vendôme, alors nommé cardinal de Bourbon,

Tiers parti qui prétend tout concilier.

étoit un des chefs de ce parti, composé tout-à-la fois de ligueurs & de royalistes, au nombre de près de cent personnes, qui sans pouvoir s'accorder entre elles, entreprenoient follement de tout concilier. Tant de pacificateurs étoient si différents par le caractère, par l'esprit, par les connoissances, par les vues, par les intérêts, & par la religion, qu'il eût été difficile d'en trouver deux, qui eussent entierement adopté le même plan. Tout ce qu'on pouvoit juger, c'est que leurs projets ne tendoient qu'à partager le royaume entre plusieurs puissances, & à ne laisser à Henri que le nom de roi avec fort peu d'autorité.

Henri étoit bien éloigné d'entrer en négociation avec ceux du tiers parti. Il jugeoit que ce seroit les forcer à se réunir pour adopter un plan, leur donner de la considération, & fomenter une faction, qui pourroit se fortifier tous les jours. D'ailleurs il ne voyoit dans leurs desseins, que des chimeres contraires à sa puissance & à sa gloire. Cependant, fatigué des projets qu'on ne cessoit de publier ou de lui présenter, il consulta Rosny, sans s'ouvrir encore sur ce qu'il pensoit lui-même. *Henri refuse d'entrer en négociation avec ce tiers parti.*

Rosny avoit déja fait les mêmes réflexions. Ils convinrent donc qu'il falloit temporiser, user de prudence, gagner les moins obstinés, entretenir la division parmi les autres, & surtout continuer d'avoir des succès à la guerre. Ils *Plan sage de Henri & de Rosny.*

confidéroient les villes qui avoient confervé la
liberté de difpofer d'elles-mêmes, telles que
Paris, Touloufe, Aix, Arles, Lyon, Riom,
Poitiers, Orléans, Troies, Rheims, Amiens,
Abbeville, & autres, où l'autorité des chefs
étoit limitée par des factions puiffantes : ils jugerent qu'il ne feroit pas impoffible de les gagner ; & que la chofe deviendroit plus facile,
à mefure que les armes du roi prendroient plus
d'afcendant. Ils conclurent enfin, qu'en négo-
ciant avec chacun en particulier, ils viendroient
à bout de diffoudre la ligue & le tiers parti. En
effet, cette conduite devoit augmenter la méfiance & la jaloufie qui divifoient déja les ligueurs.
On pouvoit donc prévoir que les chofes viendroient au point, que plufieurs ne croiroient
pouvoir s'affurer une fortune, qu'en fe jetant
entre les bras du roi; & que les plus ambitieux, pour peu qu'ils fuffent habiles, feroient les premiers à traiter, puifque ce feroit le moyen d'obtenir de meilleures conditions.

Impuiffance
de Mayenne. Mayenne, déconcerté par la conduite fage
du roi, voyoit qu'il lui devenoit tous les jours
plus difficile de mouvoir à fon gré le vafte &
monftrueux corps de la ligue. Pouffé comme
par des vents contraires, auxquels il cédoit tour-
à-tour, il ne pouvoit tenir de route certaine.
Il découvroit des écueils de toutes parts, il fe

voyoit près du naufrage, & il fentoit le gouver-
nail lui échapper des mains.

Les ligueurs ne s'accordoient que fur une
feule chofe : ils demandoient tous un roi. Il
fallut donc obéir à cette impulfion, & Mayenne convoqua les états à Paris. Jamais affemblée
ne fut plus tumultueufe. Les avis, les projets, les
délibérations reffembloient à ceux qui la compofoient : ils étoient contraires, abfurdes, ridi-
cules. Le roi d'Efpagne, qui fe propofoit de
donner fa fille Ifabelle au roi qui feroit élu, offroit aux états de grands fecours d'hommes &
d'argent. Mais il promettoit beaucoup, & pouvoit peu. Il n'avoit plus de grands capitaines.
Le duc de Parme étoit mort ; & Maurice de
Naffau, qui défendoit la liberté des Provinces
Unies, faifoit une diverfion favorable à Henri.
D'ailleurs Philippe, en projetant le mariage de
fa fille avec le nouveau roi, fe faifoit un ennemi de Mayenne, qui étant marié, fe feroit vu
exclus du trône.

Cependant fi les états élifoient un roi avec
l'aveu du pape, de Philippe & des puiffances
étrangeres, il étoit à craindre que les peuples ne
le reconnuffent, dans l'efpérance de trouver le
repos fous ce nouveau chef. Dès-lors, ce prince
paroiffoit avoir des droits légitimes : il devenoit redoutable : il préparoit au moins de nouveaux troubles ; & on ne voyoit plus quelle feroit la fin de la guerre.

Etats de Paris
où tout fe paf-
fe en tumulte.

1593

Un roi qu'ils
auroient élu,
pouvoit deve-
nir redouta-
ble.

Il étoit diffi-
cile qu'ils
s'accordaffent
fur le choix.

Il étoit difficile à la vérité, que tant de chefs, qui vouloient au moins partager le royaume entre eux, s'accordaffent fur le choix d'un maître; & quand enfin le plus grand nombre des fuffrages fe feroit réuni fur un fujet, il y a tout lieu de croire que le nouveau roi auroit été bien foible.

Pour embar-
raffer encore
leurs délibé-
rations, Henri
leur propofe
de conférer a-
vec eux.

Dans cette confufion des chofes, Henri ne vouloit que gagner du temps pour exécuter à propos un projet qu'il méditoit, & qui devoit donner le repos à la France. Il voulut donc embarraffer par de nouveaux obftacles les délibérations des états; & dans cette vue, il leur fit propofer de lui envoyer des députés pour conférer avec lui.

Les confé-
rences fe tien-
nent à Suren-
ne entre les
Catholiques
des deux par-
tis.

Mayenne y donna les mains, parce que cette propofition fufpendoit l'effet des projets du roi d'Efpagne. D'un autre côté, comme il redoutoit le génie du roi, il voulut empêcher qu'on ne conférât avec lui; & il fufcita des docteurs qui affurerent qu'on ne pouvoit pas conférer avec un hérétique. Il fut donc arrêté que les Catholiques des deux partis conféreroient enfemble; les conférences fe tinrent à Surenne, malgré le légat qui n'y voyoit rien d'avantageux pour la ligue.

Les peuples
font las de la

Cependant à Paris & dans les principales villes, les peuples demandoient en tumulte la liberté du commerce ; & les chefs furent forcés à député à Henri pour l'obtenir. Nous voici donc au temps où les François sont las de la guerre. L'assemblée des états la leur rend encore plus insupportable, parce qu'elle les flatte de la paix. Il n'est donc pas douteux que Henri, dont ils estiment le courage, & dont ils aiment les vertus, ne réunisse tous les vœux, s'il se convertit. Tout se dispose en sa faveur : le fanatisme, qui séduit les esprits, est le seul obstacle qui lui reste.

guerre & leurs vœux se portent sur Henri

Il y avoit déja quelque temps que ce prince songeoit à se convertir : car au milieu de ses occupations, il avoit trouvé des moments de loisir pour s'instruire. Mais il s'agissoit de faire cette démarche à propos ; parce qu'un changement de religion, s'il paroissoit suspect, aliénoit les Huguenots, sans lui attacher les Catholiques. Si c'étoit assez pour lui que sa conversion fût sincere, il falloit pour le repos de la France qu'on n'en doutât pas. Jusqu'alors il avoit eu bien de la peine à se ménager entre les deux partis, dont l'un le sollicitoit continuellement à changer, & l'autre craignoit toujours qu'il ne changeât. Heureusement les calamités publiques avoient presque réuni à cet égard tous les esprits dans une même façon de penser, & il n'y avoit plus que les chefs de la ligue, qui craignissent de le voir rentrer dans le sein de l'église. D'ailleurs tous les Catholiques le

ils desirent sa conversion, & les Huguenots même la jugent nécessaire.

defiroient : ils attendoient ce moment avec impatience ; & les Huguenots même, si l'on en excepte les plus enthousiastes, jugeant sa conversion nécessaire & raisonnable, reconnoissoient qu'on peut se sauver dans la communion romaine. La profession de la religion catholique, lui disoit Rosny, seroit bien à vos affaires ; & si vous alliez à la messe, vous porteriez à la ligue un coup, dont elle ne se releveroit pas. Cependant vous vous attendez bien que moi, qui suis huguenot, je ne vous conseillerai pas de changer de religion : c'est à vous à suivre là dessus les mouvements de votre conscience. Mais que feriez-vous, si vous étiez à ma place, lui demanda le roi ? La question eût été embarrassante pour un homme de moins d'esprit que Rosny. Sire, répondit il, votre majesté sait bien que je ne lui donne jamais de conseil, que sur les choses que j'ai méditées long-temps. Or, je n'ai jamais pensé à ce que je ferois, pour devenir roi de France.

Il abjure.   Le roi ayant pris sa résolution, se hâta de la faire connoître aux députés de la ligue, qui conféroient à Surenne. Aussitôt quantité d'ecclésiastiques vinrent le trouver à l'envi, pour avoir part à la gloire de sa conversion déja faite. Il voulut, pour la forme, qu'ils s'assemblassent avec des ministres protestants. Ils discuterent en sa présence les points controversés ; & comme il lui importoit de se les attacher, il souffrit volontiers

lontiers qu'ils s'attribuaſſent tout le mérite de
ſa converſion. Il abjura dans l'égliſe de S. Denis au mois de juillet. Tout le peuple de Paris
qui étoit venu en foule à cette cérémonie, re-
porta la joie dans la capitale.

Cépendant à la premiere nouvelle du deſſein de Henri, les Eſpagnols & le légat avoient
preſſé l'élection d'un roi ; & ils propoſoient
de nommer un ſeigneur françois, qui épouſeroit l'infante Iſabelle. Le parlement fit à ce
ſujet des remontrances, & déclara nul tout ce
qui ſeroit fait contre les loix du royaume. Cependant on inſiſta, on propoſa le duc de Guiſe : mais Mayenne qui auroit mieux aimé faire
ſa paix avec le roi, que d'obéir à ſon neveu,
rompit les états, peu après que Henri eut fait
ſon abjuration. Il ſembla que les députés n'é-
toient venus à Paris, que pour être plus à
portée de connoître leur légitime ſouverain ;
& pour répandre enſuite dans les provinces
l'eſtime, qu'ils avoient conçue de ſa perſonne.

La ligue n'avoit plus de prétexte que dans
le refus que le pape faiſoit de l'abſolution :
motif qui fit peu d'impreſſion ſur les peuples ;
parce que la bonne foi connue de Henri ne
permettoit pas de former le moindre ſoupçon
ſur aucune de ſes démarches. Rome fut donc
forcée à céder, quand elle vit la ligue tendre à ſa fin ; c'eſt-à-dire, en 1595.

Tom. XLI. C c

Les villes
rentrent fous
l'obéiffance
du roi.
1594

Meaux, Aix, Lyon, Orléans, & Bourges furent les premieres villes qui rentrerent fous l'obéiffance du roi. Paris fuivit cet exemple le 22 de mars. Briffac qui en étoit gouverneur, & Belin à qui Mayenne venoit d'ôter ce gouvernement, en ouvrirent les portes. Henri, à la tête de fept mille hommes, fit fon entrée avec la même tranquillité que s'il en eût toujours été le maître. Il y avoit cependant encore quatre ou cinq mille Efpagnols de garnifon, & dix à douze mille factieux: mais le calme & la paix regnoient par tout: les boutiques étoient ouvertes, & les artifans fe mêloient familiérement avec les foldats. Cette confiance du peuple étoit le triomphe des vertus de Henri.

Il ne refle
plus à foumet-
tre que Ma-
yenne dans le
gouverne-
ment de Bour-
gogne & Mer-
cœur dans ce-
lui de Breta-
gne.

Les troupes efpagnoles fortirent le jour même. Le roi, qui leur avoit donné un fauf-conduit, les regardoit paffer d'une fenêtre, leur rendoit le falut, & leur difoit: *recommandez moi bien à votre maître; allez-vous-en à la bonne heure, mais n'y revenez plus.* Rofny avoit alors déja négocié pour la réduction de la ville de Rouen. Villars-Brancas, brave capitaine, qui l'avoit défendue contre Henri, la lui remit. Bientôt toutes les villes & tous les gouverneurs fe hâterent de conclure leurs traités; & à la fin de l'année, il ne refta plus de la ligue, que Mayenne qui s'étoit retiré dans fon gouvernement de Bourgogne, & Mer-

cœur qui étoit toujours cantonné dans celui de
Bretagne. Toute l'Europe fut étonnée de cette
prompte révolution: cependant Henri & Rofny l'avoient prévue.

Les Espagnols, qui avoient donné des secours
à la ligue, continuoient de soutenir le duc de
Mayenne; ils armoient même des assassins contre
la vie du roi. Turenne, alors duc de Bouillon
par son mariage avec Charlotte de la Marck,
héritiere de Bouillon & de Sedan, proposa de
déclarer la guerre à Philippe. La chose fut dé-
battue long-temps dans les conseils, & parut si
problématique, que le roi fut plusieurs mois
avant de se décider: Rosny s'opposa toujours à
cette déclaration. Il jugeoit sans doute que dans
la situation où étoit encore le royaume, il ne
falloit pas mettre Philippe dans la nécessité
d'employer toutes ses forces; que lorsqu'il se seroit ruiné insensiblement par les secours qu'il
donnoit au duc de Mayenne, on seroit toujours
à temps de lui déclarer la guerre, & que, par
conséquent, il étoit plus sage de temporiser, &
d'attendre que la fin de la guerre civile, qui soumettroit toutes les provinces, fermât toute entrée aux troupes d'Espagne. Le roi approuvoit
ce conseil prudent. Mais il fut entraîné malgré
lui, comptant sur les grandes diversions que
promettoient l'Angleterre & la Hollande; sur
les projets du duc de Bouillon, qui devoit infailliblement se rendre maître de Luxembourg

Henri déclare la guerre à l'Espagne. C'étoit une démarche trop précipitée.

& des principales villes de cette province; & fur ceux de Sanci , qui fe faifoit fort d'engager les Suiffes à conquérir la Franche-Comté. La guerre fut donc déclarée au mois de janvier

1595. L'événement prouvera que Rofny avoit raifon. En général, il eft imprudent de s'engager dans une entreprife., lorfqu'on peut moins la foutenir par fes propres forces, que par les fecours que promettent & que ne donnent pas toujours les puiffances étrangeres. Il falloit furtout confidérer que l'Angleterre & la Hollande, en confeillant cette guerre, ne fongeoient qu'à leurs propres intérêts. Auffi ne firent-elles pas autant qu'elles avoient promis.

Préparatifs de
Philippe.

Velafco, connétable de Caftille, levoit des troupes dans la Lombardie, & le comte de Fuentes, gouverneur des Pays-Bas, raffembloit auffi toutes fes forces. Quand je devrois perdre la Flandre & le Milanès, marchez, leur écrivoit Philippe, & réprimez la témérité du prince de Béarn. C'eft ainfi qu'il parloit.

On invite
Henri à porter fes armes
du côté de la
Franche-
Comté

Le connétable de Montmorenci étoit en Dauphiné avec quatre à cinq mille hommes, & il en avoit chaffé toutes les troupes du duc de Savoie, qui avoit profité des troubles de la ligue pour s'agrandir aux dépens de la France. Le maréchal de Biron, fils de celui dont j'ai déja parlé, ayant foumis plufieurs villes en Bourgogne, faifoit le fiege du château de Dijon, & de celui de Talan peu diftant de cette ville. Or, ces deux généraux, informés des préparatifs du connétable de Castille, pressoient le roi de venir à leur secours; le premier, parce qu'en effet il se trouvoit trop foible pour résister seul aux Espagnols; & le second, parce qu'il auroit été contraint de lever ces deux sieges; ce qu'il regardoit comme une flétrissure à sa gloire.

Henri avoit pris à son service six mille hommes, que le duc de Lorraine avoit licentiés. Ce corps s'étoit rendu maître de Vesoul, & couroit la Franche-Comté. Le roi considéra donc que s'il réunissoit toutes ces troupes à celles qu'il meneroit avec lui, il auroit une armée assez forte pour faire des conquêtes de ce côté là. Mais il falloit s'éloigner de la Picardie & de la Champagne, ce que, Rosny n'approuvoit pas, & à quoi le roi ne se déterminoit lui-même qu'avec répugnance. En effet, il importoit bien plus de défendre ces provinces, que de conquérir dans d'autres. Cependant Sanci, qui avoit alors beaucoup de crédit, joignit ses instances à celles de Biron & le chancelier de Chiverni fit agir Gabrielle d'Étrées, qui étoit aimée. Vous voyez que l'amour va faire faire une faute.

Henri vit pour la premiere fois, en 1590, la belle Gabrielle, c'est ainsi qu'on l'appelloit (*).

Rosny n'est pas de cet avis: Henri a peine à le suivre.

Mais la belle Gabrielle l'y

(*) Dès le commencement de ses amours avec le roi,

C c 3

Mais alors tout entier à ses affaires, qui ne permettoient point de distractions, il préféra la gloire, sans renoncer à l'amour: & bientôt l'amour saisit les premiers moments de repos, que la gloire lui avoit procurés. Ce fut donc la belle Gabrielle qui détermina le roi. On lui avoit persuadé qu'il seroit facile de conquérir la Franche-Comté pour César, son fils, qu'elle avoit eu de Henri, ou que Henri croyoit avoir eu d'elle.

Avant de partir, le roi chargea de la défense des frontieres de Picardie, Nevers, S. Pol, Bouillon, & Villars, donnant le commandement en chef à Nevers, dans le cas, où ils réuniroient leurs forces. Il établit encore un conseil à Paris pour l'administration des affaires & des finances, pour l'instruire de tout ce qui se passeroit, & pour recevoir & faire exécuter ses ordres : il y fit entrer Rosny, sous prétexte qu'ayant la confiance du prince de Conti, chef du conseil, il seroit propre à faire agréer à ce prince les résolutions qu'on prendroit. Henri, forcé à ménager la jalousie des ministres qu'il avoit trouvés en place, & l'inquiétude des Catholiques, qui auroient craint de voir les affai-

---

elle fut mariée à M. de Liancourt. Ce mariage ayant été déclaré nul, elle porta le nom de marquise de Monceaux, & ensuite celui de duchesse de Beaufort. Mais on lui a conservé celui de belle Gabrielle.

res entre les mains d'un huguenot, n'ofoit prefque employer Rofny, que les lumieres & la
probité lui rendoient néceffaire; & lorfqu'il
vouloit le confulter, il étoit obligé de fe cacher
de fa cour.

Le connétable de Caftille étoit defcendu en
Franche-Comté, où il avoit repris Vefoul &
quelques autres petites places; il avoit enfuite
paffé la Saone à Gray, & il continuoit de s'a-
vancer; mais avec tant de lenteur, qu'il fembloit que l'approche du roi lui fît craindre de
s'engager trop avant.

Les ennemis avoient paffé la Saone.

Henri étant arrivé à Dijon, vifita les ouvrages, fit de nouvelles difpofitions pour hâter la
prife des deux châteaux; & marchant enfuite
avec trois cents chevaux ou environ, afin de reconnoître lui-même l'ennemi, il donna rendez-
vous à fes troupes à Fontaine-Françoife.

Henri marche avec trois cents chevaux pour les reconnoître.

Il avoit paffé la riviere de Vigenne, & il
étudioit le pays pour y prendre fes avantages:
lorfque le marquis de Mirebeau, qu'il avoit
envoyé en avant avec cinquante ou foixante cavaliers, revint en défordre. Il avoit été chargé
brufquement par un gros de trois ou quatre
cents chevaux, & il ne lui avoit pas été poffible de reconnoître l'armée ennemie. Biron,
qui venoit d'arriver, fe chargea d'en apporter
des nouvelles. A peine eut-il fait mille pas

Action de Fontaine-Françoife.

Cc 4

avec trois cents chevaux, qu'il en apperçut environ soixante sur une colline. Il les chaffa, & découvrit toute l'armée marchant en ordre de bataille, & précédée de quatre cents chevaux, que fix cents fuivoient de près. Toute cette cavalerie, au lieu de charger Biron, fe fépara en deux corps, fe portant fur fa droite & fur fa gauche, pour reconnoître ce qui étoit derriere lui. La maréchal qui pénétra leur deffein, partagea fa petite troupe en trois, & faifant ferme au lieu où il étoit, il envoya Mirebeau fur fa droite, & le baron de Lux fur fa gauche. Le combat s'engagea ; mais il fallut céder. La retraite fe fit en défordre : cent chevaux, envoyés pour la faciliter, furent encore culbutés ; & tous furent enfemble pouffés jufqu'au roi, qui n'avoit que trois cents chevaux. Cependant dix-huit cents, encouragés par le fuccès, tomboient fur lui.

Henri donna la moitié de fa troupe au duc de la Trémouille, & fe mettant à la tête de l'autre, il appella les principaux officiers, & leur cria : *à moi, meffieurs, & faites comme vous m'allez voir faire.* Si fa harangue fut courte, fon action fut auffi prompte que la parole, & les ennemis furent renverfés. Biron, qui, quoique bleffé d'un coup de fabre à la tête, & d'un coup de lance dans le bas-ventre, avoit rallié cent vingt chevaux, furvint pour achever la déroute.

Sur ces entrefaires, huit cents chevaux étant arrivés au roi, l'Espagnol étonné crut voir toute l'armée françoise, & ne songea plus qu'à la retraite. Il étoit singulier de voir un petit corps de cavalerie poursuivre cette grosse armée, la harceler, & la forcer à repasser la Saone. Cette action se passa à Fontaine-Françoise. Je m'y suis arrêté, parce qu'il falloit bien vous donner au moins un exemple de la valeur & du sang froid du prince de Béarn, pour parler comme Philippe.

1591

Jusqu'ici vous ne voyez pas que l'amour ait de grands torts. Mais, Monseigneur, c'est que Henri ne se trouvoit pas, où il étoit plus nécessaire ; & malgré la gloire dont il venoit de se couvrir, il reconnut lui-même qu'il avoit fait une faute. Tout alloit mal dans le conseil. Rosny avoit été obligé de se retirer, car on ne lui communiquoit rien d'important, & on lui cachoit tout parce qu'on se méfioit de lui, à cause de ses lumieres, de son zele & de sa probité. En Picardie, Nevers & Bouillon ne purent jamais s'accorder ; & il en coûta au roi le Catelet, Dourlens, Cambray, Ardres, Calais & beaucoup de braves gens, entre autres Humiéres & Villars.

Cependant Henri manquoit en Picardie où il faisoit des pertes ; & dans son conseil, qui se conduisit mal.

Cependant toute la Bourgogne étoit soumise, & Mayenne, désespéré, songeoit à se retirer en pays étranger ; lorsque le roi lui tendit les bras.

Mayenne se soumet.

& lui offrit des conditions très avantageufes. Il fe conduifoit ainfi contre l'avis de fon confeil, perfuadé qu'avec de la générofité on s'attache tous les fujets, & on gagne jufqu'aux plus rebelles. Mayenne, ayant accepté, vint à Monceaux faluer le roi. Henri, qui étoit dans le parc, le reçut avec fa franchife, l'embraffa, le prit par la main, & le promena à grands pas, lui montrant tout, & l'entretenant des embelliffements qu'il vouloit faire à cette maifon. Puis s'adreffan à Rofny : fi je le promene long-temps, lui dit-il, me voilà vengé de tous les maux qu'il nous a faits : car Mayenne traînoit difficilement fon corps lourd, dont une attaque de fciatique retardoit encore les mouvements. Convenez, lui dit le roi, que je vais un peu trop vîte. Il eft vrai, fire, que je fuis tout hors d'haleine, & j'ai cru que votre majefté alloit me tuer, fans y penfer. Touchez-là, reprit Henri d'un air ouvert & riant, & fouvenez-vous que c'eft tout le mal que vous recevrez de moi. Allez vous repofer ; & il l'embraffa. Mayenne eut befoin d'un cheval pour retourner au château.

La foumiffion du chef de la ligue pouvoit excufer le roi d'avoir porté fes principales forces en Bourgogne. Cependant lui-même il ne fe croyoit pas juftifié. Mais fi pour défendre la Picardie & la Champagne, il eût négligé de donner des fecours au connétable de Montmorenci & au maréchal de Biron, Velafco & Mayenne réunis auroient pu le jeter dans de nouveaux embarras. La grande faute étoit d'avoir déclaré la guerre, lorsqu'il ne paroissoit pas possible de faire face de tous côtés.

Il y avoit eu une si grande dissipation des deniers de l'état, qu'à la mort du dernier roi, la couronne devoit près de trois cents millions. Les surintendants, habiles seulement dans l'art d'embrouiller les finances, s'en étoient rendus maîtres, & s'enrichissoient, en pillant le peuple & volant le roi. Tel étoit François d'O, que Henri trouva en place, & qu'il fut contraint d'y laisser, pour ménager un parti considérable qui le soutenoit. *Mauvais état des finances.*

Après la mort de ce surintendant, il forma un conseil des finances; parce qu'il jugea qu'il seroit mieux servi par plusieurs personnes, qui veilleroient les unes sur les autres. On prétend que Gabrielle lui fit prendre ce parti, afin d'écarter de la surintendance Sanci quelle n'aimoit pas. Il y eut tout-à-la fois huit intendants & neuf surintendants des finances, & les choses en allerent encore plus mal: car chacun d'eux s'en reposant sur ses collegues, aucun ne faisoit sa charge; ou s'ils travailloient, ils n'avançoient point, parce qu'ils ne pouvoient s'accorder: tous ne paroissoient occupés que du soin de grossir leurs apointements. Si Henri avoit besoin d'argent pour quelque entreprise, il ne recevoit que des réponses embarrassées & contradictoi- *Henri forme un conseil de finances, & n'en est pas mieux servi.*

res, dans lesquelles il ne démêloit que la difficulté ou même l'impossibilité de trouver des fonds. Cependant il avoit de violents soupçons des dissipations qui se faisoient. Voulant donc savoir si la diminution de ses revenus venoit de la pauvreté du peuple, ou de la mauvaise foi des gens de finance, ou enfin de leur ignorance, il résolut de convoquer les trois ordres de l'état & de mettre dans son conseil un honnête homme éclairé, qui prît une connoissance exacte des finances, & qui l'avertît de tout ce qui se passeroit.

Il projette de mettre Rosny à la tête des finances.

Il jeta pour cela les yeux sur Rosny. Cependant parce qu'il craignoit d'offenser ceux du conseil, s'il leur montroit sa méfiance, il vouloit le charger successivement de plusieurs affaires auprès d'eux, afin qu'il pût se ménager leur amitié : croyant qu'ils ne manqueroient pas de lui donner quelques louanges, & se proposant de saisir cette occasion pour le faire entrer dans le conseil, sans qu'ils osassent s'y opposer. Rosny, qui trouvoit de la fausseté dans le personnage qu'il falloit jouer, refusa de se déclarer ouvertement ami, avec le dessein d'espionner & de desservir en secret. Voulez-vous donc que je donne des batailles pour vous, lui dit Henri ? hé bien, n'en parlons plus ; je vous employerai à autre chose.

Le roi presqu'en colere vint chez Gabrielle, à laquelle il conta cette conversation. Il faut rendre juftice à cette belle : elle lui dit qu'il avoit tort, & approuva les fcrupules de Rofny. Henri prit donc fon parti, & mit Rofny dans les finances. Pour vous faire juger combien il avoit befoin de la probité & des lumieres de cet homme, il faut que je vous rapporte ce qu'il lui écrivoit d'Amiens, le 15 avril 1596.

» Je vous veux bien dire l'état où je me trou-
» ve réduit, qui eft tel que je fuis fort proche
» des ennemis, & n'ai quafi pas un cheval fur
» lequel je puiffe combattre, ni un harnois com-
» plet que je puiffe endoffer. Mes chemifes font
» toutes déchirées ; mes pourpoints troués au
» coude ; ma marmite eft fouvent renverfée ; &
» depuis deux jours je dîne & je foupe chez les
» uns & les autres : mes pourvoyeurs difent n'a-
» voir plus moyen de rien fournir pour ma ta-
» ble, d'autant qu'il y a plus de fix mois qu'ils
» n'ont reçu d'argent. Partant, jugez fi je mérite
» d'être ainfi traité, & fi je dois plus long-temps
» fouffrir que les financiers & tréforiers me faf-
» fent mourir de faim, & qu'eux tiennent des
» tables friandes & bien fervies ; que ma mai-
» fon foit pleine de néceffités, & les leurs de
» richeffe & d'opulence.

Rofny defiroit de vifiter, avant la tenue des états, cinq ou fix généralités ; afin de connoître plus particuliérement la nature des revenus dans chacune, les améliorations qui fe pouvoient faire, l'ordre qu'on avoit fuivi jufqu'a-

1596

Pour prendre connoiffance des abus des finances, Rof-ny defire de vifiter quel-ques généra-

lors, & le abus qu'il falloit corriger. Ces connoiſſances étoient néceſſaires pour traiter avec
les états des moyens de fournir aux beſoins du
royaume. Il demandoit encore le pouvoir de
ſuſpendre les officiers dans chaque lieu, & d'en
commettre d'autres en leur place; parce qu'il
étoit néceſſaire qu'il pût récompenſer ceux qui
lui découvriroient les monopoles, & punir ceux
qui les voudroient cacher. Le roi, qui approuva
beaucoup ce projet, lui défendit d'en parler à
perſonne; & lui dit qu'il vouloit s'en ouvrir
avec les principaux du conſeil, comme d'un
deſſein auquel il avoit penſé de lui-même;
ajoutant que dans l'eſpérance d'être choiſis pour
cette commiſſion, ils ne manqueroient pas d'y
donner les mains.

La choſe réuſſit, comme il l'avoit prévu.
Auſſitôt dix commiſſions en blanc furent dreſ-
ſées par ceux-mêmes qui ſe flattoient d'être employés. Ainſi ils n'avoient rien oublié, & les
pouvoirs étoient les plus amples. De tous ceux
là néanmoins un ſeul fut choiſi. Quatre commiſſions pour quatre généralités furent remplies du nom de Roſny, & les autres furent
données à quatre autres perſonnes. Malgré les
obſtacles de toute eſpece qu'on mit dans les
provinces aux recherches de Roſny, & les
calomnies dont en ſon abſence on voulut le
noircir auprès du roi, il découvrit bien des abus,
& par l'ordre qu'il mit, il rapporta cinq cents

mille écus. Les autres commiſſaires firent dès voyages inutiles, excepté Caumartin qui revint avec deux cents mille livres.

L'aſſemblée projetée ſe tint à Rouen, & le roi y prononça un diſcours qu'il avoit ſurement fait: car on y voit ſon ame, ſon eſprit & ſes expreſſions. Je ne puis rien ajouter à cet éloge: liſez-le, Monſeigneur, dans Péréfixe, & méditez-le.

1596
Aſſemblée des Notables tenue à Rouen pour remédier aux déſordres des finances.

Comme on n'avoit pas eu le temps de convoquer tous ceux qui étoient dans l'uſage de venir aux états, il ne s'y trouva que des eccléſiastiques, des magiſtrats, des gens de finance & peu de nobleſſe. Les députés ne voulurent pas être diſtingués en trois ordres; ce qui fit que les gentils-hommes, en petit nombre & confondus, eurent peu d'autorité. Cette aſſemblée prit le titre d'aſſemblée de Notables.

Les Notables ſe propoſant, conformément aux vues du roi, de remédier aux déſordres des finances, imaginerent un conſeil de raiſon, dont les membres ſeroient nommés par l'aſſemblée, & dans la ſuite, par les cours ſouveraines. Ils eſtimerent les revenus de l'état à trente millions, & ils en offroient la moitié au roi pour l'entretien de ſa maiſon, des places, des troupes, des ambaſſadeurs & de tout ce qui eſt relatif à la guerre & aux négociations; réſervant l'autre moitié au conſeil de raiſon, pour le payement des penſions, des rentes &

Conſeil de raiſon imaginé par les Notables.

des dettes de l'état, fans que ce confeil fût obligé de rendre aucun compte. Mais on ne porta les revenus à trente millions, que parce que l'on comptoit beaucoup fur un impôt d'un fou pour livre, qu'on mit fur toutes les marchandifes & denrées, le bléd feul excepté.

Ces propofitions révolterent tout le confeil du roi. Il n'eut qu'un cri contre ce partage, par lequel le confeil de raifon paroiffoit vouloir s'arroger une partie de la fouveraineté. Rofny qui écoutoit les déclamations des autres, & qui admiroit la chaleur de leur zele, dit avec un froid ironique, qu'il étoit de leur avis, & que tout le monde avoit apporté de fi bonnes raifons, qu'il n'y pouvoit rien ajouter. Sur cela le roi congédia fon confeil, avec ordre de fe raffembler le lendemain, difant que la chofe étoit affez importante, pour mériter d'être méditée plus long-temps.

Ayant enfuite fait venir Rofny; pourquoi, lui demanda-t-il, n'êtes-vous pas de l'avis des autres? C'eft, répondit ce miniftre, que les prétentions des Notables font chimériques, & que, par conféquent, rien n'eft plus ridicule que le ton avec lequel votre confeil les rejette. Il lui confeilla de les agréer, foit pour tenir la parole qu'il avoit donnée à l'ouverture de l'affemblée, foit pour fe faire un mérite auprès des Notables, qui n'ignoreroient pas qu'il avoit

cette

cette condescendance contre l'avis de tout son
conseil. Il jugeoit que ce conseil de raison ne
subsisteroit pas trois mois, parce qu'il prévoyoit l'ignorance & les divisions de ceux qui
le composeroient. En effet, chacun se pique-
roit de soutenir ses intérêts & ceux de sa province, & cependant il n'y auroit parmi eux
personne, qui eût ni assez d'autorité, ni assez
de connoissances pour concilier les esprits &
les desseins, sur-tout, dans des temps aussi
difficiles que ceux où l'on se trouvoit. Il remarquoit qu'il leur seroit impossible d'évaluer
les revenus du royaume, sans tomber dans
beaucoup d'erreurs, que cependant ce seroit à
eux à faire cette estimation, &, par conséquent
au roi à choisir les parties qui lui conviendroient,
pour faire les quinze millions qu'on lui desti-
noit. Il assuroit que les recherches, qu'il avoit
faites dans quatre généralités, le mettoient en
état de donner au roi des éclaircissements pour
bien faire son choix; que les revenus qu'il lui
conseilleroit de choisir, augmenteroient d'un
tiers avant qu'il fût peu; que la levée en seroit
facile sans oppression; & qu'au contraire, ceux
qui resteroient au conseil de raison, iroient toujours en diminuant, seroient difficiles à perce-
voir, & attireroient les plaintes du peuple.

Henri étoit trop éclairé pour ne pas sentir
la justesse de toutes ces réflexions. Le conseil
de raison fut donc établi. Mais à peine sub-

Succès de ces avis.

sista-t-il trois mois. Ceux qui le compofoient, connurent à l'épreuve combien ils s'étoient trompés ; & se trouvant dans des embarras d'où ils ne pouvoient sortir, ils vinrent supplier le roi de se charger lui-même de tous les reve, nus.

L'année suivante les Espagnols surprirent Amiens. Quelqu'importante que fût cette place, il n'y avoit point de garnison. C'est une condescendance que le roi avoit eue pour les bourgeois, qui croyoient pouvoir se défendre eux-mêmes. La grande difficulté étoit de trouver des fonds, pour faire le siege de cette ville. Rosny les trouva malgré les traverses du conseil des finances. Les troupes furent toujours bien payées, & l'armée ne manqua de rien. Le reste dépendoit de la conduite & du courage du roi. Amiens fut donc repris. Henri montrant Biron qui s'étoit signalé à ce siege, disoit : messieurs, voilà le maréchal de Biron, que je présente volontiers à mes amis & à mes ennemis.

Mercœur, qui étoit encore cantonné en Bretagne, se soumit enfin, & obtint des conditions avantageuses, en donnant sa fille unique à César, fils de Gabrielle & de Henri. La même année, le roi voulant établir la paix dans le royaume, donna l'édit de Nantes ; par lequel il accorda la liberté de conscience aux Huguenots, les déclara capables de tout em,

(marginalia:)
1597
Amiens surpris par les Espagnols. Henri le reprend.

Mercœur se soumet. Edit de Nantes. Paix de Vervins.
1598

ploi, charge & dignité. Il faut lire le discours
qu'il fit aux députés du parlement qui refusoit
de vérifier cet édit. Vous le trouverez dans
le pere Daniel, & vous verrez plus de sagesse
dans la seule tête de Henri, que dans tous les
parlements ensemble. Vous apprendrez en
même temps comment un roi peut parler tout-
à-la fois avec bonté & avec fermeté ; & comment en protégeant la religion qu'il professe
& qu'il chérit, il sait encore être le pere de
ceux de ses sujets qui la méconnoissent. Le
traité de Vervins suivit de près l'édit de Nantes.

CHAPITRE II.

De Henri IV depuis la paix de Ver-
vins jufqu'à fa mort.

HENRI IV mérite bien de nous faire oublier
le refte de l'Europe. Il s'eft élevé au deffus des
factions; il a, pour ainfi dire, enchaîné les
vents : mais les temps font orageux encore.
Voyons comment il achevera d'affurer le calme, quel ordre il établira dans la paix, quels
feront fes deffeins, avec quelles mefures il en
préparera le fuccès. Cette partie de fon hiftoire n'eft pas la moins intéreffante, ni la
moins inftructive. Si jufqu'ici il n'avoit été
qu'un grand capitaine, il pourroit vous refter
quelque inquiétude fur la conduite qu'il va
tenir : mais vous vous raffurerez, fi vous confidérez la politique franche, fage, éclairée,
avec laquelle il a manié les efprits.

Je ne fuis pas en peine d'arracher toutes
femences de guerre, difoit-il à Rofny: mais
déformais il me faudra vaquer à la juftice, aux

loix, à la difcipline, à l'agriculture, au commerce, aux finances, au foulagement des peuples, & à tout ce qui fait fleurir les érats. Je l'a-
voue: accoutumé dès l'enfance aux fatigues,
je me fens quelque éloignement pour ces occupations fédentaires; j'aimerois mieux vêtir un
harnois, & me voir encore parmi les hazards
des combats; & je me trouverois plus mal à
mon aife en temps de paix, qu'en temps de
guerre, fi je ne comprois pas fur vous, &
fur quelques autres, tels que Bellievre, Villeroi, Silleri, &c.

conformes aux habitudes qu'il avoit contractées.

Ambitieux de la vraie gloire, il vouloit, malgré fa répugnance pour les occupations fédentaires, être grand dans la paix: chofe plus difficile que de l'être dans la guerre, fur-tout
quand la paix, fans avoir encore étouffé tout
efprit de diffentions, ne laiffe voir de toutes
parts que confufion, défordres & ruines. Lorfqu'il étoit le plus loin du trône, il ne defiroit
d'y monter, que parce qu'il defiroit de faire le
bonheur des peuples; & parmi fes méditations,
il formoit les idées les plus relevées. Rofny,
avec lequel il s'entretenoit à ce fujet, deux
jours après la bataille d'Ivri, fut étonné, &
parut défapprouver des penfées, dont le fuccès
étoit bien au deffus des moyens de Henri. O
mon ami, lui dit le roi, je vois bien que
vous confondez mes defirs avec mes deffeins:
il ne faut pas cependant les confondre. On

Comment Henri for-moit des de-firs, & fe pro-pofoit d'en former un jour des def-feins.

D d 3

peut defirer & defirer fans bornes, pourvu
qu'on n'entreprenne rien témérairement. Je
puis donc vous répondre que mes defirs ne deviendront des deffeins, que lorfque je pourrai me flatter de réuffir. J'attendrai les circonftances, je les ferai naître, fi je puis; je médi-
terai, je confulterai, je prendrai toutes les mefures néceffaires, j'étudierai les obftacles, je
chercherai les moyens de les furmonter, je ne
hafarderai rien, & confultant toujours les rapports de ma pofition avec tout ce qui m'environne, je n'entreprendrai jamais au de-là de
mes forces. Il y a lieu de préfumer, que, fi
je me conduis avec circonfpection, fans rien
précipiter, & fans trop entreprendre à la fois,
je pourrai aller de projets en projets, quoique,
jufqu'à préfent, je n'aie encore été que de defirs en defirs.

Il ne faut pas perdre de vue cette différence
entre les defirs & les deffeins de Henri : car autrement on feroit expofé à le critiquer, comme un homme qui fe repaît de projets chimériques.

Ses deffeins fur l'agricul- ture, & fur le commerce, La paix avec l'Efpagne le mettoit dans une fituation à pouvoir former des deffeins. Il en avoit plufieurs.

1.° Faire fleurir l'agriculture, les manufactures, & le commerce. Pour cela, il falloit que

les laboureurs, les artifans & les commerçants puffent fe flatter de jouir avec fécurité des fruits de leurs travaux, & de leur induftrie. Il fe propofoit donc de leur ôter l'appréhenfion, où ils font en général, de voir augmenter les impôts à proportion de leur aifance. Il vouloit les défendre contre les foldats, trop accoutumés depuis tant de guerres à piller les bourgeois des villes & les gens de la campagne : il vouloit les garantir des extorfions & des violences de ceux qui feroient capables d'abufer de fon nom : il vouloit enfin les protéger contre les feigneurs puiffants qui les avoient vexés jufqu'alors.

2.° Faire des réglements pour l'adminiftration de la juftice, afin qu'elle fe rendît également à tous, fans être difpendieufe pour l'état, ni pour les particuliers.

Sur l'adminif-tration de la juftice.

3.° Marquer la fubordination, en fixant les diftinctions & les honneurs fuivant la naiffance & le mérite ; en forte que chaque condition fut confidérée à proportion de fon utilité; que tous les citoyens, les plus petits comme les plus grands, fuffent également protégés par les loix ; & que n'entreprenant point les uns fur les autres, chacun fe tînt à fa place.

Sur la fubor-dination des citoyens.

4.° Accoutumer les gens de guerre à une difcipline exacte : & afin de leur ôter tout pré-

Sur les gens de guerre.

D d 4

texte d'ufer de violence , & tout fujet de mécontentement , ne leur faire jamais attendre la
paye, & les récompenfer chacun fuivant fes fervices.

**Sur les mo-
yens de défen-
dre le royau-
me.**

5.º Rétablir les fortifications des places frontieres , & remplir fes arfenaux d'armes de toute
efpece.

Sur le clergé.

6.º Soumettre les eccléfiaftiques à l'obfervation des canons, mettre un frein à leur avidité, détruire leur luxe , éteindre parmi eux tout
faux zele , tout fanatifme , & les forcer à prêcher d'exemple.

**Sur les mo-
yens d'étein-
dre l'efprit de
faction.**

7.º Achever d'arracher jufqu'au germe des
diffentions. Car les ligueurs étoient plutôt
domptés que diffipés. Les François accoutumés
à voir des révolutions ne les craignoient plus;
beaucoup même en defiroient dans l'efpérance
de changer leur fortune; & la tranquillité publique leur étoit odieufe. Ainfi quoique perfonne n'ofât remuer ouvertement, plufieurs
étoient impatients de remuer, & n'attendoient
que des nouveautés.

**Sur les finan-
ces.**

8.º Enfin , corriger tous les abus en matiere
de finances, recouvrer les fermes & les domaines aliénés, les mettre en bon ordre , les ménager , & mefurer la dépenfe fur la recette ;
non-feulement afin de ne fe trouver jamais
dans la néceffité de mettre de nouveaux impôts , mais encore afin de pouvoir décharger

les peuples des tailles & de toute impofition perfonnelle.

C'eft ainfi que les deffeins du roi embraf-foient la juftice, la milice, la police & les finances. Il eft évident que l'exécution auroit établi la tranquillité dans l'état, fait fleurir tous les arts utiles, & affuré le bonheur des peu-ples fur de folides fondements. Mais il falloit encore affoiblir les ennemis du royaume, afin de leur ôter la puiffance & la volonté d'en troubler le repos par leurs intrigues. Dans cet-te vue, Henri méditoit de former une ligue avec les puiffances, qui appréhendoient de tomber fous la tyrannie de la maifon d'Autriche, ou qui pouvoient s'élever en l'abaiffant.

Il defiroit de former une ligue pour a-baiffer la mai-fon d'Autri-che.

Ce deffein demandoit de grands préparatifs; par conféquent beaucoup de temps, & encore plus de prudence. Il n'y auroit eu que du dan-ger à fe hâter, avant d'avoir pris toutes fes me-fures. Il falloit donc que le royaume, devenu tranquille & floriffant, mît le roi en état d'agir avec toutes fes forces, fans craindre de s'épui-fer, & que des négociations, dirigées par les intérêts de toutes les puiffances, l'affuraffent de pouvoir régler tous les mouvements du corps des ligués.

Précautions qu'il falloit prendre à cet effet.

L'état des chofes, en 1598, ne laiffoit voir que des difficultés dans l'exécution de ce pro-

Il defiroit de former une

jet. Cependant ce n'étoit pas là le terme des desirs de Henri. Voulant assurer la tranquillité en Europe, comme dans ses propres états, il ne croyoit pas faire assez en abaissant la maison d'Autriche, s'il ne prenoit des mesures pour empêcher l'agrandissement de toute autre puissance, & il desiroit de faire une république de tous les peuples chrétiens de l'Europe.

république de toutes les puissances de l'Europe.

Au premier coup d'œil, il paroît chimérique de penser que ce desir puisse jamais devenir un dessein. Comment concilier tant d'intérêts contraires ? comment étouffer des haines nourries par plusieurs siecles de guerre ? la différence des religions, que le fanatisme armoit les unes contre les autres, étoit seule un obstacle qu'il ne paroissoit pas possible de surmonter. Mais, Monseigneur, ne nous hâtons pas de juger. Voyons quelle idée Henri se formoit de cette république, les mesures qu'il se proposoit pour la former, & par quels degrés il devoit en amener peu-à-peu l'exécution.

Au premier coup d'œil ce desir ne paroissoit pas pouvoir devenir un dessein.

Il divisoit l'Europe en quinze dominations : cinq électives, les états du pape, l'empire, la Pologne, la Boheme & la Hongrie : six héréditaires, la France, l'Espagne, l'Angleterre, le Danemarck, la Suede, & la Lombardie, dont on devoit faire un royaume pour la maison de Savoie : & quatre républiques, Venise avec le titre de seigneurie ; une autre qu'il nommoit

Il divisoit l'Europe en quinze dominations.

ducale, compofée des états de Genes, de Mantoue, de Parme, de Modene, de Lucques, de la Mirandole, de Final, de Monaco, &c.: la confédérée, qui étoit celle des Suiffes, & la provinciale, formée des dix-fept provinces des Pays-Bas.

Bien convaincu que la puiffance ne croît pas à proportion de l'étendue des états, & qu'on s'épuife en voulant conferver des provinces éloignées toujours difficiles à défendre, Henri renonçoit à tous les droits de fa maifon fur l'Italie, à toutes conquêtes nouvelles; & ne fongeant point à reculer les bornes de fes états, il ne vouloit avoir dans la république, que l'autorité que les confédérés lui accorderoient à la pluralité des voix. Or, il ne craignoit pas que fes vues puffent paroître fufpectes; car fa franchife & fa probité étoient reconnues.

Il renonçoit à tout agrandiffement.

Comme les puiffances héréditaires font celles, qui peuvent fuivre avec plus de facilité des projets d'agrandiffement, il étoit important de les contenir, afin qu'aucune d'elles ne pût s'élever au deffus des autres. Il devoit donc être arrêté qu'on n'ajouteroit rien à leurs états, & qu'elles refteroient telles qu'elles étoient. L'exemple de modération, que leur donnoit Henri, foutenu de l'intérêt commun de toutes les autres puiffances, paroiffoit mettre un frein fuffifant à leur avidité.

Il forçoit toutes les puiffances héréditaires à y renoncer.

Mais on projetoit de grands changements, par rapport aux dominations électives, & aux républiques : car soit pour les former, soit pour les accroître, la maison d'Autriche devoit être dépouillée de tout ce qu'elle possédoit hors de l'Espagne. Elle devoit l'être du royaume de Naples, en faveur du pape ; de la Sicile, destinée aux Vénitiens ; de la Lombardie, dont on faisoit un nouveau royaume héréditaire pour les ducs de Savoie ; de la Hongrie, & de la Boheme, auxquelles on devoit ajouter l'Autriche, la Carinthie, la Croatie, la Carniole, &c. pour en faire deux états puissants ; du Tirol, de l'Alsace, & de la Franche-Comté, qu'on se proposoit de joindre à la république confédérée des Suisses, & des dix provinces qu'Alexandre Farnese avoit conservées aux Espagnols dans les Pays-Bas, & qu'on projetoit d'unir aux Etats-Généraux.

Ces états électifs & républicains, assez puissants par leur union pour empecher l'agrandissement des autres, étoient tous de nature à ne pouvoir jamais s'agrandir. Des limites certaines, marquées entre les quinze dominations, paroissoient devoir prévenir tout sujet de guerre ; & s'il naissoit encore quelques différents, ils devoient être jugés dans des conseils établis à cette fin.

Quant à ce qui regarde le culte, Henri eût voulu que la république chrétienne n'eût pro-

ſeſſé que la religion catholique. Mais conſide-
rant les progrès du luthéraniſme & de la prétendue réforme, il les trouvoit ſi bien établis,
qu'il ne croyoit pas pouvoir tenter de les détruire ſans expoſer l'état & l'égliſe même à de
grands maux; & il ſe propoſoit de chercher
quelque tempérament, pour porter ces trois
religions principales à ſe tolérer. Dans les pays
où elles formoient trois partis puiſſants, il
vouloit qu'elles fuſſent toutes trois également
permiſes: mais de ceux où il n'y en avoit
alors qu'une, il excluoit abſolument les deux
autres. Le luthéraniſme & le calviniſme, par
exemple, n'auroient pu être introduits ni en
Eſpagne ni en Italie.

religions à ſe tolérer.

Vous concevez qu'en 1598, la plupart
de ces projets n'étoient encore que des deſirs, & c'eſt ainſi que nous les devons conſidérer nous-mêmes, tant que Henri n'en pourra pas tenter l'exécution. Nous prévoyons cependant que s'il ne fait pas tout ce qu'il dé-
ſire, il fera certainement de grandes choſes:
car ſes deſirs le mettent au moins dans le
bon chemin. Peu capable de s'égarer dans
la route qu'il vouloit s'ouvrir, il fut encore
aſſez heureux pour trouver un excellent gui-
de dans Roſny. Il faut que je vous faſſe
connoître plus particuliérement ce grand miniſtre : car vous jugeriez mal des projets,
que je viens d'expoſer, ſi vous ne connoiſ-

Ces deſirs devoient por-
ter Henri à de grandes cho-
ſes, ſur tout aidé de Roſny qu'il faut connoître plus particuliére-
ment.

siez pas également le caractère & l'esprit des deux hommes qui les méditoient ensemble.

Education de Rosny.

Henri, ayant découvert de bonne heure des dispositions dans le jeune Rosny, lui fit abandonner toutes ses études de college ; & voulant qu'il fût élevé comme lui-même, il chargea Chrétien de l'instruire dans l'histoire & dans les mathématiques. Depuis douze ans jusqu'à seize, Rosny apprit sous ce maître à lire avec réflexion, à faire des extraits de ses lectures, & à contracter toutes les bonnes habitudes de l'ame & de l'esprit. Chrétien a donc eu la gloire de former deux grands hommes. C'est qu'il a eu du mérite lui-même : mais vous conviendrez aussi qu'il a eu du bonheur.

A seize ans, il prend le parti des armes, & acheve lui-même son éducation.

A l'âge de seize ans, Rosny prit le parti des armes, & quoique d'une ancienne famille, alliée même de la maison des Bourbons, il ne servit d'abord qu'en qualité de soldat, apprenant à obéir pour commander un jour. Il faisoit alors un journal des choses qu'il observoit, il y joignoit des réflexions de Henri & de quelques autres personnes instruites, il continuoit ses extraits dans les moments qu'il pouvoit donner à la lecture, & il se formoit insensiblement à la guerre & à toutes les parties du gouvernement.

Fortune que Henri lui fait.

Depuis 1577 jusqu'en 1596, il servit le roi sans recevoir aucune récompense ; soit

parce que dans cet intervalle Henri pouvoit
peu par lui-même, soit parce qu'il n'osoit
pas faire pour Rosny tout ce qu'il auroit desiré. Dans la suite, il le fit surintendant
des finances, grand-voyer de France, voyer
particulier de Paris, grand-maître de l'artillerie, gouverneur du Poitou, surintendant
des fortifications & bâtiments, gouverneur
de Mante & de Jargeau, capitaine-lieute-
nant de la compagnie des gendarmes de la
reine, gouverneur de la Bastille, duc &
pair, son principal ministre, & il l'enrichit.
Mais pour juger Rosny, il faut moins considérer les places qu'il a remplies, que la
manière dont il s'est élevé.

Sous les rois Charles VIII, Louis XII,
François I, Henri II, François II, Charles
IX, & Henri III, les emplois & les dignités s'acquéroient par l'intrigue: quelquefois
on les accumuloit tout-à-coup sur un homme, qui n'avoit d'autre titre que trop de
complaisance pour les vices du prince; & un
courtisan pouvoit aspirer à la plus grande fortune, pourvu qu'il *n'eût ni honneur ni humeur.*
A mesure que Henri IV fut plus maître de dispenser les charges de l'état, il se fit une loi
de les donner au mérite, qu'il savoit discerner. Il n'avança donc Rosny, que parce
qu'il le connoissoit. Il l'éprouvoit avant de
l'employer; & quoiqu'il le comblât de con-

Sagesse avec laquelle Henri se conduit à cet égard.

fiance & de faveurs, sa confiance & ses faveurs ne furent jamais précipitées. Aussi trou-
va-t-il toujours en lui un ministre, qui remplit toute son attente.

Les mémoires
de Rosny sont
rédigés d'a-
près les con-
versations
qu'il avoit
eues avec le
roi.

Nous avons des mémoires de Rosny sur
les desseins de Henri. Il les avoit rédigés
d'après ses conversations avec le roi, & il y
avoit joint ses propres réflexions. Rien n'est
plus sage. Tout est prévu, tout est préparé ; de sorte que des entreprises qui paroissoient chimériques, deviennent simples &
faciles. Je serois trop long, si je voulois
entrer dans des détails : mais pour vous faire
voir dans quel esprit Rosny traitoit les affaires de gouvernement, je vais rapporter quelques-unes des ses maximes. Je les choisirai
parmi un grand nombre toutes excellentes,
que vous trouverez dans ses mémoires.

I

Maximes
qu'on y trou-
ve.

Quelque habile qu'on soit, on aura difficilement des succès, si on ne rapporte pas
toutes ses opérations à un but fixe & déterminé ; si on ne sait pas les conduire sans précipitation & par degrés jusqu'au terme qu'on
médite ; & si on ne sait pas prévoir & saisir
le moment d'agir à propos.

2

Il est très dangereux de juger vaguement
de l'avenir : car s'il arrive dans les entreprises

fes des cas inopinés, on pourra bien n'avoir
pas la liberté d'agir, ni même le pouvoir
de délibérer.

3

Il faut bien connoître les lieux, les temps,
les personnes, les caractères, les esprits : &
on doit moins considérer ce que feront les
hommes, en supposant qu'ils se conduiront
bien; que ce qu'ils feront, en supposant en
eux les passions qu'on leur connoît.

4

L'ambition conseille mal sur toutes ces
choses. Comme elle nous cache les obstacles, elle nous engage témérairement; & il
arrive que nous échouons, ou que nous sommes dans l'impuissance de soutenir nos premiers succès. Charles VIII, Louis XII,
François I, Charles-Quint, Philippe II, en
sont des exemples.

5

Mais trop de circonspection ne conseille
pas mieux. Alors on ne voit que les inconvénients dont on est menacé; on redoute jusqu'aux plus petits; on ne porte pas la
vue plus loin; on s'aveugle sur les moyens
de les éviter. En un mot, on ne voit que

le préfent, & on ne fe prépare pas des avantages dans l'avenir.

6

Lorfqu'on forme des projets, il ne faut
donc ni trop fe flatter, ni trop défefpérer.
Le fuccès en paroît-il affuré? il y faut chercher & trouver des difficultés, afin de n'ê-
tre pas arrêté par des cas inopinés. Paroît-
il incertain? il faut employer toutes les reffources de fon efprit, pour applanir d'avance les obftacles. Car l'homme prudent ne
fe décourage jamais, & ne laiffe jamais rien
au hazard, lorfqu'il a le temps de concerter
fes démarches.

7

L'ignorance, la vanité, la profpérité, la
pufillanimité, la pareffe, les diffipations, les
plaifirs font les écueils des entreprifes. Voilà
où vont échouer d'âge en âge ceux qui gou-
vernent: ils ne fongent point à s'inftruire
par les naufrages des autres: ils fe brifent
tous au même écueil & par la même imprudence: & nous voyons des débris de toutes parts. Que leurs fautes foient donc des
leçons pour nous; & que les expériences du
paffé nous apprennent à nous conduire dans
l'avenir. Mais obfervons fur-tout la différence des circonftances: car il n'eft pas tou-

jonts fûr que ce qui a réuffi, doive réuffir encore.

8

L'adminiftration eft toujours mauvaife, lorfque les affaires font examinées tumultuairement, conduites inconfidérément, & entreprifes fans avoir pourvu à tout.

9

Mais de quelque précaution qu'il faille ufer, pour ne rien précipiter, il eft certain que la pire de toutes les réfolutions eft de n'en prendre aucune. Il eft donc quelquefois néceffaire de laiffer quelque chofe au hazard.

10

Que vos ennemis ne vous préviennent jamais. Tout le péril eft fouvent dans le retardement. Quand les conjonctures font preffantes, ce n'eft pas le moment de délibérer: il faut agir, & s'attendre à trouver dans fon courage de quoi furmonter les obftacles, qu'on n'a pas eu le temps de prévoir.

11

Que vos alliés, fans méfiance, comptent toujours fur vous; & que vos ennemis ne puiffent pas vous refufer leur eftime.

1 2

Soyez donc franc, vrai, fincere. Que
vos engagements foient inviolables. Exercez
vous à toutes les vertus : ayez l'ambition
d'être aimé & confidéré. Que ce fentiment
fe montre dans vos actions, dans vos difcours, dans votre contenance, & jufques
dans les mouvements qui vous échappent.
Car les hommes fe hâtent de juger fur l'extérieur : ils fe préviennent favorablement ou
défavorablement, & les premiers jugements
font fouvent la réputation.

1 3

Ne comptez fur vos alliés, que lorfqu'ils
ont des intérêts communs avec vous ; & jugez de ce qu'ils feront, moins par les chofes qu'ils promettent, que par la connoiffance de ce qu'ils peuvent.

1 4

Ne vous engagez donc pas dans une entreprife, où vous ne pourriez réuffir fans
leurs fecours, & où ils vous abandonneroient
par impuiffance.

Henri avoit péché contre cette maxime,
en déclarant la guerre à l'Efpagne ; & l'aveu
qu'il en faifoit, ne permet pas de croire qu'il
fût capable de retomber dans une pareille

faute. Il avoit d'ailleurs fait cette démarche comme malgré lui, & pour céder aux conseils de ceux qui l'importunoient. Mais cela même donna lieu à une nouvelle maxime. C'est :

15

Que la raison, la prudence, la capacité & le mérite des personnes doivent seuls présider aux délibérations, & qu'on n'y doit faire entrer pour rien la faveur, la haine, l'envie, la complaisance & l'importunité.

16

Aimez les intérêts de vos alliés, comme les vôtres ; &, par conséquent, avant de contracter des alliances, voyez quelles sont les puissances, dont vous pouvez embrasser les intérêts sans vous nuire à vous-même : ou si vous devez faire des sacrifices, considérez si vous y trouverez des avantages, qui vous dédommagent suffisamment.

17

Etudiez donc les états de vos voisins : connoissez-en le gouvernement, la situation, les forces, les richesses, la foiblesse, les intrigues, les factions, les vues, le caractère de ceux qui ont le plus d'influence, leur es-

E e 3

prit, leurs talents., leurs desseins, leurs jalousies, &c. Sachez comment on y délibe-
re, comment on prend des résolutions, comment on est capable de les soutenir. D'après
cela vous choisirez vos alliés , & vous sau-
rez de quelle maniere vous pouvez négocier
avec eux.

18

Mais si vous voulez donner du prix à
votre alliance , il faut valoir par vous - même ; & il faut savoir ce que vous pouvez
tout seul , si vous voulez juger de ce que
vous pourrez avec le secours de vos alliés.

19

Etudiez donc vos provinces. Voyez à
quoi elles sont propres par le sol , par la situation , par l'industrie des habitants. Connoissez le caractère de vos sujets, leurs mœurs,
leurs vertus , leurs vices. Démêlez les particuliers qui se distinguent dans les différentes classes. Punissez , récompensez. Em-
ployez, après avoir éprouvé. Encouragez les
talents , le mérite , la naissance ; distribuez
les emplois avec discernement. Faites le cens
de votre peuple.

20

Pour avoir observé une fois , on ne peut
pas se flatter d'avoir tout vu. Tout change

d'ailleurs; & quand on fuppoferoit que rien
n'eût échappé, il faudroit, par conféquent, obferver encore. Quelque fage que foit le plan
que vous vous ferez fait, il fera dangereux
de s'obftiner à le fuivre, lorfque les circonftances ne feront plus entiérement les mêmes.
Changez-le donc, ou modifiez-le, à mefure
que vous obferverez des changements ; duf-
fiez-vous abandonner tous vos anciens projets, pour en former de nouveaux.

21

Ne changez cependant qu'avec raifon. Ne
paffez pas légérement de deffein en deffein.
Souvent ce qui paroît difficile, & qu'on abandonne, devient facile avec le temps ; & on
fe trouve des reffources, qu'on n'avoit pas
prévues.

22

C'eft fur-tout l'état mobile des chofes qu'il
faut étudier ; afin de n'être jamais furpris,
lorfque les changements furviennent : alors,
foit que le temps amene des avantages, ou
des abus, vous pourrez recueillir les uns &
remédier aux autres.

23

Il eft beau de fe faire le plan le plus par-
fait, pourvu qu'on mette une différence,

comme Henri , entre les defirs & les defïeins.
Defirez donc le plus grand bien ; mais ne
tentez que ce que vous pouvez exécuter. Car
plus les entreprifes font grandes, plus il eſt
honteux de s'y être engagé inconfidérément.
En fe compromettant de la forte , on ruine
fa réputation ; on perd par conféquent de
fon autorité, & il arrive qu'on trouve, jufques dans les plus petits projets , des difficultés qu'on ne peut vaincre.

24

Quand la corruption eſt parvenue à un certain point , la vie d'un homme , quelqu'habile qu'il foit, ne fuffit pas pour corriger
tous les abus. Confidérez donc ce que vous
pouvez ; faites le ; & mettez vos fucceffeurs
en état de faire davantage.

25

Le gouvernement eſt bon, lorfqu'il n'y a
point d'hommes , ni de champs inutiles : il
eſt moins bon , à proportion qu'il y a plus
d'hommes défœuvrés , & de champs in-
cultes.

Ces maximes
font connoî-
tre comment
Henri fe pro-
pofoit d'a-ti-
Ces maximes, Monfeigneur, ne font pas
dans les mémoires de Rofny , avec les mêmes
expreffions, ni avec le même ordre : mais
l'efprit s'y trouve; & il fe trouve encore dans

fa conduite, & dans celle de Henri. Vous
pouvez juger par-là qu'ils ont prévu l'un &
l'autre les difficultés que nous pourrions faire
contre les grands projets de Henri; & que
ce n'eſt pas ſans fondement, qu'ils ont eu
quelque eſpérance de réuſſir. Connoiſſant donc
le but auquel ils ont rapporté toutes leurs
opérations, il ne le faut pas perdre de vue,
ſi vous voulez bien juger des dernieres années
de ce regne. C'eſt une choſe qui mérite
d'être obſervée, qu'un plan d'adminiſtration
bien fait & bien ſuivi: les exemples n'en
ſont pas communs dans l'hiſtoire.

ver à ſon but.

Il n'y a qu'un défaut dans nos deſſeins,
diſoit le roi, en cauſant ſur ce ſujet avec Roſny; & je perds courage, quand j'y penſe.
C'eſt que je ne ſais pas quel ſera mon ſuc-
ceſſeur. Je crains qu'au lieu de m'imiter,
il ne ruine tout ce que j'aurai fait. Je vois
déja les prétentions des princes du ſang, &
les factions qui renaiſſent. Des enfants m'ô-
teroient toutes ces craintes. Je pourrois former des éleves dignes du trône: je m'en flat-
terois au moins. Mais je n'en ai point, &
j'ai une femme qui ne m'en donnera pas. Il
eſt vrai que mon mariage eſt nul: il ſera
bientôt déclaré tel. Cependant je ne ſerai
guere plus avancé: car je tomberai dans
l'embarras d'avoir à choiſir une autre femme.
Si j'en prends une qui ne ſoit pas féconde,

Converſation de Henri avec Roſny ſur le choix de ſa femme.

je me ferai marié inutilement, & si elle n'eft
pas aimable, je me ferai marié pour mon
malheur. Je voudrois fept chofes dans une
femme, de la beauté, de la chafteté, de la
complaifance, de l'efprit, de la fécondité,
de la naiffance, & de grands états. Mais,
mon ami, je crois que cette femme n'eft pas
encore née : voyons ce qui peut me convenir, parcourons enfemble toute l'Europe, ou
plutôt je vais la parcourir tout feul, car j'y
ai plus penfé que vous. Il parcourut donc,
& le réfultat fut que fa femme n'étoit pas
encore née.

Sire, répondit Rofny, tout ce que je puis
conclure de vos difcours, c'eft que vous ne
trouvez point de femme, & que cependant
vous voulez vous marier : deux chofes affez
difficiles à concilier. Mais puifque parmi ce
que vous connoiffez, vous ne trouvez rien
qui vous puiffe convenir ; je vous confeille-
rois de faire publier, que toutes les jolies
filles de votre royaume euffent à fe rendre à
Paris. Vous mettriez à part celles dont la
figure vous plairoit davantage. Vous les con-
fieriez à des femmes prudentes, qui obferve-
roient leur humeur, leur caractère, leur efprit ; & fur leur rapport vous en choifiriez
une. Car pour moi je ne vois pas qu'il foit
bien néceffaire que votre femme ait de la
naiffance & des états ; & je crois que vous

devez être content, si elle est belle, aimable, & féconde.

Or, dit le roi, puisque vous ne demandez que ces trois conditions, laissons votre assemblée de filles, qui me fait rire; & qui en feroit rire d'autres. J'ai trouvé ce qu'il me faut. Je connois une personne belle, aimable & féconde; & vous la connoissez aussi. *Il faut que je ne la connoisse pas aussi bien que votre majesté: car je ne la devine pas.* Rosny soupçonnoit bien cependant que c'étoit Gabrielle. Vous la devineriez, si vous vouliez, reprit Henri; & vous faites l'imbécille, parce que vous voulez que je la nomme. Hé bien, c'est ma maîtresse. Ce n'est pas que je pense à l'épouser : mais je voudrois savoir ce que vous en diriez. *Je dirois, sire, que vous auriez peu d'égard à ce que vous devez à votre personne & à votre état.* Mais encore quels sont les inconvénients, qui suivroient ce mariage ? car je veux que vous me parliez librement, puisque je vous ai choisi pour me dire mes vérités.

Outre que vous vous exposeriez à être blâmé de tout le monde, répondit Rosny, & à vous repentir vous-même, lorsque l'illusion dissipée vous laisseroit voir votre honte, je ne vois pas comment vous régleriez les

droits de vos enfants. Le premier quoique
né dans un double adultere, pensera devoir
être votre successeur, parce qu'il est l'aîné.
Le second qui va naître dans un simple adultere, se croira plus légitime, & voudra se
placer lui-même sur le trône. Cependant l'un
& l'autre seront traités de bâtards par les enfants qui naîtront après votre mariage. Or
je n'imagine pas comment vous préviendrez
les troubles, que produiront de pareilles prétentions; & je vous y laisserai penser, avant
de vous en dire davantage. Ce ne sera pas
trop mal fait, répartit le roi; car vous en
avez assez dit pour le premiere fois. Je vous
promets de ne point faire part de notre conversation à ma maîtresse, de peur de vous
mettre mal avec elle. Quoiqu'elle vous aime
& vous estime encore davantage, elle a toujours quelque scrupule sur le traitement que
vous me conseilleriez de faire à ses enfants.
Elle me dit quelquefois que vous préférez
mes états & ma gloire à mes plaisirs & à ma
personne même : en quoi elle a raison &
vous aussi.

Si cette conversation laisse entrevoir dans
Henri des foiblesses, qui contribuerent à ses
malheurs, & qui, par conséquent, doivent être
mises sous vos yeux; elle fait respecter en lui
l'amour qu'il montre pour la vérité. Il rem-
porte au moins une sorte de victoire sur ses

paſſions, puiſqu'il permet à un miniſtre fidele de les combattre, & qu'il l'en chérit davantage.

Cependant Gabrielle parloit & ſe conduiſoit, comme ſi elle eût été aſſurée d'être bientôt reine ; lorſque ſa mort diſſipa les appréhenſions de ceux qui s'intéreſſoient véritablement au roi. Henri eut à peine recouvré ſa liberté, qu'il s'engagea de nouveau ; & Henriette d'Entragues, dont il devint amoureux, lui arracha une promeſſe de mariage. Honteux de montrer cette nouvelle foibleſſe à Roſny, il ne put jamais prendre ſur lui de la cacher à un homme vrai, dont les conſeils lui étoient néceſſaires. Il la lui montra donc avec une ſorte de confuſion, & Roſny lui parla avec franchiſe. Sur ces entrefaites, ſon mariage avec Marguerite de Valois ayant été déclaré nul, il épouſa Marie de Medicis. Nous n'aurons que trop occaſion de parler de cette femme & de cette maîtreſſe, & Henri nous prouvera que plus on a de paſſion pour ce ſexe dangereux, moins on eſt heureux dans le choix. Paſſons aux affaires d'état.

Il fait une promeſſe de mariage à Henriette d'Entragues, & il épouſe Marie de Medicis.
1599

1600

Il eſt impoſſible à un prince d'exécuter de grandes choſes, lorſqu'il doit pluſieurs fois ſes revenus, & que ſes ſujets ſont accablés ſous le faix des impôts. Alors l'agriculture eſt à peine cultivée, le commerce languit, l'induſ-

Il vouloir acquiter les dettes de l'état, & ſoulager les peuples.

trie est éteinte ; & le prince est d'autant plus impuissant, que ses peuples sont plus misérables. Il faut donc commencer par acquitter les dettes de l'état, & par soulager les peuples.

Les dettes avoient plusieurs causes. Henri en avoit lui-même contracté avec les puissances étrangeres, qui lui avoient donné des secours ; & avec les principaux chefs de la ligue, qu'il avoit achetés chérement. Ses prédécesseurs en avoient fait de plus grandes à force de profusion ; & le désordre des finances avoit mis au pillage les revenus de la couronne, & les biens des sujets. Comme cette derniere cause est celle qui fait principalement la misere des peuples, &, par consequent, la misere des souverains, il est nécessaire de vous en donner quelque idée.

Les dettes de l'état avoient plusieurs causes.

Il y a quatre choses à considérer dans les finances. 1°. Jusqu'où le peuple peut contribuer aux besoins de l'état : car il ne doit pas payer au de-là de ses facultés. 2.° Quelles sortes d'impositions on doit préférer : doit-on les mettre sur les terres, sur les personnes, sur l'industrie, sur les consommations, &c. : car le choix n'est pas indifférent. 3.° Comment la levée des impôts doit se faire, afin que la perception soit la moins dispendieuse : car ce que la perception coûte de trop, n'enrichit pas le souverain, & cependant les sujets se ruinent. 4.° L'usage qu'on doit faire des sommes qui restent,

Quatre choses à considérer dans les finances,

les frais de perception ayant été prélevés : car
si on les dépense sans économie, elles ne suffi-
ront pas aux besoins de l'état, & il faudra charger encore les peuples.

Voilà quatre choses auxquelles on n'avoit
eu aucun égard sous les prédécesseurs de Henri
IV. Les peuples payoient plus qu'ils ne pouvoient : on les surchargeoit indifféremment de
toutes sortes d'impositions, sans considérer
combien elles étoient onéreuses. La perception
des deniers étoit très dispendieuse ; & les revenus de l'état étoient dissipés.

*& auxquelles les prédéces-
seurs de Henri n'avoient pas
pensé.*

Pendant long-temps les rois de France ont
été bornés au seul revenu de leur domaine,
qui consistoit en fonds de terre & en droits sei-
gneuriaux. Seulement dans des cas extraordinaires, la nation leur accordoit des subsides,
& leur permettoit pour un temps limité de lever un certain impôt sur les denrées & marchandises, ou sur les fonds de terre, ou sur les
feux, &c.

*Premier reve-
nu des rois de
France.*

Charles VII, qui imposa le premier la taille, la rendit perpétuelle après avoir chassé les
Anglois, c'est-à-dire, lorsque la paix rendoit
cet impôt moins nécessaire, & qu'on devoit
s'attendre à le voir supprimé. Cependant il
ne trouva point d'opposition dans le peuple,
que la taille chargeoit peu : en effet elle ne

*La taille étoit
devenue per-
pétuelle sous
Charles VII ;
depuis elle a-
voit augmen-
té d'un regne
à l'autre, les
impositions
s'étoient mul-*

tipliées, & les
rois n'en é-
soient pas plus
riches.

produisoit alors que dix-huit cents mille livres.
Mais Louis XI la porta jusqu'à quatre millions
sept cents quarante mille livres; Charles VIII
à cinq millions huit cents trente mille; Louis
XII à sept millions six cents cinquante mille;
& François I à quinze millions sept cents trente mille. Ce que ce dernier roi fit de plus
mal, remarque Rosny qui désapprouvoit cet
impôt, c'est qu'il donna l'exemple à ses successeurs de charger les peuples, sans alléguer d'autre raison, que *tel est notre bon plaisir*. En
effet depuis on a toujours augmenté les anciennes impositions, & on en a imaginé de nouvelles. Vous croiriez peut-être que les revenus nets de la couronne s'en sont accrus. Il
est cependant certain qu'ils ont été en diminuant d'un regne à l'autre, depuis François I
jusqu'à Henri III inclusivement. C'est que,
plus les potentats s'arrogent d'autorité, & en-
treprennent de faire des levées tortionnaires sur
leurs sujets, plus ont-ils de desirs déréglés, &,
par conséquent, s'engagent à des dépenses exces-
sives, ruineuses pour eux, comme pour leurs
sujets. C'est une observation que Rosny faisoit faire à Henri.

Deux sortes de
tailles, dont
l'une est une
source d'in-
justice.

Il y a deux sortes de tailles, en France: l'une
réelle, l'autre personelle. La première se leve dans les généralités, dont on a fait le cada-
stre; & chacun sait ce qu'il doit, parce que
les fonds de terre payent au prorata les uns des
autres.

autres. Il n'en eft pas de même dans les généralités, où il n'y a point de cadaftre. Rien
n'y eft réglé, & ceux qui font chargés de la
perception, taxent arbitrairement chaque particulier. C'eft pourquoi cette taille fe nomme perfonnelle. Si vous confidérez combien
cet impôt doit occafionner d'injuftices, de frau-
des & de vexations, vous comprendrez pourquoi un des defirs de Henri étoit de le fuppri-
mer entiérement.

Outre les tailles, il y avoit encore d'autres
impôts, nommés aides, gabelle, entrées, &c.
Plufieurs gouverneurs & plufieurs grands en
levoient eux-mêmes à leur profit. Quelquefois ils le faifoient de leur propre autorité,
d'autres fois en vertu des édits qu'ils avoient
furpris par intrigue. Il ne dépendit pas d'eux
que cet abus ne fubfiftât fous l'adminiftration
de Rofny. Le comte de Soiffons tenta d'obtenir du roi une impofition de quinze fous fur
chaque ballot de toile, qui entroit dans le royaume, ou qui en fortoit; difant qu'il n'en tireroit que dix mille écus, quoique Rofny pen-
fât qu'elle en produiroit près de trois cents
mille. Dans le même temps, des courtifans
follicitoient pour obtenir plus de vingt autres
édits, tous à charge au peuple. Rofny alloit
fortir pour faire des remontrances fur de pareilles vexations, lorfqu'il vit arriver chez lui ma-
demoifelle d'Entragues, alors marquife de Ver-

Abus dans les
impôts.

Tom. XIII,   F f

neuil, qui étoit du nombre des intéressés.
Comme il ne lui cacha point son dessein, en
vérité, lui dit-elle, le roi seroit bien bon, s'il
mécontentoit tant de gens de qualité pour sa-
tisfaire vos fantaisies. Et à qui, ajouta t-elle,
voudriez-vous que le roi fît du bien, si
ce n'est à ses parents, à ses courtisans
& à ses maîtresses ? Madame, vous auriez
raison, répondit Rosny, si le roi prenoit cet
argent dans sa bourse : mais il n'y a nulle apparence qu'il veuille le prendre dans celle des
marchands, des artisans, des laboureurs & des
pasteurs. Ces gens là qui le font vivre & nous
tous, ont assez d'un seul maître, & n'ont pas
besoin de tant de courtisans, de princes & de
maîtresses.

Il y avoit bien d'autres abus dans les impositions. Nous nous bornerons pour le présent
au peu que je viens de dire ; parce que nous
pourrons traiter quelque jour cette matiere.
Passons aux abus qui se commettoient dans la
levée des impôts.

Abus dans la
levée des im-
pôts.

Quand on n'y emploieroit que des personnes fideles, le trop grand nombre est un abus,
parce qu'il multiplie les frais sans nécessité :
mais cette supposition n'est pas dans la nature.
Il est au contraire certain, que plus il y aura de
gens de finance, plus il y aura d'hommes avi-
des de s'enrichir. Ils s'enhardiront dans les

malverfations par l'impuiffance où fera le gouvernement de veiller fur en fi grand nombre :
& l'exemple entraînera même peu-à peu ceux
qui fe feroient contentés d'un gain légitime.
Chacun fera ce qu'il verra faire. L'ufage de
piller deviendra infenfiblement un droit, parce qu'on raifonnera fur ce fujet, comme fur
beaucoup d'autres; & l'honnête homme ne paf-
fera que pour une dupe.

Les fermes, par exemple, ne rapportoient
pas au roi la moitié de ce qu'elles coûtoient au
peuple. Il y en avoit plufieurs raifons : la premiere, c'eft que les fermiers, au lieu de per-
cevoir par eux-mêmes les impôts, les affer-
moient à un grand nombre de fous-fermiers,
qui gagnoient fur eux, comme ils gagnoient
eux-mêmes fur le prince. La feconde, c'eft
que les fermes étoient toujours adjugées à la
compagnie, qui donnoit le plus aux courtifans,
&, par conféquent, le moins au roi. Les grands,
ceux-mêmes qui entroient au confeil, étoient
intéreffés dans les fermes : ils en partageoient
les profits; tous étoient financiers. La troifieme, qui eft une conféquence de la feconde,
c'eft que les fermiers du roi pouvoient commettre impunément toutes fortes de vexations, toujours fûrs de trouver des protecteurs, & d'avoir
pour eux le confeil des finances. Ils obtenoient
même des édits pour s'autorifer à commettre
impunément des extorfions. Enfin ils étoient

obligés d'entretenir des milliers d'hommes aux portes des villes, afin qu'on ne fraudât pas leurs droits, & un plus grand nombre dans les campagnes, afin d'empêcher la contrebande.

Alors il n'y avoit point d'emploi dans les finances qui ne pût enrichir celui qui l'obtenoit. Chacun en briguoit : le courtisan faisoit un trafic de son crédit : il ne s'en cachoit seulement pas : & cela s'appelloit faire des affaires.

Rosny ayant fait défense aux sous-fermiers de payer aux fermiers, leur ordonna de lui communiquer les sous-baux, & d'en faire voiturer le montant au trésor de l'épargne. Par ce moyen, il connut le produit des fermes, les profits des fermiers & ceux des courtisans. Il mit ensuite les fermes à l'enchere, & elles furent presque doublées.

Il nous reste à considérer les abus dans la derniere partie des finances, c'est-à-dire, dans l'usage des revenus de l'état.

Avant Henri IV la dissipation des revenus étoit l'effet de plusieurs abus, & en produisoit d'autres.

Non-seulement, les rois avoient aliéné presque tout leur domaine : ils avoient encore engagé une partie des tailles, aides, gabelle & autres impositions. C'étoient les grands du royaume, & des princes étrangers, qui jouissoient de ces revenus. Chacun d'eux affermoit sa partie à des compagnies différentes; ce qui multiplioit les régiffeurs & les vexations.

Les dettes de cette efpece que l'état avoit contractées, montoient à cent cinquante millions, & en y joignant les autres, il devoit deux cents quatre-vingt-feize millions fix cents vingt mille deux cents cinquante-deux livrés. Cependant les revenus de Henri en 1585 n'étoient que de vingt trois à vingt-quatre millions. Cet expofé fait voir combien les deniers publics avoient été mal adminiftrés.

Il eft vrai que les befoins de l'état avoient mis dans la néceffité de contracter des dettes: il eft vrai auffi que la plus grande partie provenoit du peu d'économie des prédéceffeurs de Henri, de la prodigalité fur-tout du dernier roi, des malverfations du furintendant François d'O, &, après lui, de celles du confeil des finances. Les chofes étoient au point que l'état devoit beaucoup plus qu'il n'avoit emprunté. Car, parmi les créanciers, les uns n'avoient prêté qu'une partie de la fomme, qu'ils prétendoient leur être due; & d'autres n'avoient rien prêté. Chacun profitant de la licence des temps, fe portoit pour créancier fur de faux titres ou fur les plus légers. S'il étoit rejeté, il vendoit fa créance à vil prix à un membre du confeil, ou à un feigneur accrédité; & dès-lors la dette étoit reconnue, & l'état payoit.

Il étoit d'autant plus difficile de remonter
à la source de ces abus & de remédier à tous,
que le conseil s'étoit appliqué à mettre beaucoup de confusion dans les finances. C'étoit
un vrai chaos. On ne voyoit point le rapport
de la dépense à la recette. Les revenus parois-
foient toujours engagés d'avance; & pour le
courant d'une année, on anticipoit sur une autre, ou sur plusieurs. Par ce moyen, les auteurs
de ce désordre détournoient à leur profit une
partie des deniers publics, & il falloit continuellement faire de nouveaux emprunts.

La misere publique, qui croissoit avec ce
désordre, devenoit un Pérou pour les gens de
finance. Il est certain que le peuple, appauvri
par les guerres & par les impôts, étoit souvent
dans l'impuissance de payer entiérement la taille. Il y avoit donc des nonvaleurs inévitables.
Mais sous ce prétexte, les receveurs, chargés
de lever cette imposition, faisoient passer pour
nonvaleur des sommes qu'ils ne recevoient
pas dans le temps, & dont ils se faisoient payer
ensuite à leur profit. En 1598, il étoit dû vingt
millions d'arrérages sur les tailles de 1594,
1595, 1596. Le roi en fit une remise entiere
à ses sujets. Par cette générosité, il leur donna
beaucoup plus de vingt millions; car il les délivra des frais qu'on n'auroit pas manqué de
leur faire pour les forcer à payer.

Pour corriger les abus que je viens d'expo- Plan de Rofny pour remédier à ces abus.
fer, & beaucoup d'autres dont je ne parle pas,
le plan de Rofny fut, 1.° de faire une recherche exacte de tous les revenus du royaume ;
d'en découvrir l'origine & la nature, les frais
qu'il en coûte pour la perception, la charge
dont ils font au peuple, l'utilité dont ils font
à l'état, & de faire enfuite des réglements en
conféquence.

2.° De faire un état bien circonftancié des
domaines aliénés, des revenus engagés, des
rentes conftituées fur les tailles, gabelle, aides, &c., des gages & droits affectés aux offices de toute efpece, en un mot, de toutes les
dettes, pour connoître ce qu'il convenoit de
régler, de diminuer, ou d'acquitter peu-à-peu
fuivant les circonftances.

3.° Enfin, de faire un dénombrement de
tous les officiers employés dans la maifon du
roi, dans le militaire, dans l'adminiftration de
la juftice, dans la police & dans les finances ;
en remarquant ceux qui font néceffaires, &
ceux qu'on peut retrancher comme inutiles.
Ce dernier objet n'étoit pas un des moins im-
portants : car depuis François I, les rois, pour
trouver promptement des fonds, avoient créé
& vendu un grand nombre d'offices. La juftice,
la police & les finances n'en étoient pas mieux
adminiftrées, au contraire. Cependant tous

F f 4

ces nouveaux officiers étoient à charge à l'état, par les gages qu'on leur payoit, par les droits qu'ils exigeoient en exerçant leurs offices, enfin par les exemptions dont ils jouissoient, & dont le faix retomboit sur le peuple.

Difficultés dans l'exécution de son plan.

Pour exécuter ce plan, Rosny fut obligé de voir presque tout par lui-même, trouvant trop peu d'intelligence ou trop peu de probité dans ceux qu'il pouvoit employer. Engagé dans un travail immense, il avoit encore à vaincre les difficultés que faisoient naître ceux qui s'intéressoient aux désordres. Les princes, les ministres, les courtisans, les financiers, les gens de robe, toutes les sangsues du peuple s'élevoient contre son administration. Il falloit qu'il fût sourd à tous ces cris : il falloit que Henri le fût lui-même. Si le roi eût molli, Rosny n'eût fait que de vains efforts.

On voit dans ses mémoires les opérations qu'il a faites d'année en année.

Dans ses mémoires que les hommes d'état ne sauroient trop étudier, vous verrez les opérations qu'il a faites d'année en année. Vous en trouverez un exposé plus abrégé dans les *Recherches & considérations sur les finances de France*. C'est l'ouvrage d'un homme connu par plusieurs autres, & qui me paroît fort instruit dans ces matieres. Pour moi, je me bornerai à vous faire voir quel a été le fruit des travaux de Rosny dans le cours de près de quinze

ans : c'eft-à-dire, depuis 1575, qu'il fut chargé des finances, jufqu'en 1610.

On eft étonné des reffources qu'il fe pro- Effet de l'ordre rétabli dans les finances.
cura, en rétabliffant l'ordre : jugez-en par les
effets. Il employa douze millions pour remplir les arfenaux de munitions, d'artillerie &
d'armes de toute efpece : cinq & davantage,
pour les fortifications des places frontieres:
autant pour les ponts, chemins, chauffées, rivieres, &c. : fix en bâtiments & en églifes : deux
en meubles : & fix en divers dons faits par le
roi. Cependant il diminua les tailles de cinq
millions, réduifit plufieurs autres impôts à la
moitié, augmenta les revenus de la couronne
de quatre millions, acquitta des dettes pour
cent, racheta des domaines aliénés pour trente-cinq, & il fe trouva dans les coffres du roi,
foit en réalité, foit en crédit, quarante-
un millions, foixante - quatorze mille livre.

Puifque Rofny, en corrigeant les abus, fou-
lageoit les peuples, payoit les dettes, fournif-
foit à plufieurs dépenfes extraordinaires, augmentoit les revenus de la couronne, & amaffoit encore plus de quarante millions; vous
pouvez juger combien les deniers publics
avoient été diffipés auparavant, & combien ils
le feront toutes les fois qu'on les abandonnera
aux courtifans, qui font des affaires. Mais
c'en eft affez fur ce fujet.

Le traité de Vervins ayant affuré la paix,
on fit une réforme des troupes. Elle ne fut
pas auffi confidérable que l'économie de Rofny
l'eût defiré, parce que les militaires, qu'on
avoit befoin de ménager, voulant tous avoir
des places & des gouvernements, on fut obligé par égard pour eux, de conferver bien des
garnifons inutiles.

Sentiments
du roi dans
une maladie,
qui faifoit
craindre pour
fa vie.

Vers ce temps, le roi étant tombé dangereu-
fement malade, difoit fouvent à Rofny : *mon
ami, je n'apprehende nullement la mort : vous le
favez mieux que perfonne, m'ayant vu en tant
de périls, dont je me fuffe bien pu exempter. Mais
je ne nierai pas que je n'aie regret de fortir de
cette vie, fans avoir remis le royaume dans la
fplendeur que je m'étois propofée, & fans avoir
témoigné à m⠀ peuples, en les gouvernant bien
& foulageant de tant de fubfides, que je les ai-
mois comme mes propres enfants.*

Les politiques
d'Europe in-
ferent dans les
traités de paci
fication des
articles qui
laiffent fub-
fifter des pré-
textes de guer-
re.

L'ambition aveugle fouvent les princes fur
leurs vrais intérêts. Au lieu de defirer la paix
pour faire fleurir leurs états, ils ne la font d'ordinaire que forcés. En la fignant, ils médi-
tent une nouvelle guerre; & s'ils ont inféré
dans le traité quelque article, qui puiffe un
jour leur en fournir le prétexte, ils s'applaudif-
fent. Depuis que cette politique regne en Europe, les différentes puiffances n'ont travaillé
qu'à s'épuifer réciproquement : toutes ont fait

des pertes, & elles ne fe font pas dédommagées
par les avantages alternatifs qu'elles ont eus les
unes fur les autres. Car en acquérant une nouvelle province, on ne recouvre pas les anciennes, qui font véritablement perdues, fi elles
font dépeuplées par la guerre, & par la mifere
qui la fuit, & qui dure. Le traité de Vervins
ne permit pas une longue paix.

Pendant les troubles de la ligue, le duc de
Savoie s'étoit emparé du marquifat de Saluces. Il eût été facile aux députés du roi à Vervins d'obtenir la reftitution de ce marquifat:
mais ils n'infifterent pas, foit par négligence,
foit par des motifs qu'il feroit plus odieux de
leur imputer; & dont on les a cependant foup-
çonnés, parce qu'ils avoient été ligueurs eux-
mêmes, & attachés à la maifon de Savoie. Cet
article fut remis par le traité à l'arbitrage du
pape.

Le traité de Vervins avoit été fait dans cet efprit.

L'entremife du pape ayant été inutile, le duc
de Savoie, qui fe voyoit preffé, vint en France, fous prétexte de traiter lui-même avec le
roi, &, dans le vrai, pour gagner du temps, &
pour intriguer: car il y avoit encore des ligueurs
à la cour, quoiqu'il n'y eût plus de ligue.
Il paroît qu'il mit plufieurs perfonnes dans fes
intérêts, & que dès-lors il débaucha le maréchal de Biron. Cependant il fut obligé de
promettre qu'il reftitueroit dans trois mois

Le duc de Savoie négocie pour ne pas rendre le marquifat de Saluces.

le marquisat de Saluces, ou qu'il donneroit en échange la Bresse & quelques autres terres.

Henri lui fait la guerre, quoique toute sa cour, Rosny excepté, s'opposât à cette entreprise. 1600

Les trois mois étant expirés, le duc de Savoie prit de nouveaux délais, pour manquer encore à sa parole, & le roi lui déclara la guerre. Rosny, qui avoit tout préparé, pressoit, & ne vouloit point perdre de temps : cependant toute la cour, pleine d'intriguants, s'opposoit à cette entreprise. Les uns étoient vendus au duc de Savoie & à l'Espagne : d'autres craignoient de nouveaux succès, qui devoient rendre l'autorité du roi plus absolue : quelques-uns étoient jaloux de Rosny, qui, comme grand-maître de l'artillerie, auroit la principale conduite de cette guerre, parce qu'il étoit très vraisemblable, que tout s'y passeroit en sieges : un grand nombre enfin vouloit la paix, parce qu'ils préféroient les plaisirs aux fatigues. Tout le monde chercha donc à dissuader le roi. La marquise de Verneuil fit encore plus d'instances que les autres : Henri n'écouta que Rosny, & marcha.

Il importoit au duc de Savoie de temporiser, & à Henri de hâter.

On étoit au mois d'août. Il importoit au duc de Savoie de gagner l'hiver, afin que l'Espagne dont les résolutions sont toujours lentes, eût le temps de lui envoyer des secours. Le retardement étoit au contraire ce qui pouvoit nuire le plus à la France : & il valoit mieux alors at-

taquer avec quatre mille hommes, que l'année
suivante avec trente mille.

Rofny fut obligé de revenir de Lyon à Paris, pour faire de nouveaux fonds, & pour hâ
ter l'artillerie. Mais le roi continua fa marche,
malgré les artifices dont on ufa pour le retarder.
Il donna une partie de fes troupes au maréchal
de Biron, qu'il envoya dans la Breffe. Avec
l'autre, il entra dans la Savoie. Chambery lui
ouvrit fes portes; & Lefdiguieres & Créqui
foumirent toute cette province, à la referve du
château de Montmélian, de Charbonniere &
du fort de Ste. Catherine. La Breffe ne fit pas
plus de réfiftance.

Conquêtes dans la Savoie

Alors le duc de Savoie redoubla les négociations ou plutôt les intrigues. Il offrit l'échange
ou la reftitution: tout parut d'accord: les ôtages furent envoyés de part & d'autre; & le roi
dépêcha courier fur courier, pour avertir Rofny
de fufpendre. *Sire*, lui répondit Rofny, *je fupplie
votre majefté de m'excufer, fi je n'obéis pas à
fes ordres : car je fais à n'en pouvoir douter, que
Mr. de Savoie ne veut que vous tromper, à quoi
beaucoup de ceux qui font auprès de vous, ne
lui nuifent pas.* En effet, peu de jours après il
reçut cette lettre du roi: *Mon ami, vous avez
bien deviné: car Mr. de Savoie fe moque de
nous. Partant, venez en diligence, & n'oubliez
rien de ce qui eft néceffaire pour lui faire fentir
fa perfidie. Adieu.*

Le duc de Savoie intrigue pour retarder Henri.

Prife de
Montmélian.
Quand Rofny fut arrivé, on agita dans le
confeil fi on feroit le fiege de Montmélian &
des autres forts. C'étoit le fentiment de Rofny,
de Lefdiguieres & de Créqui, qui les connoiffoient bien. Tous les autres s'y oppoferent,
affurant que la faifon étoit trop avancée, &
qu'il ne feroit pas poffible de s'en rendre maître avant l'hiver. Je vois bien qu'on veut en
effet, gagner l'hiver, répondit Rofny: mais je
les aurai plutôt pris que je ne vous aurois accordés. Voilà le plan de Montmélian, voilà
par où & comment je veux l'attaquer : difpu-
tez-là deffus : je vais tout difpofer pour le fiege.
Le roi le laiffa faire, & tout réuffit, malgré
la réfiftance des fortifications, des garnifons &
du confeil.

La paix fe fait.
Le duc de Savoie fut forcé de penfer férieufement à la paix; & la médiation du pape
ayant été acceptée, les députés fe rendirent
à Lyon, où ils traiterent avec le légat. La négociation traina ; elle fe rompit même au moment qu'on paroiffoit d'accord. Enfin Rofny
la reprit lui-même, conclut le traité, & la
paix fe fit par un échange qu'on jugea avantageux à la France & au duc de Savoie. Elle fut
fignée au mois de Janvier. Les traverfes qu'ef-
1601
fuye ce miniftre en toute occafion, vous font
voir combien les meilleurs fujets ont de peine
à bien fervir les meilleurs rois. Jugez donc à
quoi font expofés les peuples, quand un prince

foible n'eft entouré que de courtifans fans mérite & fans vertus.

Sans être profond en politique , on peut ,
avec un peu de géographie, juger fi deux puiffances font faites pour être amies ou ennemies. Il eft, par exemple , bien évident ,
qu'indépendamment des guerres , qui avoient
femé la méfiance & la haine entre la France &
l'Efpagne , ces deux puiffances , par la feule pofition de leurs états, ne pouvoient contracter
d'alliance folide. Autant l'une ambitionnoit de
fubjuguer les Provinces-Unies, autant il importoit à l'autre d'en défendre la liberté. Réciproquement fufpectes par des intérêts auffi
contraires , elles auroient donc vainement tenté de s'unir: jamais elles n'auroient agi de concert , parce que chacune auroit toujours craint
l'agrandiffement de fon allié. C'étoit le fentiment de Rofny. Mais Villeroi & Silleri ne
ceffoient de le combattre, trop prévenus peut-
être pour l'Efpagne, dont ils n'avoient que
trop approuvé l'alliance dans les temps de la
ligue. De ce que ces deux couronnes ont été
ennemies, difoient-ils , ce n'eft pas une raifon
pour qu'elles le foient encore. Qu'elles uniffent
leurs forces , elles donneront la loi à l'Europe.
Il eft donc de leur intérêt de les unir.

Cependant depuis que Villeroi & Silleri
répétoient ce mauvais raifonnement , qui n'é-

toit pas fait pour tromper Henri, les Efpagnols n'avoient ceffé d'agir fourdement, pour foulever les grands du royaume. C'eft qu'en effet de ce qu'ils avoient été ennemis de la France, c'étoit une raifon pour qu'ils le fuffent encore. On découvrit leurs intrigues avec le maréchal de Biron, le duc de Bouillon, le comte d'Auvergne, le prince de Joinville, &c. ils firent l'impoffible pour empêcher la conclufion du traité avec le duc de Savoie ; & n'ayant pas réuffi, ils formerent fur Marfeille une entreprife, dont ils n'eurent que la honte. Henri diffimula : mais je jure, difoit-il, que fi j'ai une fois rétabli l'ordre dans mon royaume, je leur ferai une guerre fi terrible, qu'ils fe repentiront de m'avoir mis les armes à la main.

1601
Dans un voyage en Picardie
Henri apprend qu'Elifabeth a les
mêmes deffeins que lui,
pour abaiffer
la maifon
d'Autriche.

Le roi veillant à tout par lui-même, voulut vifiter fa frontiere de Picardie : car il étoit fur-tout important de n'avoir rien à craindre de ce côté. Lorfqu'il étoit à Calais, Elifabeth fe rendit à Douvres. Tous deux auroient fort defiré de fe voir ; & ils ne purent, par les difficultés que les miniftres de part & d'autre trouverent dans le cérémonial. Ils fe vifiterent par leurs ambaffadeurs.

Rofny paffa fans titre en Angleterre, comme par curiofité. Son voyage cependant avoit un motif fecret. Il s'agiffoit d'avoir des éclairciffements fur une lettre, dans laquelle Elifabeth

beth parloit de quelque grand deſſein, qu'elle ne pouvoit communiquer qu'au roi. Cette reine ne cacha pas à Roſny, qu'elle vouloit parler d'un ligue contre la maiſon d'Autriche, comme elle en avoit déja fait quelque ouverture en 1598 ; & elle lui demanda ſi les affaires du roi lui permettoient de s'engager dans une pareille entrepriſe. Roſny lui répondit qu'il y avoit encore bien des meſures à prendre ; & ils concerterent enſemble le grand projet dont j'ai parlé. Henri fut enchanté d'apprendre qu'Eliſabeth entroit tout-à-fait dans ſes vues. Elle étoit abſolue chez elle : elle avoit eu de grands ſuccès ſur l'Eſpagne : aucune puiſſance n'étoit donc plus capable de ſeconder le roi.

Peu après le retour de Henri, la reine accoucha d'un fils à Fontainebleau. Le roi, qui ſe propoſoit de lui donner une bonne éducation & de bons exemples, eut la foibleſſe d'en faire tirer l'horoſcope par la Riviere, ſon médecin. Les temps de troubles ſont favorables à ce préjugé : comme alors toutes les fortunes ſont chancelantes, chacun craint, chacun eſpére, & ces deux ſentiments rendent crédule. Il arrive encore, que ceux qui abuſent de la crédulité des peuples, peuvent ſouvent rencontrer, autant par raiſon, que par hazard : car il ſuffit de juger de l'avenir d'après les circonſtances préſentes, & les caractères connus. L'aſtrologie gagne à tout cela : On ne hazardoit pas beaucoup de pré-

Henri a la foibleſſe de faire tirer l'horoſcope de ſon fils.

dire que le Dauphin feroit d'un caractère tout
différent de celui de fon pere, qu'il aimeroit
fes opinions, & qu'il s'abandonneroit auffi à
celles des autres, puifqu'il paroiffoit devoir
monter jeune fur le trône ; que fous fon regne
les Huguenots, qui n'avoient de protecteur que
Henri, feroient perfécutés ; qu'il auroit des
guerres ; que tous les bons établiffements feroient détruits ; & que Louis, c'étoit le nom
du dauphin, feroit beaucoup parler de lui
dans la chrétienté. Donnant enfuite quelque
chofe au hazard, on pouvoit bien ajouter, qu'il
vivroit âge d'homme, qu'il regneroit plus long-
temps que Henri, qu'il feroit de grandes chofes, qu'il auroit de grands fuccès, qu'il auroit
des enfans, & qu'après lui les chofes empire-
roient encore. Voilà tout ce qui fut prédit.
Henri en eut de l'inquiétude : cependant il auroit pu deviner tout cela, auffi bien que fon
aftrologue.

1601
Compiration
de Biron.

On découvrit l'année fuivante une confpiration qu'on prévoyoit depuis quelque temps,
fans l'avoir lue dans le ciel. Rofny en avoit eu
de violents foupçons, pendant la guerre de Savoie. Les principaux auteurs étoient le maréchal de Biron, le duc de Bouillon, & le comte d'Auvergne, frere utérin de la marquife de
Verneuil.

Biron, brave, grand homme de guerre,
comblé des bienfaits du roi & toujours mé-

content, avoit l'ambition d'être souverain, la folie de s'abandonner aux projets les plus chimériques, & l'imprudence de cacher mal ses desseins & ses intrigues. Il devoit épouser une fille du duc de Savoie, à laquelle le roi d'Espagne offroit de céder toutes ses prétentions sur la Bourgogne ; & comptant sur les atmées que ces deux princes lui promettoient, & sur les grands dont il connoissoit l'inquiétude, il ne se proposoit pas moins que de diviser la France en une multitude de souverainetés. C'est pendant la guerre de Savoie qu'il tramoit cette conspiration. Déconcerté par le traité de paix, il en eut quelque repentir ; & il en avoua quelque chose au roi, qui lui pardonna.

Il renoua cependant, ou plutôt il continua ses intrigues. Le roi sut qu'il jetoit des semences de sédition dans quelques provinces, & qu'il avoit pour complices le duc de Bouillon & le comte d'Auvergne : il en eut des prevues de la main même de Biron.

Ce maréchal étoit dans son gouvernement de Bourgogne, que Rosny avoit adroitement dégarni d'artillerie, d'armes, & de munitions. Se voyant donc sans défense, & comptant qu'on n'avoit pas de quoi le convaincre, il obéit aux ordres, qui le pressoient de se rendre auprès du roi.

Henri, sans lui montrer combien il étoit instruit, ne lui cacha pas qu'il avoit des soupçons, il lui offrit d'oublier tout, s'il vouloit lui-même ne rien cacher. N'ayant rien obtenu, il fit venir Rosny. Mon ami, lui dit-il, ce malheureux maréchal veut se perdre, je voudrois cependant lui pardonner, & lui faire autant de bien que jamais. Il me fait pitié, & mon cœur ne peut se résoudre à faire du mal à un homme, qui a du courage, qui m'a bien servi, & avec qui j'ai vécu familiérement. Voyez le donc : arrachez lui l'aveu de ses intrigues, & faites que je lui puisse pardonner.

Les efforts de Rosny ayant été inutiles, le roi en fit encore lui-même, tout aussi inutilement. Biron fut donc livré à la justice, & perdit la tête. Le comte d'Auvergne, qui avoit été arrêté, obtint sa grace. Il offrit de découvrir les desseins des Espagnols & de continuer ses intelligences avec eux, afin d'avertir de tout ce qu'ils pourroient entreprendre. D'ailleurs la marquise de Verneuil intercéda pour lui. Le duc de Bouillon s'échappa, & ne revint point. Quant aux autres complices, le roi feignit de ne les pas connoître : porté à la clémence, il se flatta que le supplice du maréchal de Biron les contiendroit.

Franchise de
Henri avec
Rosny.

Peu de jours après l'exécution de ce maréchal, le roi étant venu trouver Rosny à l'arsenal ; vous voyez, lui dit-il, l'ingratitude de

ceux, à qui j'ai prodigué des honneurs & des
richeffes. Que n'ai-je pas fait pour le maréchal,
pour le comte d'Auvergne, & pour le duc de
Bouillon ? cependant ils n'ont ceffé de remuer,
jufques là qu'ils fe font abandonnés aux projets les plus extravagants. Faut il donc qu'il y
ait des ames, que les bienfaits mêmes ne puiffent attacher à leurs devoirs ? Si je vous parle
ainfi, ce n'eft pas que je penfe que vous ayez
befoin d'une leçon. Nous nous fommes affez
éprouvés l'un & l'autre. Mais j'aurois des reproches à mé faire, fi je ne vous déclarois pas
quelles font mes intentions à votre égard, &
je veux que vous me déclariez les vôtres avec
la même franchife. Je vous eftime, je vous
aime, j'ai pour vous la plus grande confiance. Je
vous conferverai ces fentiments, je vous diftin-
guerai en cela de tout autre, comme vous le
méritez. Je veux vous élever à tous les honneurs ; mais je veux auffi que votre fortune dé-
pende de ma bienveillance ; que vous foyez
par moi tout ce que vous ferez ; & que vous ne
defiriez rien au de-là de ce que le bien de
mon royaume, ma gloire & ma fureté me
permettront de faire. Ne vous attendez donc
pas que je vous confie de fortes places, où
vous pourriez être quelque chofe fans moi ; &
vous rendre redoutable en vous joignant aux
Huguenots ou à quelque autre faction. Vous
n'êtes pas capable, je le fais, de former aucun

G g

defir qui puiffe me faire prendre la moindre
inquiétude. Mais un roi par fon inconfidéra-
tion, fait naître quelquefois une ambition dé-
réglée dans l'ame des meilleurs fujets; & il
eft lui-même la premiere caufe des crimes dont
il les punit. Vous le favez, j'ai toujours été
entouré d'ennemis, d'ingrats, d'amis infideles;
je le fuis encore: cependant je deviens vieux,
& ma défiance croît avec l'âge. Voilà mon
ame: je vous la découvre avec franchife, afin
de concerter enfemble une conduite, qui écar-
te de nous tout ombrage & toute inquiétude.
Dites-moi donc librement, fi vous approuvez
ma façon de penfer.

Rofny ne put qu'applaudir, & applaudit fincérement à la fageffe, à la prudence & à la
franchife de Henri. Il lui témoigna combien
il étoit fenfible à fa confiance & à fes bienfaits.
Il le fupplia feulement de n'ajouter jamais foi
aux calomnies & aux faux rapports. Ce n'eft
pas, ajouta-t-il, que je redoute les accufations,
ni que je defire que votre majefté les rejette:
car un prince fage ne doit pas mettre toute fa
confiance dans un feul homme, & fermer abfolument fes oreilles à tous les autres. Ce que je
fouhaite, c'eft que vous me communiquiez les
inquiétudes qu'on vous donnera contre moi, &
que vous me jugiez toujours d'après ma conduite.

Henri rétablit les jéfuites, qui avoient été
bannis à l'occafion de Jean Chatel, fanatique

qui avoit attenté à la vie du roi en 1594. On accusoit leur doctrine d'avoir armé ce miséra-ble. Si c'est avec fondement, ce qui est aujourd'-hui une question fort indifférente, on peut dire pour leur excuse, que leur doctrine étoit celle de beaucoup d'autres; & qu'en ce cas, ils n'é-toient pas les seuls qu'il auroit fallu bannir. Henri leur pardonna, comme on pardonne à des ennemis qu'on redoute, & qu'on se flatte de gagner : mais ces corps ont un esprit qu'on ne gagne pas, ou qu'on ne gagne que pour le temps où l'on ne contrarie pas leurs intérêts.

blit les jésuites qui avoient été bannis.

En 1593 Pierre Barriere avoit été exécuté pour le même crime. Il est vraisemblable que ces deux hommes étoient sans le savoir, l'ins-trument des conspirations qui se tramoient. Philippe II, qui avoit voulu faire empoisonner Elisabeth, fut vivement soupçonné de les avoir fait agir. Laissons ces horreurs.

Jean Chatel & Pierre Barriere ont été ses instruments des conspirations, qui se tramoient.

La même année du rétablissement des jé-suites, le roi fit une grande perte par la mort d'Élisabeth. Il la regretta sincérement & parce qu'il lui avoit des obligations, & parce qu'il comptoit sur elle pour ses grands desseins. Jac-ques, fils de Marie Stuart, venoit de monter sur le trône sans obstacles. Le prétexte de le complimenter sur son avénement fournissoit une occasion de sonder son caractère, son es-prit & ses vues; & de négocier en même

A la mort d'E-lisabeth, Rosny passe à Lon-dres, sous pré-texte de com-plimenter Jac-ques. 1603.

Gg 4

temps avec les autres puiſſances, dont les ambaſſadeurs ſe trouveroient à Londres. Roſny,
plus capable qu'aucun autre de remplir cet objet, & ſeul confident des deſſeins du roi, fut
choiſi : il partit malgré les affaires dont il
étoit chargé, & qui paroiſſoient devoir ſouffrir
de ſon abſence. Il faut voir dans ſes mémoires
les inſtructions qui lui furent données, la conduite qu'il tint, & ſes dépêches. Cela ſeul
ſuffiroit pour donner une grande idée du roi &
du miniſtre. Le fruit de cette négociation fut
un traité d'alliance entre la France & l'Angleterre, tendant ſur-tout à protéger les États-Généraux, & des ouvertures faites avec pluſieurs
puiſſances pour l'abaiſſement de la maiſon
d'Autriche.

Le roi dans
ſon domeſti
que ne jouiſ-
ſoit pas du re-
pos qu'il pro-
curoit à ſes
ſujets.
La France devenoit tous les jours plus calme & plus floriſſante. Le roi, adoré de ſes peuples, étoit reſpecté, & recherché par les
puiſſances étrangeres. Tout paroiſſoit répondre
à ſes deſirs, & conſpirer pour l'exécution de
ſes grands deſſeins. Mais pendant que ſes vertus répandoient le bonheur autour de lui, & de-
venoi nt le plus ſolide appui de la tranquillité
de l'Europe, il étoit malheureux lui-même
dans ſon domeſtique.

La marquiſe de Verneuil l'amuſoit quelquefois par ſon eſprit : d'ailleurs elle étoit d'un
caractère à lui donner bien des chagrins. Fie-

re, haute, infolente, elle parloit de Marie de
Medicis avec les termes les plus injurieux.
Sous prétexte de la promeffe de mariage dont
j'ai parlé, elle fe croyoit reine elle-même avec
bien plus de droit, & regardoit fes enfants
comme feuls légitimes.

Marie ne ceffoit de fe plaindre. Elle pouvoit fe venger de fa rivale, en lui enlevant le
cœur du roi. Henri eût renoncé à toutes fes
amours, s'il eût trouvé quelques douceurs auprès de fa femme. Mais lorfqu'il vouloit s'en
rapprocher, il en étoit toujours repouffé par
l'humeur qu'elle lui montroit, & par une froi-
deur plus offenfante encore.

S'il retournoit à la marquife, il éprouvoit
d'autres peines. Le mépris qu'elle affectoit pour
la reine, n'étoit pas la feule chofe qui l'offen-
foit. Cette femme n'avoit pas même la complaifance d'écarter de chez elle des perfonnes
fufpectes, que le roi n'aimoit pas, & dont il
favoit n'être pas aimé. Elle paroiffoit dédai-
gner un cœur dont elle étoit affurée. Elle le
dédaignoit : elle étoit infidele, & elle entretenoit par d'Entragues & par le comte d'Auvergne
des intelligences avec l'Efpagne. Tout cela
étoit vrai, & Henri n'en avoit que trop de
violents foupçons.

Marie avoit amené avec elle une Léonora
Galigaï, fille de fa nourrice, & un Baptifte

La Galigaï & Concini entre-

Concini, petit-fils d'un secrétaire du duc de
Toscane: deux especes également nées pour
l'intrigue. Comme Léonora gouvernoit entiérement l'esprit de de sa maîtresse, Concini l'é-
pousa; & ils songerent à s'élever à la plus grande
fortune, sans être difficiles sur les moyens. N'i-
gnorant pas qu'ils étoient désagréables au roi,
ils s'appliquerent uniquement à gagner toute
la confiance de la reine. Ils flatterent sa jalousie,
ils entretinrent son aigreur, ils lui inspirerent
tous les jours un nouvel éloignement pour son
époux. Soutenus par la faveur de Marie, il
semble que leur ambition devoit être satisfaite:
cependant ils chercherent à se faire encore de
nouveaux appuis, par des intelligences avec
l'Espagne. Le roi, qui n'ignoroit pas toutes
ces intrigues, souffroit ces deux créatures par
égard pour sa femme, desirant, mais inutilement, qu'elle les renvoyât elle-même.

Ce prince dont la sagesse & le courage
avoient dissipé toutes les factions, les voit
donc renaître dans son domestique. Qu'il aille
chez sa femme ou chez sa maîtresse, il est
entouré d'espions, qui ont intelligence avec
ses ennemis; & il ne peut trouver le repos,
qu'il fait goûter à ses sujets. C'étoit sa faute.
Monseigneur; s'il eût su vaincre ses passions, il
eût été plus heureux, mais tous les partis que
ses amours font naître & fomentent, trou-
blent ses jours, & les abrégeront peut-être.

Cependant d'Entragues & le comte d'Auvergne remuoient sourdement, & la marquise de Verneuil méditoit de se retirer en Espagne avec ses enfants. Les Espagnols continuoient sur le plan de Philippe II ; c'est-à-dire,
qu'ils saisissoient toutes les occasions de troubler, sans avoir de but fixe, sans prévoir s'ils
en retireroient quelques avantages, & sans
avoir même de moyens pour assurer leurs entreprises. Avec une conduite aussi inconsidé-
rée, ils entroient au hazard dans tous les projets, quelque absurdes qu'ils fussent. Or, ils s'i-
maginoient qu'ayant les enfants de la marquise, ils pourroient se prévaloir de la promesse de
mariage, pour élever des prétendants contre les
fils légitimes du roi.

1604
Conspiration
où entre l'Es-
pagne.

Leurs mesures, mal prises, furent bientôt
déconcertées. D'Entragues, le comte d'Auvergne, & la marquise ayant été arrêtés, Henri
les remit au parlement, avec un Anglois, nommé Morgan, qui avoit été l'agent de la négociation. Comme les preuves ne parurent pas
suffisantes contre la marquise, elle fut reléguée
dans un couvent, avec un plus amplement in-
formé ; & le parlement condamna les autres à
perdre la tête. Le roi, trop foible ou trop in-
dulgent, commua la peine de mort du comte
d'Auvergne & du pere de la marquise en une
prison perpétuelle, & celle de Morgan, en un
bannissement perpétuel. Peu de temps après

Trop grande
clémence de
Henri.

1605

il permit à d'Entragues de se retirer dans une de ses terres. Enfin il rappella la marquise, & la fit déclarer innocente.

Le duc de Bouillon remuoit sourdement pour soulever les Huguenots.

Toutes les conspirations n'étoient pas encore éteintes. Le duc de Bouillon, qui professoit toujours la religion prétendue réformée, n'avoit jamais renoncé au projet de se rendre chef des Huguenots. Il avoit trempé dans la conspiration du maréchal de Biron, & dans celle du comte d'Auvergne ; il entretenoit des correspondances avec l'Espagne ; & il répandoit dans les provinces des hommes à lui, afin de porter les esprits à la révolte. Mais la circonspection avec laquelle il se conduisoit, n'avoit pas permis de se saisir d'aucun écrit de sa main, & il étoit difficile de le convaincre.

Cependant les Huguenots prenoient l'alarme dans la Guienne, le Querci, le Limousin, la Saintonge, l'Anjou, le Poitou & les autres provinces méridionales. Persuadés par les émissaires du duc de Bouillon, que le roi vouloit les exterminer insensiblement, ils s'assembloient, ils cabaloient, ils faisoient des brigues, on n'entendoit que des murmures & des plaintes ; les plus modérés faisoient tous les jours de nouvelles demandes pour leur sûreté, & présentoient continuellement des requêtes au roi.

Le roi les rassure en donnant

Pour les rassurer, Henri avoit donné le gouvernement de Poitou à Rosny. En effet, il ne pouvoit pas trouver un meilleur garant de la bonne volonté qu'il conſervoit pour eux. Ce miniſtre, huguenot lui-même, devenant le diſpenſateur des graces que le roi auroit occaſion de leur accorder, devoit gagner de plus en plus leur confiance. Henri n'étoit pas capable d'oublier les obligations qu'il avoit aux Huguenots; & quand il les auroit oubliées, il étoit trop ſage, pour vouloir renouveller les déſordres qu'il avoit diſſipés. Roſny pouvoit donc facilement faire évanouir leurs craintes, & leur perſuader qu'ils n'avoient d'autre intérêt, que de reſter inviolablement attachés à leur roi, de ne chercher d'autre protection que la ſienne, & de mettre toute leur ſureté dans ſa bienveillance & dans ſa parole.

nant le gouvernemsnt de Poitou à Roſny.

Les Huguenots avoient des députés à la cour pour y veiller à leurs intérêts. Voulant les changer, ils demanderent la permiſſion de s'aſſembler. Le roi la leur accorda, à condition que l'aſſemblée ſe tiendroit à Châtelleraulc; qu'un homme de qualité de leur religion y aſſiſteroit en ſon nom; que les provinces n'y députeroient chacune que deux perſonnes; & qu'il ne s'y traiteroit que de la nomination des députés pour réſider à la cour.

Il leur permet de s'aſſembler à Châtelleraulc

Par l'édit de Nantes, les Huguenots avoient obtenu des places de ſureté. Ils paroiſſoient vouloir en obtenir de nouvelles: ils paroiſſoient

Ils montroient du mécontentement

& de la dé-
fiance.

même vouloir former une république. Ces bruits faisoient craindre cette assemblée. Mais cette république étoit une chimere, & un plus grand nombre de places de sureté n'auroit fait que diviser leurs forces & les affoiblir : car ils n'auroient eu ni assez de troupes ni assez d'armes pour les défendre. Cependant ces projets qui montroient leur défiance & leur mécontentement, méritoient par cette seule raison l'attention du roi. D'ailleurs Henri n'en prenoit point d'inquiétude : il lui auroit été trop facile de les soumettre, s'il eût été forcé d'armer contre eux.

1605
Rosny qui se
trouve à l'as-
semblée, dissi-
pe leurs soup-
çons & les
ramene à leur
devoir.

Rosny fut choisi pour se trouver à l'assemblée de Châtellerault. Son adresse à manier les esprits regagna tous les cœurs. Les choses se passerent comme on l'avoit desiré. Il ne resta plus de soupçons. Les Huguenots rentrerent entiérement dans le devoir ; & le roi qui leur laissa les places de sureté pour quatre nouvelles années, parut leur accorder cette grace à la considération de Rosny. Par-là il augmenta leur confiance pour son ministre, & il s'assuroit lui-même de leur fidélité.

Factieux
punis.

Pendant cette assemblée le duc de Bouillon continuoit toujours ses pratiques. Le roi sut que les factieux avoient traité avec les Espagnols pour leur livrer Marseille, Toulon, Beziers, Narbonne & Leucate. Il marcha lui

même : tout fut déconcerté. Les plus coupables perdirent la tête, & les autres se soumi-
rent.

Il ne restoit plus à réduire que le duc de
Bouillon. Le roi arma, résolu de l'aller chercher à Sedan. Cependant il voulut auparavant,
conformément au dessein qu'il formoit depuis
long-temps, faire Rosny duc & pair; & saisissant cette occasion, afin de faire voir aux
Huguenots, que s'il attaquoit le duc de Bouillon c'étoit uniquement pour punir un
rebelle, il érigea la terre de Sulli en
duché-pairie. C'est ainsi que par sa sagesse,
ses bienfaits étoient tout à la fois une récompense & un acte de politique. Quoiqu'il ait
comblé le duc de Sulli de confiance, d'honneurs
& de richesses, rien n'est plus admirable que
la prudence avec laquelle il a su lui donner à
propos.

Bouillon, voyant avancer le roi, se hâta
de négocier. Il s'humilia devant lui : il le reçut dans Sedan, & il lui remit le château, pour
le tenir avec une garnison pendant quatre ans.
Tels furent les articles qu'on rendit publics :
mais on étoit convenu que le roi rendroit le
tout en peu de jours. Le duc soumis & ren-
tré en grace, vint à la cour quelque temps
après, & fut reçu avec distinction ; l'ame de
Henri ayant toujours pour maxime de gagner
ses ennemis à force de bontés.

Rosny fait
duc & pair.

1605
Le duc de
Bouillon est
forcé à se sou-
mettre.

Un roi qui veut gouverner lui-même, se tromperoit bien, s'il comptoit, comme Pyrrhus, sur un temps où il pourra dans le repos ne s'occuper que de ses plaisirs. Il faut n'être rien dans ce monde, & ne se mêler de rien, pour jouir de ce bonheur stupide: encore en sommes-nous retirés malgré nous mêmes, par le choc & le frottement de tout ce qui se meut autour de nous; & ce sont les moments les moins malheureux. Faits pour tenir plus ou moins à ce qui nous environne, nous ne trouverions que de l'ennui, si nous ne cherchions les plaisirs que dans un repos qui nous sépareroit de tout.

Henri étoit trop convaincu de cette vérité, pour s'abandonner aux illusions de Pyrrhus. Jeté dès sa jeunesse dans un chaos de tourbillons, heurté, poussé dans tous les sens, ce n'est qu'à force d'activité & de prudence, qu'il avoit peu-à-peu rétabli l'ordre & le calme. Tout étoit donc dans le repos: mais Henri ne se reposoit pas lui-même. Il savoit que les affaires surviennent continuellement les unes après les autres; & toute son attention étoit seulement qu'elles ne s'accumulassent pas. Ainsi bien loin d'envisager un temps où il seroit sans occupations, il s'en formoit toujours d'avance de nouvelles & de plus grandes; cependant avec la précaution sage d'aller par degrés, & de ne jamais trop entreprendre à la fois. Voilà le

repos

Henri n'imaginoit pas qu'il fût fait pour se reposer un jour.

Au contraire les projets, qui s'offroient toujours à son ame active, lui préparoient toujours de nouvelles occupations.

repos des grands hommes : de nouveaux projets font le délaffement de ceux qu'ils ont exécutés : l'action leur eft néceffaire.

Ayant enfin réduit tous les factieux par fa prudence, par fon activité & par fes bienfaits, il ne voyoit plus qu'un refte d'humeur, qu'il pouvoit fe flatter de détruire. Il comparoit les mauvais fujets à ces poifons, que la médecine peut employer avec fuccès, & toute fon application étoit de les rendre utiles. Il penfoit, fur-tout, que le plus fûr moyen de rendre les peuples meilleurs, c'eft de leur faire aimer le gouvernement, en les rendant heureux. C'eft pourquoi dans les temps de tranquillité, il s'appliquoit plus que jamais à la police de fon royaume.

Il penfoit que pour étouffer jufqu'au germe des factions, il fuffifoit de faire aimer le gouvernement.

Il faifoit fleurir l'agriculture: il favorifoit les arts & les lettres: il établiffoit des manufactures. Sa marine qu'il avoit rétablie, protégeoit les vaiffeaux marchands; & le commerce intérieur devenoit tous les jours plus facile, parce que Henri rendoit les rivieres navigables, qu'il bâtiffoit des ponts, & qu'il réparoit les chemins. Il commença le canal de Briare, pour communiquer de la Seine dans la Loire; & il en vouloit faire un autre de l'Aude à la Garonne, pour joindre en quelque forte les deux mers. Rien ne me paroît plus

Il s'appliquoit donc à faire fleurir l'agriculture & les arts;

sage que les réglements qu'il projetoit, pour corriger les longueurs, les formalités, les frais & tous les abus dans l'administration de la justice. Vous les trouverez dans les mémoires de Sulli.

& les François devenoient citoyens.

On eût dit que l'ame de Henri se multiplioit dans ses sujets. L'activité se répandoit par tout : les peuples devenoient insensiblement appliqués, laborieux, industrieux. Les François étoient enfin des citoyens, eux qui, quelques années auparavant, sans mœurs, sans patrie, vivoient de brigandages : tout le royaume bénissoit la main qui le gouvernoit.

S'il avoit quelquefois des vivacités avec Sulli qui contrarioit ses goûts, il l'en aimoit davantage.

Cependant les courtisans & tous les intriguants de cour ne cessoient de calomnier le ministre, qui l'aidoit presque seul dans ses projets & dans ses établissements. Le roi, que les calomnies ne ménageoient pas, consoloit Sulli, en lui rapportant les propos auxquels il étoit exposé lui même, & le rassuroit par la confiance qu'il lui avoit donnée, & qu'il lui conservoit. Il naissoit pourtant quelquefois entre eux de petites altercations: mais elles se dissipoient facilement, parce qu'elles n'avoient pour causes que les oppositions que Henri trouvoit dans son ministre. Sulli lui faisoit des remontrances assez vives, lorsqu'il n'approuvoit pas ses goûts. Le roi l'ayant un jour quitté avec humeur, parce qu'il avoit été contredit, vint le lendemain, pour lui propofer des chofes fur lesquelles il s'attendoit encore à de nouvelles contradictions. Sire, lui dit Sulli, apparemment que votre majefté a bien penfé à ce qu'elle veut, & je n'ai qu'à obéir. Je vois bien, reprit le roi, que vous êtes encore fâché d'hier: mais je ne le fuis pas moi. Embraffons nous. Je veux me fâcher, je veux que vous le fouffriez ; & je veux que vous me contrariez, pour me fâcher encore. Car fi vous aviez plus de complaifance, vous me feriez peu attaché, & vous ne m'aimeriez guere. Nos dépits, lui difoit il quelquefois, ne doivent jamais paffer les vingt quatre heures.

Les jéfuites voyoient avec chagrin à la tête des affaires un huguenot zélé pour le fervice du roi: ils auroient mieux aimé un catholique intiguant. Il y avoit plufieurs provinces qui refufoient de les recevoir, & la ville de Poitiers avoit fur-tout fait de grandes difficultés. Le pere Cotton, que le roi avoit pris pour confeffeur, voulut lui faire entendre, que toutes ces oppofitions étoient l'ouvrage de Sulli, gouverneur de Poitou. Henri, ayant rejeté cette calomnie, qu'il reprochoit à ce jéfuite de croire trop facilement ; Dieu me garde, dit Cotton, de parler mal de ceux à qui votre majefté donne fa confiance. Mais enfin je fuis en état de juftifier ce que j'avance. Je le prouverai par des lettres de Mr. de Sulli. Je les ai vues,

Calomnie du jéfuite Cotton contre ce miniftre.

H h 2

& je les ferai voir à votre majesté. Il fut pris au mot : il promit de les apporter : il vouloit cependant être cru sur sa parole : mais le roi demandoit les lettres, & Cotton vint le lendemain lui dire qu'elles avoient été brûlées par mégarde.

C'est ainsi qu'on hazardoit souvent des calomnies contre ce sage ministre, & quelquesunes laissoient quelquefois des nuages, qui duroient vingt-quatre heures. On imagina de nouveaux artifices.

Artifice qu'on emploie pour rendre Sulli suspect au roi, & qui eut quelque effet. 1604 Les princes, les jésuites, les ministres, les financiers, les brouillons, tous les courtisans en un mot, qui s'étoient toujours appliqués à le noircir, commencerent à ne parler de lui qu'avec de grands éloges. Jusqu'alors il avoit paru sévere, dur, brutal même : tout-à-coup il étoit devenu doux, honnête, prévenant. On ne parloit plus que du grand nombre d'amis qu'il acquéroit tous les jours, de sa considération chez l'étranger, de son crédit parmi les huguenots, de son courage, de son esprit, de ses talents, de ses ressources, &c. Le roi, qui n'étoit pas en garde contre cet artifice, fut étonné de ce concert de louanges. Il ne comprenoit pas comment Sulli pouvoit avoir acquis tant de personnes, de différents caractères, auparavant ses ennemis déclarés ; il appréhenda d'avoir fait naître, par trop de faveurs, l'am-

bition dans l'ame de son ministre; & il montra
quelque inquiétude. Aussitôt on lui communiqua des libelles contre Sulli : c'étoient des calomnies hors de toute vraisemblance, & qui
n'auroient fait aucune impression, si l'esprit du
roi n'eût été préoccupé.

Sulli, desirant d'éclaircir cette intrigue,
écrivit au roi, & en reçut une réponse qui dé-
savouoit toute inquiétude, & qui cependant en
laissoit soupçonner. Mais comme on lui promettoit un éclaircissement à la première entrevue, il résolut d'attendre, & il attendit inutilement : car on ne lui parla de rien. Cependant Henri se trouvoit le plus embarrassé : il
auroit voulu que Sulli eût parlé le premier,
& Sulli s'obstinoit à se taire. Enfin le roi rompit le silence. Un jour que le surintendant le
quittoit: vous n'avez rien de plus à me dire,
lui dit-il; mais moi, il faut que je vous parle. Je ne puis souffrir le froid avec lequel nous
vivons depuis un mois. Je vois que je me suis
laissé prendre aux artifices de vos ennemis, qui
sont les miens. Je vais donc vous ouvrir mon
cœur, ouvrez moi le vôtre. Honteux d'avoir
été trop crédule, il lui rendit toute sa confiance, & il ne fut plus possible aux courtisans de
l'alterer. Il est difficile de choisir ses ministres;
& quand on a bien choisi, il l'est encore plus de
s'en tenir à son choix. Réfléchissez là-dessus.

1605

Hh 3.

Monſeigneur, & tenez vous en garde contre les intrigues.

Henri avançoit par des
négociations
la révolution
qu'il deſiroit.

Plus tout floriſſoit au dedans du royaume, plus le roi portoit ſon attention au dehors. Il ménageoit ſes anciens alliés, il en acquéroit de nouveaux ; il maintenoit la paix entre eux : devenu arbitre de leurs différents, il les uniſſoit de plus en plus ; & préparant de loin les conjonctures favorables à ſes deſſeins, il avançoit inſenſiblement les temps qu'il deſiroit. Une lettre que Sulli, étant à l'aſſemblée de Châtellerault, écrivoit au roi au mois d'août, nous apprend où en étoient alors toutes ces négociations, dont le but étoit toujours le deſir de former la république chrétienne. Il rappelle au roi les converſations qu'il avoit eues à ce ſujet avec Eliſabeth, lorſqu'il paſſa par ſes ordres à Douvres. Il lui rappelle encore qu'ayant été envoyé ambaſſadeur en Angleterre, il communiqua les intentions de ſa majeſté au roi Jacques, ainſi qu'aux députés du roi de Danemarck, de celui de Suede, des Vénitiens, du comte Maurice & des États-Généraux ; que long-temps après ſon retour, il en fit part au landgrave de Heſſe & au prince d'Anhalt, envoyés des princes proteſtants d'Allemagne auprès du roi ; que dans la ſuite, il s'en ouvrit encore avec le député du duc de Savoie, & qu'il en dit même quelque choſe au nonce. Or, tou-

1605

tes ces puiſſances approuvoient les vues de
Henri, & offroient de les favoriſer.

Pendant les années 1605 & les ſuivantes,
les négociations continuerent, toujours par
l'entremiſe de Sulli: car les autres miniſtres n'é-
toient pas dans l'entiere confidence du roi. Elles ſe faiſoient avec beaucoup de précautions.
Henri, qui ne s'ouvroit pas de tous ſes deſſeins
avec Villeroi & Silleri, n'avoit garde de les
communiquer indifféremment à toutes les puiſſances, avec leſquelles il traitoit. Son plan de
conduite étoit de ne les leur déclarer que les
uns après les autres, & qu'autant que les circonſtances ſeroient favorables à l'exécution. Il
vouloit que le ſuccès du premier deſſein préparât le ſuccès du ſecond, & ainſi de ſuite ; en
ſorte qu'il fût toujours le maître de temporiſer,
ou même de s'arrêter, ſi des obſtacles impré-
vus, ne lui permettoient pas de continuer ſans
expoſer ſon royaume. Car il avoit pour maxime, que les plus grands projets déshonorent
un prince, s'ils deviennent ruineux pour ſon
peuple.

Avec quelle ſageſſe il conduiſoit ces négociations.

Ainſi quoique la république chrétienne fût
le premier deſir du roi, elle étoit cependant le
dernier deſſein qu'il devoit former. Il falloit
bien des meſures & bien des préparatifs avant
d'oſer l'entreprendre : il falloit ſur-tout que les
puiſſances qui ſe ſeroient unies, ſans porter leur

Elles devoient néceſſairement produire quelque grande révolution.

vue fi loin, fe trouvaffent trop engagées pour reculer. Mais quel que fût l'événement, il eft au moins certain que Henri ne rifquoit rien ; & que la circonfpection avec laquelle il fe conduifoit, devoit produire quelque chofe d'utile & de grand. Il faut bien fe fouvenir qu'en fe préparant à tout, on ne devoit tenter un deffein, qu'autant que celui qui le devoit précéder, fe trouveroit exécuté, ou feroit fur le point de l'être.

Inftructions données aux ambaffadeurs

Vous trouverez dans les mémoires de Sulli les inftructions données aux ambaffadeurs qui furent envoyés aux Etats-Généraux & aux princes d'Allemagne. Ce font des modeles. Ces miniftres, avant de partir, conférerent enfemble pour en bien faifir l'efprit, & reçurent du roi & de Sulli tous les éclairciffements, dont ils pouvoient avoir befoin. Rendus dans les cours où ils devoient négocier, ils fe communiquoient réciproquement leurs obfervations ; & chacun d'eux rendoit compte au roi de ce qu'il avoit fait. Par ce concert, un même efprit dirigeoit toutes leurs opérations.

Paroiffant n'avoir d'autre objet que de renouveller les anciennes amitiés, alliances & confédérations, & s'en tenant d'abord à des propofitions générales, fans montrer aucun deffein particulier ; ils devoient enfuite, comme d'eux-mêmes, jeter dans la converfation quelques propos, pour sonder l'esprit & les intentions des différents princes : s'ouvrant plus ou moins, suivant qu'ils leur trouveroient des dispositions plus ou moins favorables ; & ne hazardant rien sans de nouveaux ordres, lorsqu'ils les soupçonneroient tout-à-fait contraires aux vues du roi.

L'Angleterre, les Pays-Bas, & l'Allemagne avoient en général trop d'intérêt à l'abaissement de la maison d'Autriche, pour se refuser aux desseins de Henri. Les Vénitiens & le duc de Savoie s'étoient déclarés. Les propositions qu'on vouloit faire aux Suisses, étoient si avantageuses, qu'on ne pouvoit présumer aucune résistance de leur part. Le pape, qui ne se déclaroit pas encore ouvertement, laissoit voir qu'il se joindroit à la ligue, aussitôt qu'il en verroit les premiers succès. Les rois de Danemarck, & de Suede y étoient entrés. Enfin les peuples de Hongrie, de Boheme, de Moravie, & autres, las du joug de la maison d'Autriche, attendoient avec impatience les effets de cette association.

Dispositions où étoient les puissances de l'Europe.

Quelque bon ordre que le roi eût mis dans ses états, il eut été trop foible pour une si grande entreprise, s'il eût été privé de tout secours étranger : mais aussi, avec un grand nombre d'alliés, il eût été foible encore, si son royaume n'eût pas été tranquille & puissant

Au dehors comme au dedans du royaume tout paroissoit préparer l'exécution des grands projets

Ce qui paroiſſoit lui répondre du ſuccès, c'eſt que par les meſures qu'il avoit priſes, tour, au dehors & au dedans, concouroit à ſes deſſeins : il avoit d'ailleurs de grands fonds amaſſés dans le cours de pluſieurs années, une grande proviſion d'armes & de munitions, d'excellents ſoldats, ſon nom, ſon courage & ſes talents.

Toutes ces négociations, qui auroient réuſſi par la ſeule ſageſſe avec laquelle elles étoient conduites, devinrent encore plus faciles par des circonſtances, qui furent pour le roi l'occaſion d'une nouvelle gloire.

1606
Henri média-
teur entre la
république de
Venise & le
pape.

Le ſénat de Veniſe avoit porté des décrets pour empêcher que les eccléſiaſtiques n'acquiſſent peu-à-peu tous les biens de la république, & ne rempliſſent les villes & la campagne d'égliſes & de monaſtères. Dans le même temps on avoit arrêté deux ſcélérats, l'un chanoine, l'autre abbé ; & on les avoit remis au juge laïque, pour leur faire leurs procès. Paul V, qui raiſonnoit ſur les principes de ſes prédéceſſeurs, fulmina une excommunication contre le ſénat qui refuſoit de révoquer ſes décrets & de remettre les deux priſonniers entre les mains du nonce. On arma de part & d'autre, & toute l'Italie attendoit avec inquiétude la réſolution que prendroient la France & l'Eſpagne. Philippe III eût voulu entretenir ou mê-

me accroître ces troubles : mais Henri s'étant
porté pour médiateur, fit sentir au pape qu'il
avoit été trop vîte & trop loin, & termina
tout différent. Le sénat applaudit à la sagesse du roi, toute l'Italie crut lui devoir son
repos; & le pape fut bien aise de pouvoir,
en sauvant l'honneur du saint siege, lever une
excommunication, dont il étoit plus embarrassé que les Vénitiens.

Cette affaire étoit à peine finie, que les
États-Généraux & le roi d'Espagne eurent aussi
besoin de la médiation de Henri.

Arbitre entre les États-Généraux & le roi d'Espagne, il fait conclure une treve de douze ans.

L'archiduc Albert d'Autriche, successeur
d'Alexandre Farnese au gouvernement des Pays-
Bas, avoit épousé Isabelle, fille de Philippe
II, & en avoit eu pour dot la Bourgogne &
& les Pays-Bas, à condition que ces provinces retourneroient à l'Espagne, s'il n'avoit
point d'enfants de sa femme. Comme les Hollandois ne craignoient rien tant que la domination espagnole, ce mariage fut pour eux une
nouvelle raison de défendre courageusement
leur liberté contre l'archiduc. Cette guerre,
qui duroit encore, est sur-tout célebre par la
résistance d'Ostende, dont Albert ne se rendit
maître qu'après trois ans de siege. Mais cette
perte coûta moins aux Hollandois qu'aux
Espagnols, qui en firent d'ailleurs beaucoup
d'autres. On prévoyoit dès-lors qu'ils seroient

bientôt contraints les uns & les autres, de mettre bas les armes par épuisement, & que le
roi de France deviendroit leur arbitre.

Henri, qui ne perdoit pas de vue ses desseins, & qui vouloit rendre les Espagnols
moins difficiles, commença par faire une ligue
offensive & défensive avec les États-Généraux,
pour assurer le traité de paix qu'on méditoit.
La négociation traîna. Le prince Maurice s'opposoit à la paix, parce qu'il prévoyoit qu'il
perdroit de sa considération & de son autorité. Le roi d'Espagne vouloit traiter avec les
Hollandois comme avec des sujets, & les Hollandois vouloient être reconnus pour libres &
indépendants. Ces difficultés furent vaincues.
On fit une treve de douze ans, & l'Espagne
reconnut les Provinces-Unies pour libres &
indépendantes.

1609

Jean-Guillaume, duc de Cleves, de Juliers & de Berg, étant mort peu de temps
avant la conclusion de ce traité, plusieurs princes prétendirent à sa succession. L'empereur
Rodolphe II, qui évoqua la cause à son tribunal, fit mettre ces trois duchés en séquestre,
en attendant un jugement définitif. Comme
on avoit lieu de craindre qu'il ne voulût s'en
saisir pour quelqu'un de sa maison, l'électeur
de Brandebourg & le comte Palatin de Neubourg, dont les droits paroissoient les mieux
fondés, implorerent la protection du roi.

Il avoit tout préparé pour ses grands des-seins, lorsque la succession aux duchés de Cleves & de Juliers lui fournit l'oc-casion d'agir.

Henri n'attendoit alors qu'une occasion, pour entamer ses grands desseins. Assuré de beaucoup d'alliés, il avoit des fonds pour soutenir la guerre pendant trois ou quatre ans, sans mettre d'impôts; & si elle duroit davantage, ce qui n'étoit pas à présumer, Sulli répondoit de trouver des fonds extraordinaires, qui ne chargeroient point le peuple. Il employa donc tout l'hiver à ses préparatifs; & il pourvut au gouvernement du royaume, pour le temps qu'il seroit absent. Son dessein étoit de donner le titre de régente à la reine, & de former un conseil, auquel il laisseroit ses instructions, & qui attendroit ses ordres dans les cas extraordinaires.

Il alloit ouvrir la campagne au printemps. Pendant que Lesdiguieres, avec douze mille hommes de pied & deux mille chevaux, se seroit joint aux troupes du pape, des Vénitiens & du duc de Savoie, il devoit lui-même avec trente-six mille hommes de pied, & huit mille chevaux marcher au secours des héritiers légitimes du duc de Cleves, qui avoient quarante mille hommes de pied & douze mille chevaux, & à qui le comte Maurice amenoit quinze mille hommes de pied & deux mille chevaux.

1610
Plan de ses opérations.

Les trois duchés ayant été remis à l'électeur de Brandebourg & au comte de Neubourg

les princes d'Allemagne, comme on en étoit
convenu, devoient fupplier le roi d'appuyer la
requête qu'ils vouloient préfenter à l'empereur,
& par laquelle il demandoient que l'élection
du roi des Romains fût libre, & que les états
& villes de l'empire rentraffent dans toutes
leurs immunités. L'électeur de Baviere auroit
été élu roi des Romains, & on auroit arrêté
qu'à l'avenir la couronne impériale n'auroit
jamais paffé fucceffivement fur deux têtes d'une
même maifon.

Lorfque toutes ces chofes auroient été ter-
minées, les états de Boheme & de Hongrie devoient auffi fe mettre fous la protection du
roi, & préfenter une requête à l'empereur,
afin de recouvrer la liberté d'élire eux-mêmes
leurs fouverains, & d'obtenir qu'il réunît à
ces deux royaumes les provinces qui en avoient
autrefois fait partie.

Le roi ayant appuyé toutes ces demandes,
par fa préfence & par fes armées, feroit revenu du côté de Bâle & de Strasbourg, où les
Suiffes devoient le fupplier de joindre à leur
affociation toutes les provinces qui le defire-
roient, & particuliérement le Tirol, l'Alface,
& la Franche-Comté.

Henri fe rendoit enfuite dans le Piémont,
où après avoir affuré la Lombardie au duc de

Savoie, il cédoit au pape & aux Vénitiens ses droits sur les royaumes de Naples & de Sicile. Enfin il formoit de la même maniere la république provinciale, composée des dix-sept provinces & de quelques autres états.

Toutes ces mesures avoient été concertées d'avance avec les puissances intéressées. Cependant la maison d'Autriche étoit hors d'état de résister à cette ligue. Sans armées, elle n'avoit point de ressource en elle-même. Philippe III, inappliqué, se livroit à tous ceux qui le gouvernoient, & leur abandonnoit un soin dont ils s'acquitoient mal, pour s'oublier lui-même dans des plaisirs & dans des frivolités. Rodolphe II se piquoit d'être astronome, chymiste, souffloit, & vouloit faire de l'or. L'archiduc Albert, son frere, avoit quelqu'avantage sur eux, parce qu'il étoit au moins un prince médiocre.

La maison d'Autriche étoit sans force contre la ligue qui venoit de se former.

Il y a donc tout lieu de présumer que la maison d'Autriche auroit été réduite à l'Espagne, comme on l'avoit projeté. Mais lorsque Henri alloit commencer cette grande entreprise, la république chrétienne ne pouvoit être encore qu'un de ses desirs. Je doute qu'il en eût jamais pu former le dessein avec quelque apparence de succès. Il paroît que le conseil qu'il vouloit établir, auroit été peu propre à maintenir la paix dans la chrétienté : car des puissances ar-

Cependant la république chrétienne ne pouvoit être encore qu'un des desirs de Henri.

mées peuvent foutenir leurs prétentions par les armes ; & , par conféquent , elles feront peu capables de fe foumettre au jugement d'un tribunal. Il faudroit que la plus grande partie des ligués fût toujours difpofée à protéger les arrêts qui feroient rendus. Il faudroit donc qu'il n'y eût jamais entre eux ni divifion , ni jaloufie , ni ambition. Si Henri eût formé cette république , il eft au moins certain qu'elle n'auroit pas fubfifté après lui.

Le public ne deviuoit point les deffeins de Henri.

Il faut que les négociations euffent été conduites avec bien du fecret : car lorfque la campagne alloit s'ouvrir , le public ne formoit encore que des conjectures fur les deffeins de Henri. Les grands de la cour , quoique les plus curieux , n'en pénétroient pas davantage. Ils voyoient confufément que la maifon d'Autriche étoit menacée , mais ils ne pouvoient deviner ni le but que le roi fe propofoit , ni les moyens qu'il s'étoit préparés ; & dans cette incertitude , ils paroiffoient plutôt craindre que defirer des fuccès.

Le roi ne trouvoit plus d'obftacles que dans les intrigues de fa maitreffe & de fa femme , & des créatures qui leur é-

Ce n'étoit pas affez d'avoir acquis des alliés puiffants , & d'avoir arraché toute femence de guerres civiles : le roi pour être heureux , comme le lui difoit Sulli , & pour n'être point traverfé dans fes entreprifes , avoit encore befoin de n'être pas troublé par des diffentions domeftiques. Car les petites tracafferies , d'abord

bord concentrées dans le palais, font le germe
des factions, qui tôt ou tard déchirent un royaume. Cependant la reine & la marquise de
Verneuil, toujours animées l'une contre l'autre, continuoient de diviser la cour; & Henri
ne favoit comment fe démêler des querelles de
ces deux femmes. S'il en eût été aimé, il eût
eu de l'empire fur elles: mais l'ambition étoit
le feul principe de leur jaloufie & de leurs intrigues.

Non - feulement la marquife de Verneuil
n'aimoit pas le roi; elle en parloit même fouvent avec peu d'égards. Ménageant encore
moins la reine, elle en méprifoit les enfants,
& elle mettoit les fiens bien au deffus. Enfin
elle cherchoit un appui dans la maifon de Lorraine, dans les Guifes, & dans d'autres qui
avoient été long-temps les ennemis déclarés de
l'état.

La reine, qui fatiguoit le roi de fes plaintes, & qui ne cherchoit pas à lui plaire, fe livroit tous les jours davantage à Concini & à
Léonora. Ces deux domeftiques, infolents par
l'empire qu'ils avoient fur leur maîtreffe,
ofoient menacer, fi le roi ufoit de violence
pour les chaffer de la cour & du royaume.

Henri, qui s'entretenoit de ces chofes avec
Sulli, confident de tous fes fecrets, eût voulu

que cet homme fage eût perfuadé à la marquife de Verneuil de prendre un autre ton &
une autre conduite Il eût défiré fur tout que
Sulli eût engagé la reine à montrer plus de
douceur & de complaifance, & à renvoyer ce
couple, qui lui étoit défagréable. J'ai un pref-
fentiment, difoit-il, que cet homme & cette
femme cauferont un jour de grands maux: car
ils montrent des deffeins bien au deffus de leur
condition. Cependant je ne veux pas ufer moi-
même d'autorité contre eux, parce que je me
verrois bientôt forcé à les traiter avec la
derniere rigueur, ou condamné à vivre dans
des appréhenfions que je vous laiffe à conjec-
turer.

Sulli fe promettoit peu de fuccès dans cette négociation, dont le roi le chargeoit auprès
de la reine & de la marquife de Verneuil. En
effet, elle n'étoit pas de nature à réuffir. Au
contraire, les efprits s'aigrirent encore; & les
brouilleries allerent en croiffant pendant les
années 1608, 1609, & le commencement
de 1610.

Il découvre une négocia- tion avec l'Ef- pagne. En 1609 l'ambaffadeur de France à Madrid
fe plaignit du peu de confiance que le roi mon-
troit à fon égard. Il avoit découvert qu'on
traitoit d'une alliance entre les deux cours,
par l'entremife de l'ambaffadeur de Tofcane,

qui étoit à ce sujet en correspondance avec Concini & Léonora. Il parloit aussi d'autres personnes qui se mêloient de cette négociation , & qu'il ne nommoit pas, parce qu'il n'en avoit pas encore assez de certitude. Cependant aux propositions qu'elles faisoient , & a leur assurance , il ne pouvoit douter qu'elles ne fussent autorisées par le roi.

En cherchant les personnes que l'ambassadeur ne nommoit pas, Henri ne put s'empêcher de soupçonner la reine & Villeroi, qu'il savoit desirer l'alliance avec l'Espagne & désapprouver toutes les autres. Cependant il ne comprenoit pas comment on osoit traiter ainsi avec confiance, sans son aveu, & contre sa volonté connue. On compte apparemment, disoit-il, qu'il me reste peu de jours à vivre. En effet, le bruit court que je ne passerai pas ma cinquante huitieme année. C'est la prédiction, dit-on, d'une dévote, qui étoit en France il y a peu de temps, & qui par cette raison conseilloit à ma femme de se faire couronner. La reine veut faire revenir cette dévote: mais je ne le souffrirai point, non plus que ce couronnement, auquel je vois qu'elle s'opiniâtrera à la sollicitation des Concini.

Les troupes étoient au rendez vous sur la frontiere de Champagne. Cependant Henri,

Il confent au couronne-

ment de la rei
ne, lorsque
tout lui don-
noit de l'in-
quiétude pour
ses jours.

cédant à l'obstination de la reine, consentit
au couronnement, & retarda son départ. Ce fut
à regret. Ce sacre, disoit-il à Sulli, sera cause
de ma mort. Ils me tueront; ils n'ont plus d'autre ressource, & je ne sortirai jamais de cette
ville. En effet, il n'avoit que trop éprouvé de
quoi étoient capables l'Espagne & sa faction.
Il voyoit des partis & des intrigues jusques dans
son domestique. Il y avoit déja eu plus de cinquante conspirations contre sa vie. Enfin on
lui donnoit avis qu'il s'en tramoit une nouvelle. Ce n'est pas qu'on puisse accuser nommé-
ment qui que ce soit. L'horreur croîtroit encore, si on pensoit à ceux sur qui les soupçons
tomberoient. Mais au moins tout prouve que
les inquiétudes du roi n'étoient pas sans fondement.

1610
Il est assassi-
né.

Le jeudi, 13 mai, le couronnement de la
reine s'étoit fait à S. Denis, & son entrée so-
lemnelle devoit se faire le dimanche suivant.
Le vendredi, Henri sortit pour aller à l'arsenal
voir Sulli, qui étoit indisposé, & pour jeter
en passant un coup d'œil sur les apprêts qui
se faisoient pour l'entrée. Il avoit à côté de
lui le duc d'Épernon. Sur le devant du caros-
se étoient Liancourt & Mirebeau; & aux por-
tieres Lavardin, Roquelaure, Montbason,
& la Force. Le carrosse ayant été arrêté dans
la rue de la Ferronnerie par un embarras de

charrettes, les valets de pied prirent par le charnier des Innocents; & François Ravaillac, qui le suivoit, saisissant le moment où personne ne l'empêchoit d'approcher, monta sur les rayons de la roue, & frappa le roi de deux coups de poignard dont le second fut mortel. Il en porta encore un troisieme que Montbason reçut dans sa manche. Ainsi périt le meilleur des rois, pour qui tous les bons François auroient voulu répandre leur sang.

Sulli ne doutoit pas que cet assassinat ne fût l'effet d'une conspiration. Péréfixe dit qu'elle se tramoit depuis long-temps dans les pays étrangers; & ce qui paroît une preuve, c'est le soin qu'on a eu de faire disparoître l'original des interrogatoires. Cependant quelques-uns croient que Ravaillac n'avoit point de complices, parce qu'ils prétendent qu'il l'a déclaré lui-même, sans varier. Quand cela seroit, ce ne seroit pas une preuve qu'il n'y a pas eu de conspiration. Il faudroit seulement conclure que les conspirateurs n'ont pas été assez maladroits pour lui conseiller d'assassiner; & que connoissant à quoi son fanatisme le pouvoit porter, ils se sont bornés à lui persuader que le roi armoit pour détruire la religion catholique. Or, c'est le bruit

Cet attentat a été l'effet d'une conspiration.

I i 5.

qu'on faifoit courir. Au refte, quels ont été
ces confpirateurs? on l'ignore.

Combien de traverfes, combien d'obftacles, combien de périls j'ai mis fous vos yeux,
Monfeigneur ! mais aufli quel courage, quelle
prudence, quelle fageffe ! Il falloit toutes les
vertus de Henri. Voyez les factions qui l'en-
veloppent dès fon enfance. Tout eft parti,
& chez les Huguenots & chez les Catholiques. Il faut vaincre fes ennemis; & ce
qui eft plus difficile, il faut conferver des amis
que l'ambition divife, & s'attacher des chefs
qui craignent fes fuccès & fon agrandiffement.
Il eft appellé au trône: mais fes fujets le mé-
connoiffent. Son courage, fa générofité, fa
franchife les foumettent à fa grande ame:
mais le royaume eft ruiné ; les factions durent
encore, & les périls les fuivent. Cependant
tout fleurit bientôt, & Henri eft au moment
de donner la loi à l'Europe.

Forcé de bonne heure par les circonftances
à ne jamais rien négliger, il s'étoit fait une
habitude de tout voir, de tout obferver, &
d'être à tout. Le moment favorable ne pouvoit lui échapper, & fon expérience lui avoit
appris à fe préparer de loin des fuccès. Sa vi-
gilance rendoit fes miniftres fideles, exacts,
actifs. Il leur donnoit fes ordres, & il les

éclairoit. Il les fuivoit dans les opérations, & il les dirigeoit. Les affaires qui fe fuccédoient avec rapidité, fe terminoient de même. Rien ne languiffoit; & les entreprifes, qui fe préparoient fucceffivement par l'ordre avec lequel il favoit les conduire, devenoient plus faciles, lors même que devenant plus grandes, elles paroiffoient devoir trouver plus d'obftacles. Quelles qu'aient été fes foibleffes, il faut lui rendre juftice: jamais l'amour ne lui a fait négliger les foins du gouvernement. Encore faut il convenir qu'après avoir été vingt-huit ans fans avoir de femme, il en prit une qu'il n'a pu aimer. Si Marie de Medicis eût été d'un autre caractère, Henri eût renoncé à toutes fes amours. Il l'affuroit, & il le penfoit au moins: car il étoit vrai. Ajoutons à ces éloges une obfervation de Péréfixe: c'eft que la douceur avec laquelle il traita les Huguenots, en convertit plus de foixante mille. Il mourut dans la cinquante-huitieme année de fon âge, & dans la vingt-unieme de fon regne.

Je ne dois pas finir, Monfeigneur, fans vous avertir que les deffeins de Henri paroiffent fi chimériques, que les meilleurs écrivains modernes les regardent comme des idées vaines, qui ne font jamais entrées dans la tête de ce prince. J'ai peur qu'ils n'en jugent

On a douté fans fondement des deffeins de Henri.

eux-mêmes sur des notions trop vagues, &
qu'ils ne se soient pas donné la peine d'étudier le plan que Henri s'étoit fait. Il faut,
ou que Henri ait eu ces desseins, ou que Sulli
les lui ait attribués faussement, ou que les
compilateurs des mémoires les aient imaginés.
Il n'y a que la lecture des mémoires, & une
lecture faite de suite & avec attention, qui
puisse lever ces doutes. Mais les meilleurs
écrivains se contentent quelquefois de parcourir. Comme ils aiment mieux écrire que
lire, ils jugent avant d'avoir lu, & leur jugement n'en est pas plus sûr. Il me semble
que les desseins de Henri n'ont rien de chimérique dans l'exposition que j'en ai faite.
Cependant je n'ai rien dit que d'après Sulli,
& je suis bien assuré de n'avoir pas parlé
d'après ses seuls compilateurs. (*)

(*) On pourroit soupçonner que c'est après la bataille
d'Ivri, en 1590, que Henri communiqua pour la première
fois des projets au duc de Sulli. Il falloit bien qu'il parlât de choses qui parussent chimériques, puisque, pour se
justifier, il distingua entre ses desirs & ses desseins : mais
les compilateurs des mémoires ne disent point quel étoit
alors le sujet de la conversation. Ils disent au contraire,
qu'autant qu'ils peuvent le savoir, le roi ne s'ouvrit sur
ses grands desseins qu'à son retour de la guerre de Savoie.
En effet, c'est depuis ce temps qu'il paroît s'en être occupé

plus férieufement; & tous les mémoires où Sulli les expofe, font poftérieurs à l'année 1600. Lorfque Henri avoit eu fur ce fujet une converfation avec Sulli, il le chargeoit de faire un mémoire où le plan de fes projets fût expofé dans tous fes détails. Nous en avons au moins huit, en forme de lettres adreffées au roi par Sulli. On y trouve beaucoup de répétitions : mais on y voit auffi le développement & le progrès des idées & des négociations dans tous. La république chrétienne eft le premier défir en intention & le dernier deffein en exécution. C'eft le but auquel on rapportoit tout : mais Sulli remarque fouvent que par les mefures que le roi prenoit, il feroit toujours le maître de s'arrêter où il voudroit, & de n'aller d'entreprifes en entreprifes qu'au- tant que les circonftances lui feroient favorables. Quand on doit fe conduire avec autant de fageffe, il eft permis de former des deffeins même chimériques, à plus forte rai- fon, eft-il permis d'avoir pour but de tous fes défirs, un bien qu'on ne pourra peut-être jamais faire.

Henri rejeta lui-même l'idée de fa république chrétien- ne, la premiere fois qu'elle s'offrit à fon efprit. Cepen- dant il s'y arrêta dans la fuite, perfuadé que fes défirs de- voient le mener à quelque chofe de grand. Mais les premie- res perfonnes, auxquelles il s'en ouvrit, crurent qu'il badi- noit, ne pouvant imaginer qu'il eût véritablement de pareil- les vues. Sulli, qui lui rappelle ces chofes dans un de fes mémoires, convient en effet que les deffeins de Henri doi- vent paroître extraordinaires ou même extravagants ; & il dit fouvent que pour en juger, il faut bien méditer la ma- niere dont ils devoient être conduits. Le roi étoit fi éloigné de rien précipiter, qu'en 1603 fes deffeins n'étoient encore pour lui que des défirs ; & jufqu'alors, il n'en avoit fait des ouvertures à quelques puiffances, que dans la feule vue de fonder les efprits.

Outre les mémoires, dont j'ai parlé, il y a encore plufieurs converfations de Sulli avec le roi, celles qu'eut ce
miniftre avec la reine Elifabeth, les inftructions qui lui furent
données pour fon ambaffade auprès du roi Jacques, & les
inftructions des ambaffadeurs envoyés depuis en Allemagne.
Les deffeins que j'ai attribués à Henri, font encore répétés
& développés dans toutes ces pieces. Je ne vois donc pas
comment il pouvoit refter quelque doute.

F I N du treizieme volume.